食育に役立つ
調理学実習

西堀すき江 編著

安藤 京子・伊藤 正江・岡田希和子
川合三恵子・菅野 友美・岸松 静代
生野世方子・柘植 光代・古橋 優子
共著（五十音順）

建帛社
KENPAKUSHA

は じ め に

　平成17年に施行された食育基本法の前文には，"子供たちが豊かな人間性を育み，生きる力を身につけていくためには，何よりも「食」が重要である。今，改めて，食育を，生きる上での基本であって，知育，徳育および体育の基礎となるべきものと位置づけるとともに，様々な経験を通じて「食」に関する知識と「食」を選択する力を習得し，健全な食生活が実践できる人を育てる食育を推進することが求められている"と書かれている。健康・栄養・食品，食文化等を包括する『調理学』『調理学実習』の範疇は，正に食育の重要な核心を担う分野である。

　「食」は成長を助け生命を維持していくばかりではなく，「食」をはじめとする生活習慣のあり方により，生活習慣病という慢性の退行性疾患の発症にも深く関与している。

　日本において戦後は栄養を確保し栄養失調をなくすことや体位を向上すること等に主眼がおかれ，毎年栄養所要量が増加した。1950年代には，卵，牛乳，肉の摂取が推奨され，西洋料理が徐々に日本の家庭に入ってきた。1970年代には中国料理も一般家庭で作られるようになった。この間，管理栄養士・栄養士教育における『調理学実習』は，各料理を基礎から教え，コツ，カンといわれた技術を調理科学的手法で解明し，初心者にも短時間で一定の技術習得ができることを目的としていた。

　1990年代には食のグローバル化が起こり，種々の外国料理が紹介されて世界中の料理が家庭の食卓に上るようになり，食材もバラエティーに富むものになってきた。これに伴い1970～80年代に「日本型食生活」として世界的評価を受けていた伝統的食生活は変化し，「食の欧米化」を招いた。この間，外食産業の台頭，インスタント食品の普及，更にはサプリメントでの栄養補給等食の簡便化が進み，生活習慣病がクローズアップされ，一方では，子どもを取り巻く環境も変化し，個食，孤食，偏食，欠食，過食等の問題が大きくなってきた。

　このような時代を背景に，『調理学』や『調理学実習』分野の知識にも，細分化された従来の学問体系の内容に留まらず，有機的に周辺領域と関連を持っていくことが期待される。これまでの『調理学』や『調理学実習』は「食文化」，「調理科学」，「調理操作」等で構成されていたが，今回はこれらの基本を踏襲し，さらに，「調理の機能性」，「食事設計」，「健康効果」等の視点を加えた。これらの情報や実習内容は全て「食育」を推進する上に大いに役立つと考えられる。また，「献立論」を含む「食事設計」では献立作成能力を向上させ，更に健康の基本である「食」を通して食生活を改善し，食育の教育や指導，健康増進や生活習慣病予防，疾病治療等の食事の提案や指導等が行える実践力を持った管理栄養士養成にも貢献するものと考えられる。

　多職種の方々と協働で仕事をしていく時，『調理学』や『調理学実習』は「食」の専門家としての活躍が期待されている管理栄養士・栄養士においては，独自性を確保できる分野である。養成施設で学ぶ学生のみならず，種々の場で活躍されている管理栄養士・栄養士の方や食に関心のある方のお役に立てることを切に希望する。

2007年5月　　　　　　　　　　　　　　　　　　　　　　　　　　　　　　　執筆者一同

目次

I 調理の基礎

1. 調理の意義と目的 …………………………………………………………… 2
2. 食育の必要性 ………………………………………………………………… 2
3. 栄養・食事計画 ……………………………………………………………… 3
4. 食事設計の基礎 ……………………………………………………………… 6
5. 調理器具・機器 ……………………………………………………………… 8
6. 煮だし汁 ……………………………………………………………………… 20
7. 実習記録 ……………………………………………………………………… 24

II 日本料理

1. 日本料理の食文化 …………………………………………………………… 26
   - 日本料理の歴史／26　・日本料理の特徴／28　・日本料理の様式／28
   - 日本料理の食事作法／31
2. 日本料理の調理 ……………………………………………………………… 32

   ●ご飯物…32
   - 白飯／33　・炊き込み飯／33　・たけのこ飯／34　・菜飯／34
   - 巻きずし／35　・散らしずし／36　・いなりずし／36　・三色そぼろ飯／37
   - 親子丼／38　・卵雑炊／38　・かゆ（全がゆ）／39　・赤飯（こわ飯）／39

   ●汁物…40
   - 豆腐のみそ汁／41　・魚のすり流し汁／42　・若竹汁／42
   - はまぐりの潮汁／43　・かき玉汁／43　・沢煮汁／44　・けんちん汁／44

   ●刺身…45
   - あじのたたき／47　・刺身の盛り合わせ／47　・かつおの焼き霜造り／48
   - すずきのあらい／48　・まぐろの山かけ／49

   ●和え物…50
   - ほうれんそうのごま和え／51　・たけのこといかの木の芽和え／51
   - 貝柱の梅肉和え／52　・白和え／52　・なめこのみぞれ和え／52

   ●酢の物…53
   - きゅうりとわかめの酢の物／54　・紅白なます／54　・酢れんこん／55
   - いかの黄身酢／56　・菊花かぶ／56

   ●浸し物…57
   - ほうれんそうのお浸し／57　・小松菜と油揚げの煮浸し／57

- ●煮物…58
  - ・かれいの煮つけ／60　・いわしの煮つけ／61　・さばのみそ煮／61
  - ・かぼちゃのそぼろあんかけ／62　・さといもの含め煮／62　・ふろふき大根／63
  - ・高野豆腐，しいたけ，ふきの炊き合わせ／64　・筑前煮／65
  - ・きんぴらごぼう／66　・ひじきの煮つけ／66　・煮豆／67
- ●蒸し物…68
  - ・卵豆腐／69　・茶碗蒸し／70　・あさりの酒蒸し／71
  - ・白身魚のかぶら蒸し／71
- ●焼き物…72
  - ・あじの塩焼き／73　・ぶりの照り焼き／74　・さけの西京焼き／75
  - ・さわらの幽庵焼き／75　・きのこのホイル焼き／76　・牛肉の八幡巻き／76
  - ・だし巻き卵／77
- ●揚げ物…78
  - ・天ぷら／79　・かき揚げ／80　・竜田揚げ／80　・えびの南部揚げ／81
  - ・南蛮漬け／81
- ●麺類…82
  - ・冷やし素麺／83　・きつねうどん／84
- ●鍋物…85
  - ・おでん／85　・鶏の水炊き／86
- ●寄せ物，練り物…86
  - ・ごま豆腐／87　・えびしんじょ／87
- ●和菓子…88
  - ・泡雪羹／89　・水羊羹／89　・草餅／90　・三色おはぎ／91　・上用饅頭／91
  - ・くず桜／92
- ●漬け物…92
  - ・ぬか床／93　・即席漬け／93　・梅干し／94　・らっきょう漬け／94
  - ・五色漬け／94
- ●飲み物…95
  - ・煎茶／95
3．日本料理の献立例……………………………………………………………………96

Ⅲ　中国料理

1．中国料理の食文化……………………………………………………………………98
- ・中国料理の歴史／98　・中国料理の特徴／99　・中国料理の食事作法／101
- ・中国料理の材料／103　・中国料理の調理器具／107　・中国茶／109
- ・中国酒／110

2．中国料理の調理 ……111

◉前菜…111

- 涼拌海蜇（くらげの和え物）／111
- 涼拌蕃茄（トマトの和え物）／112
- 涼拌茄子（なすの冷やし酢和え）／112
- 棒棒鶏（鶏肉のとうがらしごま和え）／113
- 辣拌白菜（白菜の辛味和え）／113
- 辣拌捲菜（巻きキャベツの酢漬け）／114
- 辣拌墨魚（いかの辛味和え）／114
- 麻辣黄瓜（きゅうりの辛味和え）／115
- 白片肉（ゆで豚）／115
- 醤蛋（たまごのしょうゆ煮）／116
- 五香燻魚（魚の燻し焼き）／116
- 五香冬菇（しいたけの五香煮）／117
- 叉燒肉（焼き豚）／117

◉炒菜…118

- 芙蓉蟹（かに玉）／118
- 八宝菜（五目旨煮）／119
- 豆芽炒肉絲（もやしと豚肉の炒め物）／120
- 木犀肉（豚肉と炒りたまごの炒め物）／120
- 宮保鶏丁（鶏肉とナッツの炒め物）／121
- 炒青梗菜（チンゲンサイの炒め物）／121
- 炒墨魚（いかの炒め物）／122
- 青椒牛肉絲（ピーマンと牛肉のせん切り炒め）／122
- 青豆蝦仁（青豆と芝えびの炒め物）／123

◉炸菜…124

- 炸醸茄子（なすのはさみ揚げ）／124
- 蝦仁吐司（えびのすり身のパン揚げ）／124
- 炸春捲（はるまき）／125
- 乾炸鶏塊（鶏から揚げ）／126

◉溜菜…126

- 咕滷肉（酢豚）／127
- 酷溜丸子（肉団子の甘酢あんかけ）／128
- 奶汁白菜（白菜の牛乳あんかけ）／128
- 糖酷黄魚（白身魚の甘酢あんかけ）／129

◉煨菜…130

- 東坡肉（豚肉のやわらか煮）／130
- 麻婆豆腐（豆腐とひき肉のとうがらし炒め）／131
- 乾焼蝦仁（えびのチリソース炒め）／132
- 燜栗子鶏（鶏とくりの煮込み）／132

◉蒸菜…133

- 清蒸魚（魚の姿蒸し）／133
- 珍珠丸子（もち米団子の蒸し物）／133

◉湯菜…134

- 四宝湯（四種の材料スープ）／134
- 搾菜肉絲湯（ザーサイと豚肉のスープ）／134
- 白菜丸子湯（白菜と肉団子のスープ）／135
- 奶湯龍鬚（アスパラガスのスープ）／135
- 酸辣湯（酸味と辛味のスープ）／136
- 清湯魚片（白身魚のスープ）／136
- 蛋花湯（中華風かきたま汁）／137
- 玉米湯（とうもろこしのスープ）／137
- 什景火鍋子（五目寄せ鍋）／138

◉点心…139

- 肉絲炒飯（豚肉せん切り入り焼き飯）／139
- 粽子（ちまき）／140

- 鶏蓉粥（鶏肉入りおかゆ）／140　　・什景炒麺（五目あんかけ焼きそば）／141
- 焼米粉（ビーフンの五目炒め）／142　　・鍋貼餃子（焼き餃子）／142
- 焼売（しゅうまい）／143　　・肉包子（肉まんじゅう）／144
- 豆沙包子（あんまん）／145　　・鶏蛋糕（蒸しカステラ）／145
- 杏仁酥（中華クッキー）／146　　・月餅（げっぺい）／146
- 炸芝麻元宵（胡麻つき白玉団子）／147　　・高麗香蕉（バナナの泡雪揚げ）／147
- 水果西米露（タピオカ入りココナッツミルク）／148
- 牛奶豆腐（牛乳の寄せ物）／148

3．中国料理の献立例 …………………………………………………………………………… 149

Ⅳ　西洋料理

1．西洋料理の食文化 ……………………………………………………………………………… 152
- 西洋料理の歴史／152　　・西洋料理の特徴／153　　・西洋料理の食事作法／155
- 西洋料理の材料／156　　・西洋料理の調理器具／159　　・ソース／160
- 洋酒／163

2．西洋料理の調理 ………………………………………………………………………………… 164

●前菜…164
- 盛り合わせ前菜／164　　・わかさぎのエスカベーシュ／165　　・カナッペ／166

●スープ…167
- コンソメジュリエンヌ／167　　・コーンクリームスープ／168
- トマトのポタージュ／169　　・じゃがいもの冷製スープ／169
- クラムチャウダー／170

●魚料理…171
- にじますのバター焼き／171　　・魚の紙包み焼き／173　　・ひらめのフリッター／174
- さけの冷製／175　　・いわしのマリネ／176　　・帆立貝のプロヴァンス風／177
- かにのクリームコロッケ／177　　・えびグラタン／178

●肉料理…179
- ビーフステーキ　メートル・ドテルバター添え／179　　・ビーフシチュー英国風／180
- ポークソテー　アップルソース添え／181　　・鶏肉のクリーム煮／182
- ローストチキン／183　　・チキンカツレツ　ウイーン風／184　　・チキンカレー／185
- ハンバーグステーキ／186　　・ロールキャベツ／187
- ハムとパインアップルのソテー／187　　・魚料理と肉料理に向く付け合わせ野菜／188

●卵料理…189
- 半熟卵／189　　・ポーチドエッグ／189　　・目玉焼き／190
- 卵のココット焼き／190　　・スクランブルエッグ（炒り卵）／191
- プレーンオムレツ／191

- ●野菜および米料理…192
  - ・グリーンサラダ／192　・マセドワーヌサラダ／193　・シーザーサラダ／193
  - ・フルーツサラダ／194　・コールスロー／194　・シーフードサラダ／195
  - ・ミモザサラダ／195　・ラタトゥイユ／196　・カリフラワーポロネーズ／197
  - ・ピクルス／197　・なすのファルシー／198　・バターライス／199
  - ・チキンピラフ／199　・ハッシュドビーフアンドライス／200
- ●パン料理…200
  - ・ロールパン／201　・サンドイッチ盛り合わせ／202　・フレンチトースト／203
- ●菓子…203
  - ・コーヒーゼリー／203　・いちごのババロア／204　・ブラマンジェ／205
  - ・カスタードプディング／205　・クレープ／206　・パウンドケーキ／206
  - ・マドレーヌ／207　・いちごのショートケーキ／207　・アップルパイ／208
  - ・シュークリーム／210　・レアチーズケーキ／211　・りんごのコンポート／211
  - ・クッキー／212　・にんじんケーキ／213
- ●飲み物…213
  - ・ホット紅茶／213　・コーヒー／214　・エッグノッグ／214

3．西洋料理の献立例……………………………………………………………………215

V　諸外国の料理

1．世界の食文化……………………………………………………………………220
   - ・四大料理圏／220　・三大食作法／221　・箸食の文化／221
2．イタリア料理……………………………………………………………………223
   - ・ミネストローネ／223　・スパゲッティミートソース／224　・ピッツァ／225
   - ・きのこのリゾット／226　・ティラミス／226
3．スペイン料理……………………………………………………………………227
   - ・ガスパチョ／227　・トルティージャ（スペイン風オムレツ）／228
   - ・パエリヤ／228　・サングリア／229
4．韓国料理…………………………………………………………………………229
   - ・クッパブ（スープご飯）／230　・キムチポクム（キムチの炒め物）／230
   - ・ビビンバブ（混ぜご飯）／231　・アルサム（卵のサム）／232
   - ・キョンダン（団子）／232

VI　郷土料理と行事食

1．郷土料理…………………………………………………………………………234
   - ・ほうとう／235　・長崎チャンポン／236　・治部煮／236
   - ・ゴーヤチャンプルー／237　・松前漬け／237　・五平餅／238

・ずんだもち／238
　2．行事食 240
　●正月料理…240
　　　・かずのこ／241　　・黒豆／241　　・田作り／242　　・紅白かまぼこ／242
　　　・錦卵／242　　・栗きんとん／243　　・昆布巻き／243　　・だて巻き／244
　　　・いかの黄金焼き／244　　・えびの鬼殻焼き／245　　・松風焼き／245
　　　・梅花にんじん／245　　・末広たけのこ／246　　・手綱こんにゃく／246
　　　・くわいの甘煮／246　　・五色なます／247　　・たたきごぼう／247
　　　・雑煮（関西風，関東風）／248
　●七草がゆ…249
　●桃の節句…249
　　　・甘だいの桜蒸し／249　　・ふくさ寿司／250　　・はまぐりと菜の花のすまし汁／250
　　　・桜もち（関西風，関東風）／251
　●端午の節句…252
　　　・柏餅／252　　・ちまき／252
　●クリスマス料理…253
　　　・クリスマススープ／253　　・白身魚のテリーヌ／254　　・フルーツカクテル／255
　　　・シュトーレン／256　　・ブッシュ　ド　ノエル／257

Ⅶ　特別食

　1．高齢者の食事 260
　　　・栗入り炊きおこわ／260　　・松茸としめ卵のすまし汁／260　　・鯛のおろし煮／261
　　　・なすのみそかけ／261
　2．介護の食事 262
　　　・しらすの卵とじ丼／262　　・豆腐ハンバーグ／263　　・ぎせい豆腐／263
　　　・冬瓜のかにあんかけ／264　　・はす蒸し／264　　・芋粥／265
　　　・そうめん寄せ／265　　・空也蒸し／266　　・かぶのみぞれ汁／266
　　　・野菜ポタージュ／267　　・ごまプリン／267　　・かぼちゃのミルク煮／267
　3．食物アレルギーの食事（鶏卵・乳製品・小麦不使用） 269
　　　・魚ソーセージ／269　　・三色ごはん／270　　・れんこんバーグ／270
　　　・ひよこ豆のピラフ／271　　・豚肉の衣あげ／271　　・じゃがいもチヂミ／272
　　　・野菜かるかん／272　　・りんごケーキ／273　　・2色ゼリー／273

Ⅷ　新しい調理法

　1．エコ・クッキング 276
　　　・煮干しの田作り／276　　・昆布佃煮／276　　・ブロッコリーの茎の炒め煮／277

2．スピード調理 …………………………………………………………………………277
  ・にらの卵とじ／278　　・肉じゃが／278　　・かつおのしょうが煮／278
  ・里芋と大根，いかの煮込み／279　　・ポトフ／279

3．IH 電磁調理 …………………………………………………………………………280
  ・ゆで卵／280　　・焼き魚／280　　・そうめん／281　　・なすの素揚げ／281

4．真空調理 ……………………………………………………………………………282
  ・里芋の煮物／283　　・カルボナーラ／283

コラム
  ・手ばかり法／4　　・食育基本法とは／42　　・教育の4つの柱／49　　・食育とは／55
  ・生活習慣病／60　　・身体に優しい食事のとり方／63　　・食べる目的／64
  ・健康とはどんなこと／65　　・肥満を防ぐ食事／67　　・食事と性格／74　　・おにぎりの歴史／81
  ・三色食品群／83　　・はじめちょろちょろ／84　　・食べるのが遅い子，早い子／93
  ・中国料理店／103　　・朝ごはんは金メダル／129　　・朝食の大切さ【生体リズムの調整】／131
  ・朝食の大切さ【脳のエネルギー源】／137　　・朝食の大切さ【体温上昇】／141
  ・朝食の大切さ【水分補給】／143　　・朝食の内容と授業の集中度／144　　・弁当箱の大きさ／173
  ・バランスのよい弁当／174　　・弁当作りのコツ／175　　・4つのお皿／176　　・砂糖の話／182
  ・虫歯（う触）とおやつ／184　　・サラダ／194　　・クリスマス／253
  ・復活祭（イースター）／254　　・ハロウィン／255　　・感謝祭／257　　・おやつの話／274

参考文献 …………………………………………………………………………………284

執筆分担 （執筆順）

西堀すき江　・調理の基礎　・日本料理（食文化，献立例）　・中国料理（食文化，献立例）
　　　　　　・西洋料理（食文化）
岡田希和子　・日本料理（ご飯物，汁物，刺身，和え物）
古橋　優子　・日本料理（酢の物，浸し物，煮物，蒸し物，焼き物）
生野世方子　・日本料理（揚げ物，麺類，鍋物，寄せ物，練り物，和菓子，漬け物，飲み物）
岸松　静代　・中国料理（前菜，炒菜，炸菜，溜菜，煨菜）
伊藤　正江　・中国料理（蒸菜，湯菜，点心）　・新しい調理法（IH電磁調理，真空調理）
柘植　光代　・西洋料理（前菜，スープ，魚料理，肉料理，卵料理，野菜および米料理，献立例）
川合三恵子　・西洋料理（パン料理，飲み物）　・諸外国の料理（食文化，韓国料理）　・郷土料理
菅野　友美　・西洋料理（菓子）　・諸外国の料理（イタリア料理，スペイン料理）
　　　　　　・新しい調理法（エコクッキング，スピード調理）
安藤　京子　・行事食　・特別食

I 調理の基礎

1. 調理の意義と目的
2. 食育の必要性
3. 栄養・食事計画
4. 食事設計の基礎
5. 調理器具・機器
6. 煮だし汁
7. 実習記録

1. 調理の意義と目的

　健康を維持・増進するためには,「おいしく食べる」ことは必須の条件である。
　食材を食べやすく,消化・吸収しやすく,おいしく食べられる料理に仕上げる過程が調理の分野である。おいしさの決定には,「食べ物」と「食べる人」の両側の要因がある。
　おいしく食べるには,「食べ物」側としては衛生的に取り扱い,不味成分や有害な部位を取り除き,嗜好性や安全性に配慮する必要がある。また,「食べる人」側には,健康状態や空腹感,食欲等の生理的要因,精神状態や嗜好等の心理的要因,民族や性別,年齢等の先天的要因,風土や生活様式等の後天的要因,季節や食習慣等の環境的要因があり,全て密接に関与している。これらに留意し,調理をしていく必要がある。

2. 食育の必要性

(1) 朝食の欠食

　朝食を欠食するものの割合(平成20年度)は,男女とも,20歳代が最も多く,男性では30.0%,女性では26.2%で,成人男女で欠食率は増加傾向にある。一方,成長期の児童・生徒においては,「ほとんど食べない」は小学生(5年生)では,平成12年の4.1%から平成19年の1.6%に,中学生(2年生)では平成12年の5.2%から平成19年の2.9%と減少傾向にある。これらは,学校などにおける食育の取り組みの効果と考えられる。
　朝食の欠食は,それ以外の食事の摂取量が多くなり,過食につながる可能性もあることから,肥満等の生活習慣病の発症を助長する。また,午前中のエネルギー供給が不十分となり体調が悪くなること等の問題点もある。子どもの頃から朝食を含めた栄養バランスのよい3回の食事を規則正しく摂る習慣付けをする必要がある。

(2) 食生活と健康

　近年の痩せ志向に伴い,20代の女性を中心に「普通」の範疇に入るBMIの人もダイエットを試み,BMI 18.5未満(低体重)の人が20代では23.4%,30代では14.7%と多い。ダイエットをしている人は米類や野菜の摂取量が少なく,脂肪エネルギー比が31.2%と適正比率の上限を上回っている。一方,男性ではBMI 25以上の肥満者の割合が増加している。いずれも生活習慣病につながるため,自分の適正な食事量を知り,日々の食生活に反映させることが必要である。

(3) 食品廃棄物

　世界には8億以上の栄養不足の人がいるが,日本は飽食の時代を背景に,世界最大の食料輸入国であるにもかかわらず賞味期限切れや食べ残し等の廃棄が多い。食品廃棄物のうち家庭から発生するものは約55%を占め,資源の浪費や環境への負荷も大きい。

(4) 食に関する安全・安心

　BSE(牛海綿状脳症)の発生,食品の偽装表示等食の安全・安心を揺るがす事件が続いた。生涯を通じて健全で安全・安心な食生活を営むために,子どもの頃から,食べ物が食卓に上がるまで

の過程の知識を身に付け，食品を選択し調理を行う能力を養う必要がある。
（5） 食文化の継承
　食文化は，それぞれの国や地域に根付いた伝統的な行事や作法，地域固有の特産物と結びついている。優れた伝統ある食文化を次世代に継承することは我々の役目である。また，地域の特産物を利用する地産地消の考え方は，単に新鮮な食材を手に入れることばかりでなく，わが国において食料の安定供給を確保する面からも重要である。

3．栄養・食事計画

（1） 日本人の食事摂取基準
　健康な個人または集団を対象として，国民の健康の維持・増進，生活習慣病の予防を目的として，エネルギーおよび各栄養素の摂取量の基準を示すものである。栄養素の摂取不足によって招来するエネルギー・栄養素欠乏症の予防にとどまらず，生活習慣病の一次予防，過剰摂取による健康障害の予防も目的とし，摂取量の範囲が示されている。

　また，実際にはエネルギーおよび栄養素の「真の」望ましい摂取量は個人によって異なり，また，個人においても変動すること等から，確率論的な考え方で策定されている。

　特定給食施設での給与栄養量の算定に必ず用いられる。

　目的別食事の種類は，日常食，供応食，行事食のほかに，妊婦・授乳婦食，幼児食，老人食等ライフステージごとの食事，治療食，スポーツ栄養食等の特殊栄養食がある。

（2） 栄養計算比率の計算
　特定給食施設では，喫食対象者の性別，年齢階級別，身体活動レベルを考慮し，荷重平均栄養所要量を算定し給与エネルギー量を決定する。

　目標栄養比率（表Ⅰ-1）は幅があるので，一般的には中央値に相当するエネルギー量を求め，穀類の使用量を最初に決める。たんぱく質，脂質，炭水化物，動物たんぱく質の量はアトウォーターのエネルギー換算係数（たんぱく質4 kcal/g，脂質9 kcal/g，炭水化物4 kcal/g）を用いてグラム（g）に換算する。

表Ⅰ-1　目標栄養比率

穀類エネルギー比率	60％以下
たんぱく質エネルギー比率	10～20％
脂肪エネルギー比率	20～30％
炭水化物エネルギー比率	55～65％
動物たんぱく質比率	40～50％

＊1～29（歳）　20以上30未満
　30～70以上（歳）　20以上25未満

　成人を対象とした一般食の場合，摂取エネルギー量の40～60％を穀類エネルギー量とする。必要エネルギー量が多い身体活動レベルⅢでは穀類エネルギー比率を55％近くにする。

　特定給食施設等では，ご飯の量を大・中・小と3種類用意し，必要エネルギー量が多い人は飯を大，少ない人は小と選択の幅を持たせる。その場合，主菜・副菜・汁物（副々菜が付く場合もある）は同じ分量で，主食で調整することになる。同じ献立でも，主食の量が少ない人は45％以下，多い人は50％以上となることがある。給与エネルギーが少ない場合に穀類エネルギー比が高くなると，主菜・副菜・副々菜への配分が少なくなり，見た目が貧弱な献立になる。

4　I．調理の基礎

　一般調理では，主食の量を穀類エネルギー比45～50％，精白米では70～110ｇで献立を立てる。学校給食では県により700kcal/食のところもあるが，対象が成長期であることからたんぱく質エネルギー比を高くし，穀類エネルギー比を低くしているところが多い。

　この栄養比率は，立案した献立の栄養バランス評価にも使う。

表Ⅰ-2　給与エネルギーから算出した穀類（精白米の場合）使用量

	一般調理	学校給食 （児童10 ～11歳）	産業給食	病院給食 （常食）	高齢者福祉施設		
					介護老人福祉 施設（中）**	介護老人保健 施設（中）**	養護老人ホー ム（中）**
給与エネ ルギー量	2,000	(2,225)*	2,200	2,000	1,400	1,600	1,600
1食分 （昼食）	750	730	750	700	500	550	550
穀物エネ ルギー比 （％）	45～55	34～36	47～53	46～51	43	45	45
精白米 （ｇ）	80～100	70～75	100～110	90～100	60	70	70

　＊：「日本人の食事摂取基準（2005年）」推定エネルギー必要量10～11（歳）男女の平均値
　＊＊：施設における利用者個々のエネルギー所要量から算定した平均必要量を基にした常食「中」のエネルギー基準値

（3）　食品の目安量

　献立を立てるに当たって，食品の目安量を知っておく必要がある。特に，乾物は水で戻すと10倍近く膨潤する食品があるので注意を要する。表Ⅰ-3，Ⅰ-4に示す食品の重量はあくまで目安であるので，実習するに当たっては必ず計量し，実際の摂取量を記録し，栄養摂取量の計算に役立てる。

手ばかり法

　"食事のバランスを考える""野菜を何ｇ摂りましょう"と指導をされても，実際にいちいち量ることはめんどうである。そこで「手ばかり」という方法が食育に便利なツールとしてある。山梨県甲州市（旧塩山市）食生活改善推進員会が作成したもので，自分の身体にあった食事の分量を自分の手を使って量る方法である。「ご飯は両手に軽く山盛り」，「緑黄色野菜は両手1杯」「その他の野菜は両手2杯」等基本を理解することで，子どもにも食事のバランスを簡単に知ることができる。

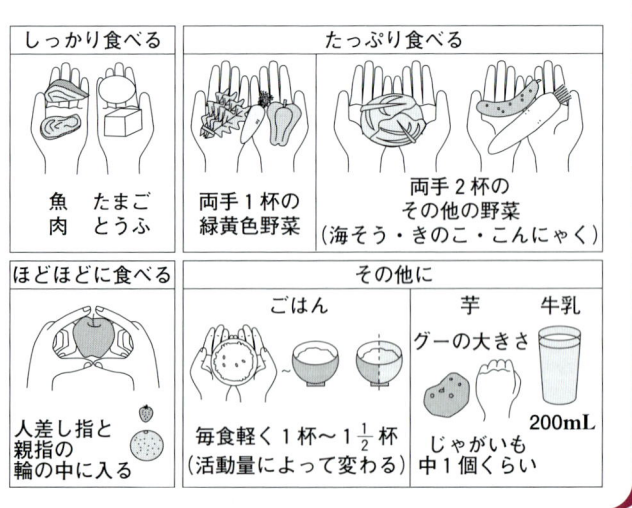

表I-3　主な食品の目安量と重量換算表（厚生労働省，一部改変）

分類	食品名	目安単位	重量(g)	分類	食品名	目安単位	重量(g)
穀類	米	1合（180ml）	150	きのこ類	きくらげ（乾）	1個	1
	飯	茶碗軽く一杯	110		しいたけ（乾）	1個	2
	食パン	10枚切り1枚	35		しいたけ（生）	M1個	13
		8枚切り	45		えのきたけ	1袋	100
		6枚切り	60		ぶなしめじ	小1パック	100
	ロールパン	1個	30	果物類	いちご	M1個	9
	うどん（茹で）	1玉	230		柿	M1個	200
	干しうどん（乾）	1人分	80～100		キウイフルーツ	M1個	120
	中華麺蒸し麺	1玉	150		すいか	M1個	5,000
芋類	さつまいも	M1個	200		バナナ	M1本	200
	さといも	M1個	40		ぶどう（巨峰）	1房	300
	じゃがいも	M1個	150		〃（デラウエア）	1房	110
野菜類	アスパラガス	1本（太）	30		マスクメロン	1個	1,000
	かぼちゃ（西洋）	M1個	1,300		りんご	M1個	250
	キャベツ	M1個	1,200		温州みかん	M1個	110
	きゅうり	M1本	100	魚介類	あじ	1尾	120
	こまつな	1束	300		うなぎ蒲焼き	1人前	100
	ごぼう	M1本	200		塩鮭	1切れ	80
	さやえんどう	1さや	2		あさり（殻付き）	M1個	8
	しそ葉	1束（10枚）	10		大正えび（有頭・L）	1尾	60
	しょうが	親指大1かけ	20				
	だいこん	M1本	1,000		ブラックタイガー（有頭・L）	1尾	70
	たけのこ	S1個	400				
	たまねぎ	M1個	200		かまぼこ	1本	145
	トマト	M1個	170		ちくわ	L1本	95
	ミニトマト	M1個	10	肉類	ロースハム	1枚	20
	なす	M1個	80		ウインナー	M1本	20
	にんじん	M1個	150		鶏肉・ささ身	1本	45
	はくさい	M1個	1,500		鶏肉・もも	1本	70
	パセリ	1枝	5	卵類	鶏卵（全卵）	M1個	50
	ピーマン	M1個	30		鶏卵（卵黄）	1個	17
	ブロッコリー	M1個	250		鶏卵（卵白）	1個	28
	ほうれんそう	1束	300		うずら卵	1個	15
	糸みつば	1束	100	豆類	豆腐	1丁	300
	もやし	1袋	200		焼豆腐	1丁	300
	サラダ菜	1株（15枚）	100		油揚げ	1枚	30
	レタス	M1個	500		凍り豆腐	1個	16
	れんこん	1節	300		納豆	1パック	50

表I-4　乾燥食品のもどし時間と増加率

食品名	吸水時間	増加率（倍）	食品名	茹で加熱時間	増加率（倍）
豆類（乾）	24時間	2.0～2.5	干しそば	5分	2.5
干ししいたけ	20～120分	5.0～5.5	干しうどん	10分茹で3分蒸らす	3
凍り豆腐	25分	6	そうめん	1分茹でて2分蒸らす	3
ひじき	20分	4～5	スパゲティー	13分	2.5
こんぶ	15分	2.5～3.0	はるさめ	3分	3
糸寒天	30分	9	ビーフン	2～3分	3

4．食事設計の基礎

（1） 献立立案の手順

　食事の設計は，喫食対象，経済性，計画的な購入，調理器具・設備，調理担当者の調理技術能力等を考慮する。

　献立を立案する場合は，1日の給与量をバランスよく朝・昼・夕に配分し，下記の手順で行う。

① 最初に穀類エネルギー比から主食（ごはん，パン，めん）の種類と量を決める。対象者によって異なるが，目安量は70〜110gである。同じ対象者の場合は，毎回計算する必要はないが，喫食状況，喫食者の健康状態を評価しながら給与量を考える。

② 主食に合わせた主菜（魚類，肉類，卵，大豆料理）の種類と量を決める。目安量は50〜80gで，脂肪の多い食材は量を少なく，脂肪の少ない食材は多めとする。

③ 主菜に合う副菜（野菜，きのこ，いも，海藻）の種類と量を決める。目安量は50〜120gで緑黄色野菜とその他の野菜を1：2で用いるのが好ましい。

④ 汁物を決める。副々菜にしてもよい。場合によっては両方とも組み込んでもよい。献立の中に入れにくい海藻，きのこ等を積極的に取り入れる。目安量は30〜50gで，副菜の野菜と重ならないようにする。

⑤ 果物，牛乳・乳製品を決める。果物は200g/日，牛乳・乳製品は合計で200g/日とする。1日分の1食平均は70gであるが，昼食に果物を摂りにくい場合は朝食や夕食の献立に各100gぐらい入れる。牛乳は朝食に200mlを加えるとバランスのよい食事となる。一般成人ではチーズやヨーグルトを約100g用いる場合は，牛乳は100mlとする。

表Ⅰ-5　食別配分比

a. 1食分を単位にした配分比
　①朝食：昼食：夕食＝1：1：1
　②朝食：昼食：夕食＝1：1.5：1.5
　③朝食：昼食：夕食＝7：8：9
b. 主食と副食（主菜・副菜・副々菜・汁物）に分けた配分比
　①主食
　❶朝食：昼食：夕食＝1：1：1
　❷朝食：昼食：夕食＝0.9：1：1.1
　①副食
　❶朝食：昼食：夕食＝1：1.5：1.5
　❷朝食：昼食：夕食＝3：4：5

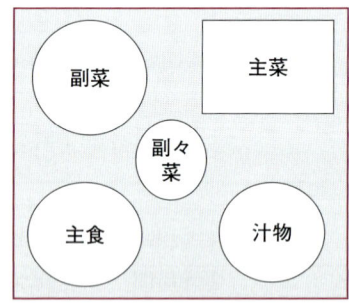

図Ⅰ-1　献立の組み合わせ

（2） 糖尿病食事療法のための食品交換表（1単位80kcal）を利用した献立立案

　病院給食では，各糖尿病患者に対する医師からの指示カロリーに基づいてバランスよく栄養が摂れるよう交換表を利用し食事療法が行われる。この食品交換表は食品群や栄養素のバランスがよいので，糖尿病患者ばかりでなく一般調理にも応用できる。

4．食事設計の基礎　7

表Ⅰ-6　糖尿病食事療法のための食品交換表の利用（1日）

食品の種別	総単位中の%			15単位 1,200kcal	18単位 1,440kcal	20単位 1,600kcal	23単位 1,840kcal	25単位 2,000kcal
主に炭水化物を含む食品	50〜60	表1	穀物，いも，豆等	7	9	11	12	14
		表2	くだもの	1	1	1	1	1
主にたんぱく質を含む食品	20〜28	表3	魚介，肉，卵，大豆	3	4	4	5	5
		表4	牛乳・乳製品等	1.5	1.5	1.5	1.5	1.5
主に脂質を含む食品	5〜9	表5	油脂，多脂性食品	1	1	1	2	2
主にビタミン・ミネラルを含む食品	5〜8	表6	野菜，海藻，きのこ，こんにゃく	1	1	1	1	1
調味料・嗜好品	2〜3	調味料	みそ，さとう等	0.5	0.5	0.5	0.5	0.5

表Ⅰ-7　1単位（80kcal）当たりの炭水化物・たんぱく質・脂質の荷重平均含有量（g）

	表1	表2	表3	表4	表5	表6
炭水化物	18	20		6		13
たんぱく質	2	—	9	4	9	5
脂質	—	—	5	5		1

（3）食事バランスガイド

　食事バランスガイドは，平成17年に厚生労働省・農林水産省両省から公表された。これは，日本の伝統的な玩具の「コマ」をイメージしたもので，食事バランスが悪いと倒れてしまう。さらに，運動をすることにより回転し，安定することを表し，健康には栄養バランスとともに，運動習慣が

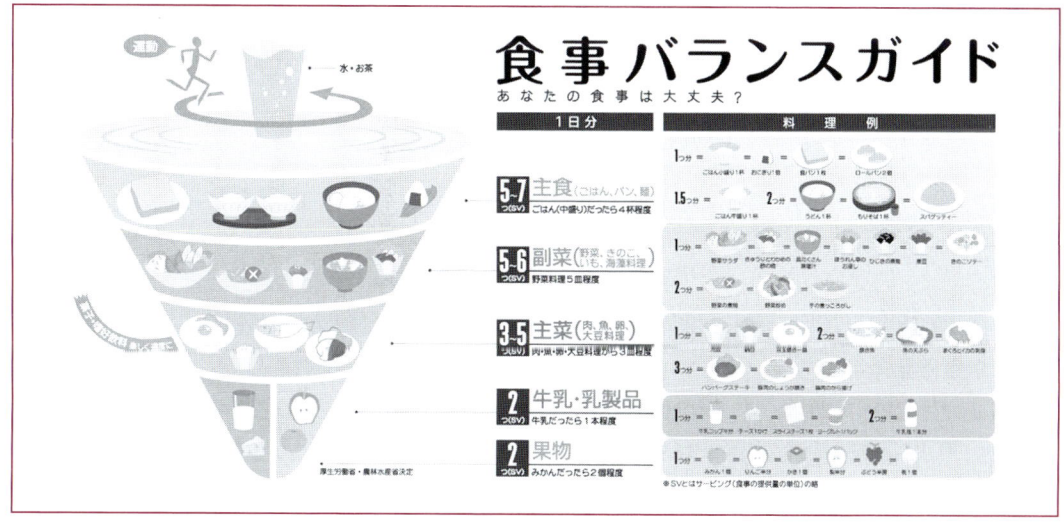

図Ⅰ-2　食事バランスガイド（厚生労働省・農林水産省，2005）

重要であることを示している。

単位は1つ（SV：サービング）で表し，主食5～7つ，副菜5～6つ，主菜3～5つ，牛乳・乳製品2つ，果物2つ，お茶・水の水分補給，お菓子・嗜好飲料は楽しく適度に摂取することをすすめている。

（4） 日本食品標準成分表2010

食品成分表は，日本人が日常摂取する食品の成分を明らかにし，国民の健康の維持・増進を図り，また，食料の安定供給を確保するための計画策定の基礎として必要不可欠である。学校給食，病院給食等の給食管理，食事制限，治療食等の栄養指導面，一般家庭における日常生活面，国民健康・栄養調査等の国民の栄養状態の把握，評価するための各種統計調査，食料需給表の作成，食料自給率の目標設定等に広く使われている。

食品成分表において収載されている食品は下記の条件を原則としている。
① 日本において常用される食品
② 1食品1標準成分値
③ 食品番号は5桁とし，初めの2桁は食品群，次の3桁が小分類，または細分を示す。
④ 成分値は，すべて可食部100g当たりの値である。
⑤ 食品の調理条件は，一般調理（小規模調理）を想定した条件である。
⑥ 煮汁に調味料は加えず，煮汁は廃棄した。
⑦ 手計算での栄養計算後は成分表に記載してある小数点の位置までに抑える。

四訂食品成分表では，野菜の備考欄に，可食部100g当たり600μg以上カロテンを含有する野菜を「有色野菜」として『有』の記号を付していたが，五訂食品成分表からは削除された。

表I-8 種々の栄養計算

① 廃棄率（％）＝ $\dfrac{廃棄重量}{食品重量} \times 100$

② 購入量（g）＝ 可食重量 $\times \dfrac{100}{100-廃棄率}$

③ 調理された食品全重量に対する成分量
＝ 調理した食品の成分値 $\times \dfrac{調理前の可食部重量（g）}{100（g）} \times \dfrac{重量変化率（％）}{100}$

④ 廃棄部を含めた原材料重量（g）＝ $\dfrac{調理前の可食部重量（g）\times 100}{100-廃棄率（％）}$

5．調理器具・機器

（1） 計量用器具

大量調理において**秤量**は，料理の再現性，均質性，均一性，経済性等の点から必須のことであるが，家庭等の一般調理においても，一定品質レベル以上の料理を作るために有用である。

重量を計測するものとしては，一般的は上皿自動ばかり（100g，1kg，2kg），少量の秤量には直示上皿天秤，大量調理においては台ばかり（10kg，30kg）も使用する。

食品の**重量と容量の関係**は，一般的によく使われる，計量スプーン〔小さじ（5 ml），大さじ（15 ml）〕で比較してみると，酢，酒等は同じであるが，多くの食品は比重の違い，粉・粒・液体等形状の違いから異なっている。容量より重量の数字が大きいのは次のような食品で，その他のほとんどの食品は重量の方が小さい数値である。

表 I-9　食品の重量と容量の関係

	食品名	小さじ （5 ml）	大さじ （15 ml）	カップ （200 ml）
サラサラしている液体	水・酢・酒・牛乳	5 g	15 g	200 g
濃度のある調味料	しょうゆ，みりん，みそ	6 g	18 g	230 g
	ウスターソース	6 g	18 g	240 g
糖度の高い食品	水あめ，はちみつ	7 g	21 g	280 g
	ジャム	7 g	21 g	250 g
	マーマレード	7 g	21 g	270 g

　計量スプーン，計量カップ（180 ml，200 ml，500 ml，1 l）の計測は，軽くすくって表面を平らにすりきる。塊がある場合は塊をつぶしてから，固まったバター等は隙間のないよう詰めてからすりきる。その他，温度管理をするための温度計（-50℃，100℃，200℃），時間を計るタイマー等がある。

図 I-3　計量カップと計量スプーン

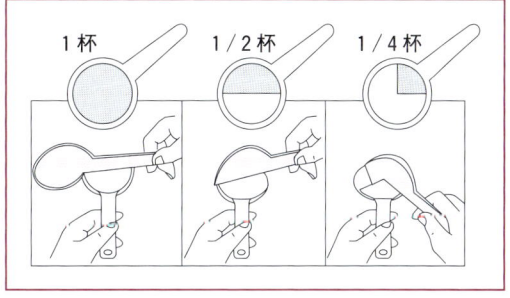

図 I-4　計量スプーンとすり切りべらによる計り方

（2）非加熱用器具
① 包丁の種類と用途

　日本に昔から伝わる包丁は**和包丁**といい，菜切り，薄刃，出刃，刺身包丁等で，主に片刃である。**洋包丁**としては，牛刀，ペティナイフ，三徳で，両刃と片刃ある。中華料理用には，**中華包丁**がある。

　和包丁は，伝統的な日本料理関係の専門店等で用いられているが，一般家庭や給食施設において最も頻繁に使用されるのは牛刀で，その他，ペティナイフが使われる。

10   I. 調理の基礎

表I-10 包丁の種類と用途

名称		用途	形状	刃型	刃渡り
和包丁	菜切り	葉菜類，特に刻み用。		両刃	12～16cm
	薄刃	だいこん，にんじん等，やや硬いものを切るのに適している。広く使用できる。		片刃	15～18cm
	出刃	骨の硬い魚や大きめの魚のおろし，鶏のぶつ切り，骨切り等に用いる。		片刃	11～15cm
	柳刃（刺身）	刺身，3枚おろし，はもの骨切りに用いられる。（関西）		片刃	24～30cm
	たこ引き（刺身）	刺身，皮引き，桂むき等に使われる。（関東）		片刃	24～30cm
洋包丁	牛刀	野菜切り，塊の肉切り，魚おろし，刺身等用途が広い。		両刃・片刃	18～24cm
	ペティナイフ	果物やいもの皮むき，芽やへた取り，飾り切り等，細かい作業に適する。		両刃・片刃	12～15cm
	三徳（万能）	牛刀と菜切りの利点を持つ包丁で，汎用性が高い。		両刃	約18cm
	サーモン切り	包丁の腹に凹凸がある。		両刃	約25cm
	冷凍用	刃がのこぎり状で冷凍食品を切ることができる。		両刃	約25cm
	パン切り	刃がウエーブ状である。		片刃	約25cm
中華包丁	菜刀（ツァイダオ）	薄刃と厚刃，刃先が角ばっているものと丸みがあるものもある。料理で分類すると分かれるが，和包丁の一種である。		片刃	22～24cm

② 包丁の構造と使用部位

●**包丁の各部の名称**：和包丁と洋包丁では，包丁の構造に違いがある。

●**牛刀の部位による使い分け**：和包丁は食材や目的によっていろいろな種類の包丁を使い分けるが，洋包丁は刃渡りの違いにより大小あるが基本的には同じで洋包丁の牛刀一本でいろいろな用途に使用することができる。

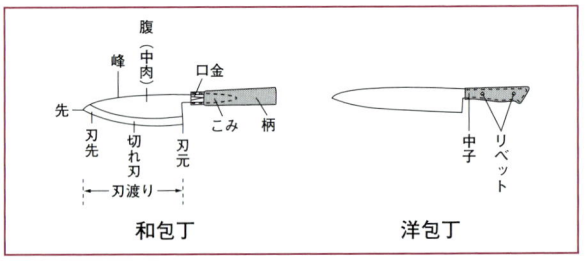

図I-5 包丁の名称

●**刃の構造と研ぎ方**：和包丁は鋼の両刃を軟鉄で挟んだ諸刃と，軟鉄の片側に鋼をつけたものがある。包丁は使っていると切れ刃の先が丸くなり切れ味が悪くなってくるため，砥石で研ぎ，鋭角にする。

砥石は水に浸して水を含ませて用いる。切れ刃を砥石の上に置き，力を入れ前後に動かして研ぐ。両刃の場合は両側の切れ刃の長さが同じになるように研ぐ。

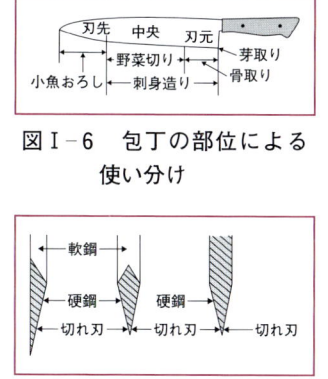

図Ⅰ-6　包丁の部位による使い分け

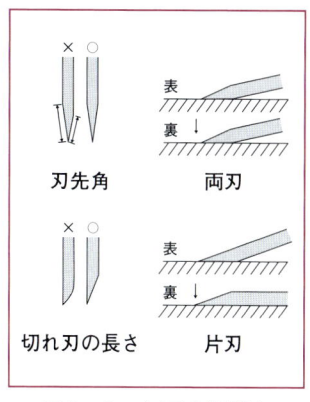

図Ⅰ-8　包丁の研ぎ方

図Ⅰ-7　刃の構造

③　切　　断

●**包丁の持ち方**：包丁を持つ場合は，小指と薬指と掌でしっかり柄を握り込み，他の指で支えるようにする。食材の硬さにより人差し指の位置を変える。普通は全握法が多い

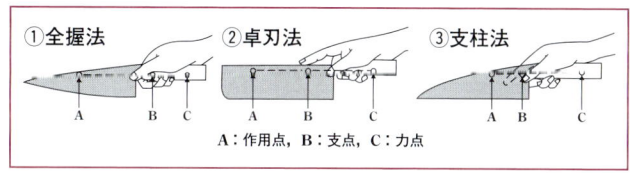

図Ⅰ-9　包丁の持ち方

が，やわらかい豆腐等を切る場合には卓刃法，硬い物を切る場合は支柱法を用い，さらに，片方の空いている手で包丁の峰を押さえて切ったり，たたいて切ったりすることもある。

やわらかい物を切る時は，Aの作用点が柄から遠くなるが，硬い物を切る時は作用点が柄に近くなる。硬い物を包丁に添えた上の手でたたいて切る場合は包丁をまっすぐ下ろすが，野菜等を切る時は包丁を体と反対側に押しながら切る。魚を3枚にトロしたり，刺身等を切る場合は手前に引きながら切る。

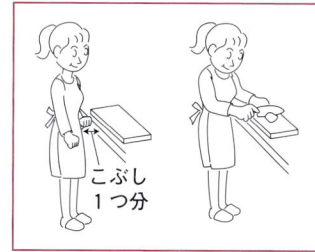

図Ⅰ-10　立ち位置と姿勢

●**手の添え方**：食材を切る時は，体をまな板から握りこぶし1つ分くらい離して立ち，まな板に向かって45度右斜めに向き体の右側をやや後に引き，足は肩幅ぐらい開く。背筋は伸ばし，腰を余り曲げないようにする。左手の指は卵を包み込むような形に曲げ，包丁の腹に当てる。切りたい厚さや長さによって指を加減して動かす。

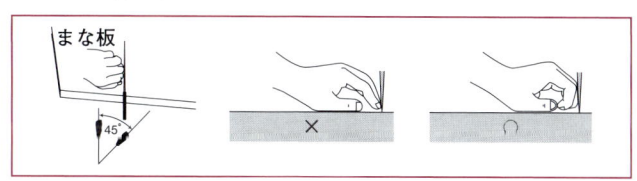

図Ⅰ-11　手の添え方

12　I．調理の基礎

●野菜の切り方

5．調理器具・機器

●飾り切り

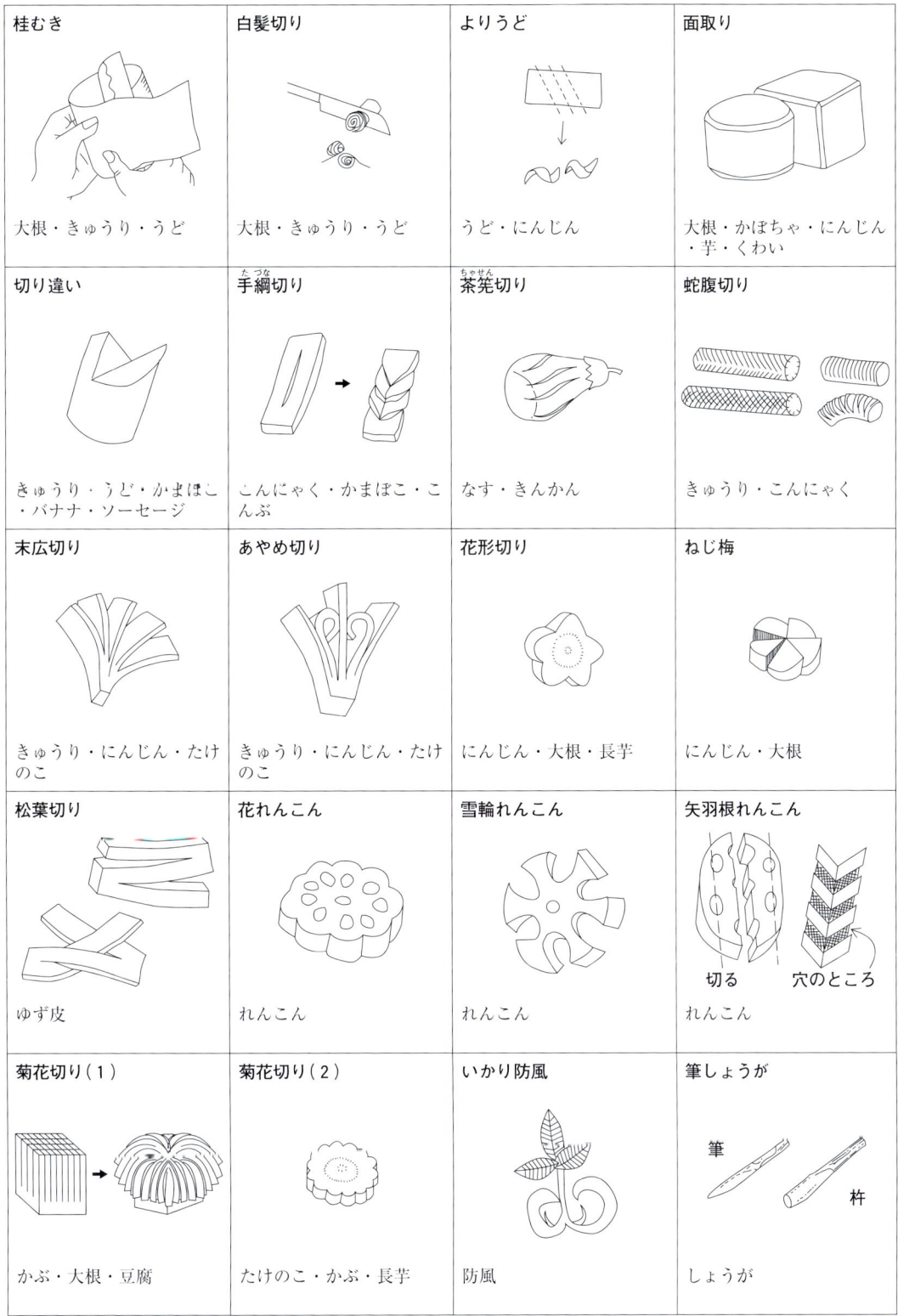

桂むき	白髪切り	よりうど	面取り
大根・きゅうり・うど	大根・きゅうり・うど	うど・にんじん	大根・かぼちゃ・にんじん・芋・くわい
切り違い	手綱切り	茶筅切り	蛇腹切り
きゅうり・うど・かまぼこ・バナナ・ソーセージ	こんにゃく・かまぼこ・こんぶ	なす・きんかん	きゅうり・こんにゃく
末広切り	あやめ切り	花形切り	ねじ梅
きゅうり・にんじん・たけのこ	きゅうり・にんじん・たけのこ	にんじん・大根・長芋	にんじん・大根
松葉切り	花れんこん	雪輪れんこん	矢羽根れんこん
ゆず皮	れんこん	れんこん	れんこん
菊花切り（1）	菊花切り（2）	いかり防風	筆しょうが
かぶ・大根・豆腐	たけのこ・かぶ・長芋	防風	しょうが

I．調理の基礎

●魚のおろし方

1．えらの除き方

① えらの下側とかまを切り離す　② えらの上側を切り離す　③ 包丁で押えてえらを引き出す

2．内臓のとり方

① 腹を切る　② 内臓をかき出す　③ よく洗う

3．つぼ抜き（腹部に切り込みを入れないで内臓を取り出す方法。あゆ，きす，ます等に用いることがある。筒抜きとも言われる。）

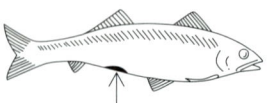 

① 肛門のところに切り込みを入れ，内臓を切り離す　② えらの上下を切り離し，えらを引き出すと内臓がくっついたまま取り出せる。取り出したら腹の中を水でよく洗う

4．頭の落とし方

 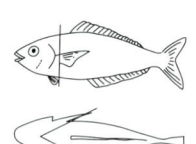 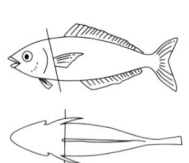

素頭落とし　　たすき落とし　　かま下落とし

5．おろし方（三枚おろし）

   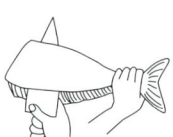

① 水洗いした魚の腹に包丁目を入れる　② 背にも同様に包丁目を入れる　③ 尾の方向に包丁を入れる　④ 尾を持って中骨に沿わせて一気に引く

⑤ 上身をはずす　⑥ 裏返して背に包丁目を入れる　⑦ 腹にも包丁目を入れる　⑧ 中骨から下身をはずす。三枚おろし

6. おろし方（五枚おろし）

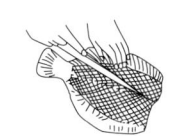

① 腹に包丁目を入れる
② 中骨に沿って包丁目を入れる
③ 骨に沿って中骨から上身の背の方をはずす
④ 同様に腹側もはずす
⑤ 中骨に沿って包丁目を入れる
⑥ 背側をはずす
⑦ 腹側もはずす
⑧ 五枚おろし

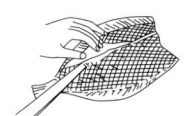

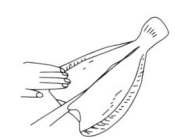

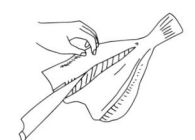

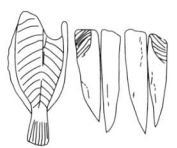

7. いかの切り方

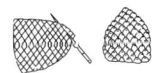

① 包丁を斜めにして切り目を入れる
② ひし形になるように，反対側からも切り目を入れる
松笠いか

① 包丁を斜めに，0.8cm 間隔で切り目を入れる
② 0.6～1cm 幅で切り落とす
唐草いか

8. 魚の切り方

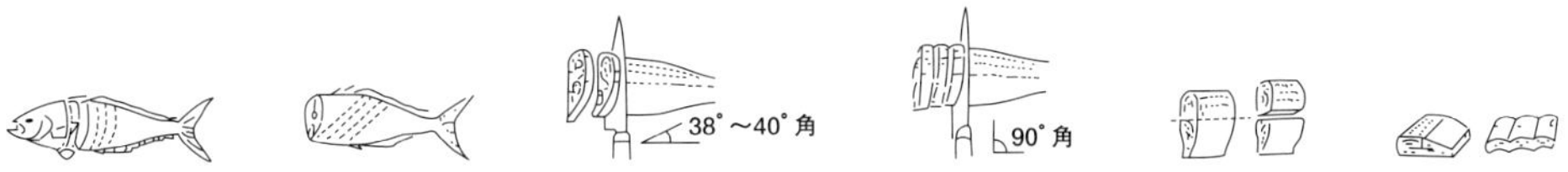

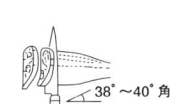

筒切り　斜め切り　はね切り（38°～40°角）　一文字切り（90°角）　行木切り　観音開き

9. 魚の開き方

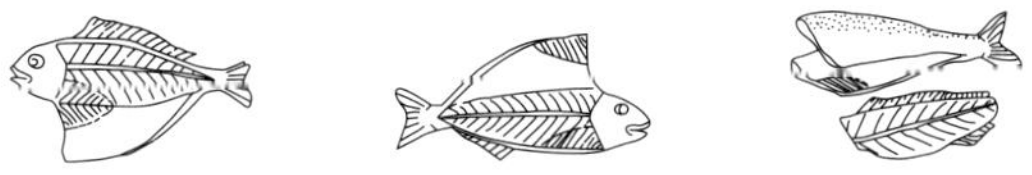

背開き　腹開き　おろし開き

10. いわしの手開き

① いわしの頭を手でちぎり内臓を除いた後，水洗いする
腹の切れ目に両親指を入れ，中骨の上をしごいて開く
② 頭の方の中骨の下に右手の親指を入れる
③ 中骨にそって指を尾の方にすべらす
④ いわしをまな板の上にのせ，尾の近くで中骨を折り，頭の方向に中骨をはずしてゆく

16　Ⅰ．調理の基礎

④　包丁の片付け

使用後は，洗って熱湯をかけ，水分を拭いて完全に乾燥させてから収納する。多数人の食事を提供する給食施設にあっては，衛生上の点から包丁殺菌庫等に保管するのが望ましい。

⑤　まな板

従来から使われてきた檜（ひのき），朴（ほお），柳（やなぎ），銀杏（いちょう）等の材質で作られた木製と，合成樹脂製，プラスチック製等がある。木製は刃当たりがよいが，表面に傷がつきやすく，使用後乾燥や消毒をする等，衛生上の取り扱いに手間が掛かる。プラスチック製のまな板は刃当たりが悪く，滑りやすいが，近年かなり改良され，抗菌，抗カビ加工を施したものもあり，給食施設等では食材別に使い分けされるプラスチック製が使われている。

使用時に乾燥したまま用いると食材が貼り付いてしまうので，乾燥したものを切る以外は必ずまな板を水でぬらし，布巾で拭いてから用いる。

使用後はきれいに水洗いし，風通しのよい乾燥しやすいところに保管する。給食施設ではまな板殺菌庫に保管するのが望ましい。

⑥　その他の調理器具

●**料理ばさみ**：包丁で切りにくい食品を切ったり，のり，赤唐辛子，ねぎ等を細かく切ったりするときに使用する。中央の穴で栓を抜いたり，握り部分の下のつめでびん詰や缶詰のふたを開けたりすることもできる。

●**皮むき器**：ピーラーともいい，野菜や果物の皮をむく器具で横型と縦型がある。刃の横についている小さな輪は，じゃがいもの芽を取るのに使用する。刃の角度が自由に動くものや刃が斜めについていて皮の厚さが調節できるものもある。

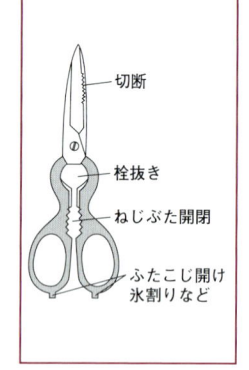 

図Ⅰ-12　料理ばさみ　　図Ⅰ-13　皮むき器

●**擂り鉢**（すりばち）：あたり鉢ともいう。食べ物を擂り潰す器具で，外側と上線（うわぐすり）に釉がかけてあるが上線から底にかけては素焼きのままで，細かい筋目がついている。小さめの擂り鉢は卓上でごまを擂ったりするほか，小鉢として利用されることもある。

●**擂り粉木**（すりこぎ）：あたり棒，れんぎともいう。擂り鉢を使用するときに用いる木の棒のことで，長さは擂り鉢の直径の2倍位で太いものが使いやすい。材質は，桐（きり），柳，朴が多いが，強くて折れにくく，木の香りが良いさんしょうの木でできたものが最も良い。

●**ジューサー**：野菜や果物からジュースを搾り，かすを除去する器具で，ステンレス鋼のカッターを高速回転させて，食品の磨砕（まさい）とろ過を行う。一般には電動式が用いられるが，食品を圧搾してジュースを搾る手動式もある。

●**ミキサー**：ステンレス鋼のカッターを高速回転させて，食品を磨砕，混合する器具である。使用時には空転や長時間回転をさけ，モーターに負荷がかかり過ぎないようにする。

●**ハンドミキサー（泡だて器）**：食品の混合・撹拌（かくはん）に使用する。一般的には電動式が使われ，手もとの切り換えスイッチで回転速度を調節することができる。

5．調理器具・機器　17

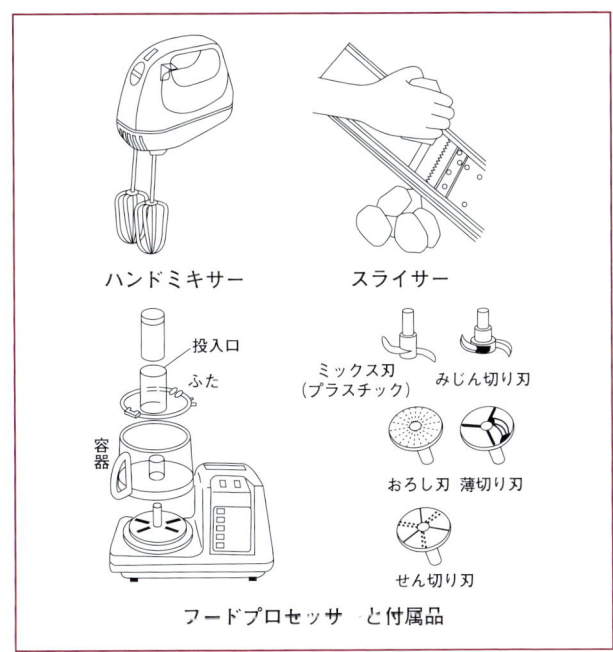

図Ⅰ-14　いろいろな調理器具

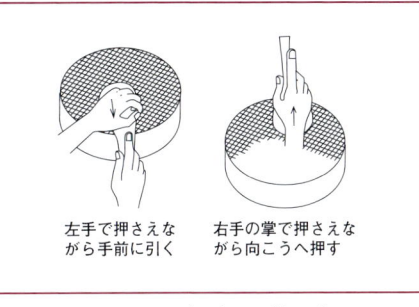

図Ⅰ-15　裏ごしの使い方

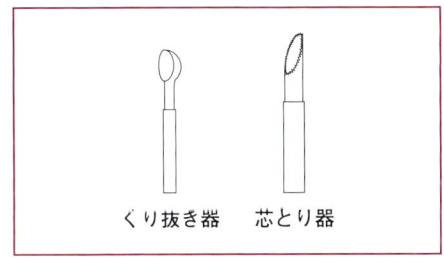

図Ⅰ-16　くり抜き器・芯とり器

●**スライサー**：野菜を薄切りやせん切りにできる調理器具で，いろいろな厚さに調整できる。

●**フードプロセッサー（万能調理器）**：付属の刃を変えることによって野菜をおろしたり，みじん切り，せん切り等各種の切り方で切断したり，混合・撹拌操作を行ったりできる。カッターの回転速度はきわめて速く，作業時間の短縮が可能である。

●**裏ごし器**：いも等を裏ごす時に用いる。一般には円形の枠に金網を張ったものが使われるが，高級なものには絹や馬毛を張ったものがある。使用する時は，器具は伏せて材料を置き，網目に対して斜め方向にしゃもじを押し付けるように行う。

●**くり抜き器・芯とり器**：くり抜き器は食材を丸くくり抜くための半球状のもので，芯とり器はりんご等の芯をくり抜く円筒形のものである。

(3)　加熱用器具

①　炊飯器

炊飯器は米と分量の水を加えてスイッチを入れると，自動的に飯が炊けるようになっている電気やガスを熱源とする器具である。

電気炊飯器は，内釜の水分がほとんどなくなると温度が急上昇し，底に組み込まれたバイメタルが高温（約140℃）になると膨張して曲がり，電流の流れる部分の接点が離れて，電気が切れる。その後，直ちに保温（約70℃）に切り変わるものが多い。

ガス炊飯器は，原理は電気炊飯器と同じであるが，熱源はガスを用いるため点火や消火により温度が急激に上昇や下降しやすいので，それをなくすため，熱容量の大きい厚い鍋を用いる。保温装置があるが保温時間は12時間以下が望ましい。

18　I．調理の基礎

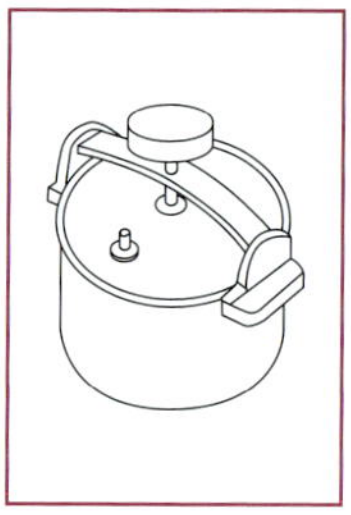

② **圧力鍋**

蒸気を鍋内に閉じ込め，内部圧力を$1.3〜2.0 kg/cm^2$と高めることにより沸点を約120℃に上昇させて食品を短時間で加熱する厚手の鍋である。材質はステンレス鋼やアルミニウムの鋳物である。加熱すると鍋内が高温・高圧になるので，安全装置があるが取り扱いには注意がいる（p.277参照）。

③ **オーブン**

ガスまたは電気を熱源とし，密閉した庫内で周囲からの放射熱，伝導熱，対流熱と食品から発生した水蒸気で食品を蒸し焼きにする高温加熱機器である。発酵，スチーム加熱，強制対流ファンの機能を持ったもの，電子レンジ機能も組み込んだオーブンレンジもある。

図I-17　圧力鍋

④ **電子レンジ**

マイクロ波（2,450MHz/秒）を食品に照射し，吸収された電波エネルギーにより食品自体の分子が運動し発熱する原理を利用したもので，他の熱伝導による加熱方法と異なる。照射むらを少なくするため，スターラーでマイクロ波を乱反射させたり，ターンテーブルに食品を載せたりするようになっている（p.277参照）。

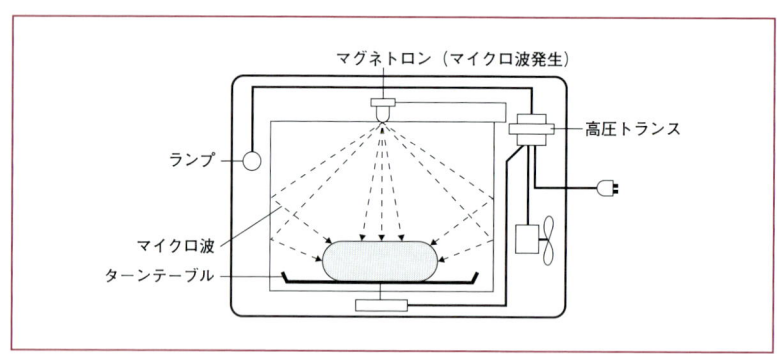

図I-18　電子レンジの構造

⑤ **電磁調理器（IHヒーター）**

電磁誘導調理器といわれ，電気エネルギーを電磁エネルギーに変換する調理器（プレート）で，プレートの上においた鍋の電気抵抗によって鍋自体が発熱し，その熱を利用する。鍋は平らで磁性がある鉄，ステンレス，ほうろう製が適する。炎が出ないし，火力調節機能や温度調節機能があるので，揚げ物，煮込み料理等に用いても安全である（p.280参照）。

⑥ **鍋　類**

形，大きさ，材質等さまざまであるが，用途に適した鍋を選ぶことはもちろん，熱源との関係も考慮して合理的な調理をしたい。鍋の材質と特徴を考え，調理に合わせて用いる。

（4）**エネルギー源**

① **熱媒体**

加熱調理を行う場合，食品に熱を伝達するものを**熱媒体**といい，液状熱媒体とガス状熱媒体がある。液状熱媒体には，湿熱加熱の「茹でる」，「煮る」に用いる水，乾熱加熱の「揚げる」に用いる油がある。ガス状熱媒体には湿熱加熱の「蒸す」に用いる水蒸気，乾熱加熱の「燻製」に用いる煙

道ガスや「焼く」に用いる空気がある。

② 熱の移動

熱の移動には，伝導，対流，放射がある。

伝導は，1つの物体や隣り合った物体に温度差がある場合，どちらかへ熱が流れることをいう。対流は，熱せられた液体は膨張し比重が小さくなり上昇し，周囲の冷たい部分は比重が重いため下降する現象のことである。放射（輻射）は，熱源より放射線（電磁波）を放出する現象のことで，波長が750〜1,000nm位までを赤外線・熱線という。

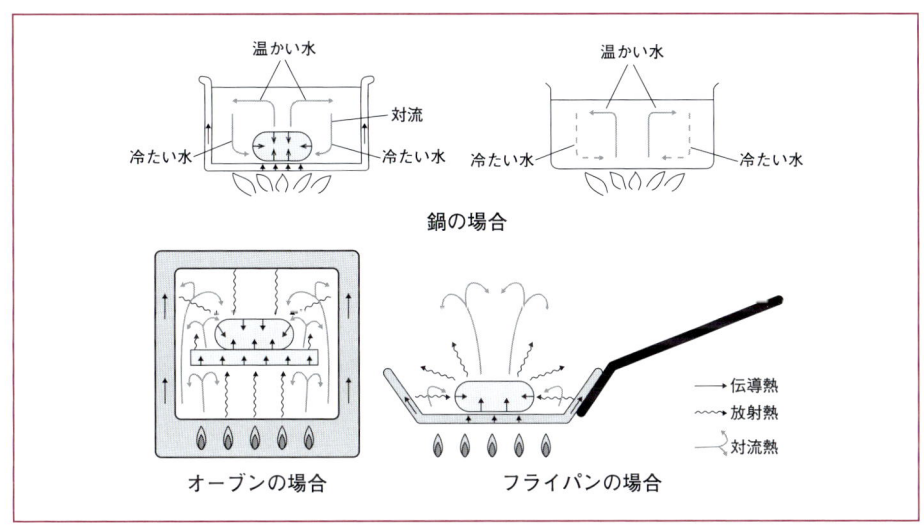

図Ⅰ-19 熱の移動

③ エネルギー源

一般的に熱源はガスと電気である。ガスは，火力が強いので最高温度が高く，火力の調節が連続的で簡単であり，火力の強さが調整しやすい。しかし，炎による火事の危険やガス漏れの心配がある。電気は，無害であり，自動で温度調節やスイッチの切り替えが可能であるが，最高温度がガスより低く，温度調節が緩慢である。

(5) 保存用機器

食品を低温に貯蔵し，食品中の酵素の働きや微生物の繁殖を抑え鮮度を保持したり，食品を冷やしたりする器具である。

家庭用には一般的に冷凍冷蔵庫が普及し，冷蔵室は3〜10℃，冷凍室が−18〜−30℃である。その他，湿度90〜95％にコントロールされた野菜室や，パーシャル室（−2〜−3℃），チルド室（2〜−2℃），高湿チルド室（2〜−2℃，湿度80〜90％），氷温室（−1℃）のような新温度帯室を持った冷凍冷蔵庫もある。

6．煮だし汁

（1）日本料理

　日本料理のだし汁は，汁物・煮物等に使われる。かつおや煮干し等を用いてだしを取る時は，基本的には魚の生臭みがだしに出ないように沸騰した湯に入れる。また，かつお等を入れて加熱する時は，魚の生臭みを飛ばすため，鍋のふたをしない。沸騰した後も旨味を煮出すため加熱をするので，仕上がり量の約10％増しの水を用意し，かつお等を投入後は弱火とする。

表Ⅰ-11　だし汁のとり方

種類 （仕上がり量）	材料	使用量g （％）	調理法	用途	旨味成分
かつお節一番だし （1,000 g）	水 削りかつお	1,100 g 30 g（2～4％）	①水を沸騰させて削りかつおを入れ，再沸騰したら約1分弱火で加熱する。火を止めてから2～3分，削りかつおが沈んだら上澄み液を布巾でこす。	すまし汁・煮物	イノシン酸
かつお節二番だし （500 g）	水 一番だしのだしがら	550 g 30 g（4～10％）	①一番だしのだしがらに，一番だしの約半分の水を加え，沸騰したら約3分弱火で煮だし，上澄み液を布巾でこす。少量の追いがつおを加えてもよい。	みそ汁・煮物	イノシン酸
厚削りかつお節だし （1,000 g）	水 厚削りかつお	1,100 g 30 g（2～4％）	①水を沸騰させて厚削り節を入れ，再沸騰したら約8分弱火で加熱する。火を止めてから2～3分，削り節が沈んだら上澄み液を布巾でこす。	すまし汁・みそ汁・煮物・麺汁	イノシン酸
昆布だし （1,000 g）	水 真昆布 利尻昆布 日高昆布 等	1,150 g 30 g（2～4％）	①固く絞った布巾で昆布の表面の砂やごみを取り繊維に直角に切れ目を入れる。 ②仕上り量の約15％増しの水に昆布を入れ，火にかけ沸騰直前に昆布を取り出す煮だし法と，水に30～60分浸漬する水だし法がある。	精進料理・すし飯・煮物・潮汁	L-グルタミン酸
混合だし （1,000 g）	水 昆布 削りかつお	1,200 g 15 g（1～3％） 15 g（1～3％）	①仕上り量の20％増しの水に昆布を入れて火にかけ，沸騰直前に昆布を取り出す。 ②沸騰したところへ削りかつおを入れ，一番だしと同じ方法でだしを取る。材料は，単一使用量の半量でよい。	すまし汁・茶碗蒸し・麺汁・天つゆ等	L-グルタミン酸・イノシン酸
煮干しだし （1,000 g）	水 煮干し*	1,100 g 40 g（3～5％）	①頭と内臓を取って，2～3個に裂き，水に入れ，沸騰後約3分弱火で加熱し，火を止め，上澄み液をこす。 ②仕上り量の10％増しの水に20～30分浸漬後，火にかけ沸騰後1分煮だす煮だし法と，2時間以上浸漬し，そのまま用いる水だし法がある。	みそ汁・麺汁等	イノシン酸
精進だし （1,000 g）	水 乾しいたけ かんぴょう 昆布　等	1,100 g 10 g（1～2％） 10 g（1～2％） 20 g（1～3％）	①干ししいたけ，かんぴょう，昆布等の乾物を戻すとき，水や微温湯に浸けた浸け汁と一緒に火にかけてとる。野菜を弱火で長時間煮て，その煮汁を使うこともある。	精進料理	5'-グアニル酸・L-グルタミン酸

＊だし用の煮干しは，一般的にかたくちいわしの幼魚を茹でて，天日乾燥したもので，よく乾燥していて，形崩れがなく，銀白色を呈した光沢があるものがよい。

（2） 中国料理

中国料理のだし汁には，動物性食品から取る葷湯（ホウェヌタン）として，一般的な鶏湯（チータン），豚湯（トンタン）の他，火腿湯（フゥオトイタン）（ハム），干貝湯（ガンペイタン）（干し貝柱）がある。植物性食品から取る素湯（スウタン）（干ししいたけ・昆布・もやし）は精進料理等に用いられる。

表Ⅰ-12　葷湯のとり方

種類 （仕上がり量）	材料	使用量 g （％）	調理法	用途	旨味成分
鶏湯①（チータン） （1,000 g）	水 鶏骨付きもも肉＊ ねぎ しょうが 酒	1,500 g 300 g（30％） 20 g（2％） 10 g（1％） 30 g（3％）	①骨付き肉はぶつ切りにして，脂肪を除き，熱湯をかけてからきれいに洗う。 ②ねぎは長切り，しょうがはつぶす。 ③鍋に①②を入れ，水，酒を入れて加熱し，沸騰したら弱火にしてアクをすくい取りながら約1時間加熱し，火を止めて静かにこす。	湯菜（タンツァイ）・全ての料理のだし	種々のアミノ酸・ヌクレオチド
鶏湯②（チータン） （1,000 g）	水 鶏骨 （1羽分） ねぎ しょうが 酒	1,500 g 250 g（25％） 20 g（2％） 10 g（1％） 30 g（3％）	①骨は脂肪を取り除き，熱湯をかけてから水で洗い，約5 cmのぶつ切りにする。 ②ねぎは長切り，しょうがはつぶす。 ③鍋に①②を入れ，水，酒を入れて加熱し，沸騰直前に弱火にしてアクをすくい取りながら約1時間加熱し，火を止めて静かにこす。	湯菜（タンツァイ）・全ての料理のだし	種々のアミノ酸・ヌクレオチド
肉湯（ロウタン） （1,000 g）	水 豚もも肉 ねぎ しょうが 酒	1,500 g 300 g（30％） 30 g（3％） 10 g（1％） 30 g（3％）	①豚肉はぶつ切りにして，熱湯を通す。 ②ねぎは長切り，しょうがはつぶす。 ③鍋に①②を入れ，水，酒を入れて加熱し，沸騰したら弱火にしてアクをすくい取りながら約1時間加熱し，火を止めて静かにこす。	湯菜（タンツァイ）・全ての料理のだし	種々のアミノ酸・ヌクレオチド

＊①老鶏を用いてもよい。だしを取った後の鶏肉は炒め物や煮物として用いるとよい。濁りを防ぐためには新しい鶏骨を用い，ふたをしないで，かき混ぜないように静かに加熱する。
　②鶏湯や豚湯の代わりに，鶏骨（鶏ガラ）や豚骨のスープを顆粒状にした中国スープの素を使用してもよい。
　③ねぎ，しょうがは肉の臭い消しのために用いるので，癖が残るほど多く用いない。

（3） 西洋料理

西洋料理で用いられる煮だし汁は，スープの土台となる煮だし汁の**ブイヨン**と，ソースや煮込み料理に用いられる煮だし汁の**フォン**の2種類に大別される。

動物性食品と植物性食品を長時間加熱して各種の遊離アミノ酸，ヌクレオチド，有機酸等の旨味成分を抽出するので，和風だし汁に比べて複雑な旨味を持ちコクがある。

① ブイヨン（仏 Bouillon ブイヨン，英 Soup stock）

本格的には料理の主材料や調理法に応じて各種のブイヨンやフォンを調製して，使い分けるのが望ましいが，一般的には，ブイヨンをスープやソース，煮込みに用いてもよい。

② フォン（仏 Fonds フォン）

通常，フォンはブイヨンより濃厚で旨味成分が凝縮されていて，強い香味を持つので，ブイヨンの代用にはならない。

表Ⅰ-13 ブイヨンの分類

牛肉のブイヨン Bouillon ブイヨン	脂肪の少ないすね肉等と，香味野菜，香草・香辛料を用いる
鶏肉のブイヨン Volaille ヴォラーユ	鶏のがらか骨付き肉を用いる。香草・香辛料を用いる
魚のブイヨン Poisson ポワソン	白身の魚（ひらめ，舌びらめ等），魚の中骨等を用いる

表Ⅰ-14 フォンの種類

Fonds blanc フォン ブラン	普通の煮だし汁
Fonds brun フォン ブリュン	澄んだ褐色煮だし汁
Fonds de veau フォン ド ヴォ	子牛肉の煮だし汁
Fonds de volaille フォン ド ヴォラーユ	鶏肉の煮だし汁
Fonds de poisson フォン ド ポアソン	魚の煮だし汁

表Ⅰ-15 ブイヨンとフォンのとり方

種類 （仕上がり量）	材料	使用量g（％）	調理法	用途	旨味成分
Bouillon ブイヨン (1,000 g)	水 牛すね肉 鶏骨（1羽分） にんじん たまねぎ ブーケガルニ 　セロリ 　パセリ茎 　タイム 　ローリエ こしょう（粒） 食塩	2,400 g 300 g（30％） 200 g（20％） 100 g（10％） 80 g（8％） 50 g（1/2本） 3 g（2本） 2 g（1本） 0.3 g（1枚） 1 g（10粒） 2.5 g（0.3％）	①肉と鶏骨は汚れや脂肪を取り除く。肉は3cm角に切り，鶏骨は熱湯をかけて流水で洗う。香味野菜類は大きめに切る。 ②深鍋（寸胴鍋）に水，肉，鶏骨を入れて強火にかける。煮立ってアクが浮いてきたら，弱火でアクと脂肪をすくい取る。鍋の中央が静かに沸いている程度の火加減で1時間煮る。野菜類，香辛料，塩を加え，再度アクと脂肪をすくい取りながら，弱火で1時間煮る。 ③布巾を二重にして，冷めないうちにこす。液面の脂肪は紙に吸わせるか，すくい取る。	スープ	種々のアミノ酸・ヌクレオチド・有機酸

6. 煮だし汁

Fonds blanc (フォン ブラン) (白色煮だし汁) (1,000 g)	水 牛すね肉 鶏骨（2羽分) にんじん たまねぎ ブーケガルニ 　セロリ 　パセリ茎 　タイム 　ローリエ こしょう（粒） 食塩	2,400 g 400 g（40%） 400 g（40%） 100 g（10%） 80 g（8%） 50 g（1/2本） 3 g（2本） 2 g（1本） 0.3 g（1枚） 1 g（10粒） 5 g（0.5%）	①肉と鶏骨は汚れや脂肪を取り除く。肉は3cm角に切り，鶏骨は熱湯をかけて流水で洗う。香味野菜類は大きめに切る。 ②深鍋（寸胴鍋）に水，肉，鶏骨を入れて強火にかける。煮立ってアクが浮いてきたら，アクと脂肪をすくい取る。野菜類，塩を加え，鍋の中央が静かに沸いている程度の弱火で，アクと脂肪を取りながら，3時間煮る。 ③布巾を二重にして，冷めないうちにこす。液面の脂肪は紙に吸わせるか，すくい取る。	ソース （本来は肉料理のソース）	種々のアミノ酸・ヌクレオチド・有機酸
Fonds brun (フォン ブリュン) (澄んだ褐色煮だし汁) (1,000 g)	水 牛骨付きすね肉 子牛すね肉 ベーコン にんじん たまねぎ ブーケガルニ 　セロリ 　パセリ茎 　タイム 　ローリエ こしょう（粒） 食塩	2,400 g 600 g（60%） 600 g（60%） 60 g（6%） 80 g（8%） 50 g（5%） 50 g（1/2本） 3 g（2本） 2 g（1本） 0.3 g（1枚） 1 g（10粒） 5 g（0.5%）	①ベーコンと骨からはずした肉は3cm角に切り，骨は小さく砕く。香味野菜は1cm幅に切る。 ②①をきつね色になるまで炒め，水を加えて加熱し，沸騰したらアクを取りながら約5時間煮込む。 ③冷めないうちに布巾でこし，液面の脂肪は紙に吸わせるか，すくい取る。	ソース （本来は肉料理のソース）	種々のアミノ酸・ヌクレオチド・有機酸
Fonds de poisson (フォン ド ポワソン) (魚の煮だし汁) (1,000 g)	水 白身魚の身・あら たまねぎ セロリ パセリ茎 レモン ぶどう酒（白） こしょう（粒） 食塩	1,300 g 400 g（40%） 50 g（5%） 40 g（1/2本） 3 g（2本） 10 g（1%） 50 g（5%） 1 g（10粒） 3 g（0.3%）	①あらは水でよく洗い，粗く切っておく。野菜は薄切りにする。 ②材料を全部鍋に入れ強火にかける。アクをすくい取り，弱火にして約20分煮てこす。	ソース （本来は魚料理のソース）	種々のアミノ酸・ヌクレオチド・有機酸

＊この他に，Fonds de veau（フォン ド ヴォ）（子牛肉），Fonds de volaille（フォン ド ヴォライユ）（鶏肉）がある。

7．実習記録

　実習が終了したら，献立名，実習献立の目的，調理方法，盛り付けの絵，栄養計算，調理技術や調理科学的ポイント，他の調理への応用，反省を記録する。

Ⅱ 日本料理

1. 日本料理の食文化
・歴史　・特徴　・様式　・食事作法

2. 日本料理の調理
・ご飯物　・汁物　・刺身　・和え物　・酢の物
・浸し物　・煮物　・蒸し物　・焼き物　・揚げ物
・麺類　・鍋物　・寄せ物，練り物　・和菓子　・漬物
・飲み物

3. 日本料理の献立例

1．日本料理の食文化

1．日本料理の歴史
（1）原始時代
① 縄文時代（自然物雑食時代）

食物は狩猟や漁労によって鳥獣肉類，魚介類を獲得し，植物は山野に自生するものを採取していた。いわゆる，自然物雑食で，生食のほか，焼く，あぶる，煮る等火を用いて調理していたと推定されている。また，調理操作としては石器を用い，割る，切る，砕く等が行われていた。塩分は動物の臓器から摂取した。

② 弥生・古墳時代
（主食・副食分離時代）

稲が伝来し稲作農耕が行われるようになると，米を中心とした穀物が主食となり新しい食形態が誕生した。古墳時代には稲作農業がほぼ確立し，食物を貯蔵するようになり，米食民族としての民族性が形成され，米食文化が生まれた。米以外にあわ，ひえ，むぎ等も栽培されるようになり，米とともに常食とされた。塩分は海水から得られた結晶塩を利用するようになった。

（2）古　代
① 奈良時代（唐風食模倣時代）

農耕技術が進歩し農産物の生産性は増し，食料の種類も豊かになった。調味料も塩や酢のほか，醤，未醤，糖，甘葛煎，蜜等が用いられた。米栽培の発達に伴い支配者が発生し，階級社会が形成された。

奈良時代には貴族階級は唐風を模倣し，庶民階級との食生活の差も著しく，貴族は米を，庶民は雑穀を主食とした。仏教の伝来に伴って貴族階級は肉食を禁忌としたが，庶民は従来の食習慣を維持し食生活は健康的であった。唐の影響を受け，乳製品（蘇，

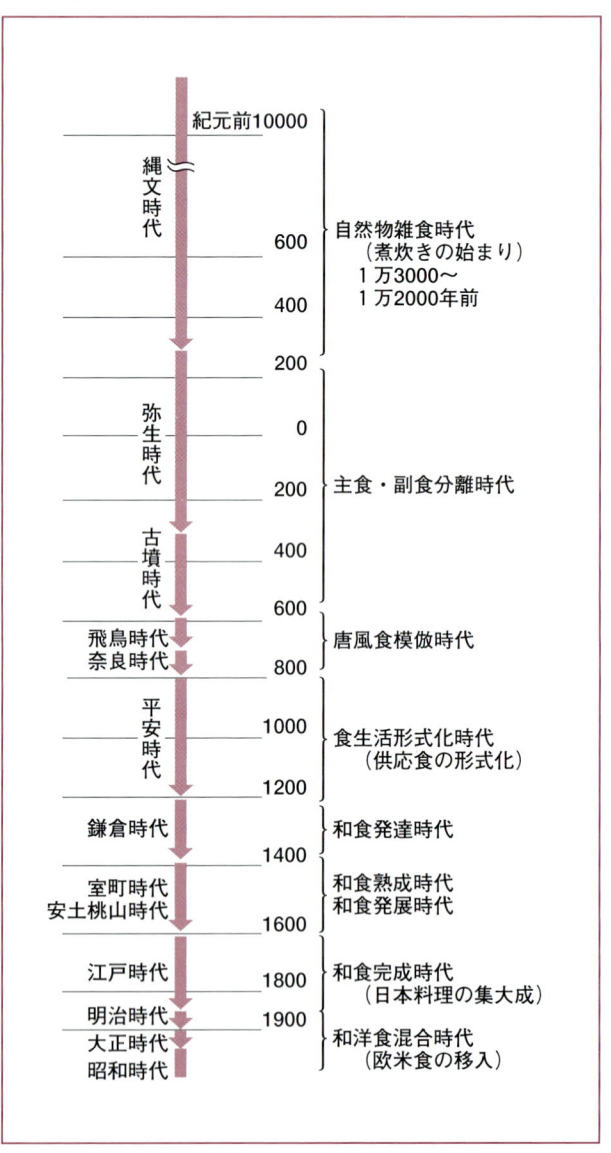

図Ⅱ-1　日本料理の歴史

（川端晶子：調理学，p.17，学建書院，1989，一部改変）

酪）や油の加工（胡麻油等），菓子（餅，せんべい，索餅），魚介類の乾燥食品等の加工品も作られるようになった。料理は，馴鮓，漬け物，干物のほか羹や加熱調理したものが多く，油も使用された。

② 平安時代（食生活形式化時代）

調理技術が発達し，貴族社会において年中行事が確立し，儀式における饗応膳も典礼化し，盛り合わせの美を尊重した"見る料理"が発達した。年中行事とその供応食の献立はその後庶民に広まり，おせち料理等の行事食として現代まで長く伝承されている。しかし，この時代の庶民の食事は貧しいものであった。

(3) 中　世

① 鎌倉時代（和食発達時代）

武士社会となり質実剛健の気風が強く，食生活は古代以来からの簡素で実質的な庶民の食生活を営み，戦陣のために，屯食（焼き握り飯），糒，焼き米，梅干，味噌，鰹節等が利用された。当初は貴族階級における食品禁忌や形式化した食事とは異なり，主穀副肉の食生活を営んでいた。禅宗の伝播とともに次第に肉食を避けて寺院に精進料理が発達し，これに伴い中国から伝えられた豆腐が普及した。禅寺の調理を担当する人の調理哲学や正しい食事のあり方・食べる人の心構え等食事哲学が書かれた道元の『典座教訓』や『赴粥飯法』がある。

② 室町時代（和食熟成時代）

鎌倉時代初期の武士階級の簡素な形式にとらわれなかった食生活も礼儀作法が重要視されるようになり，料理も技巧をこらし複雑化した。この時代の後半には四条，大草，進士流等の料理流派が現われ，互いに奥義や秘伝を競った。禅や茶を中心とする東山文化が形成された。

(4) 近　世

① 安土・桃山時代（和食発展時代）

千利休によって茶の湯は茶道として完成され，懐石料理も確立した。南蛮貿易により，ポルトガルやオランダ人から南蛮料理が伝わり，天ぷら等の揚げ物料理や砂糖菓子（カステラ，ボーロ，コンペイトウ），西瓜，南瓜，とうもろこし，甘薯，馬鈴薯等の新しい食品も伝来した。食事の回数は，この時代に朝夕の二度食から三度食になった。

② 江戸時代（和食完成時代）

米は炊飯法が固定した。社会が安定し食料生産が増え，諸国の郷土名物料理も発達した。大名を中心とした武家の間で従来の形式的な式正料理を正式な饗応料理として本膳料理の形式が整えられた。この時代の中期には居酒屋，屋台店，茶漬屋，うどん・そば屋，鰻屋等多くの飲食店ができ，富裕な商人たちを対象に高級な料理茶屋も現れ，会席料理が発達した。また長崎では，中国，オランダ，ポルトガルの料理を取り入れて独自の発展をした卓袱料理が現れ，京都宇治では中国風精進料理の普茶料理が流行した。しかし，農民は貧しい食生活を営む者が多かった。

(5) 近　代

① 明治時代（和洋食混合・西洋料理模倣時代）

仏教伝来以来肉食禁忌が続いていたが，文明開化により獣肉食の洋風料理が伝わり，牛鍋（すき焼き）が流行し，牛乳やパン，洋菓子類も普及した。

② 大正時代（和洋食混合・西洋料理同化時代）
家庭にも西洋料理が取り入れられるようになってきた。

(6) 現　　代（和洋食混合・折衷時代）
　第二次大戦後は食料の生産技術や輸送手段が発達し，国際的なレベルで食料が動き，冷凍食品，レトルト食品等の加工食品や，中食といわれるお惣菜等が普及し，急激に食生活が簡便化し，伝統的な食事習慣や調理法の伝承が難しくなってきた。また，明治以来の欧米料理に加え，中国料理，諸外国の料理等を上手く取り入れ，バラエティーに富んだ食文化を形成しつつある。

2．日本料理の特徴
　料理は気候・風土や地理的条件を背景に発展し，長い間にそれぞれの国，地域に特有の食文化を形成する。日本はアジアモンスーン地帯に位置し稲作に適した温暖多湿の気候を有することから，米を中心とした穀類を主食とし，主食・副食（主菜・副菜・副々菜・汁物）の食事形態を形成した。
　日本料理の食品材料や調理，加工技術のほとんどは諸外国から伝来したものであるが，四季があることや海に囲まれていることから，季節に応じて出回る野菜類や果実類，新鮮な魚介類等の豊富な食材を使い，日本人の嗜好に合わせて同化し，日本料理として定着させてきた。現在は国際化が進み，諸外国の料理を日本国内で楽しむことができ，食形態も大きく変化してきているが，従来からの日本料理の特徴としては以下のことがあげられる。日本料理は「見て楽しむ料理」といわれるように美しさが要求される。

① 「刺身」にみられるような鮮度重視
② 旬の食材
③ 食品の色や形の美しい仕上げ
④ 淡白な味付け
⑤ 味の基調としてのしょうゆ
⑥ みそ，酒，米酢等の発酵食品
⑦ 巧みな包丁さばき
⑧ 食器（色，形，材質）と料理の調和
⑨ 器の余白を生かした立体的な盛りつけ

3．日本料理の様式
(1) 本膳料理
　正式な饗応料理の献立形式で，平安時代の貴族社会における盛饌（盛り膳）が発展し，その後大名の饗応料理として内容，形式とも完成し豪華なものになった。江戸時代に入り簡略化されたものが庶民にも普及し，昭和初期頃まで冠婚葬祭等儀式料理として広く用いられたが，現在ではほとんど用いられない。
　献立は本膳，二の膳，三の膳，与の膳，中酒膳（酒の肴を供する膳）を揃えたものが正式であるが，現在ではこれを略式化した「袱紗料理」を本膳料理と称している。膳は脚付きの黒または朱の

1．日本料理の食文化　29

漆器，食器も膳と同色の漆器が正式である。

献立は一汁三菜，二汁五菜，三汁七菜が基本であるが，一般に二汁五菜が多く用いられている。

表Ⅱ-1　本膳料理の献立構成

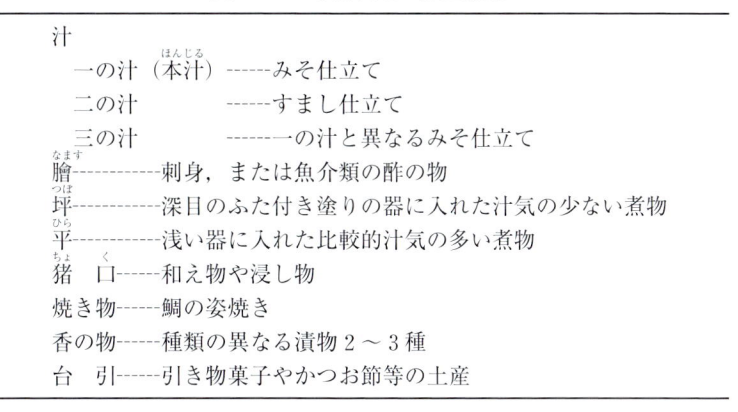

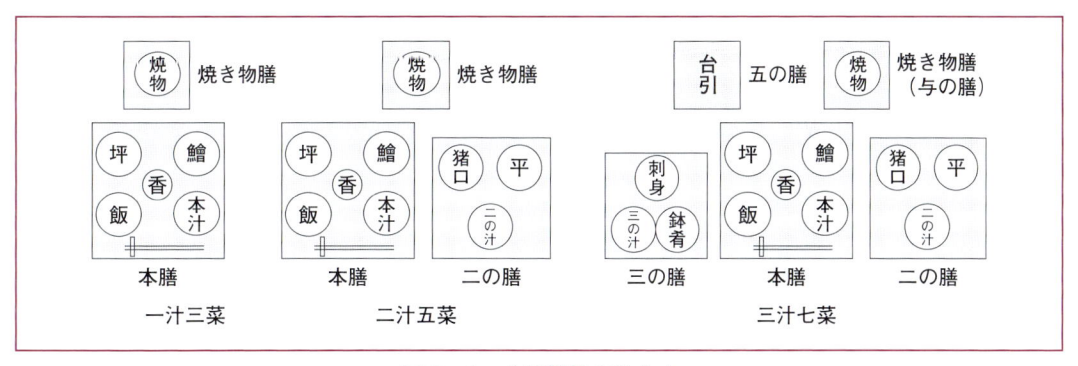

```
汁
    一の汁（本汁）------みそ仕立て
    二の汁　　　　------すまし仕立て
    三の汁　　　　------一の汁と異なるみそ仕立て
膾（なます）------刺身，または魚介類の酢の物
坪（つぼ）------深目のふた付き塗りの器に入れた汁気の少ない煮物
平（ひら）------浅い器に入れた比較的汁気の多い煮物
猪　口------和え物や浸し物
焼き物------鯛の姿焼き
香の物------種類の異なる漬物2～3種
台　引------引き物菓子やかつお節等の土産
```

図Ⅱ-2　本膳料理の整え方

(2) 懐石料理

懐石とは禅宗から出た言葉で，一時の空腹しのぎをするため温石（おんじゃく）を懐中に入れたことに由来する言葉で，一般的には，茶事に供する軽い食事の料理を懐石という。懐石料理は，簡素で合理的で美しく味の調和した料理に仕上げられ，旬の食材を用い，食べやすいように配慮して調理する。献立は汁，飯，向付け，椀盛り，焼き物の一汁三菜が基本で，強肴（しいさかな），箸洗い（はしあらい），八寸（はっすん）を添える。

表Ⅱ-2　懐石料理の献立構成

```
汁-----------冬は白みそ，夏は赤みそ
向付け（むこうづけ）------刺身，魚の酢の物，浸し物，和え物
椀盛り------献立の中心で，魚介，鳥，野菜の煮物にすまし仕立ての汁を注いだもの
焼き物------煮物，蒸し物，揚げ物で代用してもよい。魚，鳥のほか植物性のものもある
強　肴（しいさかな）（預け鉢）------魚介や野菜類を用いた煮物，和え物，浸し物等酒の肴料理
箸洗い（はしあらい）------薄い塩味の小吸い物で，次の料理を味わうために箸や口をすすぐ
八　寸（はっすん）------八寸四方の杉木地の折敷に，酒の肴として山海の珍味を2・3種調和よく盛り合わせたもの
香の物------たくあん，季節の漬け物
湯　桶（ゆとう）------器の名前で，口清めと食器を洗うもので，煎った米やこんがりと焦げた飯に熱湯を加えて薄塩
                味に仕上げたもの
```

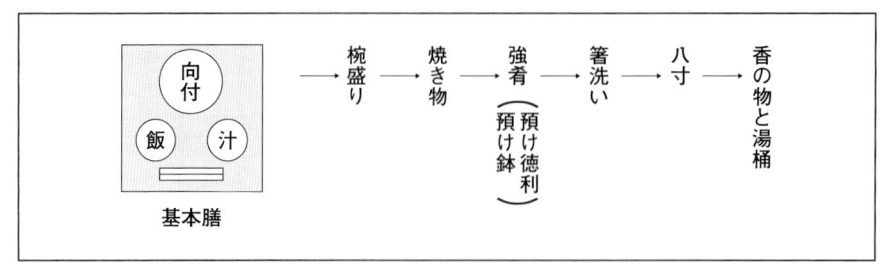

図Ⅱ-3　懐石料理の整え方

（3）会席料理

　江戸時代に町人達の俳句の会に出された料理で，形式や内容は本膳料理や懐石料理からきているが，食事作法はくだけた宴会向の客膳料理である。現在，招宴や式食で用いられている。献立の形式は一汁三菜を基本としているが，五品献立，七品献立等，飯と香の物を除く料理の品数で数える。

表Ⅱ-3　会席料理の献立構成

前　菜（お通し）------酒の肴として，2・3品取り合わせる。突き出しともいう
向付け（お向こう）------刺身や酢じめ魚，魚の酢の物で，器を向こう側に置く
椀------すまし汁，みそ汁
口取り（口代わり）------汁気を少なく仕上げた海，山，里の3品を盛り合わせるともいう
鉢　肴------魚や肉の焼き物のほか，揚げ物や蒸し物も用いる
煮　物------季節の野菜や魚
茶　碗------蒸し物，寄せ物等
小　鉢（小どんぶり）------浸し物，和え物，酢の物
止め椀------椀と異なるみそ汁にし，飯や香の物と一緒に供する

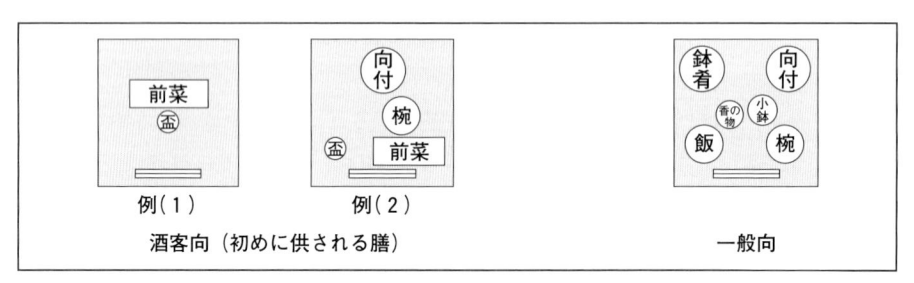

図Ⅱ-4　会席料理の整え方

（4）精進料理

　精進という言葉は食を以て修行（托鉢）する意味で，鎌倉時代に曹洞宗の開祖道元禅師により始まった。仏道に精進するものは殺生を禁ずる戒律を守り，動物性食品を使わず菜食とし質素を旨とした。食品はたんぱく質源としては豆類や豆腐，湯葉，高野豆腐等，脂質源としては，ごま，落花生，くるみ等植物性食品を使用し，味や栄養面を考慮して献立が整えられている。

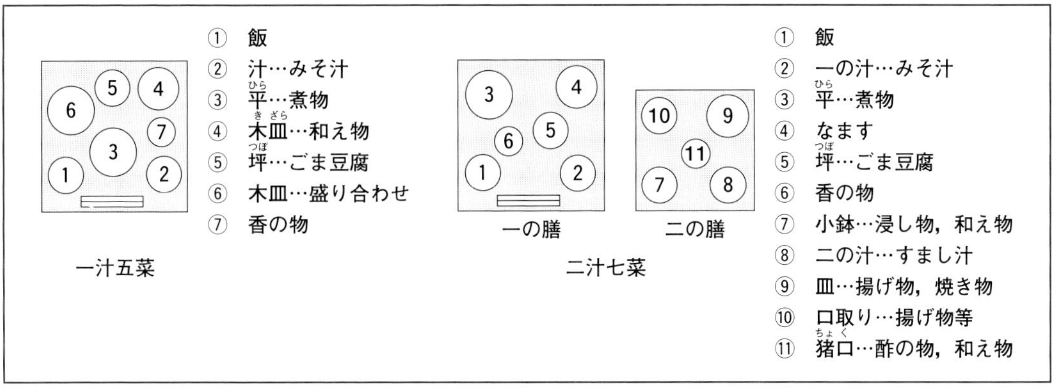

```
一汁五菜              二汁七菜
① 飯                  ① 飯
② 汁…みそ汁           ② 一の汁…みそ汁
③ 平…煮物             ③ 平…煮物
④ 木皿…和え物         ④ なます
⑤ 坪…ごま豆腐         ⑤ 坪…ごま豆腐
⑥ 木皿…盛り合わせ    ⑥ 香の物
⑦ 香の物              ⑦ 小鉢…浸し物，和え物
                      ⑧ 二の汁…すまし汁
                      ⑨ 皿…揚げ物，焼き物
                      ⑩ 口取り…揚げ物等
                      ⑪ 猪口…酢の物，和え物
```

図Ⅱ-5 精進料理の整え方

(5) 普茶料理

元禄時代に中国帰化僧の隠元禅師によって伝えられた精進料理で，黄檗流の普茶料理がある。

4．日本料理の食事作法

(1) 座席の決め方

出入り口に最も遠く，床の間を背にする位置が上座である。

(2) 箸の使い方

箸が袋に入っている場合は右手で箸を出して箸置きに置き，箸置きがない場合は膳の左端の縁に箸先をかけるか，箸袋で箸置きを作る。箸を持つ場合は，右手で上から箸を取り左手を箸の下に添え，右手を上から下に回して持ち直す。箸を置く場合は左手を添え，右手を上に回し箸を上から掴み箸置きに置く。

図Ⅱ-6 座席の順位

茶碗を手に持つ場合は，両手で茶碗を取り，左手で持ち，右手で上から箸を取り，茶碗を持っている左手の中指で支え，箸の下に右手をすべらす。箸を置く場合はその逆を行う。

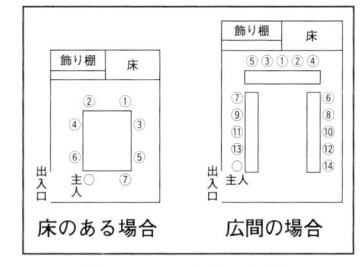

(3) 食事の仕方

① ふたの取り方：左手を添えながら右手でふたを取り，左手に汁がこぼれないように裏返して渡し，右手で持ち直し右側のものは右脇に置く。左側のものはそのまま左脇に置く。

② 汁椀：ふたを取った椀を両手で持ち，一口汁を頂いてから箸を取り上げ，実を食べ，椀を置く。次にご飯を食べ，ご飯茶碗を置き，汁または菜というように，ご飯と菜を交互に食べる。

③ 汁気のあるもの：向付けの猪口，小鉢は左手に持って食べる。

④ 焼き物：尾頭付きの場合は，上身を食べたら中骨を箸で外し，皿の向こう側に置き，下身を食べる。食べ終わったら骨をまとめておく。

⑤ お代わり：ご飯をお代わりする時は，箸を置き，両手でお茶碗を差し出し，両手で受け取る。その間，菜には手をつけず待つ。受け取った茶碗は，一度，膳においてから食べる。

⑥ 香の物：取り回しの場合は，取り皿，ご飯茶碗のふたに取る。

⑦ 食事の終了：ふたのあるものは元通りにふたをし，箸袋がある場合は，箸を袋に入れて膳の中央に置く。

2．日本料理の調理

1．ご 飯 物

　食味のよい飯を作るための**炊飯条件**には，洗米方法，浸漬する水温と時間，加水量，加熱速度や時間，加圧の有無，蒸らしの時間等が関与する。また飯に調味料や他の副材料が加わる場合には，それらの影響を加味しなければならない。

　米のでんぷんはあらかじめ吸水しているほうが，加熱による糊化が速い。そのため加熱前の浸漬が必要であるが，水温によって吸収速度が異なるので，夏期（水温26℃程度）では30分～1時間，冬期（5～6℃）では1～3時間の吸水時間が望ましい。

米に対する水の割合　　　　　　　　　　　　　　　　　　　　　　　　　　　　（倍）

種類		米の重量に対する水	米の容量に対する水
うるち米	精白米 （圧力鍋の場合）	1.5 (1.2)	1.2 (1.0)
	七分づき米	1.6	1.3
	新　米	1.3	1.1
	胚芽米	1.7	1.4
もち米		1.2	0.9～1.0

味付けの具と調味料の割合　　　　　　　　　　　　　　　　　　　　（米の重量に対する割合，%）

種類		具の材料	材料	塩分	しょうゆ	酒	みりん
塩味飯	菜飯	小松菜，大根菜，春菊	10～20	1.3～1.5		3～5	
	豆飯	えんどう，そら豆，枝豆	30				
	小豆飯	小豆	10～15				
	芋飯	さつまいも	50～80				3
	栗飯	栗	30～40				3
しょうゆ味飯	桜飯			0.5	5	3～5	
	たけのこ飯	茹でたけのこ	40～50				
	きのこ飯	まつたけ，しいたけ，しめじ	30				
	鶏飯	鶏肉	30				
	かき飯	かき	40～50				

〔備　考〕
① 塩味飯については米の重量に対し1.3～1.5%の塩，加水量に対し0.9～1%，炊きあがり飯に対し約0.6%の塩分となる。しょうゆ味飯の場合は塩の1/2～2/3量をしょうゆに置きかえ，加水量からその液量を差し引く。
② 具の塩分量は重量の1%相当とする。

白　飯

材料	1人分	5人分	備考
精白米	80 g	400 g	
水	120 g	600 g	米の150%

エネルギー：285kcal，たんぱく質：4.9 g，
脂質：0.7 g，カルシウム：4 mg，塩分：0.0 g

① 米は多量の水で手早くかき混ぜて，直ちに水を捨てる。2～3回水洗いをし，ざるにあげて水を切る。

② 鍋に①と分量の水を入れ，30～60分吸水させる。

③ ②を火にかけ，沸騰しはじめたら中火から弱火にして15～20分加熱し，火を消す直前に20秒ほど強火にして止め10分蒸らす。

ポイント

① <u>圧力鍋</u>の場合は，加熱後重りが動き出したら，火を弱めて約10分炊き，消火後圧力が下がったら，保温ジャー等に移す。

② 米には約15％の水分が含まれ，水を加えて加熱すると水分約65％の飯になる。加熱中10～15％の水分蒸発がある。炊き上がり倍率は2.2～2.3倍となる。大量調理では，2.2倍で計算する。

③ 生米中のでんぷんは<u>β-でんぷん</u>（生でんぷん）で，水と熱を加え炊飯することにより，<u>α-でんぷん</u>（<u>糊化でんぷん</u>）に変化する。これを<u>糊化（α-化）</u>という。

炊き込み飯

材料		1人分	5人分	備考	
精白米		80 g	400 g	ⓐと合わせて米の150%	
だし汁		110 g	550 g		
ⓐ	うすくちしょうゆ	6 g	30 g	材料の2.7%	
	食塩	0.4 g	2 g	材料の0.2%	
	本醸造酒	2 g	10 g	材料の1.6%	
	みりん	2 g	10 g	材料の1.6%	
鶏むね肉		15 g	75 g		
にんじん		4 g	20 g		
こんにゃく		8 g	40 g		
乾しいたけ		0.8 g	4 g	戻して20 g 2枚	米重量の約50%
油揚げ		3 g	15 g		
ごぼう		6 g	30 g		
グリーンピース		6 g	30 g	冷凍	

エネルギー：352kcal，たんぱく質：9.9 g，
脂質：3.6 g，カルシウム：26mg，塩分：1.5 g

① 米を洗い，だし汁を加えて浸漬する。

② 乾しいたけは水で戻す。

③ 油揚げ，こんにゃくは湯通しする。

④ 鶏肉は一口大に切り，にんじん，こんにゃく，しいたけ，油揚げは短冊切りにする。ごぼうは皮を包丁の背でこそげ取り，水にさらしてアクを取る。

⑤ ①にⓐを入れ，軽く混ぜ，④を加えて炊く。炊き上がりに茹でたグリーンピースを混ぜる。

ポイント

① しょうゆを用いると鍋底に沈殿し焦げやすいので加熱直前に入れ，撹拌する。火加減にも注意する。

② ごぼうはクロロゲン酸を含み，切ると<u>ポリフェノールオキシダーゼ</u>により切り口が褐変するので水にさらす。

たけのこ飯

材料		1人分	5人分	備考
精白米		80 g	400 g	
水		112 g	560 g	ⓐと合わせて米の150%
ⓐ	食塩	0.8 g	4 g	材料の0.4%
	しょうゆ	2 g	10 g	材料の0.9%
	本醸造酒	3 g	15 g	材料の1.4%
	みりん	3 g	15 g	材料の1.4%
茹でたけのこ		40 g	200 g	2/3本
木の芽		1 g	5 g	5枚

エネルギー：309kcal，たんぱく質：6.5 g，脂質：0.8 g，カルシウム：12mg，塩分：1.1 g

① 米は洗って水に浸漬する。
② たけのこの根元はいちょう切り，先のほうは薄切りにする。
③ ①にⓐを加え混ぜ，②を入れて炊く。
④ 器に盛り，木の芽を添える。

🔴 ポイント

① たけのこの茹で方
　1) たけのこは先端の皮の部分を斜めに切り落とし，熱の通りをよくするために，身を傷つけないよう皮の部分に縦に切り込みを入れる。
　2) たけのこ独特のえぐみを抜き繊維を柔らかくするため，たっぷりの水に米ぬか（水の10～20%）または米のとぎ汁と赤唐辛子を入れ，落し蓋をして約1時間茹でる。
　3) 根元の部分に竹ぐしを刺して，竹串がすっと通れば茹で上がっている。火を止めて茹で汁に浸けたまま冷ます。冷めてから皮を取り除いてよく洗った後，十分水にさらす。
② 掘りたてのたけのこはアク（えぐ味）がないため刺身でも食べられる。時間の経過とともにアクが強くなり肉質が硬くなる（細いたけのこほど早い）。
③ たけのこのえぐ味は苦味と渋みが混じった不快味で，その原因の1つがアミノ酸のチロシンが酸化されてホモゲンチジン酸になるためである。
④ 皮のまま茹でると，皮に含まれる亜硫酸塩が繊維を柔らかくし，漂白して白く茹であがる。
⑤ 茹で汁に米ぬかを使用すると，米ぬかに含まれるカルシウムやマグネシウムがえぐ味の成分であるホモゲンチジン酸やシュウ酸と結合して中和し，えぐ味がなくなる。
⑥ たけのこの頂部は味がよく栄養価も優れ，柔らかい。根元は硬いので，繊維に直角に包丁を入れて刻んで使う。

菜　飯

材料	1人分	5人分	備考
精白米	80 g	400 g	
水	117 g	585 g	⎱ 米の150%
本醸造酒	3 g	15 g	⎰
だいこん葉	12 g	60 g	米の15%
食塩	1.2 g	6 g	米の1.5%

エネルギー：291kcal，たんぱく質：5.2 g，脂質：0.7 g，カルシウム：36mg，塩分：1.2 g

① 酒を加え，炊飯する。
② 葉を1～2%の塩でさっと茹で，茹で上がったらすぐ冷水に取る（色どめ）。細かく刻み，鍋に入れ，塩を振って，乾燥するまで炒める。
③ ①に②を混ぜ合わせ，器に盛る。

🔴 ポイント

① 青菜を色よく茹でるには，たっぷりの湯と塩が必要である。茹でる時は，根元から入れ，一呼吸おいて葉の部分を入れ，茹で上がったら冷水に取る（色どめ：p.57参照）。手早く冷やす。

巻きずし

材料	1人分	5人分	備考
精白米	90 g	450 g	
水	126 g	630 g	米の140%
こんぶ	1.2 g	6 g	みついし，10cm角
合わせ酢 ⓐ 米酢	13 g	65 g	米の14.5%
砂糖	4.6 g	23 g	米の5%
食塩	1.8 g	9 g	米の2%
かんぴょう	4 g	20 g	茹でて約150 g
ⓑ だし汁	40 g	200 g	
砂糖	4 g	20 g	茹で後の13.3%
しょうゆ	3 g	15 g	茹で後の10%
乾しいたけ	3 g	15 g	戻して75 g
ⓒ 戻し汁	20 g	100 g	
砂糖	4 g	20 g	戻し後の25%
しょうゆ	2 g	10 g	戻し後の13%
鶏卵	30 g	150 g	3個
ⓓ だし汁	4 g	20 g	材料の13%
みりん	1 g	5 g	材料の3%
砂糖	2.4 g	12 g	鶏卵とだし汁の7%
食塩	0.3 g	1.5 g	鶏卵とだし汁の0.9%
サラダ油	1 g	5 g	
みつば	5 g	25 g	
あまのり	2	10	5枚
紅しょうが	5 g	25 g	

エネルギー：462kcal，たんぱく質：11.5 g，
脂質：5.2 g，カルシウム：47mg，塩分：3.5 g
＊昆布は計算から除外

① 米に分量の水と昆布を入れ30分浸漬する。沸騰直前昆布を取り出し炊飯する。
② ⓐで合わせ酢を作る。
③ 飯を中高にすし桶（**半切り**）に移し，手早く②を木しゃもじに沿わせ，飯に均一にかける。飯を切るように混ぜながらあおいで冷まし，ツヤを出し水分を蒸発させる。
④ かんぴょうは塩もみして洗い，かぶる程度の水で軟らかくなるまで茹でる。鍋にかんぴょうとⓑを入れ，味がしみるまで煮て煮汁を切る。
⑤ 水で戻した乾しいたけの軸を取り，ⓒで煮汁がなくなるまでゆっくり煮含め，せん切りにする。
⑥ 卵を溶きほぐしⓓを加えて混ぜ，最初は強火で油をひいた卵焼き器に入れ全体を手早く混ぜてから弱火でふたをして両面を焼き上げる。幅1cm位に切る。
⑦ みつばはさっと茹でて，冷まして水気を切る。
⑧ のりは表を中に2枚合わせ，遠火で軽く炙る。
⑨ **巻き方**：乾いた巻きすにのりの表側を下に，のりと巻きすの手前側をそろえる。手を酢水（酢と水を1：1で合わせたもの）で湿らせてすし飯を取り，のりの向こう端を約3cm残して平らに伸ばし，④～⑦の具をのせる。両手の親指で巻きすを持ち上げ，残りの指で具を押さえ，手前と向こう側の飯端をしっかり合わせ，巻きすの上から全体を押さえて巻く。8等分に切り，皿に盛る。

ポイント

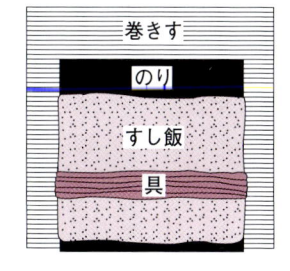

① きれいに切るにはぬれ布巾で包丁を湿らせながら切る。
② **すし飯の水加減**は通常の場合より少なくし，米重量の1.3～1.4倍，容量の1.1倍とする。
③ **のり**は香り，色，ツヤがよく厚みが均一なものがよい。炙ると美しい緑色になるのは，紅紫色のフィコエリトリンが熱により緑色のフィコシアニンに変わるためである。のりの色素は酢によって紅変するが，炙ると変色しにくく，香りや歯切れがよくなる。

散らしずし

材料	1人分	5人分	備考
すし飯	180 g	900 g	米400 g
こはだ	25 g	125 g	
食塩	3 g	15 g	魚の12%
穀物酢	3 g	15 g	魚の12%
たこ	15 g	75 g	
穀物酢	3 g	15 g	たこの20%
車えび	20 g	100 g	
本醸造酒	3 g	15 g	えびの15%
まぐろ	20 g	100 g	
かにかまぼこ	5 g	25 g	
れんこん	12 g	60 g	
ⓐ　穀物酢	5 g	25 g	れんこんの42%
砂糖	2 g	9 g	れんこんの17%
食塩	0.2 g	1 g	れんこんの1.7%
乾しいたけ	3 g	15 g	戻して75 g
ⓑ　戻し汁	20 g	100 g	
砂糖	4 g	20 g	しいたけの27%
しょうゆ	2 g	10 g	しいたけの13%
鶏卵	10 g	50 g	1個
ⓒ　食塩	0.1 g	0.5 g	卵の1%
砂糖	0.5 g	2.5 g	卵の5%
かたくり粉	0.2 g	1.0 g	同量の水で溶く
サラダ油	2 g	10 g	卵の20%
きゅうり	15 g	75 g	
あまのり	1 g	5 g	
わさび	2.5 g	13 g	
しょうゆ	2 g	10 g	

エネルギー：483kcal, たんぱく質：24.7 g,
脂質：6.5 g, カルシウム：91mg, 塩分：2.9 g

① すし飯を作る。
② こはだは三枚におろして強塩をし，水で洗って酢に約10分浸し，斜めに薄切りとする。
③ たこはさざなみ造り（p.46参照）とし，酢あらいする。
④ 車えびは尾を残して殻と背わたを取り，酒蒸しにする。
⑤ まぐろは薄く平造りとする。
⑥ かまぼこは3つ切りにし，ほぐす。
⑦ れんこんは皮をむき，花型に切って薄切りにし，酢水で茹でてⓐに漬ける。
⑧ しいたけは戻してⓑで煮る。
⑨ 卵はほぐしてⓒを加え薄焼き卵を焼き冷めたらせん切りにする（金糸卵）。
⑩ きゅうりは板ずりして（色出し：p.54参照），斜め薄切りにする。
⑪ のりは焼いてもみのりとする。
⑫ 器にすし飯を盛り⑪を散らし，②～⑩の具を色どりよく盛り付け，わさびをおき，小皿にしょうゆを添える。

ポイント
① 具は季節や好みで，たけのこ，ふき，いか，焼きあなご等を取り合わせる。

いなりずし

材料	1人分	5人分	備考
すし飯	70 g	350 g	米160 g：10個分
ごま（白）	2 g	10 g	
油揚げ	15 g	75 g	すし用，5枚
ⓐ　だし汁	40 g	200 g	
砂糖	5 g	25 g	だし汁の12.5%
しょうゆ	4 g	20 g	だし汁の10%

エネルギー：215kcal, たんぱく質：5.7 g,
脂質：6.4 g, カルシウム：73mg, 塩分：1.1 g

① すし飯に，煎ったごまを混ぜる。
② 油揚げは2つに切り中を袋状に離し，熱湯をかけて油抜きをする。これを鍋に入れⓐを加え，ゆっくりと煮含める。汁気を軽く絞り冷ます。
③ 酢水で手を湿らせて，①の約1/10を軽く握り，油揚げの袋に詰める。

ポイント
① だし昆布を刻んで具に用いてもよい。

② 油揚げの油抜きは，油揚げの袋を裏返して煮るとよい。味の浸透が早い。
③ 油揚げを絞る時，破れやすいので，何枚か重ねて上から少しずつ力を加えるようにする。

三色そぼろ飯

材料		1人分	5人分	備考
精白米		80 g	400 g	
水		110 g	550 g	米の140%
鶏そぼろ				
鶏ひき肉		50 g	250 g	
しょうが		3 g	15 g	3/4かけ
ⓐ	だし汁	30 g	150 g	肉の60%
	しょうゆ	12 g	60 g	肉の24%
	本醸造酒	3 g	15 g	肉の6%
	砂糖	2.5 g	13 g	肉の5%
魚そぼろ				
白身魚		50 g	250 g	すけとうだら，ぐち，たい等
しょうが		2 g	10 g	1/2かけ
ⓑ	食塩	1 g	5 g	魚の2%
	穀物酢	3 g	15 g	魚の6%
ⓒ	砂糖	6 g	30 g	魚の12%
	白しょうゆ	2 g	10 g	魚の4%
	本醸造酒	3 g	15 g	魚の6%
	食塩	0.5 g	2 g	魚の0.8%
	食紅	適量	適量	
いり卵				
鶏卵		30 g	150 g	3個
ⓓ	砂糖	2 g	10 g	卵の6.7%
	食塩	0.3 g	1.5 g	卵の1%
さやえんどう		6 g	30 g	
紅しょうが		3 g	15 g	

エネルギー：515kcal，たんぱく質：29.5 g，
脂質：8.1 g，カルシウム：55 mg，塩分：4.1 g

① 米は，少し硬めに炊く。
② 鶏そぼろは，鍋にⓐを煮立てて，みじん切りのしょうがと肉を加えて煮て，煮汁と分けておく。
③ 魚そぼろは，魚に強塩をして約5分おき，水洗いする。熱湯の中に薄切りのしょうがとⓑと魚を入れて10分茹でた後水洗いして，水気を取る。
④ すり鉢に③を入れてよくすり，鍋に移してⓒで調味し，弱火で煎り，食紅で色を付け魚そぼろを作る。
⑤ 卵をほぐして鍋に入れ，ⓓを加えて煎りあげ，いり卵を作る。
⑥ ご飯の上に②の煮汁をかけ，鶏そぼろ，魚そぼろ，いり卵をのせる。
⑦ 茹でてせん切りにしたさやえんどうと紅しょうがを飾る。

ポイント

① **そぼろ**は，魚や肉等をほぐして味付けし，煎り上げた食品のことをいう。魚介類のそぼろは**でんぶ**ともいう。

親子丼

材料		1人分	5人分	備考
精白米		80 g	400 g	
水		120 g	600 g	米の150%
鶏もも肉		30 g	150 g	
しいたけ		8 g	40 g	2枚
ねぎ		20 g	100 g	
ⓐ	だし汁	100 g	500 g	
	しょうゆ	15 g	75 g	汁の15%
	本醸造酒	4 g	20 g	汁の4%
	みりん	4 g	20 g	汁の4%
	砂糖	4 g	20 g	汁の4%
鶏卵		50 g	250 g	5個
あまのり		0.2 g	1 g	1/2枚

エネルギー：471kcal，たんぱく質：18.0 g，
脂質：10.2 g，カルシウム：85mg，塩分：2.5 g

① 米は炊飯する。
② 肉は小口切り，生しいたけはせん切り，ねぎは斜め切りにする。
③ 丼物鍋に1人分のⓐと肉，しいたけを入れて煮込み，ねぎを散らし，ほぐした卵1個を流し入れ，半熟程度に煮る。
④ のりを炙ってもみのりを作る。
⑤ 丼に飯を盛り，③をのせ，④を散らす。

ポイント

① 鶏肉は好みで手羽肉，胸肉でもよい。
② 卵を溶きほぐしすぎるとコシが抜け，うまく固まらないことがある。
③ 卵を鍋に入れるときは，箸に沿わせて糸状にたらしながら鍋の中心から外側へ円を描くようにまんべんなく流し込み，かき混ぜない。
④ 親である鶏と子である卵をのせるのでこの名がある。鶏肉のかわりに牛肉，豚肉等を用いると親子ではないので，他人丼，いとこ丼等と呼ばれる。
⑤ 大量調理の場合は，食中毒が発生することもあるので，充分加熱する。

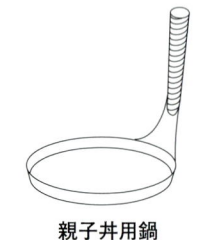

親子丼用鍋

卵雑炊

材料		1人分	5人分	備考
飯		60 g	300 g	
鶏もも肉		20 g	100 g	
みつば		4 g	20 g	
だし汁		200 g	1000 g	
ⓐ	白しょうゆ	6 g	30 g	だし汁の3%
	食塩	1 g	5 g	だし汁の0.5%
鶏卵		20 g	100 g	2個

エネルギー：183kcal，たんぱく質：8.4 g，
脂質：5.2 g，カルシウム：20mg，塩分：2.1 g

① 飯をざるに入れ，水洗いをして粘りを取る。
② 肉はそぎ切りにし，みつばは小口切りにする。
③ だし汁を煮立てて，肉を入れ，ⓐを加えて味を付ける。
④ 飯を加えて煮立ったら，みつばを入れ，卵を流し入れてとじる。

ポイント

① 溶き卵は，鍋の縁から中心に向かって渦巻き状に，細く糸を引くように流し込む。手早くしないと卵が煮えすぎる。

か ゆ（全がゆ）

材料	1人分	5人分	備考	
精白米	40 g	200 g	約47ml	1：5
水	250 g	1250 g	250ml	（容量）

エネルギー：142kcal，たんぱく質：2.4g，
脂質：0.4g，カルシウム：2mg，塩分：0.0g

① 米に水を加え，1～2時間浸漬する。
② 火にかけ沸騰までは強火，その後ふたをずらして弱火にし，40～50分炊く。
③ 消火後5分蒸らす。

ポイント

① かき混ぜると粘りが出て焦げ付きやすく，風味が落ちる。
② 冷めると粘りが出るので，でき上がったらすぐ食す。
③ 鍋は熱容量の大きいものがよく，厚手の陶器製の鍋である行平（ゆきひら）が適している。
④ かゆの種類と割合（容量比）

種 類	重量比 （米：水）	容量比 （米：水）
全がゆ	1：6	1：5
七分がゆ	1：8	1：7
五分がゆ	1：12	1：10
三分がゆ	1：20	1：17
一分がゆ	1：24	1：20

⑤ かゆの応用例

七草がゆ	せり，なずな，ごぎょう，はこべら，ほとけのざ，すずな，すずしろ（春の七草）
小豆がゆ	小豆
茶がゆ	番茶
その他のかゆ	芋，卵黄，牛乳等。

赤 飯（こわ飯）

材料	1人分	5人分	備考
もち米	100 g	500 g	
あずき	15 g	75 g	米の15%
黒ごま	1.4 g	7 g	
食塩	1.4 g	7 g	米の1.4%

エネルギー：415kcal，たんぱく質：9.5g，
脂質：2.0g，カルシウム：33mg，塩分：1.4g

① あずきを洗い，水を加えて加熱。約1分沸騰させ茹で汁を捨てる（渋切り）。新たに6～7倍の水を加え，15～20分皮が切れない程度のやや硬めに茹でてざるに取る。茹で汁は冷ましておく。
② もち米を洗い，あずきの茹で汁に数時間浸しておく（茹で汁が少ない場合は水を補う）。蒸す直前にもち米をざるに上げ，あずきを混ぜる。浸け汁は振り水に用いる。
③ 蒸気の上がった蒸器に布巾を敷いて②を入れ，中央をややくぼませて広げ，強火で40分蒸す。途中蒸気が立ち始めてから約10分後，1回目の振り水を手早く平均に振りかけ，その後も同様に10分経過毎に1～2回振り水を行う。振り水の回数は好みの硬さに応じて行う。
④ 蒸しあがった赤飯はすし桶に取り，冷ます。
⑤ 黒ごまは香ばしく煎って塩を混ぜ，ごま塩を作り，盛りつけた赤飯に振りかける。

ポイント

① もち米は炊くよりも蒸すほうが扱いやすい。もち米をほどよい硬さの飯にするために要する水量は，加熱中の蒸発分を含めても米重量の0.8～1.0倍である。しかしこの水量で炊くことは，米粒が水面から出て，もち米に均一に吸水させ加熱することが難しい。
② 炊きこわ飯の場合，もち米とうるち米を2：1の割合で混ぜ，小豆の茹で汁と水でもち米重量の1.0倍，うるち米重量の1.5倍加水して1～2時間浸漬後，茹でた小豆を加えて炊く。
③ こわ飯は，米重量の1.6～1.9倍に仕上げるのが望ましい。蒸す前に十分浸漬させるが（2時間浸漬

II．日本料理

で40％吸水），その水分量では，でんぷんは糊化しても，軟らかさは不十分である。そのため，加熱中1～3回振り水を行い水分を補う。
④ 小豆の皮は強じんで，大豆のように浸漬しても短時間で吸水しにくいので直接茹でる。小豆を茹でる時，沸騰後一旦茹で水を捨てることを渋切りという。これは皮や子葉に含まれるタンニンやサポニン，カリウム等のアクや，渋味の成分を除去するために行う。またそれ以外の豆でもふっくらツヤよく煮上げたい場合は茹でこぼしてから煮る。
⑤ 大量調理の場合，小豆をよく空気に触れさせると，煮汁が鮮やかな赤になる。

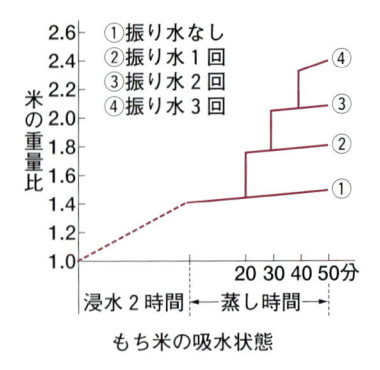

もち米の吸水状態
① 振り水なし
② 振り水1回
③ 振り水2回
④ 振り水3回

2．汁　物

汁物は，食品の旨味成分を浸出した汁に，椀種，椀づま（あしらい），吸い口で構成される。すまし汁と濁り汁がある。夏期には冷し汁にする場合もある。椀種は主になる具。椀づまは椀種を引き立てるもので，色，形が椀種に調和すること。吸い口は季節感を添える香りのあるもので，椀づまに香りのあるものを用いれば略してもよい。

汁物の種類

すまし汁	吸い物		客膳向きの汁で淡白な塩味で調味し，しょうゆを少量用いる。
	すまし汁		一般に用いられるすまし汁で味付けは吸い物より濃い目である。
	潮　汁	潮汁	魚介類の持ち味を生かした汁で，だし汁は用いない。
		船場汁	大阪の船場で作り出された汁。塩ざけ，塩さばに大根，にんじん，里芋等を加える。
	変わり汁	薄くず汁	吉野汁ともいう。とうがん，豆腐，かき豆腐を用いる。
		かき玉汁	でんぷんで濃度を付けた汁の中に，割りほぐした卵を糸状に流し入れる。
		のっぺい汁	主材料に里芋を用いた，舌ざわりがとろりとした汁。
		けんちん汁	くずした豆腐，野菜類を油で炒めて用いる。
濁り汁	みそ汁	赤みそ汁	三州みそ（八丁みそ），赤だしを用いる。
		白みそ汁	西京みそを用いる。
		合わせみそ汁	異なった種類のみそを合わせて用いる。
		ふくさ仕立て	赤みそと白みそを同量用いる。
	変わり汁	すり流し汁	魚介類，鶏肉等をすりつぶして，みそ汁，すまし汁，吉野汁を加える。すり身はだし汁の約15％ぐらいが適量，ぎんなん，みつば，じゅんさい等適宜青味を添える。
		粕汁	酒粕をすり流して用いる。ぶり，さけやその頭骨等と野菜を加える。すまし仕立て，みそ仕立て。
		卯の花汁	こしたおからを用いる。みそ仕立て。
		とろろ汁	山芋をすりおろして用いる。すまし仕立て，白みそ仕立て。
		納豆汁	納豆をすってみそを加えだし汁で伸ばす。
		さつま汁	中身が多く入った汁物。鶏肉，豚肉，野菜を用いる。
		呉汁	大豆，枝豆をすり，だし汁で伸ばす。みそ仕立て。

椀種，椀づま，吸い口の材料

吸い物	椀　種	魚介類	たい，しらうお，きす，さより，えび，はまぐり
		鶏肉類	鶏肉，かも，うずら
		卵　類	鶏卵，うずら卵
		大豆製品	豆腐，湯葉，油揚げ
		その他	麩，かまぼこ，はんぺん，つみ入れ，もち，そば
	椀づま	野菜類	みつば，ほうれんそう，菜の花，さやえんどう，じゅんさい，ねぎ，うど，たけのこ，オクラ，大根，にんじん，ごぼう，山芋
		きのこ類	まつたけ，なめこ，しめじ，えのきたけ，しいたけ
		その他	わかめ，青のり
	吸い口		ゆず，青じその葉，みょうが，木の芽，さんしょうの実，粉ざんしょう，しょうが，わさび，からし，のり，すだち，かぼす，レモン，芽ねぎ
みそ汁	椀　種	野菜類	ほうれんそう，小松菜，春菊，里芋，大根，かぶ，ごぼう，じゃがいも，さつまいも，ねぎ，なす，たまねぎ，白菜，さやえんどう，さやいんげん
		肉・魚類	豚肉，鶏肉，しじみ，あさり，かき，こい，魚のつみ入れ
		卵　類	鶏卵，うずら卵
		大豆製品	豆腐，油揚げ，湯葉，納豆
		きのこ類	しめじ，えのきたけ，なめこ，しいたけ
		その他	わかめ，麩
	吸い口		粉ざんしょう，木の芽，みょうが，ゆず，からし，しょうが，しその葉，七味とうがらし

豆腐のみそ汁

材料	1人分	5人分	備考
豆腐	20 g	100 g	木綿，1/3丁
えのきたけ	10 g	50 g	
みつば	4 g	20 g	
だし汁	150 g	750 g	
みそ	12 g	60 g	だし汁の0.8%

エネルギー：45kcal，たんぱく質：3.9 g，
脂質：1.7 g，カルシウム：41mg，塩分：1.6 g

① 豆腐はさいの目切り，えのきたけは根元を切り落として洗い3 cm長さに切る。
② みつばは小口切りにする。
③ だし汁を火にかけ，①を入れて一煮立ちさせてアクを取り，みそを加える。
④ 椀に盛り，みつばを入れる。

ポイント

① わかめを用いてもよい。わかめ，青物等の変色しやすいものは，みそを入れた後に加える。
② みそは緩衝作用（酸，アルカリによっておこるpHの変動を調節する力）が強く，だし汁で薄めても具にいろいろな材料を使用しても味はそれほど変わらない。しかし，みそ汁は沸騰後の加熱が長かったり，再加熱（煮返し）すると緩衝能が低下する。
③ 大量調理の場合，みそを入れたら煮立てないようにする。時間差でサービスする場合は，固い具だけを先にだし汁で煮て小分けし，供する直前にみそを入れて一煮立ちさせる。

魚のすり流し汁

材料	1人分	5人分	備考
白身魚	30 g	150 g	たい，たら
ほうれんそう	10 g	50 g	
米みそ（甘みそ）	15 g	75 g	材料の1%
だし汁	150 g	750 g	だし汁の1%
かたくり粉	1 g	5 g	水で溶く

エネルギー：101kcal，たんぱく質：8.9 g，
脂質：3.9 g，カルシウム：23mg，塩分：1.1 g

① 魚の皮と骨を取り除いて細かく切る。
② ほうれんそうを茹でて細かく刻む。
③ みそをだし汁でのばし，①を加えてよく混ぜ，鍋に入れて火にかけ，沸騰したら水溶きかたくり粉を入れる。
④ 椀に盛り，②を入れる。

ポイント

① 魚の他に豆腐，納豆，枝豆等を用いてもよい。
② 軟らかいので，嚥下しやすく高齢者に適した食事である。

若竹汁

材料		1人分	5人分	備考
茹でたけのこ		10 g	50 g	
わかめ（生）		4 g	20 g	
だし汁		150 g	750 g	
ⓐ	食塩	1 g	5 g	だし汁の0.7%
	うすくちしょうゆ	0.8 g	4 g	だし汁の0.5%
木の芽		1 g	5 g	5枚

エネルギー：19kcal，たんぱく質：1.2 g，
脂質：0.2 g，カルシウム：9 mg，塩分：1.3 g

① たけのこは薄切りにする。
② わかめは熱湯をかけ約3 cmに切る。
③ 鍋にだし汁と①を入れて1〜2分煮て，②を入れさらに，ⓐを加えて調味する。
④ 椀に盛り，吸い口に木の芽を添える。

食育基本法とは

21世紀におけるわが国の発展のためには，子どもたちが健全な心と身体を培い，未来や国際社会に向かって羽ばたくことができるようにするとともに，すべての国民が心身の健康を確保し，生涯にわたっていきいきと暮らすことができるようにするため，国，地方公共団体及び国民の食育の推進に関する取組を総合的にかつ計画的に推進するために平成17年6月17日に制定された法律である。この法律では，子どもたちが豊かな人間性をはぐくみ，生きる力を身に付けていくためには，何よりも「食」が重要である，と位置づけられている。

はまぐりの潮汁

材料	1人分	5人分	備考
はまぐり	20 g	100 g	10個，殻付250 g
うど	3 g	15 g	
水	150 g	750 g	
こんぶ	3 g	15 g	みついし，材料の1.5%
本醸造酒	3 g	15 g	材料の1.5%
ⓐ 食塩	0.8 g	4 g	水の0.5%
ⓐ うすくちしょうゆ	0.8 g	4 g	水の0.5%
木の芽	1 g	5 g	5枚

エネルギー：17kcal，たんぱく質：1.4 g，
脂質：0.1 g，カルシウム：31mg，塩分：1.6 g
＊こんぶ出し150 gで計算

① はまぐりは3％の食塩水につけて砂出しをしてよく洗う。
② うどは皮をむき，短冊に薄く切って，水にさらしておく。
③ 鍋に水と昆布とはまぐりを入れ火にかけ，沸騰直前に昆布を取り出し，酒を加えてアクを取りながら2～3分煮てⓐで味を調える。
④ 椀にはまぐりと水気を切った②を入れ，③の汁を注ぎ，木の芽を添える。

ポイント

① **潮汁**は，魚貝の持ち味や旨味を賞味するすまし汁である。**はまぐり**の旬は春で雛祭の行事食に用いられる。はまぐりの貝殻は大きさや形がすべて微妙に異なり，同じ貝の上下でないとピッタリと合わない。夫婦愛のシンボルとされ，結婚式の引き出物に使われることもある。
② **砂出し**：3％の塩水を，はまぐりがひたひたになる程度入れ，暗いところに数時間から一晩置く。水温が低すぎると冬眠状態になり砂を吐かない。
③ 貝類の砂は身の中には含まれず，殻と身の間に存在し，入り組んだ所にはさまった砂は，砂出しをしても残っていることがある。
④ 木の芽は軽くたたいて椀に加えると香りが立つ。

かき玉汁

材料	1人分	5人分	備考
鶏卵	20 g	100 g	2個
みつば	4 g	20 g	
混合だし汁	150 g	750 g	
ⓐ 食塩	0.8 g	4 g	だし汁の0.5%
ⓐ しょうゆ	1.5 g	7.5 g	だし汁の1%
かたくり粉	4 g	20 g	水で溶く
しょうが	0.8 g	4 g	だし汁の0.5%　1/4かけ

エネルギー：45kcal，たんぱく質：3.1 g，
脂質：2.1 g，カルシウム：18mg，塩分：1.2 g

① 卵を溶きほぐす。
② みつばを小口切りにする。
③ だし汁を煮立ててⓐで調味し，水溶きかたくり粉でとろみを付ける。沸騰している中へ，穴じゃくしで①を流し込み静かにかき混ぜ，②を入れ火を止める。
④ 椀に盛り，吸い口にしょうがをおろし，しぼった汁（つゆしょうが）を落とす。

ポイント

① **かたくり粉**はじゃがいもでんぷんの別名。水溶きかたくり粉は重量の1～2倍の水で溶き，加えてからの加熱は短時間にする。加熱が長かったり再加熱すると粘度が低下する（**ブレークダウン**）。
② 汁にでんぷんを加えるのは汁に粘土をつけ，卵を均一に分散させるためである。また，とろみがあるので温度降下を遅くする効果があり冬向きの汁物である。

沢煮汁

材料	1人分	5人分	備考
豚ばら肉	12 g	60 g	薄切り
だいこん	6 g	30 g	
にんじん	3 g	15 g	
乾しいたけ	1 g	5 g	2.5枚，戻して25 g
根深ねぎ	3 g	15 g	
さやえんどう	3 g	15 g	7〜8枚
ごぼう	6 g	30 g	
だし汁	150 g	750 g	
ⓐ 本醸造酒	8 g	40 g	だし汁の5%
ⓐ 食塩	0.8 g	4 g	だし汁の0.5%
しょうゆ	1 g	5 g	だし汁の0.7%
しょうが	2 g	10 g	だし汁の1%

エネルギー：71kcal，たんぱく質：3.0 g，脂質：4.4 g，カルシウム：11mg，塩分：1.1 g

① 肉はせん切りにする。
② だいこん，にんじん，戻したしいたけ，ねぎ，さやえんどうはせん切りにする。ごぼうはささがきにして水にさらす。
③ だし汁を火にかけ，①と②を入れ，ⓐを加えて味を調える。
④ 椀に盛り，つゆしょうがを入れる。

ポイント

① ごぼうについては，p.33，66参照。
② 大量調理の場合，にんじん，ごぼうは先に煮る。
③ 沢は多くのという意味の古語。野菜たっぷりの汁物である。豚脂身を加えることもある。

けんちん汁

材料	1人分	5人分	備考
豆腐	30 g	150 g	木綿，1/2丁
乾しいたけ	2 g	10 g	5枚，戻して50 g
にんじん	4 g	20 g	
さやえんどう	4 g	20 g	10枚
ごぼう	6 g	30 g	
ねぎ	4 g	20 g	
サラダ油	2.6 g	13 g	
だし汁	150 g	750 g	
ⓐ 食塩	1 g	5 g	だし汁の0.7%
ⓐ しょうゆ	3 g	15 g	だし汁の2%
しょうが	2 g	10 g	1/2かけ

エネルギー：65kcal，たんぱく質：3.8 g，脂質：4.1 g，カルシウム：48mg，塩分：1.6 g

① 豆腐は水気を切って，砕いておく。
② 戻したしいたけ，にんじん，さやえんどうはせん切りにする。ごぼうはささがきにし水にさらす。ねぎは斜め切りにする。
③ 鍋に油を熱して①を入れて煎り，②の材料を加えて炒め，だし汁とⓐを加え，しいたけの戻し汁を加えて味を調え，しばらく煮る。
④ 椀に盛り，つゆしょうがを落とす。

ポイント

① **けんちん**（巻繊）とは，中国から伝えられた卓袱料理が日本料理化した豆腐料理である。巻は巻いたもの，繊は小さく切ることで，油で炒めるのが特徴である（p.234参照）。
② 大量調理の場合，豆腐は木綿ごしの固いものがよい。具は煮すぎないようにする。

3. 刺 身

刺身は新鮮な魚介類の持ち味を生かして生で食べる料理でお造り，作り身等ともいう。材料は鮮度が高く，旬のものを選び，衛生的な取り扱いが必要である。味を生かすように，食べる直前に切り，手早く扱うことが大切である。

材料の種類（あしらい，つけじょうゆ）

刺身に適した魚介類		まぐろ，かつお，あじ，さば，はまち，ぶり，たい，ひらめ，かれい，きす，さより，すずき，はも，こち，しらうお，こい，いか，たこ，赤貝，あわび，あおやぎ等。
あしらい		刺身を引き立て，生臭みを消す役目もある。
	けん	大根，きゅうり，うど，にんじん，みょうが等のせん切りを冷水でパリッとさせて用いる。刺身の下（敷きづま）や向こう側に添える。
	つま	刺身の手前（前盛）けんのそばに1種類用いる。刺身の種類や季節によって使い分ける。 芽じそ，穂じそ，花丸きゅうり，パセリ，にんじん，うど，紅たで，防風，貝割れ菜，なすの花，らんの花，菊の花，青じその葉，菊の葉，水前寺のり，おごのり，とさかのり，わかめ等。
	辛味	辛味と香気を添え，刺身の味を引き立てる。 わさび，しょうが，からし，たで，大根おろし，もみじおろし等。
つけじょうゆ	生じょうゆ	濃口しょうゆ，たまりじょうゆ。
	土佐じょうゆ	しょうゆにかつお節とみりんを加え，一煮立ちさせる。
	しょうがじょうゆ	しょうゆにおろししょうがを加える。甘みがあり淡白な材料に合う。
	ポン酢しょうゆ	柑橘類の搾り汁としょうがを加える。刺身をあっさりと賞味できる。
	酢みそ	みそ（白，赤）に砂糖（みりん），酢を加え，辛味等を合わせる。
	たで酢	たでの葉をすり二杯酢を加える。
	その他	からしじょうゆ，梅肉酢，梅肉じょうゆ，うにじょうゆ等。

刺身の下準備

さく取りの仕方		三枚におろし，上身にした魚を刺身が作られる状態にすることをさく取りという。（かつおの場合は節おろしという） たい，ひらめ等の場合　　血合いの多い魚（かつお）
皮の引き方	手でむく	頭から尾に向けて皮を取る。（さば，あじ，さより）
	外引き	さく取りにした身を，皮を下に尾の方を左にして手前から向こうに包丁を動かす。
	内引き	尾を右に皮の端を左手で持ち，右から包丁を左へ切り込んで皮を引く。（身の軟らかいもの，かつお）

刺身の切り方

平造り	手前に皮の付いた方を上に，身の厚い方を向こう側にし，包丁の手もと（根元）から刃先へ，包丁の背をやや斜めに傾けて軽く引きながら切り，切り身は包丁につけて右へ返し，少し斜めに重ねる。（たい，ひらめ）
引き造り	包丁を直角に引きながら，そのままの位置で切る。（たい，さわら）
糸造り	包丁の刃先で，手前を浮かしながら細く引き切りにする。（きす，さより，いか，昆布じめにした魚）
角造り	上身にした魚を2～3cm角の棒状に切り，それを1～2cm角切りにする。身のやわらかい魚に適する。（まぐろ，かつお，はまち）
八重造り	塩でしめて酢につけた魚の皮をむき，腹側を手前に皮の方を上にして，身を左手で軽く押さえて包丁をやや左に傾けるようにし，厚さ0.3cmに包丁の根元から包丁の重みだけで軽く引いて切り，右へおくる。（さば，さごし）
さざなみ造り	包丁で右上部から左の方へ，刃をうねらせるように薄くそぎ切りにする。つけじょうゆがつきやすくなる。（いか，あわび，たこ）
たたき造り	あじ等の新鮮な魚を三枚におろし，まな板の上で包丁で切りたたく，みそやもろみ等を混ぜて供す。
蛇腹造り	皮をむいたいかを4～5cm幅の縦に切り，小口から斜めに細く身の厚さの2/3まで切れ目を入れ，裏返して同じ斜めの方向に同様に切れ目を入れる。小口から約1cmに引き切りにする。
鳴門造り	皮をむいたいかの表側の身に細く縦の切れ目を入れ，縦に二つ切りにし，裏に焼きのりをのせ小口からかたく巻き，約1cmに切る。
あらい	夏季の刺身の代表で，上身の魚をそぎ造り，糸造りにして氷水に入れて身を縮ませ，水気を切り，冷やした器に氷とともに盛る。（たい，すずき，こち，あじ，こい）
皮霜造り（松皮造り）	さく取りにした魚を皮のまま刺身にする場合，皮にだけ熱湯をかけ，手早く冷水にとり，冷やして好みに切る。皮の美味な魚に利用する。（たい，すずき）
焼き霜造り	節おろしにしたかつおの血合いを取り，皮を上にして金串を3～4本末広形に打ち，強火で皮に焼き色を付け，返して身をさっとあぶり，手早く氷水に入れ冷やし，金串を抜き水気をふき取り，平造り，引造りに切る。
湯引き造り	身のやわらかい魚は湯引き造りにする。魚をさくどりにして沸騰水に入れ，表面が白くなったら取り出し，氷水につけ急冷し，水気をふき取って切る。外側の身が締まり切り口が生の状態で，美しい刺身になる。（まぐろ，かつお）
塩じめ	背の青い魚で脂肪の多い魚に，ふり塩をしてから，刺身にする。（さば，あじ）
酢じめ	生臭みのある魚を塩じめにし，酢洗いした後，酢につけて薄皮を取る。（さば，あじ，いわし，こはだ）
昆布じめ	主として白身の魚が用いられる。上身にした魚に薄塩をし，酢をふった昆布ではさみ軽く押しをしてしめる。水分を除き，そぎ切り，細造り等にして刺身にする。

あじのたたき

材料	1人分	5人分	備考
まあじ	50 g	250 g	中3尾
ねぎ	6 g	30 g	
みょうが	4 g	20 g	
しょうが	4 g	20 g	1かけ
青じそ	1 g	5 g	5枚
レモン	5 g	25 g	
紅たで	1 g	5 g	
しょうゆ	5 g	25 g	

エネルギー：68kcal，たんぱく質：10.7 g，
脂質：1.8 g，カルシウム：20mg，塩分：0.6 g

① あじは三枚におろし，頭の方から皮をとり，細く引き切りにする。
② ねぎとみょうがは小口切りにし，しょうがはすりおろす。
③ ①に②の薬味をのせ，包丁でたたいて，30〜60分氷で冷やす。
④ 器に青じそを敷き，③を盛り付け，レモンのくし型切りと紅たでをおき，小皿にしょうゆを入れて添える。

ポイント

① **あじの三枚おろし**（p.14参照），たたき造り（p.46参照）。まあじのエキス分にはアラニン，グリシン，グルタミン酸等の遊離アミノ酸が多く含まれ，これらのエキス成分と脂肪が混ざり，独特の旨味がある。

刺身の盛り合わせ

材料		1人分	5人分	備考
まぐろ		80 g	400 g	
こういか		40 g	200 g	1ぱい
紅たで		1 g	5 g	
だいこん		30 g	150 g	
防風		1本	5本	
きゅうり		4 g	20 g	
わさび		3 g	15 g	
青じそ		1 g	5 g	
土佐じょうゆ				
ⓐ	しょうゆ	10 g	50 g	
	みりん	1 g	5 g	しょうゆの10%
	かつお節	0.4 g	2 g	しょうゆの4%

エネルギー：129kcal，たんぱく質：25.4 g，
脂質：1.1 g，カルシウム：26mg，塩分：1.4 g
＊つけ汁は2/3で計算

① まぐろはさく取りして平造りか，引き造りとする。
② いかは薄皮をむいて，細切りとして紅たでを混ぜる。
③ 大根はかつらむきにしてからせん切りにして，水に放してパリッとさせ**白髪大根**にする。
④ 防風は茎を十文字に切りこんで，水にさらし，いかり防風にする。きゅうりでわさび受けをつくる。
⑤ わさびはすりおろし，包丁の背でたたき粘りを出し，わさび受けにのせる。
⑥ 土佐じょうゆをつくる。ⓐを煮立てた後こして，小皿にいれる。
⑦ 器に青じそを敷き①と②を盛り，③と④を添え⑤をあしらう。⑥を添える。

ポイント

① 魚の鮮度は**K値**で示され，生食の限界は20％以下である。鮮度が低下した魚の不快臭の主体は**トリメチルアミン（TMA）**である。
② わさびはすりおろすことにより強い辛味を持つ。これは辛味成分シニグリンが酵素シニグリナーゼ等の作用で分解され，からし油を生じるからである。

③ **刺身の盛り方**：一般的に山水をかたどり，中央にけん，向こうを高く手前を低く盛る。平造り，引き造りの場合は7切れ，5切れ，3切れの奇数を盛る。つまはあくまでも刺身の引き立て役である。

かつおの焼き霜造り

材料	1人分	5人分	備考
かつお	80g	400g	
みょうが	6g	30g	
だいこん	18g	90g	
しょうが	3g	15g	3/4かけ
ポン酢			
ⓐ しょうゆ	10g	50g	
ⓐ 穀物酢	8g	40g	しょうゆの80%
ⓐ レモン	2g	10g	しょうゆの20%
青じそ	1g	5g	5枚

エネルギー：106kcal，たんぱく質：21.6g，
脂質：0.4g，カルシウム：21mg，塩分：1.5g
＊つけ汁は2/3で計算

① 節取りしたかつおは血合いを取り，皮を上にして金串を3～5本末広に打ち，形を整える。
② 強火で皮に焼き色を付け，返して身をさっと炙り，氷水で手早く冷やす。
③ 金串を抜いて水気を取り，皮を上にして0.8cmくらいの平造りまたは引き造りにする。
④ みょうがはせん切りにし水にさらす。
⑤ だいこんとしょうがはすりおろし，混ぜ合わせる。
⑥ ⓐを合わせ，小皿に入れる。
⑦ 器に青じそを敷き③を盛り付け，④と⑤をあしらい，⑥を添える。

🔴 **ポイント**

① **かつお**は鮮度が落ちやすく，空気に触れると酸化され変色しやすい。
② 焼くことにより表面が凝固するが急冷するので，内部は生の状態の食感と味を残す。かつおの身は軟らかいが，焼き霜造りにすると身が締まりおいしくなる。
③ 旬は，**初がつお**と呼ばれる春～初夏と，**戻りがつお**と呼ばれる秋口である。

すずきのあらい

材料	1人分	5人分	備考
すずき	50g	250g	またはたい
きゅうり	15g	75g	
わさび	2g	10g	
穂じそ	1g	5g	
青じそ	1g	5g	5枚
酢じょうゆ			
ⓐ しょうゆ	5g	25g	
ⓐ 穀物酢	1g	5g	しょうゆの20%
氷			

エネルギー：68kcal，たんぱく質：10.5g，
脂質：2.1g，カルシウム：16mg，塩分：0.5g
＊つけ汁は2/3で計算

① すずきは3枚におろし，皮を引き薄くそぎ切りにして氷水に入れ，身を引き締める。
② きゅうりは4～5cmに切ってかつらむきにして水にさらす。
③ わさびはすりおろす。
④ ⓐを合わせ小皿に入れる。
⑤ ガラス鉢に砕いた氷をのせ，青じそを敷いて，①と②を盛り，③と穂じそをあしらう。④を添える。

🔴 **ポイント**

① **あらい**：魚の筋肉はたんぱく質繊維のアクチンとミオシンで，死後結合してアクトミオシンにな

る。この変化が時間とともに進み死後硬直の状態になる。魚の筋繊維は短くて軟らかく，硬直中の方が歯ごたえがよい。あらいは，新鮮な魚が死後硬直を起こした状態の弾力と歯切れのよさを賞味する。たんぱく質分解酵素等の作用（**自己消化**）は食肉より早く進み，肉が軟らかくなりすぎて腐敗が起こる。あらいを氷で冷やすのは，酵素作用を抑えて，死後硬直を長持ちさせるためである。

　　昔は夏場食欲のないときに脂と魚の癖を落としてあっさりと食べるという手法であった。養殖臭と脂を落とすことから広く活用されている。

② すずきは「せいご」，「ふっこ」，「すずき」と名前が変わり**出世魚**と呼ばれる。旬は初夏である。

まぐろの山かけ

材料	1人分	5人分	備考
まぐろ	70 g	350 g	
しょうゆ	7 g	35 g	
わさび	3 g	15 g	
ながいも	60 g	300 g	
卵白	6 g	30 g	1個分
うずら卵	10 g	50 g	5個
あまのり	3 g	15 g	糸のり
わさび	3 g	15 g	

エネルギー：150kcal，たんぱく質：21.2 g，
脂質：2.5 g，カルシウム：35mg，塩分：1.2 g

① わさびをすりおろす。
② まぐろは角切りにして，わさびを溶いたしょうゆで和える。
③ いもは皮をむいて酢水につけてアクを取り，すりおろしてすり鉢に入れ，卵白を少しずつ加えすり混ぜる。
④ 深鉢に②を盛って，③をかけ，中央をくぼませて，うずら卵を割り落とす。わさびをのせ，糸のりを散らす。

🔴 ポイント

① 長芋や大和芋をむいたり，切ったりすると，いもの中に含まれるチロシンにチロシナーゼが働いて褐変するため，酢水に浸けて変色を防ぐ。また，酢水に浸けるとアクも除去できる。
② **山芋**は野生種（自然薯）と栽培種に分類される。栽培種はその形によって長形の長芋，塊茎のつくね芋（伊勢芋，大和芋），扁平形のいちょう芋，仏掌芋等に分けられる。いちょう芋は淡黄色でひだが少ないもの，つくね芋は球状で小さく硬くしまって粘り，香りのよいものが良質である。
③ でんぷん質の食品は生では消化が悪いので，加熱して食べることが多い。しかし，山芋には炭水化物分解酵素アミラーゼが大根の数倍も含まれており，山芋のミセルがゆるいので酵素が働きやすく効率良く消化・吸収でき，生で食べることができる。

教育の4つの柱

　わが国の教育は，学問的な知識や技術を身につける知育，社会生活に必要な道徳観や正義感を身につける徳育，体力や運動能力を高め，健康について学ぶ体育を3つの柱として重要視してきた。最近では，子どもたちの朝食の欠食，独りで好きなものだけを買ったり食べたりする個食や偏食，食べすぎによる肥満等，子どもたちの食生活に色々問題が起きてきた。そこで，健全な食生活を実践することができる人間を育てるため，食育を生きる上での基本であり，知育・徳育・体育の基礎となるべきものと位置付け，教育の柱として取り上げられた。

4. 和え物

和え物は，和えられる材料（和え種）と和える材料（和え衣）との調和によって独特の味を出すもので，材料の取り合わせが大切である。酒の肴，強肴，鉢肴の前盛り，ご飯の菜等に用いられる。和え物は冷たい料理であるから，和える種と和え衣は同一温度で和える。なお主材料が水分を多く含んでいる場合は，下処理により放水防止をする。和えてから長時間おくと材料の水分が出て味が薄くなるので，食べる直前に和えるようにする。

和え物の種類と和え衣の配合

1. 塩，しょうゆで調味したもの （材料の重量に対する％）

種類	塩	しょうゆ	砂糖	みりん	衣の材料	適する材料
白和え	1.5		10	2	豆腐50，ごま15 白みそ（豆腐の15） 砂糖10	ほうれんそう，小松菜，みつば，春菊，グリーンアスパラガス，いんげん，にんじん，ごぼう，しいたけ，こんにゃく，柿
落花生和え		8	10		落花生15，だし汁5	
くるみ和え	1.5		10		くるみ15，だし汁5	
ごま和え		8	5		ごま（白，黒，金）10	ほうれんそう，春菊，みつば，うど，せり，いんげん
おろし和え	1~1.5		5		大根（きゅうり）50 酢（大根の10）	貝柱，赤貝，なまこ，いか，たこ，きゅうり，うど
わさび和え		10	2		練りわさび2	山芋，ちくわ
からし和え		8	5		溶きがらし2	赤貝，せり
卵の花和え	1.5		10		卯の花（おから）20 卵黄10，酢10	こはだ，あじ，いわし等の酢じめを利用
うに和え	0.5~1			2	うに5，卵黄5	いか，貝柱，くらげ
たらこ和え （まさご和え）					たらこ25 酒（たらこの30）	いか
枝豆和え	1~1.5		5		枝豆30	なす，里芋，ずいき

2. みそで調味したもの （材料の重量に対する％）

種類		みそ	砂糖	みりん	酢	衣の材料	適する材料（具）
酢みそ和え	赤 白	10~15 20~30	8~10		8~10	だし汁5	貝類，いか，ねぎ，わかめ
からし酢みそ和え		10~15	3~5	5	8~10	からし2~3	貝類，きゅうり，ねぎ
木の芽みそ和え	赤 白	15~25 20~30	5~8	0~5		木の芽1~2枚 青よせ	たけのこ，貝類，いか，こんにゃく，うど
ごまみそ和え		15~20	5~8	5		ごま10	野菜類
ゆずみそ和え		15~20	8~10	10		ゆず汁10 皮1~2	かぶ，大根，こんにゃく，豆腐，いか，白身魚
しょうがみそ和え		15~20	5			しょうが5	いか，貝類，豚肉，きゅうり

その他，梅肉和え，磯辺和え，もみじ和え，納豆和え，酒盗(しゅとう)和え，黄金(こがね)和え等がある。

2．日本料理の調理

ほうれんそうのごま和え

材料	1人分	5人分	備考
ほうれんそう	80 g	400 g	または春菊
しいたけ	20 g	100 g	
ごま（白）	2 g	10 g	
ⓐ 砂糖	2 g	10 g	材料の2％
ⓐ しょうゆ	4 g	20 g	材料の4％
ごま（白）	0.6 g	3 g	切りごま

エネルギー：45kcal，たんぱく質：3.2 g，
脂質：1.7 g，カルシウム：72mg，塩分：0.6 g

① ほうれんそうはたっぷりの湯で茹でて水にさらし，水気を絞り4〜5cm長さに切りそろえる。
② しいたけは柄を取り，直火で焼いてせん切りにする。
③ 和え衣用と天盛り用のごまを一緒に弱火で煎り，和え衣用のごまをすってⓐを加え，①②を和える。
④ 器に盛り，天盛り用のごまを切りごまにし，のせる。

🔴 ポイント

① 葉先と根元の茹で上がりを一致させるために，根元に十文字の切り込みを入れ，根元のみ先に熱湯に浸けて1分，葉先を加えてさらに茹でるとよい。
② ほうれんそうはたっぷりの湯に入れ，短時間で茹でる。茹で上がったら色どめのため急冷し，アクを抜くため水にさらす。しかし水溶性ビタミンの溶出を防ぐため，いつまでも浸けておかない。
③ ほうれんそうの色素である**クロロフィル**は，ポルフィリン環の中央にMg^{2+}が入った構造をしており，長い側鎖のフィトールがついている。長時間加熱したり，酸性下に保ったりするとMg^{2+}がはずれて水素と置換し，緑褐色の**フェオフィチン**となる。

たけのこといかの木の芽和え

材料	1人分	5人分	備考
茹でたけのこ	40 g	200 g	
ⓐ だし汁	20 g	100 g	
ⓐ みりん	1 g	5 g	だし汁の5％
ⓐ うすくちしょうゆ	2 g	10 g	だし汁の10％
いか	40 g	200 g	小1ぱい
ⓑ 食塩	0.3 g	1.5 g	いかの0.75％
ⓑ 本醸造酒	6 g	30 g	いかの15％
木の芽みそ			
ほうれんそう	6 g	30 g	
木の芽	0.5 g	2 g	
ⓒ 米みそ	12 g	60 g	甘みそ，材料の15％
ⓒ 砂糖	4 g	20 g	材料の5％
ⓒ みりん	3 g	15 g	材料の4％
ⓒ だし汁	4 g	20 g	材料の5％
木の芽	1 g	5 g	飾り

エネルギー：99kcal，たんぱく質：8.9 g，
脂質：0.6 g，カルシウム：27mg，塩分：1.6 g

① たけのこを薄切りにし，ⓐで煮る。
② いかの薄皮をむいて，かのこ切りにし，幅1cmの短冊に切り，ⓑで炒りつける。
③ ほうれんそうを茹でて水気を絞り，葉先を刻んですりつぶし（**青寄せ**）木の芽を加えてさらにすり，ⓒを加えてよく混ぜる（**木の芽みそ**）。
④ ①②を③で和え天盛りに木の芽をおく。

（かのこいか）

🔴 ポイント

① たけのこの茹で方（p.34参照）。
② 青寄せは，木の芽を大量に使用すると香りとアクが強すぎるので，青葉の色素を用いてみそを色付けする。

貝柱の梅肉和え

材料		1人分	5人分	備考
ほたて貝柱		30 g	150 g	
穀物酢				
れんこん		20 g	100 g	
みつば		6 g	30 g	
梅肉酢				
梅干し		3 g	15 g	
ⓐ	砂糖	4 g	20 g	
	食塩	0.3 g	1.5 g	
	本醸造酒	3 g	15 g	
	穀物酢	1 g	5 g	

エネルギー：56kcal，たんぱく質：5.8g，
脂質：0.1g，カルシウム：10mg，塩分：0.8g

① 貝柱は薄皮をむき，そぎ切りにし，酢洗いする。
② れんこんは皮をむき，薄切りにして3％の酢水で茹でる（p.55参照）。
③ みつばはさっと茹でて，2～3cmの長さに切る。
④ 梅肉を裏ごししてⓐを加えて伸ばし，梅肉酢を作る。
⑤ 器に①②③を盛り，④をかける。

🔴 ポイント

① 調味料の塩分は梅干しにより加減する。

白和え

材料		1人分	5人分	備考
にんじん		16 g	80 g	
ほしひじき		1 g	5 g	
さやいんげん		16 g	80 g	
ⓐ	だし汁	16 g	80 g	
	砂糖	1.8 g	9 g	
	しょうゆ	2 g	10 g	
豆腐（木綿）		24 g	120 g	材料の55％
ⓑ	ごま（白）	4 g	20 g	豆腐の15％ あたりごま
	砂糖	1.6 g	8 g	
	食塩	0.2 g	1 g	
	しょうゆ	0.6 g	3 g	
木の芽		1 g	5 g	

エネルギー：66kcal，たんぱく質：3.1g，
脂質：3.1g，カルシウム：104mg，塩分：0.6g

① にんじんとさやいんげんはせん切り，ひじきは水につけて戻しておく。
② ①をⓐで下煮する。
③ 豆腐は熱湯でさっと茹で水気を絞る。
④ ⓑに③を加えてよくすり②を和える。
⑤ 器に盛り，木の芽をのせる。

🔴 ポイント

① こんにゃく，油揚げ，しいたけ等でもよい。
② 白和えに使う具は，よく水気を切り，冷ましてから豆腐と合わせる。
③ **あたりごま**の"あたり"とはすり鉢ですりつぶすこと。"する"という言葉は縁起が悪いため，これを避け"あたる"という。

なめこのみぞれ和え

材料		1人分	5人分	備考
なめこ		40 g	200 g	
だいこん		40 g	200 g	
ⓐ	砂糖	1.8 g	9 g	大根の5％
	穀物酢	6 g	30 g	大根の15％
	食塩	0.6 g	3 g	大根の1.5％

エネルギー：22kcal，たんぱく質：0.9g，
脂質：0.1g，カルシウム：11mg，塩分：0.6g

① なめこは煮立った湯の中に入れて湯通しし，冷水にとって水気を切る。
② だいこんはおろして軽く水気を切りⓐを加える。①と和え，器に盛る。

🔴 ポイント

① 大根はおろしてから時間がたつとビタミンCが失われるが，酢を加えると損失が抑えられる。

5. 酢 の 物

酢の物は，新鮮な野菜類，魚介類，海藻類等を単一または複数用いて下処理し，それに適した調味酢（合わせ酢）で味つけしたもので，さわやかな酸味が食欲をそそり，副菜として，味の変化が楽しめる料理である。材料は，生のままで使用するもの，塩でしめて酢に浸して使用するもの，酢洗いして使用するもの，加熱して使用するもの等がある。材料は必ず冷ましてから用い，調味酢を加えるのは供食直前とする。長時間おくと，酢によって材料が変色したり，調味酢の濃度が高いために材料から水気が出て，色，味とも落ちてくる。盛りつけ方は材料と調和のとれた色彩の小鉢等に中央を高くして盛り，その上に季節，彩り，味を考慮したあしらいを少量天盛りにする。あしらいに用いる材料は和え物と同一のものでよい。

調味酢の種類　　　　　　　　　　　　　　　　　　　　　　　　　　　　（材料重量に対する％）

種類	酢	食塩	砂糖	その他	適する材料
二杯酢	10〜15	1（または，しょうゆ6）		だし汁	魚介類
三杯酢	10〜15	0.8〜1（またはしょうゆ5〜6）	4〜6（またはみりん12〜18）	だし汁	魚介類，野菜類，きのこ類，海藻類
甘酢	15	0.5〜1	7〜10		魚介類，野菜類
黄身酢	7〜10	1	3〜5	卵黄10 だし汁10	魚介類，野菜類
白酢	10〜15	1〜1.5	5〜7	ごま 豆腐	柿，だいこん，かぶ
からし酢	10〜15	1（またはしょうゆ6）		からし2 みりん	魚介類，鶏肉，野菜類
わさび酢	10〜15	1（またはしょうゆ6）		わさび2 みりん	魚介類，練り製品，野菜類
木の芽酢	10〜15	1		木の芽5〜6枚 だし汁5 みりん	魚介類
たで酢	10〜15	1		たでの葉3〜4枚 だし汁	魚介類（あゆ）
土佐酢	10〜15	1（またはしょうゆ6）	4〜6（またはみりん12〜18）	かつお節 みりん	魚介類，野菜類
吉野酢	10〜15	1〜1.5（またはしょうゆ6〜9）	4〜6	かたくり粉1〜2	魚介類，野菜類
みぞれ酢（おろし酢）	10〜15	1〜1.5	4〜6	だいこんおろし	魚介類（かき，なまこ），柿，きのこ
松前酢	7〜10	1（またはしょうゆ6）	4（またはみりん12）	昆布5〜6cm角1枚	精進用酢の物
加減酢	10	1.5（またはしょうゆ9）	2	だし汁3〜5	魚介類，野菜類

※塩分の換算：食塩の代わりにしょうゆを使用する場合は，6〜7倍重量とする。
　糖分の換算：砂糖の代わりにみりんを使用する場合は，3倍重量とする。

きゅうりとわかめの酢の物

材料	1人分	5人分	備考
きゅうり	40 g	200 g	
食塩	0.4 g	2 g	きゅうりの1%
生わかめ	8 g	40 g	
しらす干し	8 g	40 g	
穀物酢	1 g	5 g	
合わせ酢			
ａ 穀物酢	6 g	30 g	材料の10%
ａ 砂糖	2 g	11 g	材料の4%
ａ 食塩	0.4 g	2 g	材料の0.8%
ａ だし汁	8 g	40 g	材料の14%
しょうが	2 g	10 g	1/2かけ

エネルギー：34kcal，たんぱく質：3.9 g，
脂質：0.4 g，カルシウム：61mg，塩分：1.1 g

① きゅうりは塩を振って板ずりし，さっと熱湯をくぐらせて冷水にとり色よくした後，薄い輪切りにして1％の塩を振ってしばらくおき，水気を絞る。
② 生わかめはさっと熱湯をくぐらせて冷水に取り，2 cm長さに切る。
③ しらす干しは熱湯にくぐらせてざるにあげ，そのまま冷まして酢を振っておく（酢洗い）。
④ しょうがは皮をむき，針しょうがにし，水にさらす。
⑤ ａで合わせ酢をつくり，食べる直前に①②③を和えて器に盛り，針しょうがを天盛りにする。

ポイント

① 生わかめの代わりに乾燥のカットわかめを使う場合は，水で戻すと約10倍の重量になる。
② 板ずりは，きゅうりやふき等をまな板にのせて塩を振り，手のひらで力を加えながら転がす下処理法。野菜の表皮組織が傷ついて浸透圧の作用でしなやかになり味もなじみやすくなる。緑色が鮮やかになり（色だし），きゅうりはいぼが取れ，ふきは皮がむきやすくなる。魚介類のすり身，ひき肉をまな板に取り，包丁の面でつぶすように練って粘りを出すことも板ずりという。
③ 酢洗いは，材料を酢そのまま，または水で薄めた酢や合わせ酢に通すこと。酢の物をつくる時の下処理で，これにより，料理が水っぽくならずに仕上がり，材料の生臭みを抑え，合わせ酢や和え衣となじみやすくなる。また，酢による殺菌効果もある。
④ きゅうりのクロロフィルは長時間加熱や酸処理によってフェオフィチンに変わり黄褐色になる。酢の物のきゅうりは時間が経つと黄褐色になるので，食べる直前に合わせ酢で和える。

紅白なます

材料	1人分	5人分	備考
だいこん	50 g	250 g	
食塩	0.5 g	2.5 g	だいこんの1%
にんじん	6 g	30 g	
食塩	0.3 g	1.5 g	にんじんの5%
合わせ酢			
ａ 穀物酢	7 g	35 g	材料の13%
ａ 砂糖	3 g	15 g	材料の5%
ａ 食塩	0.6 g	3 g	材料の1%
ゆず	1/10個	1/2個	

エネルギー：26kcal，たんぱく質：0.3 g，
脂質：0.1 g，カルシウム：14mg，塩分：0.6 g

① だいこん，にんじんは皮をむき，4 cm長さのせん切りにする。
② だいこんには1％の塩，にんじんには5％の塩と，別々に塩を振り，しばらくおいてしんなりしたら，水洗いしてかたく絞る。
③ ａを混ぜ合わせて合わせ酢をつくり，②を浸ける。
④ 器に③を盛り，ゆずの皮のせん切りをのせる。

ポイント

① だいこん，にんじんは薄い短冊切りにしてもよい。
② だいこんとにんじんでは水気の出方が違うので，にんじんに振る塩の量を多くする。にんじんにはアスコルビナーゼ（酸化酵素）が含まれているので，だいこんとにんじんは別々に塩を振る。
③ なますの種類には，柿なます，紅白なます（源平なます，水引なますともいう），精進なます，飛頭(ひず)なます等がある。
④ なますには，膾と鱠の2種類の漢字がある。膾は肉を，鱠は魚を混ぜ合わせることを意味しているため，古くは肉や魚を細かく切って混ぜ合わせた料理をいった。調味酢としては，二杯酢，三杯酢，甘酢，しょうが酢，たで酢，酢みそ等がある。

酢れんこん

材料		1人分	5人分	備考
れんこん		40 g	200 g	
合わせ酢				
ⓐ	穀物酢	20 g	100 g	材料の50%
	水	15 g	75 g	材料の38%
	砂糖	6 g	30 g	材料の15%
	食塩	0.4 g	2 g	材料の1%

エネルギー：54kcal，たんぱく質：0.8 g，
脂質：0.0 g，カルシウム：9 mg，塩分：0.4 g

① れんこんは皮をむき，0.5〜0.8cm厚さに切り，3%の酢水につける。
② ①の水気を切って3%酢水で茹で，水気を切る。茹ですぎないようにする。
③ ⓐを混ぜ合わせ，合わせ酢をつくる。この中に②を浸け込む。
④ 器に③を盛る。

ポイント

① 酢れんこんは焼き物の前盛りや重詰にも用いられる。切り方により，花れんこん，雪輪れんこん，矢羽根れんこんができる（p.13参照）。
② れんこんは鉄イオンを含む水や包丁，鍋等と接触すると黒く変色する。変色防止には酢を用いてpHを低下させたり，アスコルビン酸等の還元性物質を添加するのが効果的である。
③ れんこんはフラボノイド系色素を含むので，酢を用いると白く仕上がる。
④ れんこんは歯ざわりが大切なので茹ですぎないこと。酢の効果としては，酸性溶液で加熱するとペクチン質は軟化しにくいため歯切れがよくなる。また，れんこんには粘りの強いムチンも含まれており，酢を加えるとムチンの粘りも失われるため，歯切れがよくなる。

食育とは

日々の忙しい生活を送る中で，毎日の「食」の大切さを忘れがちである。栄養の偏り，不規則な食事，肥満や生活習慣病の増加，過度の痩身志向等の問題に加え，「食」の安全，「食」の海外依存，「食」情報の氾濫等の問題もあり，自ら「食」のあり方を学ぶ必要性が高くなっている。このような情勢下で，「食」に関する考え方を育て，都市と農山漁村の共生，地域社会の活性化，豊かな食文化の継承と発展，環境と調和のとれた食料の生産と消費の推進，食料自給率の向上に寄与しながら，健全な食生活を実現できる力をつけることである。

いかの黄身酢

材料		1人分	5人分	備考
するめいか		30 g	150 g	1/2ぱい
グリーンアスパラガス		40 g	200 g	
黄身酢				
ⓐ	卵黄	7 g	35 g	卵黄2個分 材料の10%
	だし汁	7 g	35 g	材料の10%
	穀物酢	5 g	25 g	材料の7%
	砂糖	3.5 g	18 g	材料の5%
	食塩	0.7 g	3.5 g	材料の1%
芽たで		1 g	5 g	

エネルギー：77kcal，たんぱく質：7.7g，
脂質：2.8g，カルシウム：23mg，塩分：0.9g

① いかは皮をむき，唐草切りにし熱湯にくぐらせる。
② グリーンアスパラガスは，はかまを取って色よく茹で，3cm長さの斜め切りにする。
③ 小鍋にⓐを入れてよく混ぜ，湯せんにかけてなめらかな状態になるまで混ぜ続け，でき上がったら冷ます。
④ 器に①と②を盛り付け，上から③をかけ，芽たでをのせる。

●ポイント

① **黄身酢**は卵黄を主体にした合わせ酢の一種。えび，かに，いか，たこ，貝柱，白身魚，鶏肉，うど，きゅうり，オクラ，トマト等淡白な味の材料に用いられる。卵黄を加熱しすぎると舌ざわりが悪くなるので，湯せんにかける。卵黄は半熟状態にする。
② **湯せん**は材料を穏やかに加熱する方法で，大きめの鍋に湯を沸かし，その中に材料を入れた小さな鍋を浮かすように入れて加熱する。熱を間接的に通すことで，焦げつくことなくきれいに仕上がる。保温の目的で湯せんにかけることもある。
③ **芽たで**は赤芽ともいい，紅たでの芽。芳香が強く刺身やあらいのつま，酢の物，サラダ等に使われる。芽じそと混同されやすいが，芽じそはしその双葉である。色が鮮やかでつやのあるものを選ぶ。

菊花かぶ

材料	1人分	5人分	備考
かぶ	30 g	150 g	
食塩	0.6 g	3 g	材料の2%
甘酢			
穀物酢	9 g	45 g	材料の30%
砂糖	6 g	30 g	材料の20%
食塩	0.3 g	1.5 g	材料の1%
とうがらし	1/10本	1/2本	乾
菊の葉	1枚	5枚	

エネルギー：32kcal，たんぱく質：0.2g，
脂質：0.0g，カルシウム：8mg，塩分：0.3g

① かぶは皮をむき，割り箸2本の間において，0.2cm間隔に縦横に切り目を入れ，裏側から2～3cm角の大きさに切る。
② ①に塩を振ってしばらくおき，しんなりしたらさっと水洗いして水気を絞る。
③ 甘酢をつくり，種を除いて小口切りにしたとうがらしを加え，②を20～30分浸けておく。
④ 器に菊の葉を敷き，③を花のように開いて盛り，とうがらしの輪切りを芯に置く。

●ポイント

① かぶに均一に塩をするため，5％の食塩水につけてもよい。赤かぶを用いて紅白の菊花にしたり，中心部にイクラをのせてもよい。

6. 浸し物

浸し物は，主として葉菜類を色よく茹でて水気を絞り，適当な長さに切り，しょうゆにだし汁を合わせた調味液に浸したもの。副菜として幅広く用いられる。材料としては，ほうれんそう，こまつな，しゅんぎく，みつば，せり，もやし，さやいんげん，はくさい，山菜等を用いる。上に，かつお節，ごま，柚子の皮のせん切り等を添える。

ほうれんそうのお浸し

材料	1人分	5人分	備考
ほうれんそう	70 g	350 g	
食塩	適量	適量	
ⓐ だし汁	10 g	50 g	材料の14%
ⓐ しょうゆ	3.5 g	18 g	材料の5%
かつお節	0.4 g	2 g	

エネルギー：18kcal，たんぱく質：2.2g，脂質：0.3g，カルシウム：36mg，塩分：0.5g，食物繊維：2.0g

① ほうれんそうはよく水洗いし，土や汚れを除く。特に根元は開いて流水の下でよく洗い，均一に加熱されるように十文字の切り込みを入れる。
② 大きめの鍋にたっぷりの湯を沸騰させて塩約1％を加え，根元，茎の順に入れ，一呼吸おいて全体を入れる。
③ 沸騰してきたら箸で上下を返す。再び沸騰してきたら根元の部分を指でつまみ硬さをみる。
④ 茹で上がったらすぐ冷水にとり（**色どめ**），冷めるまで水をかえてアクを抜き，根元をそろえて絞る。
⑤ ⓐを合わせ，その1/3量を④に振ってなじませ，少しおいて水気を絞り（**しょうゆ洗い**），4 cm長さに切る。
⑥ ⑤に残りの調味液をかけ，さっと混ぜる。器に盛り，天盛りとしてかつお節をかける。

ポイント
① お浸しは浸し物ともいい，色よく茹でた葉菜類を4 cm長さに切り，しょうゆを主体とする調味液をかけたり，浸しておく調理法である。調味液は食品の持ち味を生かすためにしょうゆとだし汁の割合を1：3～4とし，だしの風味をきかせる。長時間浸しておくと水気が出てきて色も悪くなる。
② しょうゆ洗いは材料の下処理の一種で，少量のしょうゆをまぶし，余分なしょうゆ分を切ってから料理に用いる。料理を水っぽくなく仕上げる方法。

小松菜と油揚げの煮浸し

材料	1人分	5人分	備考
こまつな	70 g	350 g	
食塩	適量	適量	
油揚げ	10 g	50 g	
ⓐ だし汁	40 g	200 g	材料の50%
ⓐ しょうゆ	4 g	20 g	材料の5%
ⓐ みりん	3 g	15 g	材料の4%

エネルギー：60kcal，たんぱく質：3.4g，脂質：3.5g，カルシウム：151mg，塩分：0.6g，鉄分：2.4mg

① こまつなは流水できれいに洗い，塩約1％を加えた熱湯で色よく茹で，冷水にとり，根元をそろえて水気を絞り，約4 cmの長さに切る。
② 油揚げはさっと茹でて油抜きし，縦半分に切り，1 cm幅の短冊切りにする。
③ 鍋にⓐを入れ，①②を加えて中火で2～3分煮る。そのまま少しおいて味を含ませる。

④ 器に③を盛り，煮汁を少しかける。

ポイント

① 煮浸しは，魚の場合は生干しや素焼きにした魚を，薄味の煮汁の中で弱火でゆっくり煮る調理法で，本来は干した川魚を軟らかく戻すように煮たもの。野菜の場合は，下茹でし，薄味の煮汁でさっと煮て仕上げるか，または調味液中に浸して味を含ませる。

7．煮　物

煮物は，和食献立の中でも最も種類が多い調理法であり，ほとんどすべての材料に用いられる。煮物は，食品を調味液とともに加熱しながら軟らかくするため，食品は煮汁に浸っており，加熱温度は100℃を超えない。したがって煮汁がある限り焦げることはないが水溶性のビタミンや旨味成分は溶出されやすく，煮崩れすることもある。また，調味料は均一に浸透しやすいが，強火で加熱し続けると，内部まで浸透しないうちに煮汁がなくなり，軟らかくなる前に食品が焦げつくので火加減には注意する。材料が煮汁に浸っている状態を保つためには，鍋も見合った大きさのものを用い，落としぶた等適宜工夫する。

煮物の要点

① 乾物は戻し，アクのあるものは除去しておく。必要ならば下茹でする等，均一に調味料が浸透し加熱されるよう，それぞれの材料の下処理をしっかり行っておく。
② 調味料を加える順序は一般に砂糖（さ），塩（し），酢（す），しょうゆ（せ），みそ（そ）とされ，砂糖は塩よりも分子量が大きく浸透しにくいため先に入れる。砂糖やしょうゆの量が多い場合は2～3回に分けて加える。
③ 鍋の大きさや材質は，煮物の種類や分量に適したものを用いる。
④ 焦げつきや煮崩れを防ぐために，火加減に注意し，面取り，落としぶた等の工夫をする。
⑤ 大量調理の場合は煮汁を沸騰させてから材料を入れる。

煮物の調味料割合　　　　　　　　　　　　　　　　　　　　　　　　（材料重量に対する％）

	材料名	だし汁	食塩	しょうゆ	砂糖	その他
魚	青背の魚	40（水）		10～12	3～4（またはみりん12）	酒10
	白身魚	40（水）		10	2～3（またはみりん10）	酒10
	みそ煮	60（水）	みそ15		6	酒10
野菜・いも	筑前煮	30～40		7	3	みりん3，酒3
	かぼちゃの煮物	70		5（うすくち）	3	酒3
	さといも含め煮	100	0.5	4（うすくち）	3	みりん3
乾物*	ひじきの煮つけ	80		8	5	
	かんぴょう	100		10	10	
	乾しいたけ	100（戻し汁）		10	10	みりん5
	高野豆腐	100	1	5	8	酒5
豆**	煮豆（甘煮）		1		50	

*乾物は戻した重量に対する％　　**豆は乾豆の重量に対する％

煮物の種類

種類	調理法	適する材料
白煮	白い材料を白く煮上げたもの。塩，砂糖，みりんを用い，こいくちしょうゆは用いない。材料に調味料の色をつけない。	れんこん，うど，ゆりね
青煮	緑色を美しく生かして仕上げる煮物。色の薄い調味液でさっと煮て，煮立ったら煮汁と材料を別々に冷まし，冷めたら再び煮汁につけて味を含ませる。	さやえんどう，さやいんげん，ふき
煮しめ	材料の形を崩さないように，時間をかけて煮汁が少し残っている程度まで煮て味をしみ込ませる。正月の重詰や弁当に向く。	根菜類，乾物類
煮つけ	煮しめより短時間で煮るので煮汁を少なくする。煮汁はほとんど残さない。	魚介類，野菜類
旨煮	煮しめとほとんど同じだが，材料，切り方等を特に吟味し，甘味や旨味を濃くする。重詰，客膳用の煮物。	野菜，鶏肉，魚
含め煮	材料が浸るくらいの薄味の煮汁でゆっくり加熱し，軟らかくなったら火を消し，煮汁に浸けた状態で味を含ませる。材料が煮崩れしにくい。	さといも，かぼちゃ，ゆりね，なす，豆類，くり，高野豆腐
煮込み	材料を多めの煮汁で長時間煮込んだもの。	おでん，だいこん，かぶ
照り煮	砂糖分が多めの濃厚な調味液で煮て照りをだしたもの。または，煮立てた調味液中に加熱した材料を入れてさっと煮て照りをだしたもの。	野菜，しいたけ，あなご
みそ煮	みそを加えて煮る。臭みの強い魚に向く。	さば，いわし，こい，ふな等の臭みや脂肪の多い魚
酢煮	煮汁に酢を加えて煮る。酢によって材料の生臭みが取れ，さっぱりと食べやすくなる。酢炊きともいう。また，野菜の変色を防ぐ目的でも用いられる。	さば，いわし，あゆ，れんこん，ごぼう，うど，じゃがいも
甘露煮	砂糖，水あめをたっぷりと使い，汁気がなくなるまで照りよく煮たもの。あめ煮ともいう。	あゆ，はぜ，ふな，もろこ，くり，黒豆，きんかん
佃煮	濃厚な調味液で長時間煮汁がなくなるまで煮る。常備食，保存食に適する。	小魚，貝類，牛肉，海藻
炒め煮	材料を油で炒めてから煮汁を少なくして短時間で煮る。	鶏肉，こんにゃく，にんじん，ごぼう，れんこん
煎り煮	材料を調味し，加熱しながらかき混ぜて煮る。	おから，でんぶ，卵
揚げ煮	材料を油で揚げた後，煮汁で煮る。煮崩れしやすい材料やアクの強い材料，淡白な材料に向く。色つやよく仕上がり淡白な材料でも味にこくが出る。	魚，鶏肉，豆腐，なす
くず煮（吉野煮）	材料にくず粉をまぶして煮汁で煮る。または，煮汁にくず粉で濃度をつけて材料にからませる。長時間煮ると硬くなったり味のしみにくい材料に適する。	貝類，たこ，とうがん，かぼちゃ
おろし煮	材料が煮えたら煮汁にだいこんおろしを加えてさっと煮る。材料の臭みや油っぽさが抑えられ，さっぱりとした味になる。	さば，さんま，さけ等の脂肪の多い魚
土佐煮	かつお節を入れて煮る。	たけのこ，こんにゃく
治部煮	かもの代表的な調理法。小麦粉かそば粉をまぶして煮汁でさっと煮る。	かも，鶏肉，豚肉

かれいの煮つけ

材料		1人分	5人分	備考
かれい		80 g	400 g	5切れ
しょうが		3 g	15 g	3/4かけ
ⓐ	水	30 g	150 g	魚の37%
	本醸造酒	8 g	40 g	魚の10%
	しょうゆ	8 g	40 g	魚の10%
	みりん	8 g	40 g	魚の10%
根深ねぎ		20 g	100 g	

エネルギー：116kcal，たんぱく質：16.5 g，脂質：1.1 g，カルシウム：44mg，塩分：1.4 g

① かれいはうろこ，えら，内臓を取り，水洗いして切り身にした後，皮に切り目を入れる。
② ボールに①を表側を下にして入れ，熱湯をかけた後水洗いし，ぬめりと残っているうろこを指でこすって取る。
③ しょうがは皮ごとせん切りにする。
④ 広口の浅い鍋にⓐを入れて沸騰させ，②の表側を上にして並べて入れ，煮汁をかけ，1～2分煮て③を散らし，落としぶたをして中火で約10分煮る。途中，煮汁を2～3回かける。煮えたら魚を取り出す。
⑤ ねぎを4 cm長さに切って焼き，残った煮汁でさっと煮る。
⑥ 器に④を盛りつけ，⑤を前盛り（p.72参照）にする。

ポイント

① 魚は包丁を入れる前に真水の流水でよく洗い，魚に付着している腸炎ビブリオ菌，魚臭，血液，その他の汚れを除く。切り身にしてからは洗わないのが原則である。
② 煮汁の量は魚からの脱水を考え，魚を入れた時にひたひたより少し少なめにする。
③ 煮汁を沸騰させてから魚を入れることで，魚の表面のたんぱく質が早く凝固し，煮崩れや旨味の溶出を防ぐ。
④ 魚の鮮度が新しければ薄味に仕上げ，鮮度が落ちている場合はやや濃い味でしっかり煮る。煮すぎると硬くなるので注意する。
⑤ 魚の筋肉組織は獣鳥肉より結合繊維（コラーゲン）が少ないので身が軟らかく煮崩れしやすい。そのため，煮ている時は魚を動かさないようにし，落としぶたをして調味を均一にする。落としぶたは，木製，ステンレス製のものがある。軟らかい材料を煮る場合はアルミホイルやオーブンペーパー（紙ぶた）を用いると煮崩れしにくい。
⑥ 魚にしょうが，ねぎ，酒，みりん等を加えて煮ると魚の生臭みを弱める効果がある。しょうがの成分が魚の生のたんぱく質と先に結合するとしょうがの脱臭効果は阻害されるので，魚を少し煮て，表面のたんぱく質を熱凝固させてからしょうがを加えるとよい。

生活習慣病

以前は成人病といわれ，年をとると避けることができない病気とされていた。しかし，不規則な生活習慣によって生じ，子どもにも予備軍がいて，実際に発症することが明らかになってきた。生活習慣病には，がん，心臓病，脳卒中，肥満，糖尿病，高脂血症等がある。最近は，腹部肥満，高トリグリセライド血症，低HDL血症，高血圧，高血糖の状態をメタボリック症候群と呼んでいる。糖尿病，高脂血症，高血圧症状に運動不足が重なると，動脈硬化を引き起こし，心筋梗塞，狭心症，脳梗塞等を引き起こす。

いわしの煮つけ

材料	1人分	5人分	備考
まいわし	100 g（正味）	500 g（正味）	1尾70〜75 gのものを10尾
しょうが	4 g	20 g	1かけ
ⓐ 水	40 g	200 g	魚の40%
ⓐ 本醸造酒	10 g	50 g	魚の10%
ⓐ しょうゆ	12 g	60 g	魚の12%
ⓐ みりん	12 g	60 g	魚の12%

エネルギー：266kcal，たんぱく質：20.8 g，
脂質：13.9 g，カルシウム：75mg，塩分：2.0 g

① いわしは頭を落として内臓を取り，水で洗って水気を切る。
② しょうがは皮ごとせん切りにする。
③ 広口の浅い鍋にⓐを入れて沸騰させ，①の表側を上にして並べて入れ，煮汁をかけ，1〜2分沸騰させた後しょうがを散らし，落としぶた（紙ぶた）をして中火で約10分煮る。途中，3〜4回煮汁をすくって全体にかける。
④ 身を崩さないように器に盛り付け，煮汁をかける。

🔴 ポイント

① いわしは1尾70〜75 gの場合，頭，内臓を取ると，約50 gになる。
② 生臭みの強い魚を煮る場合は，しょうがの代わりに梅干しで煮てもよい。

さばのみそ煮

材料	1人分	5人分	備考
さば	80 g	400 g	5切れ
食塩	0.8 g	4 g	さばの1%
しょうが	3 g	15 g	3/4かけ
ⓐ 水	50 g	250 g	さばの63%
ⓐ 本醸造酒	8 g	40 g	さばの10%
ⓑ 米みそ	12 g	60 g	さばの15% 淡色辛みそ
ⓑ 砂糖	5 g	25 g	さばの6%
根深ねぎ	15 g	75 g	

エネルギー：221kcal，たんぱく質：18.8 g，
脂質：11.0 g，カルシウム：31mg，塩分：1.6 g

① さばに塩を振り，約20分おき，表面の色が白く変わるまで沸騰湯をかける。
② しょうがは皮ごとせん切りにする。
③ 広口の浅い鍋にⓐを煮立て，さばの皮を上にして並べて全体に煮汁をかけ，2〜3分沸騰させたら②を散らし，落としぶたをして中火で5〜6分煮る。
④ ⓑを煮汁で溶いて③に加え，沸騰したら弱火で約10分落としぶたはせずに煮る。焦げつかないように時々鍋を動かす。
⑤ ねぎは4 cm長さに切り，直火で焼いて少し焦げ目をつける。
⑥ ④を器に盛りつけて煮汁を少しかけ，⑤を前盛りにする。

🔴 ポイント

① みそは魚臭を吸着する。**みそ煮**は生臭味の強いさば，いわし，こい，ふな等に適する。
② しょうがの代わりに，青じその葉，レモンの皮等を用いてもよい。
③ **さばの生さ腐れ**とは，さばには他の魚よりヒスチジンが多く含まれており，これが分解してアレルギーを起こすヒスタミンが生成されるが，ヒスタミンの生成が魚臭の生成より速いため，鮮度低下に気付かず食べ，アレルギーや食中毒を起こすことがあることをいう。

かぼちゃのそぼろあんかけ

材料		1人分	5人分	備考
かぼちゃ		100 g	500 g	
ⓐ	だし汁	70 g	350 g	材料の70%
	うすくちしょうゆ	5 g	25 g	材料の5%
	砂糖	3 g	15 g	材料の3%
	本醸造酒	3 g	15 g	材料の3%
鶏ひき肉		20 g	100 g	
かたくり粉		1 g	5 g	
しょうが		2 g	10 g	1/2かけ

エネルギー：148kcal，たんぱく質：6.7g，脂質：2.0g，
カルシウム：20mg，塩分：0.9g，ビタミンC：31mg

① かぼちゃは種を取り，3〜4cm角に切り，部分的に皮をむいて面取りする。
② 鍋にⓐと皮目を下にした①を入れて火にかけ，沸騰後は弱火にして，落としぶたをして軟らかくなるまで煮る。
③ ②のかぼちゃを器に取り出し，残りの煮汁で鶏ひき肉をさっと煮て，水溶きかたくり粉でとろみをつける。
④ かぼちゃに③のあんをかけ，針しょうがを天盛りにする。

ポイント

① かぼちゃの皮をむく時は，角切りにしてからむくとむきやすい。また，電子レンジで加熱すると軟らかくなりむきやすい。
② かぼちゃは丸ごとなら室温で半年くらいもつ。冬至の日に食べると風邪をひきにくいといわれる（**冬至南京**）。果肉の色素はカロテンとキサントフィルであり，ビタミンCも多い。
③ 日本かぼちゃは甘味が少なく水っぽい味で，西洋かぼちゃは甘味が強くほくほくした味なので，調味料は種類によって加減する。

さといもの含め煮

材料		1人分	5人分	備考
さといも		100 g	500 g	正味
ⓐ	だし汁	100 g	500 g	材料の100%
	砂糖	3 g	15 g	材料の3%
	みりん	3 g	15 g	材料の3%
ⓑ	うすくちしょうゆ	3.6 g	18 g	材料の1％塩分
	食塩	0.4 g	2 g	
ゆず		1/10個	1/2個	

エネルギー：83kcal，たんぱく質：2.2g，脂質：0.2g，
カルシウム：14mg，塩分：1.1g，食物繊維：2.4g

① さといもは洗って水気を拭いて皮をむき，塩を振ってよくもみ，流水で塩とぬめりを落とす。
② 鍋に①を入れ，かぶるくらいの水に塩を少量加えて2〜3分茹でた後，流水でよく洗ってぬめりを除く（**茹でこぼし**）。
③ 鍋に②を入れ，ⓐを加えて5分煮た後，ⓑを加えて落としぶた（紙ぶた）をして弱火でゆっくり煮含める。火を止めた後もそのまま煮汁に浸けておく。
④ 器に盛り，煮汁を少量かけ，ゆずの表皮をおろして振りかける。

ポイント

① **さといものぬめり**はガラクトース等が結合した糖たんぱく質（ガラクタン）で，煮る時ふきこぼれや調味料の浸透を妨げる原因となる。酢水で洗う，塩でもむ，または一度茹でこぼす，揚げる，炒める等の加熱によりぬめりを取って調理する。
② さといもを扱うと手がかゆくなることがあるが，針状のシュウ酸カルシウムが皮膚を刺激するため

である。いもがぬれたままで皮をむかない，手に塩や酢をつけてむく（かゆくなったら手に酢をつけてもよい），加熱後に皮をむく等するとよい。

③ 正月料理に用いる場合は，側面の皮を縦に六面になるようにむく六方むきにするとよい。

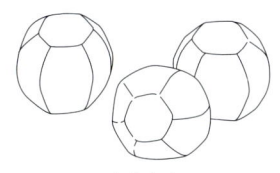

六方むき

天地を落とし，その切り口が六角形になるように側面の皮を縦にむく。

ふろふき大根

材料	1人分	5人分	備考
だいこん	150 g	750 g	
昆布	2 g	10 g	みついし，10 cm角
水	150 g	750 g	材料の100％
米	3 g	15 g	
ⓐ 豆みそ	15 g	75 g	
砂糖	10 g	50 g	みその66.7％
だし汁	10 g	50 g	材料の66.7％
みりん	5 g	25 g	材料の33.3％
本醸造酒	3 g	15 g	材料の20％
ゆず（果皮）	1/10個	1/2個	

エネルギー：115 kcal，たんぱく質：3.3 g，脂質：1.7 g，カルシウム：58 mg，塩分：1.6 g，食物繊維：3.1 g

① だいこんは3〜4 cm厚さの輪切りにし，皮をむいて面取りし，裏に十文字の隠し包丁を入れる。
② 鍋に昆布を敷き，だいこんを並べ，かぶるくらいの水を入れ，ガーゼで包んだ米を加えてだいこんが軟らかくなるまで弱火で茹でる。盛りつけるまでそのままおいておく。
③ ⓐを小鍋に入れて弱火で練り，練りみそをつくる。
④ ②を器に盛って③をかけ，ゆずの皮のせん切りをのせる。

ポイント

① 面取りは煮崩れ防止，隠し包丁は味の浸透と食べやすさのためである。
② だいこんはアク抜きのため米を少し入れた水や米のとぎ汁で茹でる。苦味が少なくなり，白く軟らかくなる。
③ ふろふき（風呂吹き）の名の由来は一説には，漆器を作る時，乾きを早くするためにだいこんのゆで汁を風呂（作業室）に吹きかけたが，その残りのだいこんにみそをつけて食べると大変美味であったことからこの名がついたという。だいこん，かぶ，とうがん等を軟らかく茹でて練りみそをつけて食べる冬向きの料理である。練りみそは，ごまみそ，柚子みそ，肉みそ等が合う。

身体に優しい食事のとり方

① 1日3食規則正しく摂取する。欠食や夜食を避ける。
② 毎日できるだけ同じ時間に食べる。体が食べる準備をするリズムができる。
③ ゆっくりよく噛んで（一口20〜30回）食べる。噛む回数が多いと唾液の分泌がよくなり，消化がよく，満腹感も得られやすい。
④ 腹八分目とする。過食は胃に負担がかかり，消化が悪くなる。

高野豆腐，しいたけ，ふきの炊き合わせ

材料		1人分	5人分	備考
高野豆腐		10 g	50 g	3個，戻して200 g
ⓐ	だし汁	40 g	200 g	高野豆腐の100%
	砂糖	3 g	16 g	高野豆腐の8%
	しょうゆ	2 g	10 g	高野豆腐の5%
	本醸造酒	2 g	10 g	高野豆腐の5%
	食塩	0.4 g	2 g	高野豆腐の1%
乾しいたけ		2 g	10 g	5枚，戻して50 g
ⓑ	戻し汁	10 g	50 g	しいたけの100%
	砂糖	1 g	5 g	しいたけの10%
	しょうゆ	1 g	5 g	しいたけの10%
	みりん	0.5 g	2.5 g	しいたけの5%
ふき		20 g	100 g	
食塩		適量	適量	
ⓒ	だし汁	30 g	150 g	ふきの150%
	砂糖	1 g	5 g	だし汁の3%
	食塩	0.3 g	1.5 g	だし汁の1%

エネルギー：86kcal，たんぱく質：6.0g，
脂質：3.5g，カルシウム：77mg，塩分：1.3g

① 高野豆腐はたっぷりの約50℃の湯に1〜2分浸けて戻し，両手ではさんで水気を絞り，2〜3cmの角切りにする。
② ⓐの調味液を煮立て，①を入れて煮汁がほとんどなくなるまで煮含める。
③ しいたけは水で戻して石付きを取り，鍋にⓑを煮立てた中に入れ煮汁がなくなるまで弱火で煮る。
④ ふきは鍋に入る長さに切り，塩を振って板ずりし，かぶるくらいの熱湯で少ししなう程度に約5分茹で，冷水にとって冷まし，皮をむいて4cm長さに切る。
⑤ ⓒを煮立て，④を入れて約2分煮た後，ふきを取り出し，煮汁と別々に冷ます。冷めたら煮汁にふきを浸けて味を含ませる（青煮）。

ポイント

① **高野豆腐**（凍り豆腐）は，豆腐を凍結後，乾燥し，膨軟加工を行ったものである。古くは，冬季に戸外で豆腐を凍結させて製造し，地方により高野豆腐や**凍み豆腐**という。以前は戻すのに時間がかかったが，現在は重曹でアルカリ処理しているので1〜2分で戻る。

② **炊き合わせ**は，煮物の材料を2種類以上別々に煮て，器に一緒に盛り合わせたもの。魚介類，肉類，野菜類の中から主になるものを選び，それに味，色等が合うものを数種類組み合わせる。材料それぞれの持ち味を生かすために別々の鍋で煮るのが原則であるが，一緒に煮ることによってよりおいしさが出る場合には一緒に煮ることもある。もともとは関西の料理で，材料の味，色を引き立たせるために薄味に仕上げる。

他の材料としては，えび，いか，鶏肉だんご，たらこ，たいのこ，菜の花，さやえんどう，さやいんげん，たけのこ，うど，なす，オクラ，しゅんぎく，にんじん等がある。

食べる目的

人は食物を摂取しないと生きていけない。食べる直接的な目的は，①エネルギーの給源，②身体の形成，③免疫力の強化，④体調の調整，⑤飢えへの備え等である。特に，成長期にある児童生徒には，栄養バランスのとれた食事は健康な体をつくるためには大切である。間接的な目的は，家族や友達と楽しく食べたりすることで，豊かで健康的な心を育てることである。

筑前煮

材料	1人分	5人分	備考
鶏もも肉	30g	150g	
れんこん	25g	125g	
ごぼう	20g	100g	
こんにゃく	20g	100g	
にんじん	15g	75g	
乾しいたけ	2g	10g	5枚
さやえんどう	3g	15g	10枚
サラダ油	4g	20g	材料の3%
だし汁	40g	200g	材料の32%
ⓐ 砂糖	4g	20g	材料の3%
ⓐ みりん	4g	20g	材料の3%
ⓐ 本醸造酒	4g	20g	材料の3%
しょうゆ	9g	45g	材料の7%

エネルギー：175kcal，たんぱく質：7.2g，脂質：8.4g，
カルシウム：38mg，塩分：1.4g，食物繊維：3.5g

① 鶏肉は一口大のそぎ切りにする。
② れんこん，にんじんは皮をむいて乱切りにし，れんこんは酢水に浸す。
③ ごぼうは包丁の背でこそげて表皮を除き，乱切りにして水に浸す。
④ こんにゃくは塩もみし，水洗いして一口大に手でちぎる。
⑤ しいたけは水で戻し，石付きを取って1枚を2つにそぎ切りする。
⑥ さやえんどうは筋を取り，塩茹でする。
⑦ 鍋に油を熱し，鶏肉を炒めて取り出し，②③を炒め，油がまわったらこんにゃく，しいたけを加えてさらに炒め，だし汁（しいたけの戻し汁も使う）を加える。煮立ったらアクをすくい，ⓐを加えて5～6分煮，しょうゆを加えて野菜が軟らかくなるまで落としぶたをして中火で煮る。時々鍋返しをして，煮汁がほとんどなくなるまで煮る。
⑧ 器に盛り，さやえんどうを散らす。

ポイント

① **筑前煮**は，鶏肉とにんじん，ごぼう，れんこん，さといも，たけのこ，しいたけ，こんにゃく，さやいんげん，さやえんどう等を用い，これらの材料を炒めて，だし汁，しょうゆ，みりんで味つけした煮物。いり鶏ともいう。筑前（福岡県）の郷土料理でがめ煮とも呼ばれ，正月料理に用いられる。がめ煮の名は，古くは鶏肉ではなくすっぽん（この地方でがめという）を使ったから，または数多くの材料を取り混ぜる（がめる）からきたともいわれる。
② 鶏肉を先に炒めると鍋に付着しやすいので，野菜を先に炒めてから鶏肉を入れてもよい。
③ こんにゃくは味の浸透がおそいので，包丁で切るより手でちぎる方が表面積が増えて味のしみ込みがよい。
④ 筑前煮は冷めてもおいしいので，弁当や重詰等にも用いられる。
⑤ 煮汁を水溶きかたくり粉でまとめる方法もあり，油炒めしてから煮ることと合わせ，中国料理の影響を受けた料理である。

健康とはどんなこと

健康づくりの3要素は栄養・運動・休養である。具体的には，①適正な栄養素摂取によるバランスのとれた食事をする。②日常生活の中で積極的に体を動かし，適度な運動を習慣づける。運動をすると，血行がよくなり，筋力や体力ばかりでなく，病気に対する免疫力もアップする。③休養は身体を休めるという，消極的な休養ではなく，運動をする等で心や体をリフレッシュする。特に，ストレス等の精神的疲労には身体を動かす等，積極的な休養が効果的である。また，十分な睡眠の確保も必要である。

きんぴらごぼう

材料	1人分	5人分	備考
ごぼう	40 g	200 g	
にんじん	15 g	75 g	
ごま油	3 g	14 g	材料の5％
乾とうがらし	少量	1/2本	七味唐辛子で代用可
ⓐ だし汁	12 g	60 g	材料の22％
ⓐ みりん	7 g	35 g	材料の13％
ⓐ しょうゆ	5 g	25 g	材料の9％
ⓐ 砂糖	1 g	5 g	材料の2％
ごま（白）	1 g	5 g	

エネルギー：90 kcal，たんぱく質：1.5 g，脂質：3.6 g，
カルシウム：36 mg，塩分：0.8 g，食物繊維：2.8 g

① ごぼうは皮を包丁の背でこそげて除き，ささがきにして約10分水に浸しアクを取った後水気を切る。
② にんじんはせん切りにする。
③ 赤とうがらしは半分に切って種を取り，薄い輪切りにしておく。
④ 鍋にごま油を熱し，①②を炒め，③を加える。
⑤ ④にⓐを加え，煮汁がなくなるまで炒め煮する。
⑥ 器に盛り，ひねりごまを振る。

ポイント

① きんぴらに向く食材としては，うど，れんこん，セロリ等がある。
② ごぼうは褐変しやすいので，切ったらすぐ水に浸ける。褐変はごぼうに含まれるクロロゲン酸が**ポリフェノールオキシダーゼ**という酵素によって酸化されるためである。この酵素は水溶性であり，酸性では活性が弱まるため，茹でる場合は3～5％の酢水を用いるとよい。
③ ごぼうは食物繊維を多く含む。皮に特有の芳香，旨味があるので，皮はむかず包丁の背でこそげる程度にする。長時間水にさらしすぎても旨味が溶出してしまうのでよくない。初夏に出回る新ごぼうは軟らかく香りも高い。

ひじきの煮つけ

材料	1人分	5人分	備考
ほしひじき	8 g	40 g	長ひじき，戻して200 g
にんじん	10 g	50 g	
油揚げ	10 g	50 g	
サラダ油	3 g	15 g	
ⓐ だし汁	50 g	250 g	材料の83％
ⓐ しょうゆ	5 g	25 g	材料の8％
ⓐ 砂糖	3 g	15 g	材料の5％

エネルギー：98 kcal，たんぱく質：3.4 g，脂質：6.5 g，
カルシウム：147 mg，塩分：1.1 g，鉄分：4.9 mg，食物繊維：3.8 g

① ひじきは水に20分浸して戻し，上からすくい取って砂が入らないようにし，食べやすい長さに切る。
② にんじんはせん切りにする。
③ 油揚げは油抜きし，短冊切りにする。
④ 鍋に油を熱し，①②③を入れて炒め，ⓐを加えて煮汁がほとんどなくなるまで弱火で煮る。
⑤ 器に中高に盛りつける。

ポイント

① ひじきには植物の葉にあたる部分の芽ひじきと茎にあたる部分の長ひじきがある。夏場は水に20分浸すと芽ひじきは約8倍の重量になり，長ひじきは約5倍の重量になる。季節によって水温に差はあるので，水に浸す時間は加減する。
② ほしひじきはカルシウムが1,400 mg/100 gと多く，鉄，ヨード，食物繊維も多い。

煮 豆

材料	1人分	5人分	備考
金時豆	30 g	150 g	1カップ
水	160 g	800 g	豆の3〜4倍容量
砂糖	15 g	75 g	豆の50%
食塩	0.2 g	0.8 g	砂糖の1%

エネルギー：158kcal，たんぱく質：6.0g，脂質：0.7g，
カルシウム：39mg，塩分：0.2g，食物繊維：5.8g

① 豆はたっぷりの水に入れ，かき混ぜながら洗い，浮いてきた豆は除く。
② ①の水気を切って鍋に入れ，豆の3〜4倍容量の水を加えて一晩（約8時間）浸けておく。夏場は冷蔵庫に入れる。
③ 厚手の鍋に②を浸け汁ごと入れて火にかけ，煮立ってきたら一度茹でこぼす（渋切り）。
④ ③に新しい水を豆が充分かぶるくらい入れ，煮立ってきたら弱火にしてゆっくり煮る。途中豆が湯から出ないように，差し水をする。
⑤ 豆を指ではさんでつぶれるくらいに軟らかくなったら，砂糖を2〜3回に分けて加える。砂糖を加えては5〜10分煮て火を止め，冷めるまでおく。これを繰り返す。

ポイント

① 煮豆は，隠元豆（金時，大福，大手芒），大豆（白大豆，黒大豆），蚕豆（於多福豆）が用いられる。
② あずき，ささげは種皮が硬く吸水が悪いので，水洗い後すぐ加熱する。それ以外の豆は水に浸けて戻してから煮始める。水に浸ける時間は一晩（約8時間）が目安だが，粒の大きい花豆や戻りにくい黒豆，えんどう等はやや長めに浸ける。季節によって水温に差があるので浸ける時間は加減する。
　水煮時間の目安は，でんぷんの多い豆類では40〜60分，大豆は60〜90分である。圧力鍋（1.9気圧，108〜116℃）を使うと加熱時間が15〜20分と短縮される。
③ 味つけは「豆が軟らかく煮えてから」が原則。甘煮等の場合は，砂糖を2〜3回に分けて入れる。砂糖を加えて5〜10分煮たら火を止め，冷めるまでおいて味を含ませ，これを繰り返す。砂糖を入れて長時間煮ると豆がしまって硬くなる。
④ あずき，ささげ，いんげんまめ，えんどう，そらまめ等は，炭水化物（55〜60%），たんぱく質（約20%）が多く，脂質（約2%）が非常に少なく，ビタミンB_1，食物繊維が多い。大豆はたんぱく質（約35%），脂質（約20%）が多く，炭水化物（約30%）はあずき等の約半分で，カルシウム，ビタミンB_1，食物繊維が多い。

肥満を防ぐ食事

　肥満は大人ばかりでなく，乳幼児期や小学校低学年でも見られる。エネルギーの摂りすぎや運動不足が原因で，摂取エネルギー量が，消費エネルギー量を上回っていることによる。体重が重く一見肥って見える人でも，必ずしも肥満ではなく，体脂肪が男性の場合は20%以上，女性の場合は25%以上ある場合を肥満という。肥満を防ぐには，①ゆっくり噛んで食べ，早食いをしない，②まとめ食いやドカ食いをしない，③腹八分目にする，④テレビを見ながらダラダラ食べる「ながら食い」をしない，⑤夜9時以降は飲食をしない，⑥できるだけ間食をしない，等がある。

8. 蒸し物

蒸し物は，水を沸騰させて発生する水蒸気の潜熱（冷えて水になる時に放出する熱）で食品を加熱する調理法である。蒸し器内の温度は約100℃に保たれるが，火力調節やふたをずらす等の操作により，それ以下の温度で加熱することもできる。また，茹でる方法に比べて水っぽくなりにくい。特徴としては，食品の形が崩れにくく，流動性のある材料を容器に入れたり，成形したりして加熱することもできる。また，煮物に比べて水溶性成分の損失が少なく，水がある限りは長時間加熱しても焦げることはない。しかし，アク等の不味成分は除きにくいので，下処理で除去しておく。また，調理中は味付けがしにくいので，加熱前後で調味する必要がある。蒸す温度は食品の種類や調理の目的に応じて調節する。蒸す調理は他の調理法に比べて材料の味や香りを保ちやすいが臭みも抜けにくい。したがって，比較的淡白な白身魚，鶏肉，卵，穀類，いも類等に適する。

加熱温度による蒸し方の分類

加熱温度	蒸し方	調理例
100℃を保つ	強火でふたは密閉する	いも類，魚介類，肉類，もち，だんご，まんじゅう，蒸しパン等
100℃を保つ（水分補給する）	強火でふたは密閉し，途中振り水または霧を吹く	こわ飯，冷や飯，もち等
85～90℃を保つ	最初1～2分は強火，その後弱火にし，ふたを少しずらす	卵豆腐，茶碗蒸し，カスタードプディング

蒸し物の種類

種類	調理法
素蒸し	材料をそのまま蒸す。いも類，もち米，魚介類，野菜類，まんじゅう等。
塩蒸し	材料に塩をして蒸す。魚介類，鶏肉，いも類等。
酒蒸し	材料に塩，酒を振って蒸す。魚介類，鶏肉等。
卵豆腐	卵に調味しただし汁を加えて混ぜ，流し箱に入れて蒸す。
茶碗蒸し	卵に調味しただし汁を加えて混ぜ，具とともに器に入れて蒸す。
かぶら蒸し	おろしたかぶに卵白を混ぜ，材料の上にかけて蒸す。
信州蒸し	茹でたそばを材料の上にのせて蒸す。
けんちん蒸し	崩した豆腐に野菜，卵等を加えたものを背開きした魚やいかの胴につめて蒸す。
土瓶蒸し	土瓶蒸しの器にまつたけ，えび，鶏肉等の具とすまし汁を入れて蒸す。
桜蒸し	桜の葉の塩漬けを塩抜きし，白身魚を包んで蒸す。
柏蒸し	柏の葉で白身魚を包んで蒸す。
さらさ蒸し	白身魚等にせん切り野菜をのせて蒸す。
印籠蒸し	かぼちゃ，いか，れんこん等に詰め物をして蒸す。

蒸し物の要点

① 蒸し器の底の水は不足しないように，蒸し板の下，6～8割入れ，長時間蒸す場合は蒸し器内の温度を下げないように熱湯を補充する。
② 材料は必ず蒸気の上がっている中に入れる。
③ 蒸す温度を100℃以下に保つ場合や，魚等の臭みを抜く時には蒸し器のふたを少しずらす。
④ 水滴の落下を防ぐために，乾いた布巾をふたの下にはさむ。器にふたをする場合や蒸籠(チョンロン)はこの必要はない。

卵豆腐

材料		1人分	5人分	備考
鶏卵		50 g	250 g	
ⓐ	だし汁	50 g	250 g	卵重量の100%
	みりん	1 g	5 g	（卵＋だし汁）の1%
	うすくちしょうゆ	1 g	5 g	（卵＋だし汁）の0.8%塩分
	食塩	0.6 g	3 g	
かけ汁				
ⓑ	だし汁	50 g	250 g	
	みりん	1 g	5 g	だし汁の2%
	うすくちしょうゆ	0.5 g	2.5 g	だし汁の1%塩分
	食塩	0.4 g	2 g	
	かたくり粉	1 g	5 g	
わさび		少量	少量	

エネルギー：87kcal，たんぱく質：6.7 g，
脂質：5.3 g，カルシウム：28mg，塩分：1.5 g

① ⓐを混ぜ合わせ，冷ましておく。
② 卵を泡立てないように溶きほぐし，①を加えてよく混ぜ，裏ごしする。
③ 水でぬらした流し箱に②を入れて表面の泡を除く。
④ 蒸気の上がった蒸し器に割り箸を2本並べ，その上に③をおく。ふたの下に乾いた布巾をかけ，ふたをして最初1分は強火，その後ふたを少しずらしたまま弱火で15～20分蒸す。
⑤ 竹串をさしてみて，濁った液が出なければよい。冷まして容器から出し，適当な大きさに切る。
⑥ 鍋にⓑを入れてよく混ぜ，火にかけてかけ汁をつくる。
⑦ ⑤を器に盛り⑥をかけ，わさびをのせる。

🔴 ポイント

① **卵液の蒸し物**はたんぱく質の熱凝固性を利用したもの。高温（95～100℃）で加熱すると「す」が立ち，離漿も起きるので舌ざわりが悪くなる。蒸し器内の温度は85～90℃に保つ。そのため弱火にし，ふたを箸1本分程ずらして蒸す。しかし，弱火で長時間の加熱は腰の弱いゲルになるので，最初1分くらい強火，その後弱火にするとよい。

卵液の蒸し物の希釈割合

	卵（g）	液体（g）	卵：液体
卵豆腐	50	50～100	1：1～2
プディング	50	100～125	1：2～2.5
茶碗蒸し	50	150～200	1：3～4

② 蒸し板に直接流し箱を置くと高温となり「す」が立つので，下に割り箸，巻きす，ふきん等をおく。
③ **卵豆腐**は，冬は蒸したての熱いものに，夏は冷やしたものに割りじょうゆや薄くずあんをかける。絹ごし豆腐と盛り合わせると金銀豆腐となる。また，椀種にも用いられる。

茶碗蒸し

材料	1人分	5人分	備考
鶏卵	30 g	150 g	
ⓐ だし汁	100 g	500 g	卵重量の3.3倍
ⓐ みりん	1.2 g	6 g	
ⓐ うすくちしょうゆ	1.2 g	6 g	（卵＋だし汁）の 0.8％塩分
ⓐ 食塩	0.8 g	4 g	
しばえび	20 g	100 g	5尾
本醸造酒	1 g	5 g	しばえびの5％
食塩	0.2 g	0.8 g	しばえびの0.8％
鶏むね肉	15 g	75 g	
うすくちしょうゆ	0.6 g	3 g	鶏肉の4％
ながいも	15 g	75 g	
蒸しかまぼこ	10 g	50 g	
乾しいたけ	2 g	10 g	5枚
ぎんなん	2 g	10 g	5個
みつば	1 g	5 g	5本
ゆず（果皮）	少量	1/8個	

エネルギー：113kcal，たんぱく質：13.4 g，
脂質：3.7 g，カルシウム：36mg，塩分：1.9 g

① ⓐを混ぜ合わせ，冷ましておく。
② 卵を泡立てないように溶きほぐし，①を加えてよく混ぜ，裏ごしする。
③ えびは塩水で洗い，尾と尾の下の一節を残して殻を除き，背わたを取って下味をつける。
④ 肉はそぎ切りにし，下味をつける。
⑤ ながいもは皮をむき，0.8cm厚さのいちょう切りにする。
⑥ かまぼこは結びかまぼこにする。
⑦ しいたけは戻して石付きを取る。
⑧ ぎんなんは殻を除き，ひたひたの湯に塩少量を加えた中で，たまじゃくしの背でこすりながら茹でて薄皮をむく。
⑨ みつばは3 cm長さに切る。
⑩ ゆずは表皮を薄くそいでおく。
⑪ 器にゆず以外の材料を等分して入れ，②を注ぎ，表面の泡を除く。
⑫ 蒸気の上がった蒸し器に⑪を入れ，ふたの下に乾いた布巾をかけ，ふたをして最初1分は強火，その後はふたを少しずらしたまま弱火で15～20分蒸す（85～90℃を保つ）。
⑬ 竹串をさしてみて，濁った液が出なければ蒸し上がりとし，ゆず皮をのせる。
⑭ 受け皿に和紙を敷き，器をのせる。

ポイント

① 具には淡白な魚肉，ゆりね，青菜等を用いる。
② 茶碗蒸しの応用として，以下の料理がある。

小田巻き蒸し	うどんを加えた茶碗蒸し。茶碗は大ぶりのものを使う。うどんを麻糸を巻いて玉にした苧環（おだまき）に見立ててこの名がついた。小田巻きは当て字である。
空也蒸し	四角く切った豆腐を入れて蒸したもの。
南禅寺蒸し	裏ごしした豆腐を混ぜて蒸したもの。豆腐が京都南禅寺の名物であることからこの名がついた。

あさりの酒蒸し

材料	1人分	5人分	備考
あさり	40 g	200 g	殻つきで500 g
酒	10 g	50 g	殻つきの10%
水	10 g	50 g	殻つきの10%

エネルギー：24kcal，たんぱく質：2.4 g，
脂質：0.1 g，カルシウム：27mg，塩分：0.9 g

① 浅い容器にあさりを重ならないように入れ，海水程度の塩水（約3％）をひたひたに注いで暗い場所に数時間おいて砂をはかせる（p.43参照）。
② 砂出しが終わったら，流水の下で殻と殻をこすり合わせてよく洗い，水気を切る。殻が割れているものは取り除く。
③ 鍋にあさり，酒，水を入れ，ふたをして強火で3～4分蒸し煮にし，貝の口が開いたら蒸し上がりとする。
④ 器に盛り，汁を少量かける。

ポイント

① 貝類は長時間加熱すると身がしまり肉質が硬くなるので，短時間加熱にする。
② 酒蒸しは，材料に酒を振りかけて蒸したもので，貝類，白身魚，鶏肉等が用いられる。

白身魚のかぶら蒸し

材料		1人分	5人分	備考
白身魚		50 g	250 g	5切れ
ⓐ	本醸造酒	2 g	10 g	魚の4％
	食塩	0.5 g	2.5 g	魚の1％
かぶ		60 g	300 g	
卵白		10 g	50 g	
食塩		0.6 g	3 g	（かぶ＋卵白）の0.8％
ほうれんそう		6 g	30 g	
食塩		適量	適量	
ⓑ	だし汁	50 g	250 g	
	みりん	2 g	10 g	だし汁の4％
	うすくちしょうゆ	0.6 g	3 g	だし汁の1％塩分
	食塩	0.4 g	2 g	
かたくり粉		2 g	10 g	だし汁の4％
しょうが		3 g	15 g	3/4かけ

エネルギー：91kcal，たんぱく質：11.3 g，
脂質：1.9 g，カルシウム：49mg，塩分：1.8 g

① 白身魚にⓐを振って10～20分おく。
② かぶは皮をむいてすりおろし，軽く水気を切り，ほぐした卵白と塩を加えて混ぜる。
③ 器に①を入れ，②を上からかけ，蒸気の上がっている蒸し器に入れて強火で13～15分蒸す。
④ ほうれんそうは色よく茹でて冷水に取り，水気を絞って4 cm長さに切る。
⑤ 小鍋にⓑを入れて煮立て，水溶きかたくり粉でとろみをつける。
⑥ 蒸し上がった③に⑤をかけ，④を添え，おろししょうがをのせる。

ポイント

① かぶら蒸しは，白身魚の切り身の上におろしたかぶをのせて蒸した料理。秋から冬にかけての料理である。材料は脂肪が少なく，鮮度がよく，加熱によってよく身のしまる白身魚や鶏肉等を用いる。ぎんなん，ゆりね，きくらげ，麩等をおろしたかぶと合わせて蒸す場合もある。
② 魚臭を消すために，魚をざるに並べて塩をし，しばらくおいて表面の水分を取ったり，酒を振る，強火で蒸す，ふたをずらして蒸す等の工夫をする。
③ かぶの代わりにやまのいもを使うと薯蕷蒸しとなる。

9. 焼き物

焼き物には直接熱源にかざして焼く**直火焼き**と熱媒体を使用する**間接焼き**がある。食品を焼くと、表面で150～250℃になり、加熱調理の中で最も高温である。直火焼きは主に熱源からの放射伝熱を利用して加熱される。炭火では表面温度は800℃位にも達し、直火焼きでは250℃以上になることもあるが食品内部は水分があるため80℃前後であり、表面との温度差は大きい。温度が高いので食品の表面では脱水が起こり、水溶性成分は濃縮され、旨味が保たれる。一方、脱水に伴い表面は焦げやすくなる。適度の焦げは食物の色、におい等を好ましくし、嗜好性を向上させる。また、脂肪は溶けて流出しやすいため、エネルギーは低下する。

焼き物の種類

種類	調理法
素焼き	材料を調味しないでそのまま焼く。
塩焼き	材料に塩を振って焼く。
照り焼き	材料を素焼きした後、「たれ」を付けて乾かす程度に焼き、これを2～3回繰り返して味を付け照りを出す。または、付け焼きと同様に焼いて照りを出したもの。
付け焼き	付けじょうゆに材料を浸した後、焼く。
幽庵（柚庵）焼き	ゆずの輪切りを入れた付けじょうゆに材料を浸した後、焼く。
みそ焼き	素焼きした材料に調味したみそを付けて焼く（魚田、田楽等）。
みそ漬け焼き	酒、砂糖を混ぜたみそに魚介類や肉類を漬け込んだ後焼く。
かば焼き	材料を素焼きにしたり、脂肪の多いうなぎ等はさらに蒸してから「たれ」を付けて焼く。
うに焼き	魚介類、鶏肉等を素焼きにし、その上に、卵黄、みりんを加えたうにを数回塗って乾かす程度にあぶる。
黄身焼き	材料を素焼きまたは塩焼きにし、酒、みりん等を加えた卵黄を塗り、乾かす程度にあぶる。黄金焼きともいう。
木の芽焼き	照り焼き等の焼き上がりにたたき木の芽を振ったもの。または、しょうゆ、みりん、酒等を合わせた中に木の芽を入れ、この調味液をかけながら焼いたもの。
ホイル焼き	アルミホイルで材料を包んで蒸し焼きにする。銀紙焼きともいう。
つぼ焼き	貝類を殻ごと蒸し焼きにしたもの。さざえのつぼ焼きが代表的。
焙烙焼き	焙烙という素焼きの土鍋を用い、塩や松葉等を敷いて材料を並べ、ふたをしてオーブンで蒸し焼きにする。

焼き物の前盛り

焼き物に彩り、季節感を添え、味を引き立たせるもので、器の右手前に盛り付けられる。魚や肉等動物性の焼き物には植物性のものを添え、濃厚な味の後、口中をさっぱりとさせる。前盛りはそれぞれの焼き物に適したものを添える。例えば、酢取りしょうが、うど・かぶ・れんこん等の酢の物、レモン、ゆず、すだち、だいこんおろし、そら豆や枝豆の塩茹で、ししとうがらしの素揚げや焼いたもの、ふきの青煮、ゆりねの甘煮、きんかんの照り煮、おたふく豆、ぎんなん、きゃらぶき等である。

魚の串の打ち方

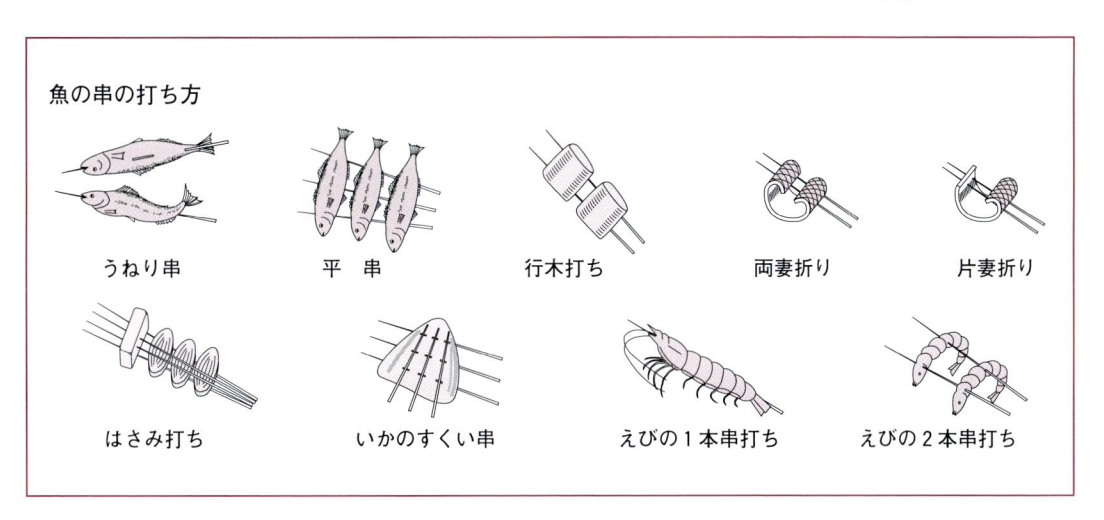

うねり串　　平　串　　行木打ち　　両妻折り　　片妻折り

はさみ打ち　　いかのすくい串　　えびの1本串打ち　　えびの2本串打ち

あじの塩焼き

材料	1人分	5人分	備考
あじ	200g（正味90g）	1kg（正味450g）	1尾200gのものを5尾
食塩	4g	20g	魚の2％
食塩	適量	適量	化粧塩
葉しょうが	6g	30g	5本
甘酢			
穀物酢	6g	30g	
砂糖	3g	15g	
食塩	0.2g	1g	

エネルギー：123kcal，たんぱく質：18.7g，
脂質：3.2g，カルシウム：26mg，塩分：1.5g

① 魚は水で洗い，うろこ，ぜいご，えらを取り，盛り付け時に下側になる腹の胸びれの上に4cm程切り目を入れて内臓を出し，水洗いし，水気を拭き取る。
② 魚を盆ざるに並べ，振り塩をして約20分おいた後，魚表面の水分を拭き取る。
③ 魚にうねり串を打ち，化粧塩をして，強火の遠火で盛り付け時に表になる方から焼く。魚は表側四分，裏側六分に火を通す。両面焼けたら熱いうちに金串を回し，粗熱が取れたら金串を抜く。
④ 葉しょうがは8〜10cmの長さに切り，杵か筆の形に整えて塩でもみ，熱湯に約30秒くぐらせ，甘酢に浸ける（酢取りしょうが）。
⑤ 皿に魚の頭を左，腹を手前に盛り付け，④を前盛りにする。

ポイント

① あじの代わりにあゆを用いてもよい。あゆは川底の石に生えている水ごけを食べ内臓に特有の香気があるので，内臓は取らない。
② 魚に塩を振ることによって，内部の魚臭を含んだ水分を引き出し，身が引き締まり，焼く時には表面が早く凝固して形崩れしにくい。また，内部の旨味成分等の溶出も防ぐ。化粧塩は，魚を焼く直前に魚の表面に振る塩のことで，焼き上がると表面に残り美しくなる。粗塩を用い，表面の水分を拭き取ってから振る。化粧塩は見た目が美しいだけでなく，魚の表面を塩でおおうために皮が焦げにくく，味や香りがよく仕上がる。なお，尾びれや背びれ，腹びれ等に，焦げないように塩をたっぷりつけることも化粧塩という場合があるが，この場合は，特にひれ塩ともいう。アルミホイルでひれを包んでも焦げるのが防げる。
③ 魚の直火焼きは強火の遠火で焼く。表面に程よい焦げ色をつけ，内部の水分を浸出させないようにするために強火で焼いて表面を早く熱凝固させるが，火が近いと表面と内部の温度勾配が大きいので

筆しょうが　杵しょうが

74　Ⅱ．日本料理

内部に火が通るまでに表面が焦げすぎてしまうからである。
④　酢取りしょうがを酢に浸けると，しょうがに含まれるアントシアン系色素が発色し，きれいな薄紅色になる。すし，焼き魚等のあしらいとして用いる。菊花かぶ，酢れんこん，酢取りみょうが，焼きししとうがらし等でもよい。

ぶりの照り焼き

材料	1人分	5人分	備考
ぶり	80 g	400 g	5 切れ
つけ汁			
ⓐ｛しょうゆ	8 g	40 g	魚の10%
みりん	8 g	40 g	魚の10%
たれ			
ⓑ｛しょうゆ	8 g	40 g	魚の10%
みりん	8 g	40 g	魚の10%
菊花かぶ			

エネルギー：263kcal，たんぱく質：18.0 g，
脂質：14.1 g，カルシウム：14mg，塩分：1.5 g

①　ⓐでつけ汁を作り，ぶりを20〜30分浸け，途中2〜3回裏返す。
②　ⓑを合わせて煮詰め，たれをつくる。
③　①の繊維に直角に金串を2本末広に打ち，強火の遠火で，盛り付けた時に表になる方から焼き，焦げ目が付いたら裏返して，中火で火が通るまで焼く。
④　③に②のたれをはけで塗り，あぶるように焼き，これを2〜3回繰り返して照りを出す。金串は熱いうちに回しておき，粗熱が取れたら抜く。
⑤　皿に④を盛りつけ，菊花かぶ（p.56参照）を前盛りにする。

◆ポイント

①　**照り焼き**は，脂肪の多い魚，旨味や鮮度の落ちた魚に適する調理法である。
②　照り焼きには，魚を素焼きしてからたれをつけて焼く方法と，つけ汁に浸けた魚を焼いてさらにたれをつけて焼く方法とがある。つけ汁に浸けると，下味もついて魚の臭みが抑えられるが，焼く時に焦げやすいので注意する。
③　簡便法として，たれの代わりにつけ汁を煮立てて用いてもよい。
④　応用として，フライパンで焼く**鍋照り**がある。これは，フライパンに油を熱し，中火で魚の両面に程よく焦げ目をつけて中まで火を通し，しょうゆとみりんを煮詰めたたれをからませるもので，簡便である。
⑤　魚にしょうゆやみりんを付けて焼くため，アミノ酸と糖によってアミノカルボニル反応が起こり，焦げ色や好ましい香りが付く。
⑥　前盛りには，酢れんこん，酢取りしょうが等を用いてもよい。

食事と性格

　気にさわることが少しでもあると，カッとして，前後の見境なくキレる子，夜になっても家に帰らず夜遊びをする子，さらに非行にまで走ってしまう子がいる。キレる子や非行に走る子の多くに，朝食を食べない，スナック，甘いお菓子，インスタント食品等を多く摂る，食生活が乱れて栄養バランスが悪い等の共通点がみられる。栄養バランスのよい食事は，身体づくりばかりでなく，自立し，困難にも立ち向かえる強い心を持ち，努力することのできる子どもの育成には欠かせないものである。

さけの西京焼き

材料		1人分	5人分	備考
さけ		80 g	400 g	5切れ
食塩		0.8 g	4 g	魚の1%
ⓐ	米みそ（甘みそ）	50 g	250 g	魚の63%
	本醸造酒	15 g	75 g	魚の19%
	砂糖	6 g	30 g	魚の8%
ししとうがらし		10 g	50 g	10本
食塩		0.1 g	0.5 g	ししとうがらしの1%

エネルギー：138kcal，たんぱく質：19.0 g，脂質：3.6 g，カルシウム：20mg，塩分：0.9 g

① さけに塩を振り，30分以上おいた後，水気を拭き取る。
② ⓐをよく混ぜ合わせ，バットに半量を敷き，ガーゼを広げてさけを並べ，その上にガーゼをかぶせ，残りのⓐを平らにのせて一晩おく。
③ ①に金串を末広に打ち，中火の遠火で皮目から焼く。焼き色がついたら裏返して火を通す。焦げやすいので注意する。
④ ししとうがらしは種を除いて焼き，塩を振る。
⑤ 皿に③の皮側を上に盛りつけ，④を前盛りにする。

🔴 ポイント

① 西京焼きの魚には，他にさわら，あまだい，まながつお等の白身魚が用いられる。
② **西京焼き**は，西京みそ（京都が主産地の白みそで，塩分が5〜6％と少ない甘みそ）にみりんや酒を加えて作った漬け床に白身魚の切り身を数時間から2〜3日漬けて味をなじませた後，直火で焼いたもの。焦げやすいので火加減に注意する。
③ 魚のみそ漬けは保存食の意味も兼ねている。白身魚には白みそ，赤身魚や肉類には赤みそと混合する等して使い分けるとよい。

さわらの幽庵焼き

材料		1人分	5人分	備考
さわら		70 g	350 g	5切れ
食塩		0.7 g	3.5 g	魚の1%
ⓐ	うすくちしょうゆ	20 g	100 g	魚の30%
	本醸造酒	10 g	50 g	魚の14%
	みりん	10 g	50 g	魚の14%
ゆず		1/5個	1個	

エネルギー：147kcal，たんぱく質：14.7 g，脂質：6.8 g，カルシウム：12mg，塩分：1.7 g

① さわらは盆ざるにのせて塩を両面に振り，約20分おく。
② ボールにⓐを合わせて入れ，ゆずの輪切りを加える。
③ ①のさわらの水気を拭いて②に入れ，時々上下を返しながら約1時間浸ける。
④ さわらの汁気を切り，オーブン用の紙を敷いた天板に魚の皮目を上にして並べ，180℃のオーブンで約15分焼く。
⑤ 皿に皮目を上にして盛りつける。

🔴 ポイント

① 応用としては，あまだい，まながつお，かます，さけ，鶏肉等の淡白な味のものを用いる。
② **幽庵焼き**は，幽庵地（しょうゆ，酒，みりん等を合わせ，柚子の輪切りを入れた液）に魚を浸け，直火で焼いたもの。江戸時代，近江の国（現在の滋賀県）の茶人，北村祐庵が考案したといわれるが，一般に幽庵，または柚子を使うことから柚庵の字が用いられる。

76　Ⅱ．日本料理

きのこのホイル焼き

材料	1人分	5人分	備考
白身魚	50g	250g	5切れ
a 本醸造酒	2g	10g	
食塩	0.4g	2g	魚の0.8%
たまねぎ	20g	100g	
しめじ	20g	100g	
まいたけ	20g	100g	
エリンギ	20g	100g	
しいたけ	15g	75g	5枚
赤・黄ピーマン	20g	100g	
食塩	0.8g	4g	（たまねぎ+きのこ）の0.8%
バター	4g	20g	
レモン	10g	50g	輪切り5枚
アルミホイル	1枚	5枚	25×30cm

エネルギー：121kcal，たんぱく質：12.7g，脂質：5.9g，カルシウム：19mg，塩分：1.4g，食物繊維：3.5g

① たまねぎは薄切りにする。きのこ類は軽くはたいて汚れを除く。しめじ，まいたけは石付きを取り，小房に分ける。生しいたけも石付きを取る。エリンギは長さを2等分に切り，薄切りにする。赤・黄ピーマンは細切りにする。
② アルミホイルに薄く油を塗り，白身魚をおきⓐを振る。その上に①をのせ，塩を振ってバター，レモンの輪切りをのせて空気を抜くように包む。
③ 230℃のオーブンで，約13分焼く。
④ 器に③を盛り，食べる時にアルミホイルを開く。

ポイント

① **ホイル焼き**は包み焼きの一種で，アルミホイルに材料を包み，オーブン，金網，フライパン等で蒸し焼きにする料理で，銀紙焼きともいう。和紙で包めば**奉書焼き**という。材料にはすずき，たい，ひらめ，たら，さわら等の淡白な魚介類や鶏肉等ときのこ類，香味野菜，加熱しやすい野菜等を取り合わせる。
② **フライパンで焼く**場合は，熱湯を深さ1cm程入れ，ふたをして中火で約20分蒸し焼きにする。途中，湯が蒸発してしまったら補充する。
③ レモンを中に包まず，すだちや柚子を添え，食べる時に絞り汁をかけてもよい。
④ きのこ類は食物繊維が多く，ビタミンB_1，B_2，ナイアシンも多い。また，コレステロール低下作用，抗腫瘍作用，血圧降下作用等がある。

牛肉の八幡巻き

材料	1人分	5人分	備考
ごぼう	40g	200g	
a だし汁	30g	150g	ごぼうの75%
しょうゆ	2.8g	14g	ごぼうの7%
砂糖	1.2g	6g	ごぼうの3%
牛もも肉	40g	200g	薄切り
かたくり粉	0.6g	3g	
b みりん	6g	30g	牛肉の15%
しょうゆ	4g	20g	牛肉の10%
本醸造酒	2g	10g	牛肉の5%

エネルギー：121kcal，たんぱく質：10.1g，脂質：3.1g，カルシウム：23mg，塩分：1.1g，食物繊維：2.3g

① ごぼうは包丁の背で表皮をこそげ，15～18cm長さに切りそろえ，太いものは縦に2～4つに切って茹でる。
② ⓐを合わせ，①を煮る。
③ 肉をまな板に広げ，かたくり粉を薄く振り，②のごぼうを3等分したものを芯にして巻く（3本つくる）。
④ ⓑをフライパンに入れて煮立て，③を転がしながら煮汁がなくなるまで煮る。
⑤ ④を取り出し，1本を5等分に切って盛る。

2．日本料理の調理　77

> 🔴 **ポイント**

① 牛肉はもも肉を用い，らせん状に巻くと最後まで同じ太さできれいに巻ける。脂肪の多いロース肉では身割れして巻きにくい。
② **八幡巻き**は，うなぎ，あなご，はも等，身の長い魚を開いてごぼうに巻きつけ，みりん，しょうゆのたれを付けながら焼いたもの。京都府の八幡市付近がごぼうの産地であったことからこの名が付いた。

だし巻き卵

材料		1人分	5人分	備考
鶏卵		50 g	250 g	5個
ⓐ	だし汁	15 g	75 g	卵の30％
	砂糖	2 g	10 g	（卵＋だし汁）の3％
	食塩	0.5 g	2.5 g	（卵＋だし汁）の0.8％
	うすくちしょうゆ	0.5 g	2.5 g	（卵＋だし汁）の0.8％
サラダ油		2 g	10 g	（卵＋だし汁）の3％
だいこん		20 g	100 g	
しょうゆ		1 g	5 g	

エネルギー：107kcal，たんぱく質：6.4g，
脂質：7.2g，カルシウム：31mg，塩分：0.9g

① ⓐをよく混ぜ合わせ，冷ましておく。
② 卵を泡立てないように溶きほぐし，①を加えてよく混ぜる。
③ 卵焼き鍋を熱し，多めの油を入れてさらに熱し，全体に油をなじませた後，余分な油は戻し拭き取る。
④ 卵焼き鍋に卵液を1滴落して，ジュッと音がしてすぐ固まるように（150～200℃）になったら，卵液の1/3量を流し入れ，中火で焼く。卵液が膨らんだら箸で押さえて空気を抜く。
⑤ 八分程火が通ったら，巻いて寄せる。半熟状で巻き，火を通し過ぎないようにする。
⑥ 卵焼き鍋のあいた所に油を引き，焼けた卵を移し，その後も油を引き，残りの卵液の半量を入れ，先に焼けた卵の下にも箸を入れて流し，焼けたら巻く。これを繰り返す。
⑦ 焼き上がったら，巻きすに取って巻き，しばらくおいて形を整える。
⑧ ⑦を切り分けて器に盛り，だいこんおろしにしょうゆをかけ（**染めおろし**）て添える。

> 🔴 **ポイント**

① 卵は新鮮なものを用い，卵を溶きほぐす時は器の底に箸をつけて，泡立てないように混ぜる。
② **卵焼き鍋**は，銅製のものが熱伝導がよく卵液が均一に早く加熱されるので最適であるが，油ならしを丁寧にしないと上手に焼けない。フッ素樹脂加工品も焦げつかず扱いやすい。
③ 卵を焼く時，卵焼き鍋の中の油が多すぎるときめが粗くなるので，ガーゼやペーパータオル等で余分な油は必ず拭き取っておく。
④ **染めおろし**は，だいこんおろしにしょうゆをかけ，色を染めたもの。さんまやあじの塩焼き等の焼き物に添える。
⑤ うなぎのかば焼きを巻き込んだものを**うまき**（鰻巻き）という。

10. 揚げ物

揚げ物は食品の加熱に際し，多量の油脂を熱媒体として利用する。食材料，大きさ等により，120～190℃の温度範囲で加熱を行う。この時，食材の水分が蒸発し，かわって油が吸収されることにより，水と油の交換が行われる。揚げ物はこの水と油の交換により，エネルギー量を増すが，油脂の種類，油の劣化の度合いが栄養や揚げ上がりに影響する。油の変敗は加熱温度，時間に依存し，温度が高く，時間が長いほど進行する。劣化した油を用いると揚げ物の油切れが悪く，栄養価値も低下する。食材の種類で揚げ物の温度は異なるので適温に管理し，特に過度の加熱（200℃以上）にならないように注意する。

揚げ物の種類

種類		調理法	吸油量（％）
素揚げ		材料に何も付けずに揚げたもの。脱水が多い。	1～15
から揚げ		材料にかたくり粉，または小麦粉を全面に薄く付けて揚げたもの。材料に下味を付けて，から揚げにしたものを竜田揚げ（立田揚げ）という。	5～12
衣揚げ	天ぷら	卵を冷水で溶き，これに小麦粉を加えてさっと混ぜて作った衣を付けた揚げもの。魚介類を主にし，野菜を添える。	10～35
	精進揚げ	野菜類，いも類やきのこ類を材料とした揚げ物。	10～50
	変わり衣揚げ	材料に小麦粉，またはかたくり粉をまぶし，卵白を付け，春雨，道明寺粉，そうめん，ゆば，ごま，あられ等を付けて揚げたもの。	5～70

揚げ温度と時間（材料の大きさ，厚さや，衣の濃度によって差がある）

高温短時間			低温長時間		
材料	適温（℃）	所要時間（分）	材料	適温（℃）	所要時間（分）
天ぷら（魚介類）	180	1～3	鶏から揚げ	150～160	4～5
かき揚げ	180	2～3	ドーナツ	170～180	3～5
貝柱，みつば			さつまいも	170～180	3～5
コロッケ	180	2～3	かき揚げ	160～180	3～5
青じそ	180	1	にんじん，ごぼう		

揚げ物の温度の見方（温度計を用いない場合の方法）

1. 衣を使用：a. 底まで沈み浮き上がる（150～160℃，低温）
    b. 中程まで沈み浮き上がる（170℃，中温）
    c. 表面で広がる（180～190℃，高温）
2. 箸で見る：割箸の先を水で濡らし，サッと拭いて油の中に入れる。
    a. 細かい泡が静かに出る（155℃以下，低温）
    b. 盛り上がるように泡が勢いよく出る（175℃前後，中温）
    c. 泡が勢いよく出てパチッパチッと音を立てる（190℃以上，高温）

天ぷら

材料	1人分	5人分	備考
大正えび	20 g	100 g	5尾
きす	30 g	150 g	5尾
れんこん	30 g	150 g	
しいたけ	10 g	50 g	5枚
青じそ	1 g	5 g	5枚
衣			
鶏卵	10 g	50 g	小麦粉の50％
冷水	25 g	125 g	小麦粉の100～150％
小麦粉	30 g	150 g	材料の15～20％
天つゆ			
a　だし汁	40 g	200 g	
しょうゆ	10 g	50 g	だし汁の25％
みりん	10 g	50 g	だし汁の25％
揚げ油	適量	適量	吸油率10％
だいこん	20 g	100 g	
しょうが	2 g	10 g	

エネルギー：361kcal，たんぱく質：14.3 g，
脂質：20.3 g，カルシウム：52mg，塩分：1.7 g

① しいたけは石付きを取る。
② れんこんは皮をむいて0.8cm厚さに切り，水に浸す。
③ 青じそは洗って水気を除く。
④ えびは尾と一節を残して殻をむく。尾の先と剣の先端を切り，水を出す。背わたを取り，腹側に5～6か所切り込みを入れて，曲がらないようにする。
⑤ きすはうろこを除き，頭を落として，背開きにする。
⑥ 衣は溶き卵に冷水を加え，ふるった小麦粉を軽く混ぜる（粉が少々残っている程度）。油の温度が約160℃になった時，衣の準備ができているようにする。
⑦ 天ぷら鍋に油を熱し，青じそは葉の裏に衣を付け，180℃で揚げる。
⑧ れんこんは衣を付け，しいたけはかさの裏に衣を付けて，180℃で揚げる。
⑨ えび，きすは小麦粉を付けてから衣を付け，180℃で揚げる。
⑩ 鍋にみりんを入れて火にかけ，煮きってアルコールを蒸発させてから，だし汁，しょうゆを加えて一煮立ちさせ，天つゆを作る。
⑪ 皿に紙を敷き，⑦⑧⑨を立てるようにして盛つけ，だいこんおろしの上におろししょうがをのせて前盛りをし，天つゆを添える。

ポイント

① 衣はグルテン含量の少ない薄力粉をふるいにかけて用いる。グルテンの形成を抑えるように溶き水を加える。水の温度は低い方（15℃くらい）がよい。夏季は氷水を用いるとよい。作った衣は，火のそばに置いたり，時間が経つと粘りが出るので，一度に大量の衣を作らない。
② 衣の濃度は，揚げ時間の短い魚類等には薄い衣を，揚げるのに時間がかかるいも，れんこんは水分の蒸発を防ぐため少し濃い衣を付ける。衣の付きにくい材料には，薄く小麦粉を付けると衣が付きやすい。また，いか等水気の多いものは布巾で水気を拭き，小麦粉を薄く付けてから衣を付ける。
③ 油の中に材料を入れると，温度が下がるので，加える量は油面積の1/3～1/2にとどめ，火加減には注意する。油から取り出すときの温度が低いと，油切れが悪くなるので注意する。
④ 天つゆの甘味として砂糖を用いる場合は，みりんの1/3量の砂糖と，酒10 gを用いる。天つゆの他に抹茶塩，山椒塩，ごま塩等を用いてもよい。
⑤ 油の後始末は，油が少し冷めたら（15分程度，80℃程度），目の細かいものでこして密閉容器に入れ，冷暗所におく。油の温度が高いと粘度が低くこしやすいが，やけどの危険があり，低いと粘度が上がり，こしにくくなる。
⑥ えび，かにの色素のカロテノイド系色素は生では，青，紫，緑等の混じった色であるが，加熱によりアスタキサンチンがたんぱく質と分離し，酸化されてアスタシンになり，鮮明な赤色を呈する。

かき揚げ

材料	1人分	5人分	備考
ほたてがい	15g	75g	貝柱（小柱）
みつば	5g	25g	
ごぼう	25g	75g	
にんじん	25g	75g	
さやいんげん	15g	75g	
衣			
鶏卵	10g	50g	材料の8%
冷水	20g	100g	材料の17%
小麦粉	20g	100g	材料の17%
天つゆ			
ⓐ　だし汁	40g	200g	
しょうゆ	10g	50g	4：1：1
みりん	10g	50g	
揚げ油	適量	適量	吸油率20%
だいこん	20g	100g	

エネルギー：346kcal，たんぱく質：6.8g，
脂質：21.6g，カルシウム：49mg，塩分：1.7g

① にんじんは皮をむき，ごぼうは皮をこそげ（きんぴらごぼう，p.66参照），大き目のせん切りにする。切った後，ごぼうは水にさらし，さやいんげんは他の材料と同じ太さで斜めに長く切る。
② みつばは3cm長さに切っておく。小柱は洗ってざるにあげ，水気を切る。
③ 衣を作り，水気を切った①を衣の中に入れて混ぜ，玉杓子ですくって形を整え，160℃の油の中へ縁から滑らせるように入れ，揚げ上がりを180℃とする。
④ 器に紙を敷いて③を盛付け，だいこんおろしを前盛りにし，天つゆを添える。

ポイント
① 材料は魚介類と野菜を取り合わせるとよい。
② かき揚げのように，材料をまとめる場合は濃い衣を用いる。

竜田揚げ

材料	1人分	5人分	備考
まあじ	80g	400g	5匹
ⓐ　しょうゆ	6g	30g	魚の7.5%
みりん	6g	30g	魚の7.5%
ねぎ	8g	40g	1/2本
しょうが	1g	5g	1/4かけ
かたくり粉	7g	35g	
揚げ油	適量	適量	吸油率5%
ししとうがらし	10g	50g	

エネルギー：238kcal，たんぱく質：17.2g，
脂質：13.3g，カルシウム：25mg，塩分：1.1g

① ⓐを合わせ，斜めに切ったねぎと薄切りのしょうがを入れてつけ汁を作る。
② あじはぜいごを除き，3枚おろしにする。皮付きのまま2cm厚さのそぎ切りにし，①に漬けて10分おき，下味を付ける。
③ ②の汁気を切り，かたくり粉をまぶして120℃で揚げる。
④ とうがらしは170℃で素揚げにする。

ポイント
① 材料に下味が付いているので天つゆは必要ない。下味を薄くして，おろしだいこんにしょうゆを添えてもよい。
② あじの他，種々の魚介類や鶏肉，豚肉を用いてもよい。

えびの南部揚げ

材料	1人分	5人分	備考
大正えび	60 g	300 g	10尾
食塩	0.6 g	2.4 g	魚の0.8%
小麦粉	4 g	20 g	
卵白	6 g	30 g	5人で1個分
ごま（白，黒）	10 g	50 g	
揚げ油	適量	適量	吸油率10%
天つゆ			
ａ だし汁	40 g	200 g	
ａ みりん	10 g	50 g	だし汁の25%
ａ しょうゆ	10 g	50 g	だし汁の25%
だいこん	16 g	80 g	

エネルギー：258kcal，たんぱく質：14.7 g，
脂質：19.0 g，カルシウム：169mg，塩分：2.3 g

① えびは殻を除き，背から開いて背わたを取る（尾の処理は天ぷら，p.79参照）。
② 水気を除き，小麦粉，卵白を付け，最後にごまを付けて，180℃で揚げる。
③ ⓐを合わせ，天つゆを作り，だいこんおろしを添える。

● ポイント
① 強火で揚げると焦げるので火加減に注意する。
② 南部揚げは衣にごまを使った揚げ物である。道明寺粉を用いると道明寺揚げ，のりを用いると磯辺揚げになる。

南蛮漬け

材料	1人分	5人分	備考
まあじ	50 g	250 g	小あじ
小麦粉	5 g	25 g	
揚げ油	適量	適量	吸油率5%
漬け汁			魚の50〜60%
ａ しょうゆ	10cc	50cc	魚の17%
ａ 穀物酢	10cc	50cc	魚の17%
ａ 本醸造酒	10cc	50cc	魚の17%
ａ 砂糖	3 g	15 g	魚の5%
根深ねぎ	8 g	40 g	
とうがらし	1/5本	1本	乾

エネルギー：207kcal，たんぱく質：11.6 g，
脂質：7.3 g，カルシウム：20mg，塩分：1.7 g

① あじはぜいごを取り，えらと内臓を除いて水洗いし，水気をふき取る。
② とうがらしは種を出して小口切りにする。ねぎも小口切りにする。
③ ⓐを合わせ②を入れる。
④ あじに小麦粉をまぶし，170〜180℃の油でカラッと揚げ，熱いうちに③に漬ける。2時間以上おいた方がよい。

● ポイント
① 南蛮漬けはねぎ，とうがらしを用いる料理のこと。

おにぎりの歴史

　おにぎりは，遺跡の発掘において弥生時代の中期頃にはすでにあったといわれている。当時のおにぎりは，米に充分水を含ませて，何枚か組み合わせた笹の葉で円錐形に包んで茹でたものと考えられている。平安時代のおにぎりは簡便食として，戦国時代には携帯食として，その他，野良仕事の弁当等に活用されたようである。これらは，もち米を蒸してにぎったものが原形であった。鎌倉時代の末期には，主にうるち米の飯が使用されるようになった。その後，徐々に庶民にも浸透し，江戸時代には一般的に普及するようになった。現在では，多種類のおにぎりが市販されている。

11. 麺　類

麺類は小麦粉グルテンの粘弾性，伸展性を利用して，ひも状に成形した加工食品で，米に代わって主食として用いられる。小麦たんぱく質のグリアジンとグルテニンは水を加えてこねると粘弾性のあるグルテンを形成する。こね水に小麦粉の2〜3％の食塩を加えるとグリアジンの粘性を増し，グルテンの網目構造を緻密にし，生地のこしが強くなり，歯ごたえのある麺になる。

(1) 麺の種類

原材料により，①小麦粉から作られるうどん，冷や麦，素麺と②そば粉から作られるそばに分けられる。イタリアのパスタは強力粉が用いられるが，日本の麺は基本的に中力粉が用いられる。

製法により，①手でこねて麺棒で伸ばして切った手打ち麺，②機械でこね，伸ばして切った機械打ち麺，③よく練った生地に油脂を塗ってよりをかけながら伸ばした手延べ麺に分けられ，それぞれ食感が異なる。

麺の太さにより，うどん，冷や麦，素麺に分けられる。その他，きしめんのように幅広に仕上げたものもある。仕上がり状態では，生麺，乾麺，茹で麺と即席麺に分けられる。

(2) 麺類の茹で方

麺のおいしさは，こしと呼ばれる食感にあるので，茹ですぎないようにする。また，茹でて時間をおくとこしがなくなる。

乾麺：重量の6〜7倍の水を沸騰させた中に入れ，再び沸騰したら弱火にして，細いものは2〜3分，太いものは途中差し水をしながら約15分茹でる。冷水に取り，水洗いし，水気を切る。加熱は火を止めて余熱を利用する蒸らしを併用してもよい。茹で上がりは3〜4倍に重量が増加する。

生麺：沸騰した湯の中にほぐすように入れ，浮き上がってきたら冷水に取り，水気を切る。

(3) 麺類用の汁

麺料理には，麺が汁の中に浸っている汁麺と，麺と汁が別々に供され，麺をつけ汁に付けて食すつけ麺がある。標準的な配合を下表に示す。

名称	茹で麺の重量に対する割合（％）		煮出し汁100gに対する調味料の割合（％）				
			しょうゆ	塩	みりん	砂糖	備考
かけ汁	100〜150	関東風	10		少し用いても可	2	色が濃い
		関西風	3〜5	1	酒を用いてもよい	1	色が薄い
つけ汁	25〜30	水切り	25		25	または8	4：1：1
		水浸り	30		30	または10	3：1：1

冷やし素麺

材料	1人分	5人分	備考
そうめん（乾）	100 g	500 g	
鶏卵	25 g	125 g	2.5個
きゅうり	8 g	40 g	
えび	15 g	75 g	5尾，ブラックタイガー，戻して100 g
乾しいたけ	4 g	20 g	10枚
ⓐ だし汁	30 g	150 g	
しょうゆ	1 g	5 g	しいたけの7％
みりん	0.9 g	4.5 g	しいたけの6％
つけ汁			
ⓑ だし汁	48 g	240 g	
しょうゆ	12 g	60 g	4：1：1
みりん	12 g	60 g	
薬味			
葉ねぎ	10 g	50 g	
青じそ	2 g	10 g	10枚
しょうが	5 g	25 g	1かけ

エネルギー：413kcal，たんぱく質：18.9g，脂質：4.9g，カルシウム：65mg，塩分：2.7g

① 卵は溶いて1％の塩を加え，沸騰している湯の中に静かに流し入れ，浮き上がったら布巾に取って絞り，形を整え冷めてから切り分ける。（しめ卵）
② えびは背わたを取り，塩を加えて茹でる。冷めたら尾の1節を残し殻をむく。
③ しいたけを戻し，石付きを取ってⓐで煮ておく。
④ ⓑを一煮立ちさせ，冷ましておく。
⑤ たっぷりの湯を沸騰させ，素麺をさばき入れ，沸騰したら差し水をし，再沸騰したら火を止める。流水に取ってさらし，冷めてからもみ洗いする。
⑥ ねぎは小口切り，青じそはせん切りにして，水に放してアクを除き，水気を切る。しょうがはおろしておく。
⑦ 器に美しく盛り，つけ汁，薬味を添える。

ポイント

① **差し水**は，麺を茹でる時に沸騰を鎮めるために加える水である。差し水で，麺の表面の温度上昇が抑えられ，麺の表面と内部の茹で上がりの差が少なくなる。

三色食品群

食品を含有する栄養素の特徴により，赤・黄・緑の3群に分けたものである。単純で理解されやすいため，小学生から広い年齢層に向けての初歩的な栄養指導に用いられる。

群	働き	食品	主な栄養素
赤	血や肉をつくる	魚・肉類 卵 乳・乳製品 豆・豆製品	たんぱく質 脂質 カルシウム
黄	力や体温となる	穀類 いも類 油脂 砂糖	炭水化物 脂質
緑	体の調子を整える	緑黄色野菜 その他の野菜 果物	ビタミン 無機質

きつねうどん

材料	1人分	5人分	備考
強力粉	25 g	125 g	強力粉：薄力粉
薄力粉	75 g	375 g	1 : 3
食塩	3 g	15 g	粉の3%
水	50 g	250cc	粉の50%
油揚げ	25 g	125 g	1人1枚
ⓐ だし汁	40 g	200 g	
ⓐ 砂糖	6 g	30 g	
ⓐ しょうゆ	6 g	30 g	
かけ汁			
ⓑ だし汁	200 g	1000 g	
ⓑ 食塩	0.8 g	4 g	だし汁の0.4%
ⓑ うすくちしょうゆ	10 g	50 g	5%
ⓑ 砂糖	0.8 g	4 g	0.4%
ⓑ みりん	1 g	5 g	5%
葉ねぎ	7 g	35 g	
七味とうがらし	少量	少量	

エネルギー：505kcal，たんぱく質：15.3 g，
脂質：10.0 g，カルシウム：116mg，塩分：4.6 g

① 小麦粉を混ぜてふるい，ボールに入れ真ん中をくぼませて塩を入れた分量の水を入れ，耳たぶの硬さまで混ぜてこねる。麺板に取り出し，力を入れてさらにこねる。
② ①にぬれた布巾をかけ，約30分間ねかせておく。
③ ②を取り出し，強くこね，打ち粉をして約0.5cm厚さに伸ばし，表面に打ち粉をして屏風状に折りたたみ，約0.5cm幅に太さをそろえて切る。切ったうどんに打ち粉をしてほぐしておく。
④ たっぷりの沸騰した湯の中にさばくようにして入れ，差し水をして茹でる。水でよく洗い，ざるにあげる。
⑤ 油揚げは油ぬきし，ⓐで煮汁がなくなるまで煮る。
⑥ ねぎは小口切りにする。
⑦ うどんを湯通しして温め，よく水気を切ってから温めた器に入れ，具をのせ，かけ汁を煮立ててかける。薬味を添える。

はじめちょろちょろ

　"はじめチョロチョロ，中パッパ，じゅうじゅう噴いたら火をひいて，赤子泣くともフタとるな"という諺が江戸時代頃からある。「はじめちょろちょろ」というのは，洗米したら水に浸けなくてもゆっくり加熱することにより米に吸水させることができること，また，薪等で炊いていた当時は，火を起こした最初から強火で炊くことができないのでこのように表現したと考えられる。その後，一気に沸騰させるため「中ぱっぱ」と火を強くする。沸騰したら弱火にして軽く沸騰をする状態にして炊くために，「じゅうじゅう噴いたら火をひいて」となっている。次は飯を充分糊化するための蒸し煮期であるので，「赤子泣くともフタとるな」と，子どもが「お腹が空いたので早く食べたい」といっても蓋を取ってはいけないとしている。ここまではよく知られているが，さらに「そこへばば様とんできて，わらしべ一束くべまして，それで蒸らしてできあがり」と続く。「そこへばば様とんできて」は語呂合わせ。「わらしべ一束くべまして」は，最後に一度強火にして余分な水分を飛ばし，「それで蒸らしてできあがり」である。

12. 鍋　物

鍋物は大きな鍋で魚介類や肉類，野菜や豆腐，きのこ類を一緒に煮るものである。煮ながら食べるので晩秋から冬にかけてよく作られる。この季節は，霜を受けて野菜は甘く，軟らかくなり，魚介類，獣鳥肉は脂肪がのる。組み合わせる材料や味付けを変えることにより，バラエティーに富んだ鍋料理を楽しむことができ，また，地方の特産物を入れた郷土色の強いものも多い。いろいろな食材を一度に摂ることができるので，手軽に栄養バランスのよい食事が用意できる。

鍋物の分類

濃厚で汁気の少ないもの	しょうゆ味	すき焼き，柳川鍋
	味噌味	ぼたん鍋，土手鍋
薄い味付けのもの		寄せ鍋，うどんすき，おでん
湯煮したもの	ポン酢，ごまだれ等	しゃぶしゃぶ，湯豆腐，ちり鍋

おでん

材料	1人分	5人分	備考
だいこん	80g	400g	
にんじん	12g	60g	1人1個
さといも	50g	250g	
こんにゃく	50g	250g	1枚
ちくわ	50g	250g	2.5本
さつま揚げ	40g	200g	5枚
がんもどき	60g	300g	5枚
だし汁	200g	1000g	
ⓐ 食塩	2g	10g	だし汁の1%
しょうゆ	10g	50g	だし汁の5%
みりん	10g	50cc	だし汁の5%
こんぶ	5g	25g	みついし
からし（練り）	適量	適量	

エネルギー：338kcal，たんぱく質：23.0g，
脂質：13.3g，カルシウム：265mg，塩分：6.2g

① だいこんは2〜3cm厚さの輪切りにし，皮をむいて面取りし，米のとぎ汁で茹でておく。
② にんじんは1cm厚さの輪切りにし，面取りして，さっと茹でておく。
③ さといもは皮をむき，塩水で約5分茹で，ぬめりを洗い流しておく。
④ こんにゃくは三角形に切り，塩もみしてから熱湯に通す。
⑤ ちくわは斜めに二つに切る。
⑥ さつま揚げとがんもどきは油ぬきする。卵は固茹でにし，殻をむく。
⑦ だしをとる水にこんぶを10分浸し，取り出して結んでおく。
⑧ だしを鍋に入れて火にかけ，ⓐを入れ，沸騰したら材料を入れ，約40分静かに煮立つくらいの火加減で煮込む。
⑨ 練りがらしを添える。

ポイント

① **おでん**は，**煮込み田楽**の略称である。関西地方では関東煮，関東炊きともいう。酒の肴には薄味に，ご飯のおかずには濃いめにする。東海地方のおでんは，他の地方では味噌おでんと称されている。
② 多種類の材料を煮込むので，下処理が大切である。煮込み時間は長い程よいが，練り製品，肉団子等は旨味が逃げるので短時間にとどめる。
③ だし汁は昆布やかつお節のだし，鶏肉や牛すじ肉のスープ等好みで用いる。

鶏の水炊き

材料	1人分	5人分	備考
若鶏肉	100 g	500 g	手羽・もも（骨皮つき重量1000g）
水	300 g	1500 g	
はくさい	80 g	400 g	
しいたけ	20 g	100 g	
にんじん	10 g	50 g	
ほうれんそう	10 g	50 g	
豆腐（木綿）	40 g	200 g	2/3丁
しらたき	40 g	200 g	
だいこん	40 g	200 g	
葉ねぎ	6 g	30 g	
ポン酢			
すだち（果汁）	15 g	75 g	5：4
しょうゆ	12 g	60 g	

エネルギー：294kcal，たんぱく質：23.1 g，脂質：17.7 g，カルシウム：157mg，塩分：2.1 g

① 肉は骨付きのままぶつ切りにする。熱湯にさっとくぐらせ，臭みを除く。
② 土鍋に水を入れて加熱し，沸騰したら肉を入れ，再沸騰したら火を止めて，アクを取りながら，約10分煮て，肉を取り出す。
③ にんじんは花形に切り，②で茹でておく。しいたけは石付きを取り，かさに飾り切りをしておく。しらたきは塩でもんでから，熱湯を通し，3 cm長さに切る。
④ はくさい，ほうれんそうは茹でて，巻きすの上にはくさいを置き，中心にほうれんそうをのせ，巻いて軽く水を切り，4～5 cm長さに切る。
⑤ ②③④を大皿に美しく盛る。
⑥ ②を煮立て，材料を入れて加熱し，取り分ける。
⑦ だいこんはおろし，軽く水気を切り，ねぎは小口切りにしてさらし，薬味にする。
⑧ すだちの汁を搾り，しょうゆを加えてポン酢を作り，⑦の薬味を添える。

ポイント
① **鶏の水炊き**は，九州・博多が有名で，本来，老鶏を長時間煮て作られる。若鶏を用いると，短時間に調理できる。

13. 寄せ物，練り物

寄せ物は，ゲル化する素材を用いて他の材料を混ぜ合わせて固めたものである。寄せる材料としては主に寒天，ゼラチン，ペクチン，でんぷん，卵等が使用される。寄せる操作は使用する材料によって異なり，寒天やゼラチンのように加熱融解後冷却してゲル化するものと，卵のように加熱によるたんぱく質の変性で固まるもの等様々である。

練り物はたんぱく質食品やでんぷん食品をすりつぶし，練り混ぜ，加熱して形を整えたもので，いも類や豆類を用いたきんとん類，魚肉で作られるしんじょ，さつま揚げ等がある。

近年，咀嚼・嚥下障害者用の介護食として寄せ物や練り物の手法が用いられている。

ごま豆腐

材料	分量（5人分）	備考
くずでん粉	50 g	
ごま（白）	60 g	
水	600 g	
かけ汁		
a　だし汁	36 g	
みりん	12 g	3：1：1
しょうゆ	12 g	
わさび	10 g	

エネルギー：110kcal，たんぱく質：2.5 g，
脂質：6.2 g，カルシウム：147mg，塩分：0.3 g

① ごまはさっと煎り，すり鉢で油が出るまでよくする。
② ①にくず粉を加えて，水600 gを少しずつ入れてよく混ぜ合わせてこす。
③ ②を火にかけ，中火で焦げつかないように底から木杓子でよく練り混ぜながら加熱する。でんぷんが糊化し，十分にとろみが出て固くなるまで加熱する。
④ ③を水にぬらした流し箱に手早く入れ冷やし固める。
⑤ ⓐを合わせ加熱後，冷まし，かけ汁を作る。
⑥ ④を5等分して器に盛り，練りわさびを天盛りにして，かけ汁を静かに注ぐ。

● ポイント

① **くず寄せ**は，長時間冷やしておくとでんぷんの老化によって硬くなり，食感が悪くなるばかりでなく，透明度も低くなるので，食べるときに冷やすとよい。

えびしんじょ

材料	1人分	5人分	備考
しばえび	15 g	75 g	5尾
おひょう	15 g	75 g	
a　食塩	0.2 g	1 g	
うすくちしょうゆ	0.5 g	2.5 g	
みりん	1 g	5 g	
卵白	7 g	35 g	
かたくり粉	4 g	20 g	
昆布だし	10 g	90 g	

エネルギー：47kcal，たんぱく質：6.6 g，
脂質：0.3 g，カルシウム：11mg，塩分：0.5 g

① 魚の皮をこそげとり，包丁の背で粘りが出るまでたたき，すり鉢ですり，裏ごしする。再びすり鉢に戻し，ⓐと塩を加えてさらにする。
② えびの殻を除いて背わたを取り，包丁の背で粘りがでるまでたたきつぶし，①に入れてすり混ぜる。さらに，だしで溶いたかたくり粉を少しずつ加えながら，すり混ぜる。
③ 蒸し器の上段にぬれ布巾を敷き，形を整えた②を並べ，蒸気の上がっている蒸し器で約20分蒸す。

● ポイント

① **しんじょ**は魚肉に含まれるミオシン区たんぱく質が塩によって可溶化し，ゾルを形成し，成形後加熱することにより独特の食感のゲルになることを利用したものである。肉の締まるのを調整するために卵白や自然薯，でんぷんを混ぜて成形し，焼いたり，蒸したり，揚げたりする。魚のすり身で作ったものを**かまぼこ**，すり身にだしを加えて軟らかくし椀種にするものを**しんじょ**といい，かまぼこ種を自然薯でつないで蒸したものを**はんぺん**という。肉類では，鶏肉で作って焼いた**伸し鳥**や**つくね**等がある。

14. 和菓子

菓子はもともと水菓子（果物）のことであったが，中国から伝わった唐菓子や，その後の南蛮菓子等の影響を受けつつ，また茶道の発達とも相まって日本独特の和菓子として発達してきた。今でも四季折々の行事とともに季節感を表すものとなっている。あわただしい現代にあって，一服のお茶とお菓子は，生活に潤いを与えて豊かな気持ちにしてくれる。

和菓子の種類

生菓子	焼き物	栗饅頭，どら焼き，きんつば
	蒸し物	まんじゅう，蒸し羊羹，かるかん
	練り物	羊羹，練り切り
	もち類	ぎゅうひ，桜餅，うぐいす餅
	砂糖漬け	甘納豆，文旦漬け
	半生菓子	錦玉糖，石衣
干菓子	打ち物	落雁
	焼き物	せんべい，あられ，ボーロ類
	掛け物	金平糖，五色豆，蓬莱豆

あんの作り方

	原料と使用量	出来上がり	作り方
生こしあん	小豆　　　100 g	170 g	①小豆の3倍量の水を加えて加熱し，沸騰したらざるにあげて渋切りする。 ②再び水を加えて沸騰後は弱火で煮る。豆が指でつぶせるくらい軟らかくなったらすり鉢ですりつぶす。 ③②を目の細かい裏ごしに入れ，水でこし，皮を除く。 ④こしたあんの液を木綿のこし袋に入れてよく絞り，生こしあんを得る。
練りあん	生こしあん170 g 砂糖　　　100 g 食塩　　　少量 水　　　　50 g	230 g	砂糖に水を加えて加熱してシロップを作り，生こしあんを2〜3回に分けて加え塩を入れ，弱火で練り上げる。
粒あん	小豆　　　100 g 砂糖　　　100 g 食塩　　　少量	230 g	①小豆は生あんと同様に軟らかくなるまで茹でる。 ②①に砂糖を数回に分けて加えて煮詰める。最後に塩を加える。 豆粉がつぶれ，豆皮の混ざったあんのことを**つぶしあん**という。
さらしあん	さらしあん 50 g 砂糖　　　125 g 食塩　　　少量 水　　　　50 g	250 g	①さらしあんに水を加えてよく混ぜ合わせ，しばらく放置して上澄み液を捨てる。これを2〜3回繰り返し日なた臭を取り除く。 ②①を木綿のこし袋に入れ，水を充分に絞る。（元の重量の約2.4倍になる） ③練りあんと同様に仕上げる。

泡雪羹

材料	1人分	5人分	備考
角寒天	0.4 g	2 g	粉寒天,出来上り重量の0.7%
水	60 g	300 g	煮上がり270 g
砂糖	12 g	60 g	
卵白	7 g	35 g	1個
バニラエッセンス	少量	少量	

エネルギー:50kcal, たんぱく質:0.7g,
脂質:0.0g, カルシウム:3.2mg, 塩分:0.0g

① 粉寒天は分量の水に約10分浸す。
② ①を煮溶かし,こす。2/3量の砂糖を加えて270gまで煮詰める。
③ 卵白を八分立てにし,残りの砂糖をエッセンスを加え,充分泡立てる。
④ ②を約70℃に冷まし,③に少しずつかき混ぜながら加える。混ぜながら約40℃に冷まし,水でぬらした流し箱に入れ,冷やし固める。
⑤ 容器から出して切り分け,器に盛る。

ポイント

① **寒天**は,紅藻類のてんぐさ,いぎす,おごのり等を原料とし,その細胞間質に含まれているガラクタン(アガロース,アガロペクチン)を加熱することで抽出し,凝固,凍結,脱水,乾燥したものである。角(棒)寒天,糸寒天,粉寒天等がある。
② **寒天ゾル**に比重差のある起泡卵白やあん等を混合すると分離しやすい。分離は混合する温度が高く,ゾルの粘度が少ないと生じやすい。分離を防ぐため,寒天ゾルの凝固温度に近い約40℃で混合するのが望ましい。泡雪羹の場合は,約70℃の寒天ゾルと合わせて卵白の臭みを除き,その後約40℃まで攪拌を続けた後,固める。また,起泡卵白に砂糖を加えて比重を大きくすると分離しにくくなる。水羊羹のように寒天液をあんと混合する場合,あんが20%程度では40℃で流し箱に入れても分離する場合があるが,30%以上になると寒天ゾルの粘度が高まり分離しにくい。
③ **寒天ゲル**を放置すると水を分離するが,この現象を**離漿**という。これはゲル内部の網目構造が収縮するため,その間に含まれる水が押し出されて生じると考えられる。寒天濃度や砂糖濃度が高く,またゾルの加熱時間が長くなると離漿は少ない。
④ **果汁羹**を作る場合,寒天液に果汁を加えて加熱すると,果汁に含まれる酸による加水分解が生じ,著しく凝固力が弱くなる。果汁の風味を損なわずビタミンCの損失を防ぐ意味からも寒天液が50~60℃になってから**果汁**を加えるのがよい。
⑤ **寒天ゼリー**はゼラチンのように付着性がないので,2色ゼリーや多層ゼリーを作る場合,層が離れて失敗しやすい。下層の寒天ゲルが半流動体のとき上層の寒天液(なるべく高温)を注ぐか,下層が完全にゲル化した場合は,フォーク等で筋を付けてから高温の寒天液を注ぐと接着する。

水羊羹

材料	1人分	5人分	備考
角寒天	0.4 g	2 g	出来上り重量の0.4%
水	50 g	250 g	
砂糖	20 g	100 g	
こしあん	30 g	150 g	
くずでんぷん	0.5 g	2.5 g	
水	8 g	40 g	
桜の葉	1枚	5枚	

エネルギー:145kcal, たんぱく質:3.0g,
脂質:0.2g, カルシウム:10mg, 塩分:0.0g

① 寒天はよく水洗いして絞り,小さくちぎって分量の水に約20分浸す。
② ①を煮溶かし,砂糖を加えてよく混ぜてこす。
③ こしあんを鍋に入れ,②を少しずつ加えてよく混ぜ,火にかけて溶かす。
④ でんぷんを分量の水で溶き,③を約100g加えてよく混ぜてから③に戻す。
⑤ ④を中火にかけ,木杓子で底からよく

撹拌しながら，沸騰するまで煮る。
⑥　撹拌しながら約45℃まで冷まし，水でぬらした流し箱に入れて冷やし固める。
⑦　容器から取り出して切り分け，桜の葉を敷いた器に盛る。

草　餅

材料	1人分 (2個分)	5人分 (10個分)	備考
上新粉	25 g	125 g	
熱湯	30 g	150 g	
白玉粉	4 g	20 g	
水	8 g	40 g	白玉粉の2倍
砂糖	4 g	20 g	上新粉の15%
よもぎ	10 g	50 g	葉先
重曹	少量	少量	水の0.3%
つぶしあん	40 g	200 g	

エネルギー：223kcal，たんぱく質：4.6 g，
脂質：0.5 g，カルシウム：27mg，塩分：0.0 g

①　上新粉に熱湯を加え，木杓子で混ぜる。白玉粉は分量の水で溶き，砂糖とともに上新粉に加え，手でよくこねる。
②　①を火の通りやすいようにうすく伸ばし，ぬれ布巾を敷いた蒸し器に入れ強火で約20分蒸す。
③　よもぎは葉先だけをつみ取り，沸騰水に重曹を加えて柔らかく茹で，水に取ってさらす。
④　③を固く絞り，細かく切ってからすり鉢ですりつぶし，取り出す。
⑤　②をすり鉢に入れ，すりこぎでつき，さらに手でよくこね，④を加えて混ぜ込む。
⑥　⑤を10等分し，あらかじめ10個に丸めておいたあんを包む。これを強火で約3分蒸し，手早くあおいでつやを出し，冷ます。

ポイント

①　生地が蒸し上がると，中が透明になる。
②　青菜を重曹水で茹でると，茹で水がアルカリ性であるため，クロロフィルがクロロフィリンとなり，鮮やかな緑色に茹であがる。また，繊維も柔らかくなる。
③　**上新粉**はうるち米を粉にしたもので，水を加えると吸水量が少なく，また粘りがなく扱いにくいが，熱湯を用いるとでんぷんが膨潤して一部糊化することで，生地がまとまり扱いやすくなる。
④　副材料として白玉粉を用いると加える量が多くなるほど軟らかくなる。一方，かたくり粉を用いると逆に硬くなる。砂糖は甘味の付与と同時にでんぷんの老化を遅らせ軟らかさを保つ。
⑤　こねる回数が多くなるほど弾力性を増すが，こねすぎると歯切れが悪くなる。
⑥　**白玉粉**はもち米を水にさらし充分吸水させた後，石臼で水びきにして脱水乾燥したもので，**寒ざらし粉**ともいう。塊状になっているため，浸るくらいの水を加えてしばらくおき，均一に水を吸収させてから残りの水を加えてこねる。白玉粉をこねるときは必ず水を用いる。熱湯を加えると塊の表面だけが吸水し，膨潤糊化するため，内部まで水が浸透せず，中心部は生粉のまま残る。

三色おはぎ

材料	1人分	5人分	備考
もち米	50 g	250 g	
うるち米	20 g	100 g	
水	80 g	400 g	もち米重量の1倍＋うるち米重量の1.5倍
食塩	0.8 g	4 g	水の1％
ごま（黒）	4 g	20 g	
ⓐ 砂糖	4 g	20 g	黒ごまの100％
ⓐ 塩	0.1 g	0.5 g	黒ごまの2.5％
つぶしあん	15 g	75 g	黒ごまおはぎ用
きな粉	4 g	20 g	
ⓑ 砂糖	2 g	10 g	きな粉の50％
ⓑ 塩	0.1 g	0.5 g	きな粉の2.5％
つぶしあん	20 g	100 g	あずきおはぎ用

エネルギー：398kcal，たんぱく質：8.4g，脂質：3.9g，カルシウム：68mg，塩分：0.2g

① 米を洗い，湯炊きする。
② ①をすりこぎで搗き混ぜ，1人分として60g 1個（きな粉用），40g 2個（あずき，ごま用）に丸めておく。
③ ごまは焦がさないように煎り，乾いたまな板の上で切り，ⓐを加える。
④ あん15gを丸め，飯で包み③をまぶす。
⑤ きな粉にⓑを混ぜ，飯にまぶす。
⑥ 20gのあんを広げ，飯を中心において包み，形を整える。
⑦ 器に盛る。

ポイント

① **おはぎ**は，萩の花の咲き乱れる様子に似ているところから名付けられたといわれる。また，ぼたんの花に似ているのでぼたん餅（**ぼた餅**）ともいう。春に作るものをぼた餅，秋に作るものをおはぎとする説もある。彼岸のお供えとしても用いられる。
② 白あん，抹茶あん，青のり，枝豆等を用いてもよい。

上用饅頭（じょうようまんじゅう）

材料	1人分（2個分）	5人分（10個分）	備考
上新粉	23 g	115 g	
砂糖	23 g	115 g	上新粉の100％
やまといも	10 g	50 g	
穀物酢	適量	適量	
つぶしあん	40 g	200 g	
敷き紙	2枚	10枚	

エネルギー：281kcal，たんぱく質：4.1g，脂質：0.5g，カルシウム：11mg，塩分：0.0g

① いもは皮をむき，酢水に浸して（p.54参照），すり鉢でおろし，すりこぎで充分にする。
② ①の中に砂糖を少しずつ加えながら充分にすり混ぜる。
③ ②の中に上新粉を加え，少しずつ手で混ぜ込み，耳たぶより少し軟らかい程度までこねて10等分する。
④ あんを10個に丸め，③で包み，底に敷き紙をあて強火で約15分蒸す。
⑤ 蒸しあがったらうちわであおいでつやを出す。

ポイント

① 大和芋はやまのいもの一種である。新芋はアクが強いのでひね芋を用いたほうがよい。
② 敷き紙はクッキングシートを用いてもよい。以前はヒノキ等を薄く削った板状のもの（経木（きょうぎ））を用いた。
③ 上用粉（上新粉）を用いることから名付けられた。山芋を用いることから薯蕷（じょうよ・しょよ）饅頭とも言われる。

くず桜

材料	1人分 (2個分)	5人分 (10個分)	備考
くずでんぷん粉	10 g	50 g	
砂糖	10 g	50 g	
水	50 g	250 g	
練りあん	40 g	200 g	
生こしあん	26 g	130 g	
砂糖	14 g	70 g	
食塩	0.1 g	0.5 g	
水	8 g	40 g	
桜の葉	2枚	10枚	

エネルギー：167kcal，たんぱく質：2.6 g，
脂質：0.2 g，カルシウム：9 mg，塩分：0.1 g

① でんぷんに水を少しずつ加え，砂糖を入れ，混ぜてこす。
② 練りあんを作り（p.88参照），冷めたら10個に丸める。
③ ①の2/3を鍋に入れて中火にかけ，木杓子でかき混ぜながら透明になるまで煮る。火からおろし，残りの1/3をかき混ぜながら加えて半糊化の状態にする。冷めないように湯煎にかけておく。
④ 片手に冷水をつけ，③の1/10を取り，すぐ丸めたあんを包み，ぬれ布巾を敷いた蒸し器に並べ，約5分蒸す。
⑤ 全体が透明になったら取り出して冷ます。桜の葉で包む。

ポイント
① でんぷんは完全に糊化すると扱いにくいので，半糊化の状態であんを包む。
② かたくり粉を用いると，流れやすく成形しにくいので，くずでんぷんを合わせて（くずでんぷん：かたくり粉が3：1の割合）用いるとよい。
③ 皮の中のあんが透けて見えるので，涼感を誘い，夏によく用いられる。

15. 漬け物

　漬け物は野菜の保存法として発展してきたもので，発酵によって生じた特有の風味を吸収させたもの，調味液に漬け込んでその風味を吸収させたもの，生野菜の持ち味を生かした即席漬け等種類は多い。漬け方を変えることにより，同じ材料を用いても，変化に富んだ味を楽しむことができる。エネルギーは低いが，ビタミン類，ミネラル類，食物繊維の給源となり，また独特の風味は食欲を増進する。

　漬け物の種類は，材料，調味料，漬け時間，発酵の有無等で様々に分けられる。漬け込む時間では，**浅漬け**（30分〜2時間，即席漬け），**一夜漬け**（一晩漬けたもの），**貯蔵漬け**（日持ちのするもの）に分けられる。また，調味料により以下のように分類される。

① **塩漬け**：塩のみを加えて漬けたもの。漬け物の基本であり，また味噌漬けや酢漬け等の下漬けとして行う場合もある。塩分濃度は用途により2〜7％である。
② **ぬかみそ漬**：米ぬかに塩水を加えて作ったぬか床に漬けたもの。ぬかの風味とともにビタミン B_1 の移行が期待できる。塩分濃度6〜10％である。
③ **しょうゆ漬け**：しょうゆとみりん，砂糖等の調味液に漬けたもの。福神漬け等がある。
④ **酢漬け**：酢に砂糖や塩，またはしょうゆを混ぜた液に下漬けした材料を漬けたもの。らっきょう漬けやハリハリ漬け等がある。
⑤ **みそ漬け**：味噌に砂糖またはみりん，酒を混ぜた味噌床に下漬けした材料を漬けたもの。印籠漬け等がある。

⑥ **粕漬け**：酒粕に砂糖，みりんを加えた粕床に下漬けした材料を漬けたもの。奈良漬け，守口漬け，わさび漬け等がある。

その他，からし漬けや麹床に漬け込んだ麹漬け（べったら漬け）等がある。

ぬか床

材料	分量
米ぬか	500 g
食塩	80～150 g（ぬかの16～30％）
水	300～400 g（ぬかの60～80％）

① ぬかは中火で焦がさないように煎り，殺菌するとともに香気を付ける。
② 塩と水を合わせて沸騰させ，完全に冷まし，①と混ぜ合わせ，みそくらいの硬さにする。
③ 1日に2～3回混ぜ合わせ，始めは捨て漬け用の野菜を入れて日陰の涼しいところに置いて発酵を促す。途中で2～3回野菜を取り替える。熟成すると特有の香気を出す。1週間程すると発酵が進み，本漬けができる。
④ 空気を入れて乳酸菌の繁殖を促すとともに硬さに注意し，野菜からの水分でぬか床が軟らかくなった場合は，ガーゼ等で水気を取り，ぬかと塩を適宜補給してぬか床の硬さを調節する。

● ポイント

① 風味をよくするために，粉からし，赤とうがらし，昆布，しょうが，柚子等を入れたり，ビールや酒を適当に加える。なすの色をよくするために古くぎを入れるのもよい。
② ぬか漬けに適する野菜は，なす，きゅうり，大根，人参，キャベツ，かぶ等である。
③ **ぬかみその風味**は微生物によるものなので，毎日適度の撹拌をして酸素を供給し，好気性細菌の繁殖を促すことが大切である。撹拌が足りないとぬか床は嫌気性になり，酪酸菌等が繁殖し腐敗する。

即席漬け

材料	1人分	5人分	備考
キャベツ	30 g	150 g	
きゅうり	20 g	100 g	
青じそ	1 g	5 g	5枚
食塩	1 g	5 g	材料の2％

エネルギー：10kcal，たんぱく質：0.6 g，
脂質：0.1 g，カルシウム：21mg，塩分：1.0 g

① キャベツは硬い芯の部分を切り落とし，短冊に切る。きゅうりは板ずりし，輪切りにする。しそはせん切りにする。
② ①に塩をし，よくもんで塩を全体に馴じませ，軽く重石をして約20分おく。
③ 水気を切り，器に盛りつける。好みでごま，果実酢をかけてもよい。

食べるのが遅い子，早い子

幼児を対象とした調査によると，食べるのが早い子が7.8％に対し，遅い子は33.6％との報告がある。ダラダラと食事をしたり，「遊び食い」をしたりする子どもでも，お腹が空いていると，少しぐらい嫌いな食べ物が食事に入っていても，嫌がらずに食べたり，食べる時間も余りかからなかったりする。「空腹感は最高の味付けである」といわれる所以である。むやみに叱ったり，問い詰めたりしないで，食事の量が適量であるか，生活全体を見直し運動量が充分か，生活リズムに問題がないか，を考え，何故食べるのが遅くなるかの原因を調べ対処する必要がある。食事作りに参加させたり，野菜等を自分で育てさせたりすることも有効である。

梅干し

材料	分量	備考
うめ	1kg	
食塩	150～200g	梅の15～20%
赤じそ	100～150g	梅の10～15%
食塩	20～30g	赤じその20%

① うめは一晩たっぷりの水に浸してアクを抜く。
② 竹串でうめのへたを取り除き，うめの水分はふき取る。塩をまぶして容器に入れる。押しぶたをし，うめ重量の2倍の重石をのせ，約1週間後水があがったら重石を半分にする。この液体を白梅酢という。
③ 洗ったしその葉を塩でもみ，アクを絞って捨て，白梅酢を加えてもみ，しそが鮮赤色になったら1/2を容器の底に敷き，下漬けしたうめを入れ，上に残りのしそをのせ，白梅酢を注ぎ，約20日冷暗所で保存する。
④ うめが重ならないようにざるの上に広げ，天日で3日程干した後，本漬けする。

ポイント
① 一晩たっぷりの水に浸すのは，種ばなれをよくするためである。
② うめを干す場合は，3日3晩の土用干しを行う。夜露に当たると，うめが軟らかくなるためである。しかし，雨は厳禁である。梅干しの最もよいのは2年くらい経ったものと言われる。

らっきょう漬け

材料	分量	備考
らっきょう	300g	
食塩	30g	らっきょうの10%
水	300g	らっきょうの100%
穀物酢	240g	らっきょうの80%
砂糖	150g	らっきょうの50%
赤とうがらし	1g	乾，1本

① らっきょうはよく洗って，水と塩を沸騰させて冷ました中に入れ，約1週間下漬けする。
② 下漬けしたらっきょうの茎とひげ根を除き，破れた皮も除く。水に漬け，好みの塩味になるまで塩抜きする。
③ 酢，砂糖を鍋に入れて沸騰させ完全に冷ましてから，種を取ったとうがらしを加え，②を漬け，ふたをして約1か月冷暗所におく。

五色漬け

材料	1人分	5人分	備考
キャベツ	30g	150g	
きゅうり	20g	100g	
にんじん	5g	25g	
みょうが	3g	15g	
こんぶ	1g	5g	みついし
ごま（白）	1g	5g	
食塩	0.8～1g	4～6g	材料の約2.5%

エネルギー：18kcal，たんぱく質：0.9g，
脂質：0.6g，カルシウム：38mg，塩分：1.1g

① 野菜はよく洗ってせん切りにする。
② ①に塩を振って混ぜ合わせ，重石をして1時間程漬ける。
③ ごまは煎ってから切りごまにし，盛り付けた上に振りかける。

ポイント
① 季節によって野菜の組み合わせを考えたり，風味付けとしてゆず，しその実，青じそ等を混ぜてもよい。果実酢等で酸味を付けてもよい。

16. 飲み物

食事と共に用いられるお茶は食欲増進の役割を担う。その他，生活の色々な場面で水分補給や疲労回復，気分転換等として用いられる。

煎茶

材料	1人分	5人分	備考
せん茶	3 g	15 g	湯の3％
湯	100 g	500 g	

① 茶碗と急須は温めておく。
② 水を沸騰させてカルキ臭を飛ばし，80℃に冷ます。
③ 急須に茶葉を入れ，②を注いで1～2分おく。
④ 人数分の茶碗に少しずつ回し入れ，同じ濃度になるように最後の1滴まで注ぎ分ける。

◆ポイント

① 緑茶には番茶，煎茶，玉露，抹茶と種類は多く，その場に合った茶葉を選ぶ。
② お茶の入れ方は，種類によって異なる（下表参照）。
③ お茶は，茶の品質，湯量，温度，浸出時間，水質等に影響される。
④ 日本茶は軟水がよい。水道水を用いる場合は活性炭で濾過するか，完全に沸騰させた後，適温で使用するのがよい。
⑤ 新茶はアミノ酸が多いので，やや低い温度でゆっくり浸出する。
⑥ 湯の温度は，高いと茶の苦味成分のカフェインや渋味成分のタンニンが多く溶出する。
⑦ 茶器は機能的で移り香のない陶磁器がよい。急須の中に浸出液を残しておくとタンニンが抽出され，渋みが強くなる。

茶の種類と浸出時間

種類	1人分分量（g）	温度（℃）	湯量（g）	浸出時間	備考
番茶・ほうじ茶	2～4	100	130	数秒	一煎目は低い温度で，二煎目以降は温度を上げて溶出する。
煎茶	3～4	80	100	1～2分	
玉露	4～5	50～90	50	2～3分	
抹茶	1.5	80	70	茶筅で立てる	

3. 日本料理の献立例

1. 日常食

家庭や施設等で通常用いられる献立は，本膳料理を基にし，一汁一菜，一汁二菜，一汁三菜と，お菜（おかず）の数を増やしていく（p.29参照）。

一汁二菜	
汁物	豆腐のみそ汁 (p.41)
主菜	さばのみそ煮 (p.61)
副菜	かぼちゃのそぼろあんかけ (p.62)
主食	菜飯 (p.34)

一汁三菜	
汁物	かき玉汁 (p.43)
主菜	あじの塩焼き (p.73)
副菜	きんぴらごぼう (p.66)
副々菜	ほうれんそうのお浸し (p.57)
主食	炊き込み飯 (p.33)

2. 饗応食

日常的な日を「褻の日（け）」，祭儀や神事等の特別な日を「晴れの日（は）」，古語では「節日（せちにち）」といい，親類や知人が集まって宴会を催したりする。また，お茶会や家族・個人に関わる催事等の場合も食事会を設けたりする。このような時に用意する少し改まった献立である。

春の献立	
前菜	貝柱の梅肉和え (p.52)
向付け	かつおの焼霜造り (p.48)
汁物	はまぐりの潮汁 (p.43)
蒸し物	甘だいの桜蒸し (p.249)
煮物	高野豆腐，しいたけ，ふきの炊き合わせ (p.64)
和え物	たけのこいかの木の芽和え (p.51)
飯	たけのこ飯 (p.34)
香の物	即席漬け (p.93)
菓子	くず桜 (p.92)

夏の献立	
前菜	うどのうに酢和え
向付け	すずきのあらい (p.48)
汁物	若竹汁 (p.42)
揚げ物	天ぷら (p.79)
焼き物	ぶりの照り焼き (p.74)
和え物	なめこのみぞれ和え (p.52)
飯	散らしずし (p.36)
香の物	即席漬け (p.93)
菓子	水羊羹 (p.89)

秋の献立	
前菜	いかの黄味酢 (p.56)
向付け	あじのたたき (p.47)
焼き物	きのこのホイル焼き (p.76)
蒸し物	茶碗蒸し (p.70)
煮物	さといもの含め煮 (p.62)
酢の物	きゅうりとわかめの酢の物 (p.54)
飯	炊き込み飯 (p.33)
香の物	五色漬け (p.94)
菓子	おはぎ (p.91)

冬の献立	
前菜	くらげのうに和え
向付け	まぐろの山かけ (p.49)
汁物	かぶのみぞれ汁 (p.266)
蒸し物	はす蒸し (p.264)
焼き物	牛肉の八幡巻き (p.76)
和え物	五色なます (p.247)
飯	菜飯 (p.34)
香の物	味噌漬け
菓子	上用饅頭 (p.91)

Ⅲ 中国料理

1. **中国料理の食文化**
   ・歴史　・特徴　・食事作法　・材料　・調理器具
   ・中国茶　・中国酒
2. **中国料理の調理**
   ・前菜　・炒菜　・炸菜　・溜菜　・煨菜　・蒸菜
   ・湯菜　・点心
3. **中国料理の献立例**

1. 中国料理の食文化

1. 中国料理の歴史

中国は約4000年の歴史を持ち，3000年前には料理の記録があるといわれる。中国料理は為政者や知識階級の保護を受け，料理人の社会的地位も高く，食を重要視する環境下で料理が発達した。

(1) 周時代

中国料理が始まったとされる。この時代に儒教を開いた孔子の言葉である「美味求真」「五味調和百味香」は料理の真髄についての名言であり，現在も料理研究家の座右の銘とされている。

(2) 漢・六朝時代

漢の時代は料理の分野で大きな発展はみられなかった。しかし，中国最古の本草（生薬）の書である『神農本草經』が約2000年前に著された。「神農」とは農業の神様で，山野草の中から薬用になるものを選んで人々に伝えたといわれている。当時の書籍は紙も印刷技術もなく，木片や絹布等への手書きのため伝わっていないが，今でも漢方や薬膳等でバイブル的存在である。

三国の呉や東晋，南朝の宋，斉，梁，陳の六朝時代に入るといろいろな食経（料理の本）が出版された。賈思勰の農業生産大百科辞典『斉民要術』には農産加工調理について書かれている。梁の陶弘景が注釈を施し『神農本草經集注』を著した。蘇州・浙江省（長江下流および東南沿岸地方）地方の料理が生まれた。

(3) 唐時代

日本から遣唐使が派遣された時代である。特権階級において，中国料理の黄金時代を迎えた。

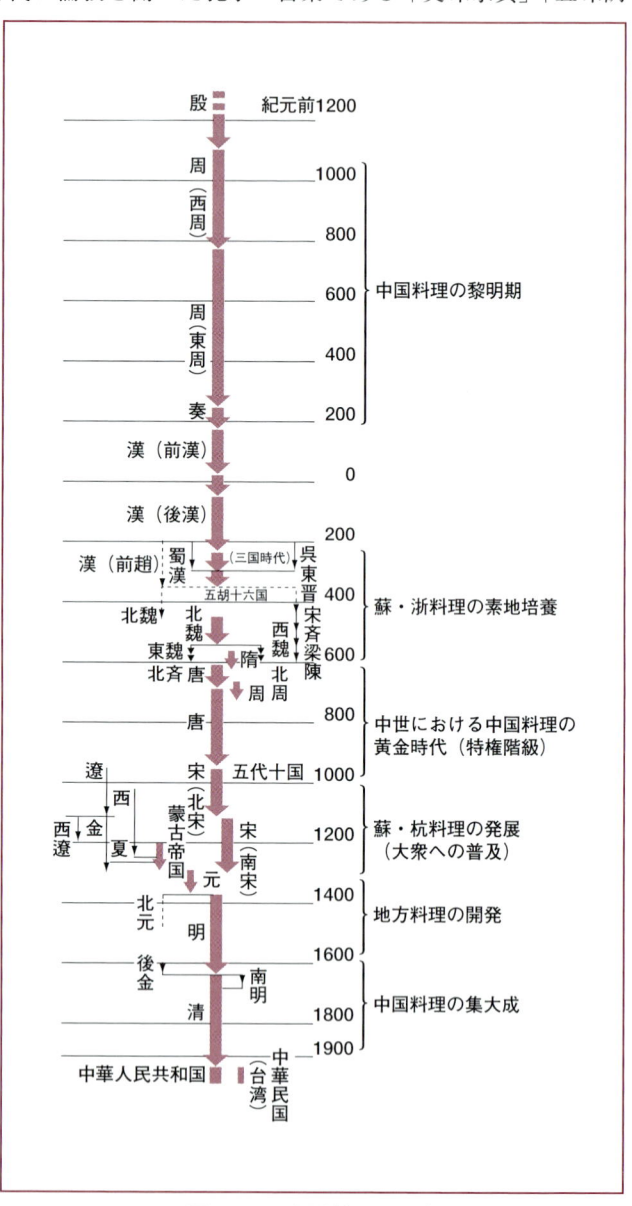

図Ⅲ-1 中国料理の歴史
（川端晶子：調理学, p.21, 学建書院, 1989, 一部改変）

（4） 宋　時　代

商工業の発達にともない，特権階級の生活文化が大衆層にまで幅広く浸透し，中国料理が発展した。蘇・杭料理（蘇州・杭州地方の料理）が飛躍的に発展普及した。

（5） 元・明時代

李時珍の薬草に関する研究資料『本草綱目』が出版され，料理と薬草の関係が重要視され，中国料理の栄養学的，生理学的価値を高める基礎となった．地方料理も発達した。

（6） 清　時　代

山海の珍味を集めた「満漢全席」のような豪華な料理が生まれた。料理書として名高い袁枚の『随園食単』が出版された。

（7） 現　　代

清時代末から華僑として外国に住む中国商人が中国料理を移入し，日本にも広く普及している。

2．中国料理の特徴

（1） 地域的な特徴

中国料理は日本の26倍という広大な国土において，黄河，長江，珠江の大河川流域に発達し，地理的条件，気候条件，特産物，飲食習慣等の影響も受け，また，歴史に深く関わって発展してきた。代表的な料理は，中国四大料理といわれる北京料理，上海料理，四川料理，広東料理がある。

また，中国八大料理の分類もあり，山東料理（魯菜），四川料理（川菜），広東料理（粤菜），福建料理（閩菜），江蘇料理（蘇菜），浙江料理（浙菜），湖南料理（湘菜），安徽料理（徽菜）に分けられる。八大料理の特徴を擬人化して，江蘇，浙江料理は清楚な江南美人，山東，安徽料理は古風で素朴な北方健児，広東，福建料理は風流で優雅な貴公子，四川，湖南料理は英知にたけた名士と表現される。その他，清真菜や素菜がある。清真菜は豚肉を使わない回教料理で，北方系では牛，羊肉，南方系では鶏，家鴨を使う。素菜は精進料理で，野菜を魚，鶏肉等に似せて作る。また，満漢全席は，清朝の乾隆帝の時代から始まった，満州族の料理と漢族の料理の中で特に山東料理を取り揃えて出す宴会様式のことでその後，広東料理等も加わった。数日間かけて，100種類を越える料理を順に食べる盛大な宴もあった。しかし，清朝の滅亡とともに宮廷内の料理人は四散して伝統が途絶えたといわれる。

図Ⅲ-2　中国料理の四系統

北方系：黄河流域地方，東方系：長江中・下流地域，
西方系：長江上流地域，南方系：珠江流域と南方沿岸地方

表Ⅲ-1　中国料理の分類

	料理名	料理の特徴
北方系 / 北京料理	北京烤鴨（あひるの丸焼き） 烤羊肉（羊の焼き肉） 包子，麺，餅，水餃子	雨量が少なく乾燥地である。気候が寒冷であるため，油を使う揚げ物，炒め物等エネルギーの高い料理が発達。小麦を使った餃子や包子，麺類等の粉食料理が多い。また魚よりも肉料理が発達。 清朝宮廷の料理人が完成させた宮廷料理や「満漢全席」の伝統を受け継いでいる。
北方系 / 山東料理	糖醋黄河鯉魚（黄河鯉の甘酢炒め） 清湯燕巣（燕の巣のコンソメ煮込み） 糟溜三白（三種の煮物香糟酒あん） 山東海参（なまこの山東風味）	山東省は広く，3つに分けられる。 済南料理：済南市は内陸に位置していて冬が寒いので，カロリーを摂取するため脂っこい味付けである。 海鮮料理：豊富な魚介類に恵まれている。 孔府料理：孔子一族に伝わる料理で，清の時代に北京に伝わり，宮廷料理の源といわれる。山東海参は山東八大碗の一つで，婚礼等の席に使われる華やかな料理である。
西方系 / 四川料理	麻婆豆腐（豆腐とひき肉の辛味炒め） 棒々鶏（鶏肉のとうがらしごまだれかけ） 干焼蝦仁（えびのチリソース） 回鍋肉（豚ばら肉のとうがらしみそ炒め） 酸辣湯（酸味と辛味のスープ） 一品熊掌（熊の手のしょうゆ煮） 担担麺（豚そぼろとうがらしごまだれかけ麺） 搾菜（漬物）	「天府の国」といわれる豊かな四川盆地で，食材が豊富であるが海がないので乾燥食品が多い。冬場の四川省では霧が立ちこめて，太陽が顔を出すことは殆どない厳しい寒さの気候風土を背景として，麻・辣・香・酸・甜・鹹・苦の独特の7つの味がある。麻は痺れるような山椒の味，辣はとうがらしの辛い味という意味である。ねぎ・にんにく・とうがらし・こしょう等をよく使う。 古くから熊の手のひらは好まれて食べられてきたが，毛を抜く作業に半日かかる。
東方系 / 上海料理	紅袍登殿（上海蟹の蒸し物） 小籠包（小型蒸し饅頭） 東坡肉（豚の角煮） 乾焼明蝦（大正えびの辛味炒め） 紅焼黄魚（魚のしょうゆ煮） 海参排支（なまことふかひれの煮込み）	温暖な気候で，米を材料とした料理，河川や海，湖があり，魚・えび・かに等を使った料理等が多い。 上海は全国各地の料理が入り込み発達。『随園食単』に「美食は美器にしかず」とあるが上海料理は器が多種多様で名菜を引き立てている。味は比較的濃くて油っぽく，砂糖としょうゆを使った甘みの強いのが特徴であったが，今は薄味へと改良が加えられている。
南方系 / 広東料理	咕咾肉（酢豚） 八宝菜（五目旨煮） 叉焼肉（焼き豚） 八宝冬瓜盅（冬瓜鉢スープ） 芙蓉蟹（かに玉，フーヨーハイ） 片皮燒乳猪（子豚の丸焼き） 蝦仁吐司（えびすり身の食パン揚げ） 五蛇龍虎会（五種の蛇と猫肉のうま煮）	昔から「食在広州（食は広州にあり）」といわれるほど，食材が豊富で，高級海鮮の調理が有名である。海に面しているため魚料理が多い。諸外国との交流が盛んで，外国の珍しい食材が移入し，料理に取り入れられている。パンやトマトケチャップ，牛乳等も逸早く取り入れられた。犬，猫，へび等も食材として利用される。世界各地へ渡った広東人の華僑により，世界各国に伝められ，外国にある中華料理店のほとんどが広東料理である。有名な飲茶も広東料理の一種である。
南方系 / 福建料理	茶葉蛋（お茶の葉入り茹で卵） 仏跳墻（山海珍味の壺煮） 酔糟鶏（鶏肉の高粱酒漬け） 酸辣爛魚（酸味と辛味の魚のやわらか煮）	透明度の高い白醤油を使うこと，新鮮な海の幸をふんだんに使用すること，中国料理の多くが素材を油通しするのと違い，代わりに湯通しすること等があげられ，淡白な味で，日本人の嗜好に合っている。有名な仏跳墻は福寿全とも言われ，高貴な材料ばかりを使い，複雑な調理法で下ごしらえしてから瓶に入れて仕上げたもので，お釈迦様がこの香りをかいだら，塀を乗り越える，戒律を破って食べにくるだろうということから名付けられた。 福建料理は素朴な味わいを多く残し，辛くなく，あっさりとし，香料もあまり使用しない。酒糟味は独特である。沖縄料理に多くの影響を与えた。

（2） 調理上の特徴

中国料理を日本料理，西洋料理と比較すると次のような違いがある。

表Ⅲ-2　中国料理の特徴

① 調理法は加熱調理が多いため，衛生的で栄養素の損失が少ない。
② 油脂を多く用いるが，高温で処理をし，油っこさを感じさせない。
③ 下準備に油通し（泡油）をするが，形崩れや変色をさせないで材料に火が通すことができる。
④ 日本料理は食材の種類が多いが調理法は単純で，素材を活かす調理法が多い。西洋料理は食材の種類は余り多くないが，長時間煮込んだり，種々のソースを工夫したり手をかけた調理法が多い。中国料理は食材も豊富で，調理法も多いといわれる。
⑤ 調理器具や食器が簡素である。
⑥ 一つの料理を大皿に盛り，取り回す形式であるため，料理が冷めない等合理的である。

3．中国料理の食事作法

（1） 座席の決め方

清朝末期までは，正式な宴会には8人がけの八仙卓子（パアシェンチゥオズ）といわれる方卓（角卓）が用いられていたが，現在は円卓を用いることが多い。また，中国料理の食事形式が大皿に盛り，取り回しするため，中央に回転式の小卓がある円卓が多くなってきた。1卓の人数は6〜10人とし，入り口から遠い席で，主人席から見て右側が上席とされる。次席者の位置は卓の種類によって異なる。2卓以上の場合は入り口から見て右側が上席となる。複数の卓がある場合は，各卓の主客の反対側に主人や主人の代理人が座る。夫婦は離れた席，男女は交互に座る。

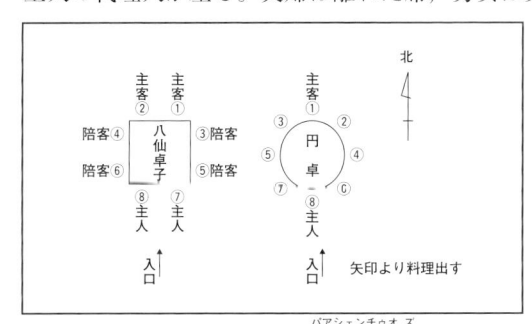

図Ⅲ-3　方卓と円卓での八仙卓子（パアシェンチゥオズ）の席順

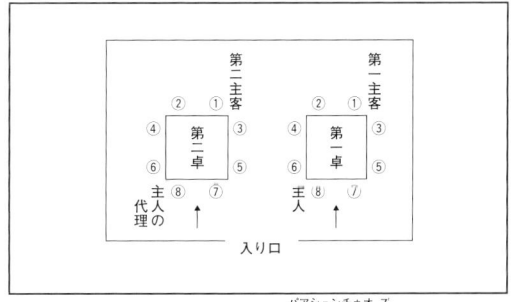

図Ⅲ-4　2卓の場合の八仙卓子（パアシェンチゥオズ）の席順

（2） 食卓の整え方

食器は特別な席では銀器が用いられるが，通常は陶磁器である。食器には縁起のよい模様が描かれていることが多い。黄色は皇帝の色とされる。

表Ⅲ-3　食器の模様

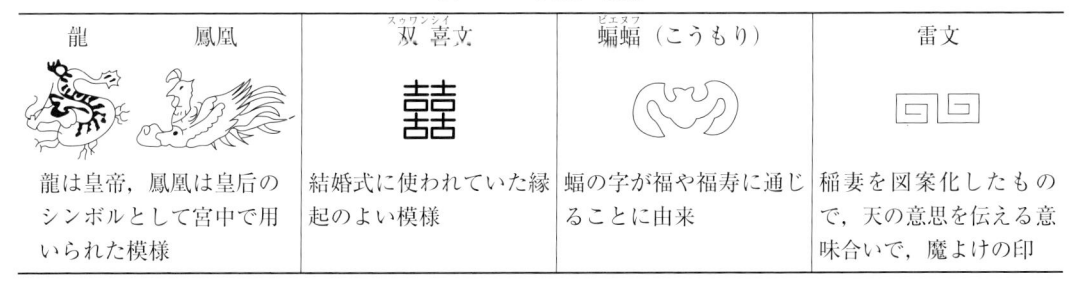

龍　　鳳凰	双喜文（スゥワンシイ）	蝙蝠（こうもり）	雷文
龍は皇帝，鳳凰は皇后のシンボルとして宮中で用いられた模様	結婚式に使われていた縁起のよい模様	蝠の字が福や福寿に通じることに由来	稲妻を図案化したもので，天の意思を伝える意味合いで，魔よけの印

正式の並べ方はないが，1人前の取り皿，箸，盃を並べておく。卓にはしょうゆ，からし，酢，辣油（ラーユウ）の調味料，骨や殻を入れる壺を準備する。

（3） 献立構成

① 燕窩（イエンオウ）

正式な宴席を燕窩（宴席）（イエンオウ／ツァイダヌ）という。菜単は献立のことで菜譜ともいい，通常，前菜と大件（主要料理），点心からなり，料理の材料，調理法，味等の調和を考えて構成される。

宴席の格では，等級が最も上のものは燕窩を用いたものを燕窩席（イエンオウ）で，ついで魚翅席（ユイチー），海参席（ハイシェヌ）の順といわれている。

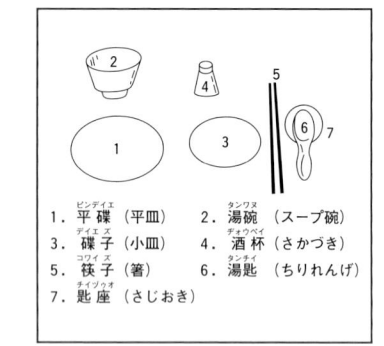

図Ⅲ-5 食器の整え方

表Ⅲ-4 献立構成

献　立		内　容
京果（ピングゥオ）		前菜以前のつまみ物で，瓜子（ゴワズ）（すいかやかぼちゃの種）が多い。ナッツや砂糖漬もある。
前菜（チェンツァイ）（葷盆）（フンペン）	冷葷（ロンフン）	宴席の最初に出される料理で，冷たい前菜のことで，一般的に多く用いられる。これは主に酒の肴になるものであるから，見た目が美しく種類も豊富で味に変化と調和を持たせる。大皿に花，鳥，景色等を形どった併盤（ピヌパヌ）といわれる豪華なものもある。
	熱盆（ローペン）	温かい前菜。宴席では冷葷のあとに出され，炒め物，揚げ物，あんかけ料理が多い。量は少な目とする。
大件（ダアチェヌ）（大菜）（ダアツァイ）		主要料理のことで，当日の料理の中で代表的なものは頭菜（トウツァイ）といい，最初に出される。燕窩（イエンオウ），魚翅（ユイチー），海参（ハイシェヌ），干飽（ガンパオ）等特殊材料を用いる。大件の調理法は，炒菜（炒め物），炸菜（揚げ物），蒸菜（蒸し物），溜菜（あんかけ料理），煨菜（煮込み）（ウェイ），烤菜（直火焼き）（タヌ），湯菜（汁物）等があり，素材，味付けに変化を持たせ，重複をさける。
点心（ディエヌシヌ）	鹹点心（シェヌディエヌシヌ）	麺や小麦粉で作った，焼売（シャオマイ），餃子（チャオズ），包子等小食のようなものも含む。料理の途中に出されることもある。
	ご飯類	主要料理の終わりに漬物と一緒に供される。主食とされる場合もある。
	甜点心（ティエヌディエヌシヌ）	料理の最後にデザートとして出される。

② 料理の名称

中国では四がめでたい数とされ，多くの料理名が四文字構成になっている。特に祝い事の献立は四文字に整える。文字の中に基本的な調理法，調味料，材料，切り方等を組み込み，料理名から料理がおおよそ分かる。中には特殊の材料や地名，人名，売り方を用いたものもある。

・調理法，主要材料，切り方をつけた場合：搾菜肉絲湯（ダアツァイロウスータン）（搾菜とせん切り肉入りスープ）
・2種類の材料の組み合わせて表した場合：青豆蝦仁（チンドウシャーレン）（青豆とえびの炒め物），蝦仁吐司（シャーレントゥースー）（えびすり身の食パン揚げ）
・でき上がりの形態を表した場合：芙蓉蟹（フウロンシェ）（卵が芙蓉の花のようなかにたま），珍珠丸子（チェヌデゥワヌズ）（真珠のような肉だんご）

- 調味料，香辛料の名をつけた場合：紅焼黄魚（ホンシャオホワンユー）(魚のしょうゆ煮)，酸辣湯（スワンラータン）(酸味と辛味のスープ)
- 人名を付けた場合：東坡肉（トンポーロウ）(北宋の詩人蘇東坡の好んだ豚の軟らか煮)，麻婆豆腐（マアポオドウフウ）(麻夫人の考え出した豆腐料理)
- 地名を付けた場合：北京烤鴨（ペキンカオヤ）(あひるの丸焼き)，山東海参（シャントンハイシェン）(なまこの山東風味)
- 売り方の状態を付けた場合：担担麺（タンタンミエン）(豚そぼろとうがらしごまだれかけ麺，天秤棒でかついで売り歩いた麺)

(4) 食事の仕方

① 料理は大皿で供される。主客から順に回されるが，料理の量と食卓の人数を考え，各自の食器に取り分けるが，最初に多く取りすぎない。一回りした後は，適宜取り回す。
② 料理はできるだけ温かい内に取り回す。回転式円卓の場合は円卓をまわすのは自由であるが，他の人の様子を見ながら右回り（時計回り）に回す。
③ 食器は，料理が変わっても毎回は替えないが，溜菜のような料理の時には替える。
④ 基本的に，料理を食べる場合食器を持たない。
⑤ 老酒（ラオチュウ）の場合は，盃に氷砂糖を入れて酒を注ぎ，氷砂糖が溶けてから飲む。良質の老酒はそのまま飲む。

4．中国料理の材料

(1) 特殊材料

広大な中国では新鮮な海産物を内陸部まで輸送することは困難である。そこで乾燥食品や塩蔵品等が発達し，山海の幸や不老長寿を期待する食材が特殊材料として保存され，珍重されてきた。

〔材料の切り方〕

基本的な材料の切り方は，絲（ス）・片（ピエヌ）・丁（ディン）・条（ティヤオ）・塊（コワイ）である。1つの料理における主材料と副材料の切り方は揃える。火の通り具合を同じくし，出来上がりを美しくする効果がある。また，数種類の料理を組み合わせた献立である場合は，料理毎に切り方を違えて，変化を持たせる（p.12参照）。

中国料理店

北方地域で米が穫れず小麦粉を主食とする地方では，おいしいご飯を食べる店として○○飯店という。また，南の方では米はたくさん穫れるが，水は余りおいしくないので，おいしい酒をご馳走する店として○○酒家，○○酒楼という。西方系の店は，○○館，○○居，○○坊ということが多い。

料理店の味のよしあしは，酢豚，青菜の炒め物，ワンタンを注文するとよい。酢豚は甘酢あんのバランスが難しいし，青菜を色よくパリッと炒めるのは火の使い方が上手，ワンタンはスープの味を見るのに適するからである。また，料理店の食卓には，酢としょうゆが置かれている。料理が辛かったら酢を，甘かったらしょうゆをかけて調節する。

表Ⅲ-5　特殊材料

動物性の特殊材料	
燕窩（イエンウオ） 海燕の巣	東南アジアや中国南海諸島の海岸の断崖絶壁に作られる海つばめの巣を乾燥させたものであるが、つばめの唾液で海藻を固めたもので、乳白色で光沢があり、羽毛やごみが混ざっていないものが上等である。特殊材料の中でも最も高級品で、主に湯（タン）に使う。ぬるま湯に3〜4時間浸して戻し、羽毛やごみを取り除き、静かに水を捨てる。燕窩を用いた宴席は燕窩席といって、満漢全席に次ぐ宴席料理である。主成分はたんぱく質と多糖類が結合したムチンで、コラーゲンを多く含む。古くから美容と健康によいとされ、清時代に普及した。
魚翅（ユイチー） ふかのひれ	ふかやさめのひれを乾燥させたもので、燕窩に次ぐ高級食材である。背びれから取るものを「飽翅（バオチー）」といい、最も上質とされる。胸びれ、尾びれから取るものやバラバラになったものは「散翅（サヌチー）」といい、比較的安価である。「散翅」を加工して固めた物を「翅餅（チーピン）」という。一晩湯につけておき、砂、皮、軟骨等を取り除き水を替えて煮た後冷水にさらす。この操作を軟らかくなるまで数回繰り返す。「翅餅」の場合は水で軟らかくなるまで戻し、水を替えて約2時間煮た後、水洗いする。
海参（ハイシェヌ） 干しなまこ	なまこを茹でて乾燥させたもの。海参は、朝鮮人参のように滋養があると考えられ名付けられた。色が黒く光沢のあるものほど上等である。燕窩、魚翅に次ぐ高級食材で煮込み、あんかけ、酢の物等に使う。表面の汚れを水洗いして落とし、数回お湯を替えながら軟らかくなるまで水煮する。軟らかくなったら腹わたを出し、さらに充分軟らかくなるまで水煮する。
乾飽（ガンパオ） 干しあわび	あわびを茹でて乾燥させたもので、前菜、湯、煮物、炒め物等に使う。熱湯につけてしばらくおき、表面が少し軟らかくなったら砂や汚れを洗い流し、水を替え、弱火で軟らかくなるまで1日くらい煮る。茹で汁はだし汁として使用する。
乾貝（ガンペイ） 干し貝柱	ほたて貝やたいら貝の貝柱を塩茹でして乾燥させたもの。湯、煮物、蒸し物等に使う。水洗いして汚れを落とし熱湯につけて戻すか、約1時間蒸し器で蒸す。戻し汁はだし汁として使用する。
蝦米（シャミイ） 干しえび	小えびの殻、足を取り、塩茹でして乾燥させたもので、最も一般的な材料として、あらゆる料理に使われる。うま味調味料のない頃は、干しえび粉がうま味として使われていた。戻し汁はだし汁として利用する。ぬるま湯につけて戻す。
皮蛋（ピイダヌ） あひるの卵 の泥漬け	あひるの卵の加工品で、卵を生石灰、草木灰、塩等をこねた泥状のものを塗り、さらにもみ殻をまぶして20日〜半年保存する。殻の外から泥のアルカリ成分が浸透して、中身がアルカリ化する。卵黄は暗緑色になり、どろりとしたものが上質とされる。卵白部分は茶色に透き通り、卵黄との間が松の花の模様に見えるので、「松花蛋（ソオンホワダン）」ともいう。表面の泥を取り除き、水洗後殻をむいて縦6〜8片に切り、主に前菜に使う。
鹹蛋（シェヌダヌ） 塩漬け卵	あひるの卵を塩漬けしたもので、塩に漬ける時にわら灰を加えるために黒色をしている。卵黄は赤味を帯び、凝固する。塩中心で漬け込むので皮蛋と比べ手軽である。表面の灰をとり、茹でて使う。主に卵黄だけを用いる。
海蜇皮（ハイチョウピイ） 塩漬けくらげ	食用くらげは石灰やみょうばんで脱水し、塩漬けにする。肉質が厚く、べっこう色をして身がよくしまったものがよい。主に前菜に使う。笠の部分を蜇皮、頭部は蜇頭という。薄い食塩水に約5時間漬けて塩出しをした後、端から巻いてせん切りにし、たっぷりの熱湯に入れ、少し縮んだらすぐ冷水にとって洗う。
蠣豉（ハオチ） 干しがき	殻から取り出したカキをそのまま乾燥させたものと、茹でてから乾燥させたもの。

魚吐(ユドウ) 魚の浮き袋	魚の浮き袋を固く乾燥させたもので，主に煮込み料理に使う。低温の油の中に入れてゆっくり加熱し，浮き上がってきたら，熱湯につけ油分と臭気を抜く。2～3回繰り返す。
蹄筋(テイデヌ) アキレス腱	豚，牛，鹿等のアキレス腱を乾燥させたもの。鹿筋は高価であるが，猪筋が安価で一番多く使われる。蹄筋には味がなく旨みのある材料と組み合わせて使い，ゼラチン質の歯ざわりを楽しむ。湯，炒め物，煮物等に使う。油で戻し，熱湯につけて油分を抜き，水を替えて煮て軟らかくする。
熊掌(ションチャン) くまの手	くまの手のひらの乾燥品。古くから四川省等で好まれて食べられてきたが，毛を抜く作業に半日かかる。熊掌は，ふかのひれ，海つばめの巣，やまぶしたけ(猴頭菇(ホウトウグウ))とともに中国の四大珍味といわれ，高級宴席の食材でもある。

植物性の特殊材料

香菇(シャングウ) 干しいたけ	肉厚の上等な干しいたけで，冬菇ともいわれる。また，傘の部分に裂け目があって花のように見える最上品を「花菇(ホワグウ)」という。水またはぬるま湯に浸けて戻したものを副材料としてあらゆる料理に使う。戻し汁はだし汁として利用する。
金針菜(チヌヂェヌツァイ) 甘草つぼみ	甘草の花のつぼみを乾燥させたもの。ユリ科植物甘草の花管で，黄色で細長く金の針のようであるため名付けられた。ぬるま湯に浸けて戻し，軸の硬い部分を除き，湯，炒め物等料理材料として用いることが多い。鉄分，ビタミンが多く含まれる。
筍干(スウエヌガン) 干たけのこ	たけのこを茹でて乾燥させたもの。歯切れが良く安価でもあるので，戻して炒め物，煮物，湯麺等に使われる。乾燥品ではないが，中国産の食材でたけのこを乳酸発酵させ味付けした加工食品のメンマがある。日本にメンマが入ってきた頃は支那竹といわれていたが，第二次大戦後，歴史背景を考慮し「メンマ」と言われるようになった。メンマがラーメンの具材に使われ始めたのは昭和初期の頃である。
木耳(ムウアル) きくらげ	食用きのこで，枯木に生え，耳の形をしていることから木耳，くらげのような歯ざわりからきくらげという。木耳はほとんど黒きくらげをさす。炒め物等の副材料として用いる。ぬるま湯に浸けて戻すと約10倍になる。湯，和え物，炒め物，煮物等に使う。
銀耳(インアル) 白きくらげ	白色の木耳で珍重される。肉質が厚く軟らかく，裏白なものが最上とされる。特に四川省産の「四川銀耳」が有名で，高価であったが，栽培ができるようになり，手に入りやすくなった。軟らかくてコリコリしていて，上質品はさわやかな香りがある。抗がん作用が注目されている。ぬるま湯に浸けて戻したものを，湯，菓子等にごく少量使う。
竹孫(チュウスウン) きぬがさだけ	きぬがさだけを乾燥させたもの。たけのこの周りに出るので，竹の孫という意味がある。傘が網の目のようになっており，少量しか採取できないので，高価である。水またはぬるま湯に浸けて戻し，主に湯に使う。
髪菜(ファツァイ) 水苔	髪状念珠藻ともいう野生の陸産の藻の乾燥品。黒色で髪の毛によく似ているために，この名がある。「発財(ファツァイ)」(お金が入る)と同音なので，縁起の良い食品とされ，中国南部の春節(旧正月)料理に用いる。ぬるま湯に浸けて戻し，湯，酢の物等に使う。戻すと青緑色になる。
粉絲(フェヌスウ) 春雨	緑豆のでんぷんで作った豆麺を乾燥させたもの。でんぷんに熱湯を加えて糊状にし，穴の開いた容器で押し出し，熱湯で茹でた後水で冷やして作る。日本産の春雨より腰が強く，茹でても溶けない。熱湯に入れて芯がなくなるまで茹でて戻し，湯，和え物，炒め物，鍋物等に使う。同じでんぷん加工品である粉皮は，熱湯の入った鍋に浅い皿を浮かべてでんぷん液を注ぎ，固まったら水に落とす。
搾菜(ヂアツァイ) ザーサイ	搾菜というからし菜の一種の植物の塊茎を，とうがらし等の香辛料とともに塩漬けしたもの。四川省産が有名。漬け物として食べるほか湯，炒め物等に使う。

(2) 調味料

味の基本は，甜(ティエヌ)・酸(スワン)・鹹(シェン)・苦(クウ)・辣(ラー)の五味であるが，さらに麻(マー)・香(シャン)を含め7つの味がある。調味料を単独で使うことはなく，複雑な味わいを美味とする。

表Ⅲ-6　調味料

塩(イエヌ)(塩)	花椒塩(ホワヂャオイエヌ)	さんしょうの実を煎ってすりつぶしたものに煎り塩を混ぜたもの	油(イウ)(油)	蕃茄醤(ファヌチェヂァン)	トマトケチャップと同じ	
	胡椒塩(ホウヂャオイエヌ)	こしょうに煎り塩を混ぜたもの		葷油(ホウエヌイウ)	動物性脂	猪油(ラード)
糖(タン)(砂糖)	白糖(バイタン)	糖の一文字は普通白糖を指す				牛油(ヘット)
	紅糖(ホォンタン)	赤糖				鶏油(鶏の油)
	黒糖(ヘイタン)	黒砂糖				黄油(ラード)
	沙糖(シアタン)	ざらめ糖		素油(スウイウ)	植物性油	芝麻油(ごま油)
	氷糖(ビンタン)	氷砂糖				豆油(大豆油)
醋(ツウ)(酢)	白醋(バイツウ)	日本の酢とほぼ同じ				菜子油(菜種油)
	紅醋(ホォンツウ)	赤ワインのような色とまろやかな酸味の酢		蠔油(ハオイウ)	かき油。生がきを塩水に浸けて発酵させ，上澄み液をとったもの。独特の風味がある	
	黒醋(ヘイツウ)	黒酢。ウスターソースのような色と香りがあり酸味はまろやかで，旨みがある		蝦油(シャイウ)	えび油。小えびを塩漬けにして発酵させ，上澄み液をとったもの。風味付けに使う	
醤油(ヂァンイウ)(しょうゆ)	生抽(シォンチォウ)	薄色で味は濃く甘い。日本の薄口しょうゆに似ている		辣油(ラーイウ)	とうがらし油。ごま油にとうがらしを入れ，弱火で時間をかけて辛味を油に移したもの	
	老抽(ラオチォウ)	しょうゆの中で最も濃いもの		紅油(ホォンイウ)	とうがらし油。植物油を熱し，とうがらし粉に注いで冷ましたもの	
醤(ヂァン)(みそ)	黄醤(ホワンヂァン)	大豆を主原料とするみそ	酒(ヂォウ)(酒)	料酒(リャオヂォウ)	もち米で作った料理用の酒	
	甜麺醤(ティエヌミェヌヂァン)	小麦粉を主原料とする甘味のある練りみそ		酒糟(ヂォウツァオ)	酒粕	
	豆瓣醤(ドオバヌヂァン)	そら豆を主原料にしたみそ	腐乳(フウルウ)	白南乳(バイナンルウ)	白い発酵豆腐。豆腐にカビや細菌をつけ発酵させ塩漬けにし，酒，砂糖，塩等を加えて約半年発酵させたもの。甘み，塩味，香りが強い。嗜好品，調味料として用いられる	
	豆瓣辣醤(ドオバヌラーヂァン)	豆瓣醤に赤とうがらし等香辛料を加えて発酵させたもの（日本の豆板醤）				
	豆豉(ドウチ)	大豆を蒸して発酵させ，塩漬けにしたもので，大豆に繁殖したカビが豆のたんぱく質を分解してアミノ酸を増加させるので，豆粒は軟らかくなり，旨みがある		紅南乳(ホォンナンルウ)	赤い発酵豆腐。豆腐にカビや細菌をつけ発酵し塩漬けにし，紅麹，砂糖，黄酒を合わせたものに漬け，更に約半年発酵させる。表面は鮮やかな赤色	
	芝麻醤(チマアヂァン)	白ごまを煎り細かくすりつぶし，ごま油で伸ばしたもの	精(ヂン)	味精(ウェイヂン)	化学調味料	
	XO醤	干しえび，干し貝柱，中国ハム等の旨みのある材料とにんにく，エシャロット，赤唐辛子等の薬味をピーナツ油で炒めて作った調味料。XOは最高級という意味		香蕉精(シャンチャオヂン)	バナナエッセンス	
				檸檬精(ニンミェンヂン)	レモンエッセンス	

（3） 香辛料

主として種子，皮，根，花を使い，香りや色，辛味等を与え，臭みを消す効果がある。これらは殺菌作用や防腐作用，抗酸化作用を持ち食材の品質保持に役立つ。また，香辛料の刺激は，消化酵素の分泌を促し，食欲を増進し，消化を助ける。

表Ⅲ-7　香辛料

葱（ツオン）	長ねぎ。魚肉類の臭みを消し，風味を増す
姜（薑）（チアン）	しょうが。芳香，辛味があり，魚肉類の臭みを消し，風味を増す
蒜（ソワヌ）	にんにく。魚肉類の臭みを消し，風味を増す
花椒（ホワヂャオ）	さんしょうの種実の乾燥品。魚肉類の臭みを消し，漬け物，点心に風味や香りをつける
胡椒（ホウヂャオ）	こしょう。中国本来のものではないが，古くから使われている。抗酸化性が強い
辣椒（ラーヂャオ）	とうがらし。辛味が強い
八角（バアヂャオ）	はっかく。ういきょうの種実をさやごと乾燥させたもの。鳥獣肉の臭みを消す
回香（ホエイシャン）	ういきょうの種実の乾燥品。肉料理，漬け物，菓子等の香りづけに使う
桂皮（ゴエイピイ）	にっけいの皮の乾燥品。軽い甘味，辛味があり，菓子に使う
丁香（ディンシャン）	丁字の花のつぼみの乾燥品。肉料理，点心等に使う
陳皮（チェヌピイ）	柑橘類の皮の乾燥品。香り付けに使う。他の香辛料と混ぜて使うことが多い
五香粉（ウシャンフェヌ）	八角，花椒，桂皮，丁字，陳皮等の混合香辛料
芥末（ヂェムオ）	からし菜の種実の乾燥品を粉末にしたもの
杏仁（シンレヌ）	あんずの種子の中の核のことで，すりつぶして，菓子，飲み物等に使う
肉荳蔲（ロウドウコウ）	にくずくの種子の乾燥品
桂花（ゴエイホワ）	もくせいの花の乾燥品

5．中国料理の調理器具

種々の調理法を有している中国料理ではあるが，調理器具の種類は日本料理と比べると少ない。大部分の調理は，鍋子（グゥオズ）といわれる中華なべが使われる。

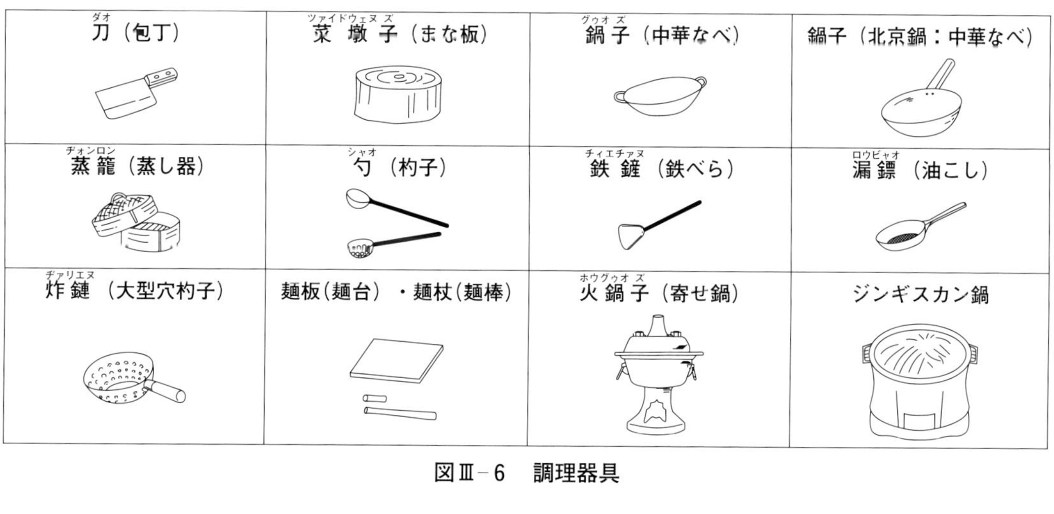

刀（ダオ）（包丁）	菜墩子（ツァイドウェヌズ）（まな板）	鍋子（グゥオズ）（中華なべ）	鍋子（中華なべ）（北京鍋：中華なべ）
蒸籠（ヂォンロン）（蒸し器）	勺（シャオ）（杓子）	鉄鏟（チィエチァヌ）（鉄べら）	漏鏢（ロウビャオ）（油こし）
炸鏈（チァリエヌ）（大型穴杓子）	麵板（麵台）・麵杖（麵棒）	火鍋子（ホウグゥオズ）（寄せ鍋）	ジンギスカン鍋

図Ⅲ-6　調理器具

表Ⅲ-8 材料名の中日対応

中国名	日本名	中国名	日本名	中国名	日本名	中国名	日本名
穀類		**野菜類**		**果物類**		**肉類**	
米 (ミイ)	米	菠菜 (プオツァイ)	ほうれんそう	蘋果(苹果) (ピングウオ ピングウオ)	りんご	肉 (ロウ)	豚肉
麦子 (マイズ)	麦	蒿菜 (ハオツァイ)	春菊	香蕉 (シャンチャオ)	バナナ	猪肉 (ヂウロウ)	豚肉
糯米 (ノオミイ)	もち米	韮菜 (ヂウツァイ)	にら	梨子 (リイズ)	なし	牛肉 (ニウロウ)	牛肉
米粉 (ミイフェヌ)	米の粉	白菜 (パイツァイ)	白菜	桃子 (タオズ)	桃	羊肉 (ヤンロウ)	羊肉
麺粉 (ミエヌフェヌ)	小麦粉	洋白菜 (ヤンパイツァイ)	キャベツ	柿子 (チイズ)	柿	鶏 (ヂー)	鶏
麺筋 (ミエヌヂヌ)	麩	青椒 (チンヂャオ)	ピーマン	梅子 (メイズ)	梅の実	鴨子 (ヤーズ)	あひる
麺包 (ミエヌパオ)	パン	紅椒 (ホンヂャオ)	赤とうがらし	橘子 (チェズ)	みかん	肝 (ガヌ)	肝臓
麺條 (ミエヌティヤオ)	うどん	黄瓜 (ホワングワ)	きゅうり	洋梅 (ヤンメイ)	いちご	腰子 (ヤオズ)	腎臓
玉米 (ユイミイ)	とうもろこし	葱 (ツォン)	ねぎ	葡萄 (プウタオ)	ぶどう	心 (シヌ)	心臓
芋類		洋葱 (ヤンツォン)	たまねぎ	菠蘿 (プオルウオ)	パインアップル	肚 (ドウ)	胃袋
百合 (パイホオ)	ゆり根	蒜 (スワヌ)	にんにく	杏子 (シンズ)	あんず	裡脊 (リイヂイ)	ロース
白薯 (パイシウ)	さつまいも	姜 (チャン)	しょうが	枇杷 (ピイパア)	びわ	排骨 (パイグウ)	骨付きばら肉
地蛋 (ティダヌ)	じゃがいも	蘿蔔 (ルオブオ)	大根			火腿 (ホゥオトェイ)	中国ハム
芋頭 (ユトウ)	里芋	胡蘿蔔 (ホウルゥオブオ)	にんじん	**魚類**		鶏蛋 (チーダヌ)	鶏卵
山薬(山薬) (シャヌヤオ シャヌヤオ)	山芋	蕃茄 (ファヌチェ)	トマト	鯉魚 (リイユー)	鯉	蛋黄 (タンホワン)	卵黄
豆類		茄子 (チエズ)	なす	墨魚 (ムオユー)	いか	蛋白 (ダヌパイ)	卵白
小豆 (シャオドウ)	あずき	南瓜 (ナヌグワ)	かぼちゃ	比目魚 (ビイムウユー)	ひらめ	鴨蛋 (ヤーダヌ)	あひる卵
黄豆 (ホワンドウ)	大豆	冬瓜 (ドンクワ)	とうがん	大頭魚 (ダアトウユー)	鯛	鶉蛋 (チュヌダヌ)	うずら卵
花生 (ホワションヌ)	落花生	筍 (ソワヌ)	たけのこ	帯魚 (ダイユー)	太刀魚	鴿蛋 (ゴオダヌ)	鳩の卵
豆腐 (ドウフウ)	豆腐	芹菜 (チヌツァイ)	セロリ	銀魚 (イヌユー)	白魚	牛奶 (ニウナイ)	牛乳
腐皮 (フウピイ)	湯葉	生菜 (ションツァイ)	レタス, サラダ菜	鰈魚 (ティエユー)	かれい	奶油 (ナイイウ)	クリーム
緑豆 (リュウドウ)	青ささげ	油菜 (イウツァイ)	小松菜	竹筴魚 (チュウツォユー)	あじ		
種実類		藕 (オウ)	れんこん	鰮魚 (ウエヌユー)	いわし		
紅棗 (ホォンヅァオ)	なつめ	豆芽 (ドウヤー)	もやし	竜蝦 (ドゥエイシャ)	伊勢えび		
芝麻 (ヂイマア)	ごま	慈茹 (ツッグウ)	くわい	対蝦 (ドゥエイシャ)	大正えび		
栗子 (リイズ)	栗	菜花 (ツァイホワ)	カリフラワー	明蝦 (ミンシャ)	車えび		
白果 (パイグウオ)	ぎんなん	豌豆 (ワヌドウ)	さやえんどう	蝦仁 (シャレヌ)	むきえび		
核桃 (ホオタオ)	くるみ	青豆 (チンドウ)	グリンピース	蟹 (シエ)	かに		
腰果 (ヤオグウオ)	カシューナッツ	毛豆 (マオドウ)	枝豆	蟹粉 (シェフェス)	かにの身		
		扁豆 (ビェヌドウ)	いんげん	蠣 (ハオ)	かき		
		松菌 (ソンヂュヌ)	まつたけ	蛤蜊 (ゴオリイ)	はまぐり		
				魚子 (ユズ)	魚の卵		

6．中国茶

茶樹は中国の雲南省・四川省・貴州省周辺に生えていた植物で，中国の歴史の中で茶が最初に出てくるのは炎帝神農氏の時代と見られている。神農氏は伝説中の三皇（伏羲氏，神農氏，黄帝）の一人で，火を用いて食物を摂ることを発明したために「炎帝」と呼ばれている。『神農本草經』には「神農嘗百草，日遇七十二毒，得荼而解之」と記載されており，神農氏が初めに荼（＝茶）を発見したと言われる根拠になっている。最初は薬として飲まれていたが，その後は飲み物として広がり始め，唐時代に全国的に広まったとされる。

中国茶は発酵の程度により区分されている。発酵すると茶葉に含まれるタンニンが酸化するので，発酵の程度により色が異なる。茶葉にはタンニンやカフェインと，テアニン等アミノ酸が含まれている。利尿強心，血管拡張，抗菌解毒，血圧降下等の作用があると認められている。

一般的な飲み方は，お茶の葉を入れた茶碗に熱湯を直接注ぎいれ，蓋を少しずらしながら，口に茶の葉が入らないようにして飲む。お代わりをする場合は蓋を取って白湯を注ぐ。注ぐ湯の温度は，基本的には紅茶，烏龍茶，普洱茶（プーアル）等の発酵程度の高いものや香りの強い花茶は熱く，緑茶，白

表Ⅲ-9　中国茶

緑茶（リュイチア）	非発酵茶	龍井茶（浙江省）		緑茶の最高級品
		碧螺春茶（江蘇省）		味は日本の煎茶に似ている。高山でできるため高価
		黄山毛峰茶（安徽省）		香りが非常によく，何回も煮だせる
紅茶（ホォンチア）	発酵茶	祁門紅茶（安徽省）		味が濃く，香りが強い
		六安茶（安徽省）		味が濃く，香りが強い
烏龍茶（ウロンチア）	半発酵茶	福建烏龍茶（福建省）		味，色ともに紅茶に近い
		鉄観音（福建省）		煮だすと鉄のような色になる
		水仙（福建省，浙江省）		茶の樹は半高木で，比較的安価
花茶（ホワチア）／香片茶（シャンピエヌチア）	香りのよい花の乾燥品を加えた茶	茉莉花茶		ジャスミンの花を加えたもの
		菊花茶		菊の花を乾燥させ，薬草木と混合したもの
		蘭花茶		蘭の花を乾燥させたもの
黄茶（ホワンチア）	殺青によって発酵を止め，微生物を繁殖させるが発酵程度が軽い	君山銀針（湖南省）		洞庭湖に浮かぶ君山という小島で採取された茶葉の針状の芽だけを使った黄芽茶で，生産量が少なく高価。若い芽を用いるため，茶葉の表面には黄金色の産毛が残り，高貴な香りと深みのあるだしのような甘味がある
黒茶（ハゲノチア）	殺青によって発酵を止め，微生物を繁殖させる	普洱茶（雲南省）		安価
		磚茶	雲南七子餅茶	プーアル茶を餅の型に緊圧したお茶。以前は一束7個単位で売られ，この名前が付いた
			雲南沱茶	プーアル茶をお碗のような形に緊圧したお茶。特有のカビ臭さがあり，古いものほど珍重される。香港の飲茶で好まれる

茶，黄茶は80℃前後が目安になる。また，普洱茶は雑菌が多いので一煎目は捨てて二煎目から飲む。日本では，中国茶といえば烏龍茶という印象が強いが，中国では総生産量の1割にも満たない。

7．中国酒

中国酒は，大きく黄酒，白酒，薬酒，果酒の4つに分類される。

表Ⅲ-10　中国酒

黄酒(ホワンヂォウ)	醸造酒	主に米，麦，とうもろこし等の穀物を原料麹の力で糖化，発酵させて作る。酒精分は比較的低い。黄酒の年代を経たものを老酒という。	紹興酒 福建老酒 山東黄酒 陳年封缸酒
白酒(パイヂォウ)	蒸留酒	高粱（コウリャン）・とうもろこし・きび・米・麦が原料。焼酒，火酒ともいい，日本の焼酎に相当	高粱酒 山西汾酒
果酒(グゥオヂォウ)	醸造酒	葡萄酒やりんご酒等果実が原料	赤ワイン 白ワイン 桂花陳酒
	蒸留酒	白酒をベースに果汁を配合	玫瑰露酒 菊花酒
薬酒(ヤンヂォウ)		果酒に薬草や動物のエキス等の漢方薬材を10種類以上漬けこんだ医食同源の中国ならではのリキュールである。滋養強壮酒で，健胃，造血，食欲増進等に効果があるといわれている。中国では不老長寿を期待する。	竹葉青酒
啤酒(ピヂォウ)		大麦を主原料に麦芽で糖化させ，ホップを加え，酵母を利用して発酵させたビール。中国ではビール製造の歴史は浅い。	青島ビール 北京ビール 上海ビール

2．中国料理の調理

1．前菜(チェンツァイ)

前菜は宴席料理の最初に出されるもので，西洋料理でいうオードブルである。

前菜には冷葷(ロンフン)（冷たい料理）と熱盆(ロオペン)（温かい料理）がある。普通は冷葷だけを用いる場合が多い。冷葷には次のような調理法が用いられる。

①拌(パン)：拌はかき混ぜるという意味で和え物のことである。涼拌は生のものや加熱した材量を冷たくして和えたもの。からし，とうがらし，しょうが汁を加えたり，ごま油を使用したりして風味付けをする。②熗(チャン)：ざっと火を通した材料に加熱した調味料をかけて冷やす。③蒸(チョン)：蒸し物，④燻(シュン)：いぶし焼き，燻製，⑤凍(トン)：ゼラチンや寒天で固めた寄せ物，⑥烤(ガオ)：直火焼き，天火で焼くこともいう。

涼拌海蜇(リャンバンハイチョー)（くらげの和え物）

材料	1人分	5人分	備考
塩くらげ	20 g	100 g	
きゅうり	60 g	300 g	
ロースハム	10 g	50 g	2枚半
角寒天（糸）	2 g	10 g	戻すと20倍
ⓐ 穀物酢	9 g	45 g	材料の10％
ⓐ しょうゆ	7.2 g	36 g	材料の8％
ⓐ 砂糖	2 g	10 g	材料の2％
ⓐ ごま油	1.6 g	8 g	材料の1.8％
ⓐ 湯(タン)	6 g	30 g	材料の6.5％

エネルギー：65kcal，たんぱく質：3.9 g，脂質：3.1 g，カルシウム：33mg，塩分：1.4 g

① 塩くらげは流水で一晩塩抜きする。5～6 cmに切り，70～80℃の湯につけて少し縮らせ，冷水にとる。
② きゅうりは斜め薄切り後，せん切りする。ハムも約4 cmのせん切りにする。
③ 糸寒天は調理ばさみで4 cm長さに切り，20分水に浸ける。
④ 器に①②③の材料を美しく盛り，ⓐを合わせたものを上からかける。

ポイント

① 取り合わせる材料は，うど，春雨，薄焼き卵等でもよい。
② くらげは塩蔵品が多いが，肉厚のあめ色の濃いものがよい。塩抜きは最低でも1時間はすること。歯ごたえをよくするのに湯に浸けるが，熱湯に長く浸けると縮んで硬くなる。
③ 調味料の湯(タン)は，水で代用してもよい。
④ 涼拌：冷たい和え物，海蜇：くらげのこと。
⑤ 中国料理では，くらげは油っこい料理の消化を助けるといわれ前菜に出されることが多い。

涼拌蕃茄（リャンパンファンチェ）（トマトの和え物）

材料	1人分	5人分	備考
トマト	60 g	300 g	1個
たまねぎ	20 g	100 g	
きゅうり	30 g	150 g	1 1/2本
角寒天	2 g	10 g	糸寒天
しょうが	2 g	10 g	
ⓐ 穀物酢	6 g	30 g	材料の4％
ⓐ しょうゆ	1.2 g	6 g	酢の20％
ⓐ 食塩	1 g	5 g	酢の17％
ⓐ 砂糖	1 g	5 g	酢の17％
ⓐ ごま油	4.8 g	24 g	酢の80％
ⓐ 湯	3 g	15 g	酢の50％

エネルギー：77kcal，たんぱく質：1.1 g，
脂質：4.9 g，カルシウム：30mg，塩分：1.2 g

① トマトは湯むきして皮を除く。横に半分に切り種を除き，約1.5cmの角切りにする。
② たまねぎは薄切りし，水にさらして辛味をとる。糸寒天は，調理ばさみで4cm長さに切り，水に浸けて戻す。
③ きゅうりは縦半分に切り，長さ4cm厚さ0.5cmになるように斜め切りにする。しょうがは針しょうがにして水に浸けておく。
④ ①②③を混ぜ合わせて，器に盛り，食べる直前にⓐをかける。

ポイント
① 蕃茄：トマトのこと。または，トマトケチャップで味付けしたもの。
② <u>たまねぎの臭いの主成分は，ジプロピルジスルフィドという硫黄化合物である。</u>肉や魚の臭み消しや料理の風味付けに効果的である。辛味もあるので，水にさらして辛味をやわらげて用いる。

涼拌茄子（リャンパンチェズ）（なすの冷やし酢和え）

材料	1人分	5人分	備考
なす	100 g	500 g	5個
食塩	1 g	5 g	
しょうが	1 g	5 g	
ⓐ 穀物酢	5 g	25 g	なすの5％
ⓐ しょうゆ	3.6 g	18 g	なすの3.6％
ⓐ 食塩	0.6 g	3 g	なすの0.6％
ⓐ 砂糖	0.6 g	3 g	なすの0.6％
ⓐ ごま油	0.8 g	4 g	なすの0.8％
ⓐ ラー油	0.04 g	0.2 g	

エネルギー：336kcal，たんぱく質：1.4 g，
脂質：0.9 g，カルシウム：20mg，塩分：2.1 g

① なすはへたを取り除き，切り口に十文字に包丁を入れて塩をすり込み，強火の蒸し器で10分蒸す。4つに裂いて冷やす。アクの強い秋なすの場合は，水にさらしてから蒸す。
② しょうがみじん切りとⓐを合わせ，①のナスを盛り付けたものに添える。

ポイント
① 干しえびやちりめんじゃこをカリカリにして加えてもおいしい。
② なすは，焼いて用いてもよい。また，茹でてもよいが水っぽくなる。

2. 中国料理の調理　113

棒棒鶏（バンバンチー）（鶏肉のとうがらしごま和え）

材料	1人分	5人分	備考
鶏もも肉	40 g	200 g	若鶏
しょうが	0.6 g	3 g	
根深ねぎ	1 g	5 g	
本醸造酒	1.5 g	7.5 g	
水	160 g	800 g	
きゅうり	40 g	200 g	
ⓐ 穀物酢	1.5 g	7.5 g	材料の2％
ⓐ しょうゆ	7.2 g	36 g	材料の9％
ⓐ 砂糖	0.6 g	3 g	材料の0.75％
ⓐ ごま油	0.8 g	4 g	材料の1％
ⓐ ラー油	0.4 g	2 g	材料の0.5％
ごま（煎り）	3.6 g	18 g	材料の4.5％
しょうが	0.6 g	3 g	材料の0.75％
根深ねぎ	3 g	15 g	
にんにく	0.4 g	2 g	

エネルギー：129kcal，たんぱく質：8.2 g，
脂質：8.8 g，カルシウム：59mg，塩分：1.1 g

① 肉に酒をふり，ぶつ切りのねぎと皮付きで薄切りしたしょうがをのせ，蒸し器で30分蒸す。冷めたら細かく裂く。
② きゅうりは板ずりして色出しした後，せん切りにする。
③ 器に②を盛り，その上に①の肉を盛り付ける。
④ しょうが，ねぎ，にんにくはみじん切りにし，ごまはすり，ⓐを合わせてかけ汁を作り，食べる時にかける。

🔴 **ポイント**

① 鶏肉は手羽肉でもよい。皮も一緒に利用する。くらげを加えることもある。
② 鶏肉は，茹でて用いてもよいが，旨みが逃げる。大量調理では，真空機にて真空パックにしてから70〜80℃の湯にパックごと浸けて約10分置くと，軟らかく味もよい。
③ たれは，白ごま，砂糖を混ぜたところに酢を少しずつ混ぜていくと，ごまが分離しない。とうがらしを加えて辛くしてもよい。
④ 四川料理の前菜に用いられる料理である。棒棒とは，茹でた鶏肉を棒でたたき，軟らかく味をしみ込みやすくしたところから名付けられた。

辣拌白菜（ラーバンパイツァイ）（白菜の辛味和え）

材料	1人分	5人分	備考
はくさい	40 g	200 g	軸のみ
セロリ	8 g	40 g	
とうがらし	0.2 g	1 g	乾，1/2本
サラダ油	2.4 g	12 g	
ⓐ 砂糖	3.6 g	18 g	材料の7.5％
ⓐ 穀物酢	4.4 g	22 g	材料の9％
ⓐ 食塩	0.6 g	3 g	材料の1％
ⓐ しょうゆ	2.4 g	12 g	材料の5％

エネルギー：46kcal，たんぱく質：0.6 g，
脂質：2.4 g，カルシウム：21mg，塩分：1.0 g

① はくさいは，4cm長さ1.5cm角の拍子木切りにする。セロリは，筋を取り除き4cm長さで，はくさいより一回り小さく切る。
② とうがらしは，ぬるま湯で戻し，種を除いて輪切りにする。
③ 中華鍋に油を入れ，油の温度が上がらないうちにとうがらしを加え，とうがらしの辛味を油に出させる。はくさいとセロリを加え，さっと炒めて合わせておいたⓐを加えてからめ，すぐに火を止める。

🔴 **ポイント**

① はくさいとセロリはシャキシャキした歯ごたえを残す。セロリは用いなくてもよい。

辣拌捲菜（巻きキャベツの酢漬け）

材料		1人分	5人分	備考
キャベツ		80 g	400 g	大5枚
とうがらし		0.4 g	2 g	乾，1本
ⓐ	砂糖	1.8 g	9 g	酢の30%
	穀物酢	6 g	30 g	材料の7.5%
	食塩	0.6 g	3 g	酢の10%
	しょうゆ	7.2 g	36 g	酢の120%
サラダ油		4.8 g	24 g	材料の6%

エネルギー：76kcal，たんぱく質：1.6g，
脂質：5.0g，カルシウム：37mg，塩分：1.6g

① キャベツは芯の周囲に包丁を入れ，芯をくり抜く。丸ごと茹でながら破らないようにむく。キャベツは茹ですぎない。

② ①のキャベツの1枚をまな板に広げ，芯の部分を切り取って端から硬く巻く。3cmの高さになるように切り，器に盛る。

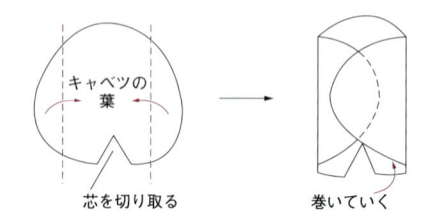

③ フライパンに油を入れ，種をとり輪切りにしたとうがらしを炒め，ⓐを加えて沸騰したら②にかける。2～3時間漬けておくとよい。

ポイント

① キャベツは破らないようにむくために，茹でながらむく。この時，熱湯に通すのみで歯切れのよさを残しておく。

辣拌墨魚（いかの辛味和え）

材料		1人分	5人分	備考
するめいか		40 g	200 g	
卵白		6 g	30 g	1個分
ⓐ	食塩	0.6 g	3 g	
	ごま油	0.8 g	4 g	
セロリ		22 g	110 g	1本
赤ピーマン		8 g	40 g	1個（大型）
青ピーマン		8 g	40 g	1個（大型）
ⓑ	豆板醤	1 g	5 g	酢の1/3
	穀物酢	3 g	15 g	材料の4%
	ごま油	2.4 g	12 g	酢と同量
	砂糖	0.6 g	3 g	酢の1/3
	さんしょう	少々	0.01 g	粉

エネルギー：80kcal，たんぱく質：8.4g，
脂質：3.8g，カルシウム：18mg，塩分：1.1g

① いかは皮をむき，胴体のみを斜め格子に細かく切り込みを入れる。卵白とⓐを加え15分下味をつける。鍋に熱湯を沸かし，茹でてざるに取り出しておく。

② セロリは筋を取り，斜め薄切りにする。ピーマンは，半分に切り種を除く。さっと茹でるか，焼いて薄皮をむき一口大に切る。

③ 食べる直前に①と②をⓑで和える。

ポイント

① 大型ピーマン（肉厚）はカラーピーマン，ベルペッパーとも称される。特に赤の大型ピーマンは，パプリカと言われることもある。

② 野菜は違うものでもよい。きゅうり，トマト，かぶ等彩りと歯ごたえで選ぶ。

③ いかは旨みが逃げないように卵白の衣をつけてから茹でる。

2. 中国料理の調理　115

麻辣黄瓜（マーラーホワングワ）（きゅうりの辛味和え）

材料		1人分	5人分	備考
きゅうり		80 g	400 g	4本
食塩		0.4 g	2 g	
しょうが		2 g	10 g	1/2かけ
にんにく		2 g	10 g	2かけ
ⓐ	穀物酢	9 g	45 g	きゅうりの11%
	砂糖	1.8 g	9 g	きゅうりの2%
	しょうゆ	7.2 g	36 g	きゅうりの9%
	ごま油	2.4 g	12 g	きゅうりの3%
	豆板醤	1.2 g	6 g	きゅうりの1.5%

エネルギー：53kcal，たんぱく質：1.7g，
脂質：2.6g，カルシウム：25mg，塩分：1.6g

① しょうが，にんにくは薄切りにしてボールに入れ，ⓐを加える。
② きゅうりは，塩で板ずりして5cm長さに切り，縦4つ割りにする。塩を加えて水気を出させる。10～15分で塩を洗い流して水気をふきとり，①に漬け込む。
③ 約1時間漬け込んだきゅうりを皿に盛る。冷蔵庫で冷やした方がよい。

🔴 **ポイント**
① 豆板醤の代わりに，とうがらし1本と赤みそ小さじ1でもよい。
② きゅうりが太い場合には，6つ割りにして水分の多い種の部分を削り取るとよい。
　　きゅうりを軽くすりこ木でたたくと，表面にひび割れができて味がしみ込みやすくなる。

白片肉（パイピェンロウ）（ゆで豚）

材料	1人分	5人分	備考
豚ばら肉	60 g	300 g	
しょうが	1 g	5 g	肉の1.7%
根深ねぎ	2 g	10 g	肉の3.4%
本醸造酒	3 g	15 g	肉の5%
からし	0.4 g	2 g	
しょうゆ	7.2 g	36 g	

エネルギー：270kcal，たんぱく質：8.6g，
脂質：24.1g，カルシウム：4mg，塩分：1.1g

① しょうがはたたきつぶす。ねぎはぶつ切り，豚肉は4cm角くらいの棒状にする。
② 中華鍋に水を沸騰させ，肉を加え，霜降り状になったら取り出して冷やす。
③ 再び，鍋に肉がかぶるくらいの水を入れて，②としょうが，ねぎを加え，火にかける。沸騰してきたら，酒を加え，弱火で蒸発水分を補いながら，40～60分煮込む。途中で塩を肉の0.5%加えてもよい。
④ 茹で汁に浸したまま冷ます。0.3cm厚さの薄切りにして，からしじょうゆを添える。

🔴 **ポイント**
① 肉は生から茹でることもあるが，さっと霜降りにすると肉の臭みもとれて旨味の溶出も少ない。ばら肉は脂が多いのでもも肉でもよい。豚肉の代わりに鶏肉を用いると白切鶏（パイチエチー）になる。
② 旨味成分の流出を防ぐため，肉が入る最小の鍋を用いて，肉がかぶるくらいの水量にする。
③ 茹で汁に浸したまま冷ますと，肉が乾燥せずに口当たりがよい。茹で汁はスープとして用いる。
④ 豚の脂肪の融点は33～46℃なので，冷たい時より微温の方が口当たりがよい。スープの具，和え物，鍋物等にも用いられる。

116　Ⅲ. 中国料理

醬 蛋（たまごのしょうゆ煮）
（チャン　タン）

材料	1人分	5人分	備考
鶏卵	36 g	180 g	3個
水	80 g	400 g	卵がかぶる程度
ⓐ しょうゆ	7.2 g	36 g	水の9％
ⓐ 本醸造酒	3 g	15 g	水の4.2％
パセリ			

エネルギー：46kcal，たんぱく質：3.6 g，
脂質：2.6 g，カルシウム：15mg，塩分：1.1 g

① 卵はかぶる程度の水を加え，沸騰までは箸で転がし5分茹で，冷水に浸ける。
② ①の卵の殻を包丁の背で軽くたたいてひび割れをつくる。
③ 鍋にⓐと②を入れて，中火で20分煮てそのまま冷めるまで浸しておく。
④ 殻をむいて，卵白の表面の模様が見えるように器に並べ，パセリを飾る。

🔴 **ポイント**

① 塩味をつけた濃い紅茶液か番茶液で煮たものを，**茶葉蛋**（チャイエタン）という。
② 殻にひびを入れる時，たたきすぎると一面褐色になるので，小刻みに軽くたたく。
③ 卵を静置して茹でると，卵黄は中心よりやや上になる。これは，卵黄に油脂が多く含まれているため卵白の水より比重が軽くなるためである。卵黄を中心にしたい場合には，卵白が固まるまで箸で回転させながら茹でるとよい。

五 香 燻 魚（魚の燻し焼き）
（ウー シャンシュン ユー）

材料	1人分	5人分	備考
さば	50 g	250 g	1尾
ⓐ 本醸造酒	6 g	30 g	さばの12％
ⓐ しょうゆ	9 g	45 g	さばの18％
ⓐ 砂糖	1.8 g	9 g	さばの4％
ⓐ 根深ねぎ	0.9 g	4.5 g	みじん切り
ⓐ しょうが汁	1.5 g	7.5 g	
砂糖	0.9 g	4.5 g	
揚げ油	適量	適量	吸油率10％
パセリ	1 g	5 g	1枝
サラダ菜	6 g	30 g	5枚

エネルギー：172kcal，たんぱく質：11.2 g，
脂質：11.1 g，カルシウム：14mg，塩分：1.5 g

① さばは3枚おろしにする。中骨を骨抜きで抜いて，皮を下にまな板に置き2cm幅のそぎ切りにする。ⓐの中に約20分浸ける。下味が付いたらⓐより取り出し，汁気をとる。（汁が切れない場合はかたくり粉を薄くまぶす。）
② ①の浸け汁を鍋に入れ火にかけて，生臭さを飛ばし別の砂糖をたす。
③ ①のさばを200℃の油で深紅色になるまで揚げ，揚げたてを②の汁にジュッと浸けて取り出す。サラダ菜を敷いた器に盛り，中央にパセリを飾る。

🔴 **ポイント**

① **五香**は，五香粉のことで魚の浸け汁に少々振り入れると魚の臭みを消してくれる。五香粉がなくても，ねぎ・しょうが等の香辛料を用いる場合も五香という語を用いる。**五香粉**は，八角（ういきょう）・花椒（さんしょう）・肉桂（にっけい）・陳皮（みかんの皮の乾燥品）・丁字（ちょうじ）の5種の粉で中国独特の風味を出す。揚げ物に振りかけたり，料理の仕上げに用いる。
② **燻**は，いぶし焼きのこと。いぶしたような色合いにする場合もある。
③ さばをそぎ切りにする場合，身が軟らかいので切りにくい皮目を下にして切るとよい。

2．中国料理の調理　117

五香冬菇（ウーシャントングゥ）（しいたけの五香煮）

材料		1人分	5人分	備考
乾しいたけ		2 g	10 g	5枚
ⓐ	湯	10 g	50 g	
	しょうゆ	1.2 g	6 g	
	砂糖	2.4 g	12 g	
揚げ油		適量	適量	吸油率10%

エネルギー：16kcal，たんぱく質：0.6 g，
脂質：0.3 g，カルシウム：1 mg，塩分：0.2 g

① しいたけは水で戻す。石付きを取り，水気を切り150℃の油で軽く揚げる。
② 鍋にⓐを加え，①を加えて煮汁がなくなるまで煮る。

ポイント

① 煮汁に五香粉を加えると風味が増す。
② 油通しは，しいたけの味にコクを出す。

叉焼肉（チャーシャオロウ）（焼き豚）

材料		1人分	5人分	備考
豚もも肉		60 g	300 g	ばら肉も可
ⓐ	湯	20 g	100 g	肉の33%
	しょうゆ	11.8 g	59 g	汁の50%
	本醸造酒	6 g	30 g	汁の30%
	砂糖	3.6 g	18 g	汁の18%
	米みそ（淡色辛みそ）	0.6 g	3 g	汁の3%
根深ねぎ		3 g	15 g	
しょうが		1.2 g	6 g	
八角		0.2個	1個	
サラダ油		4.8 g	24 g	肉の8%

エネルギー：210kcal，たんぱく質：12.9 g，
脂質：13.9 g，カルシウム：7 mg，塩分：1.9 g

① 肉は棒状にタコ糸で縛る。

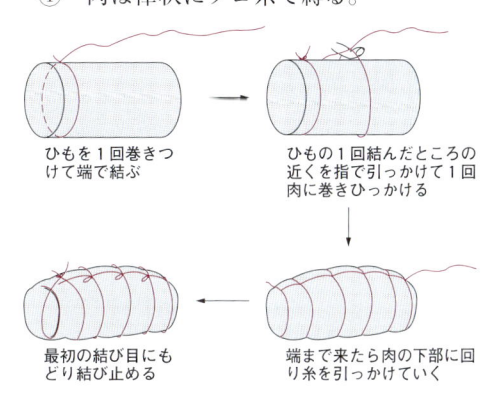

ひもを1回巻きつけて端で結ぶ
ひもの1回結んだところの近くを指で引っかけて1回肉に巻きひっかける
端まで来たら肉の下部に回り糸を引っかけていく
最初の結び目にもどり結び止める

② ボールにねぎのぶつ切り，たたきつぶしたしょうが，八角，ⓐを加え，①を30分～1時間浸けておく。
③ 厚手鍋に油を熱し②の肉を取り出して加え，表面に焦げ目が付くまで炒める。
　焦げ目が付いたら浸け汁を加え，ふたをして汁がなくなるまで約20分煮る。
　転がしながら調味料をからめる。

ポイント

① 160～165℃の天火で浸け汁をかけながら焼いてもよい。焼き時間は30～40分かかる。
② 鍋で煮る方法は簡便法である。内部まで火を通すため，肉は1本が500 gまでがよい。

118　Ⅲ. 中国料理

2. 炒　菜（チャオ ツァイ）

炒菜は，高温の油で材料を手早く撹拌加熱する調理法である（高温短時間）。強火で炒めないと，材料中の水分が蒸発せず口当たりが悪くなる。

家庭用の熱源では火力が弱く，以下のことに注意することが大切である。また，油はラードを使用することが多いが，冷めると固まるので本書ではサラダ油を使用した。

① 材料の切り方をそろえる。
② 材料，調味料，器等を手近にそろえておく。
③ 鍋を充分に温め，油を馴じませて（鍋ならし）から用いる。
④ 火の通りの悪いものから順に炒める。
⑤ 一度に炒める材料は少な目にする。
⑥ 味付けは，八分程度熱が通ったところですばやくする。
⑦ 余熱を考慮して，材料に九分程度火が通れば消火する。

芙蓉蟹（フゥロンシェ）（かに玉）

材料		1人分	5人分	備考
鶏卵		48 g	240 g	4個
かにむき身		16 g	80 g	卵の33%，ずわいがに
根深ねぎ		6 g	30 g	
たけのこ		4 g	20 g	茹で
乾しいたけ		0.8 g	4 g	2枚
グリンピース		3 g	15 g	茹で
ⓐ	食塩	0.6 g	3 g	材料の0.7%
	本醸造酒	3 g	15 g	材料の3.7%
	砂糖	0.6 g	3 g	材料の0.7%
サラダ油		4.8 g	24 g	材料の6%
ⓑ	湯	30 g	150 g	材料の40%
	しょうゆ	0.8 g	4 g	湯の2.6%
	砂糖	1.8 g	9 g	湯の6%
かたくり粉		1 g	5 g	水で溶く

エネルギー：152kcal，たんぱく質：9.0 g，
脂質：9.9 g，カルシウム：44mg，塩分：1.1 g

① かにむき身は，軟骨を除きほぐす。たけのこ，戻したしいたけ，ねぎは2 cm長さのせん切り。卵を割りほぐして，ⓐとともに加える。
② 中華鍋を熱して18 gの油を入れ，①を加えて，鍋底の卵がやや固まり焦げそうになったら鉄べらでかき混ぜ，全体が半熟程度になったら中央に円形にまとめるようにかき寄せる。6 gの油を周囲から入れて，鍋底から卵を離す。中華鍋の両手を持ち，卵を向こう側に寄せてから手首を返しながら上方に投げ上げてひっくり返し，裏面に火を通す。
③ 別鍋にⓑを加え，煮立ったら水溶きかたくり粉でとろみをつけ，あんを作り②にかけ，グリンピースをのせる。

ポイント

① 適度な撹拌によって卵全体に熱を通し，半熟状のうちに形を整えると，内部は半熟で軟らかく外部は形を保ちつつ凝固する。内部が軟らかいので，鉄べらで持ち上げてひっくり返すことはできない。
② 卵の丸く白っぽく焼けた様子を芙蓉の花にたとえる。卵の美しい色調を汚さないよう，たれはしょうゆを少なくした銀あんをかける。また，焦げやすいので卵液中には砂糖を少なくして，その代わりにあんは甘めに仕上げる。
③ 卵が焦げ付くのを防止するために，半熟状になった時に油を卵の回りから注ぎ入れる。
④ フゥロンシェは北京式発音，フーヨーハイは広東式発音である。

八宝菜（五目旨煮）
パア パオ ツァイ

材料	1人分	5人分	備考
するめいか	12 g	60 g	1/3ぱい
本醸造酒	1 g	5 g	
しばえび	8 g	40 g	5尾
サラダ油	2.4 g	12 g	
豚もも肉	30 g	150 g	薄切り
はくさい	50 g	250 g	
にんじん	6 g	30 g	
たけのこ	20 g	100 g	茹で
しいたけ	8 g	40 g	3枚
うずら卵	30 g	150 g	10個
さやえんどう	4 g	20 g	
サラダ油	4.5 g	24 g	材料の3％
ⓐ 湯	40 g	200 g	材料の25％
ⓐ 食塩	1.2 g	6 g	湯の3％
ⓐ しょうゆ	1.2 g	6 g	湯の3％
ⓐ 本醸造酒	3 g	15 g	湯の7.5％
かたくり粉	1.8〜3.6 g	9〜18 g	水で溶く

エネルギー：233kcal，たんぱく質：15.2 g，
脂質：15.7 g，カルシウム：56 mg，塩分：1.7 g

① いかは胴体の皮をむき，斜め格子に切り込みを入れて，3〜4 cm角切りにし酒を振りかける。えびは殻と背わたを取り除き，大きいものは半分に切る。油を熱していかとえびを炒める。いかが松笠の形に収縮し，えびが赤く発色したら器に取り出す。

② 肉は3 cm長さに切る。はくさいは軸の部分は3 cm角にそぎ切り，葉先は約5 cm角に切る。にんじんは3 cm角の薄切りにして，軟らかく茹でる。たけのこ3 cm角の薄切り，しいたけは1枚を2〜3個にそぎ切りにする。

③ うずら卵はかぶるくらいの水を鍋に入れて火にかけ，沸騰5分で冷水に取り，殻をむく。さやえんどうは筋を取り除き，塩を加えた熱湯で茹でる。

④ 中華鍋に油を熱し，肉を加え色が変わるまで炒める。たけのこ，しいたけ，はくさいを加え，火が通ったらにんじんを加えⓐを入れる。汁が沸騰したら①を加え，水溶きかたくり粉でまとめる。最後にさやえんどうを加える。

ポイント

① えびはむきえびでもよい。
② かたくり粉の分量に幅があるのは野菜からの水分量により調整するためである。かたくり粉でからめた場合，きれいに材料が包みこまれる状態が良いとされる。
③ 手近にある材料を用いるが，動物性のたんぱく質は40〜50％にする。肉類，魚介類は，味の含みが遅いので下味を付けるとよい。また，炒めたり煮すぎると形が崩れたり硬くなるので，油通しをして用いてもよい。
④ 野菜は切り方や大きさをそろえ，硬いものから強火で炒める。火の通りにくいものは，茹でたり揚げる等の下処理をする。大量調理では，火の通りを均一にして，炒めた時に脱水するのを防止するためすべての材料を油通しして用いる。
⑤ **八宝菜**は，よい材料を数多く取り合わせて作った料理。必ずしも8種類なくてもよい。清国の西太后が名付けたとも言われている。

Ⅲ. 中国料理

豆芽炒肉絲（もやしと豚肉の炒め物）
トウ ヤーチャオロウ スー

材料		1人分	5人分	備考
もやし		60 g	300 g	
豚もも肉		20 g	100 g	薄切り
かたくり粉		0.6 g	3 g	肉の3%
食塩		0.12 g	0.6 g	肉の0.6%
サラダ油		4.8 g	24 g	材料の6%
ⓐ	湯	4 g	20 g	材料の5%
	食塩	0.6 g	3 g	材料の0.7%
	かたくり粉	1.2 g	6 g	水で溶く
さんしょう		少量	少量	粉

エネルギー：104kcal，たんぱく質：5.0 g，
脂質：7.9 g，カルシウム：7 mg，塩分：0.7 g

① もやしは芽と根を取り，水洗いし水気を切る。
② 肉は繊維に沿って3 cm長さのせん切りにして，塩，かたくり粉をまぶす。
③ 中華鍋に油を熱して，肉を一筋一筋になるように炒め，もやしを加える。もやし全体に油が回り光ったように見えたらⓐを加える。水溶きかたくり粉でとろみを付ける。火からおろし，粉さんしょうをふる。

ポイント
① にら，きくらげ等を用いたり，味付けにしょうゆを加えてもよい。
② もやしは，炒めすぎると透き通った薄茶色で分量も少なくなるので，炒め物の練習に適している。もやし全体に油が回ったらすぐに調味しないと炒めすぎることになる。

木犀肉（豚肉と炒りたまごの炒め物）
ムゥー シ ロウ

材料		1人分	5人分	備考
鶏卵		48 g	240 g	4個
サラダ油		4.8 g	24 g	卵の10%
豚もも肉		20 g	100 g	薄切り
ⓐ	しょうゆ	0.6 g	3 g	肉の3%
	本醸造酒	2 g	10 g	肉の10%
	かたくり粉	0.6 g	3 g	肉の3%
サラダ油		4.8 g	24 g	
根深ねぎ		16 g	80 g	
きくらげ（乾）		0.4 g	2 g	2枚
たけのこ		10 g	50 g	茹で
ⓑ	食塩	0.4 g	2 g	材料の0.4%
	しょうゆ	1.2 g	6 g	材料の1.3%
	砂糖	0.4 g	2 g	材料の0.4%
	本醸造酒	1 g	5 g	材料の1%

エネルギー：218kcal，たんぱく質：10.0 g，
脂質：17.3 g，カルシウム：32mg，塩分：0.9 g

① 卵を割りほぐし，中華鍋に油を熱し半熟状の炒り卵を作り取り出す。
② 肉は繊維に沿って3 cm長さのせん切りにし，ⓐで下味を付ける。
③ ねぎ，たけのこは3 cm長さのせん切り，きくらげは水で戻し，せん切りにする。
④ ①の鍋に再び油を入れて②を色が変わるまで炒める。きくらげ，たけのこを加えて炒め，ねぎとⓑを加え，肉と野菜に味を付け，最後に①を加える。

ポイント
① 卵は中華鍋の汚れないうちに，熱い油でさっと加熱撹拌して炒めると，ふんわりとした炒り卵になる。
② 卵の色を美しく保つために，肉と野菜に調味し卵にはしない。
③ 木犀はモクセイの花のことで，黄色い炒り卵の様子が似ていることから名付けられた。

宮保鶏丁 ゴンパオチーティン（鶏肉とナッツの炒め物）

材料	1人分	5人分	備考
若鶏手羽肉	40 g	200 g	
ⓐ 食塩	0.2 g	1 g	肉の0.5%
ⓐ 本醸造酒	1 g	5 g	肉の1%
ⓐ かたくり粉	0.6 g	3 g	
らっかせい	24 g	120	殻なし
揚げ油	適量	適量	吸油率10%
しいたけ	10 g	50 g	
赤ピーマン	8 g	40 g	1個（大型）
青ピーマン	8 g	40 g	1個（大型）
たけのこ	20 g	100 g	茹で
とうがらし	0.2 g	1 g	乾，1本
葉ねぎ	6 g	30 g	
しょうが	1 g	5 g	1/4かけ
にんにく	2 g	10 g	2かけ
サラダ油	4.8 g	24 g	
ⓑ 穀物酢	2 g	10 g	材料の2%
ⓑ 砂糖	0.6 g	3 g	酢の30%
ⓑ 本醸造酒	3 g	15 g	酢の150%
ⓑ しょうゆ	3.6 g	18 g	酢の180%
かたくり粉	0.6 g	3 g	水30 gで溶く

エネルギー：350 kcal，たんぱく質：14.9 g，
脂質：28.6 g，カルシウム：24 mg，塩分：0.8 g

① ピーナッツは薄皮を取り除き，新しい油で140℃の低めの温度で少し色付く程度に揚げる。
② 肉は2 cm角に切りⓐで下味を付け①の油を160℃に加熱し，さっと揚げる。
③ しいたけ，たけのこは1 cm角切り。
④ とうがらしは種を取り輪切り，ねぎ，しょうが，にんにくはみじん切り。ピーマンは細切り。
⑤ 中華鍋に油を入れて，温度が上がらないうちに④を加え，油に香りを移す。③を炒め，②を加えてⓑで調味する。最後に①を加え，水溶きかたくり粉でまとめる。

ポイント
① ピーナッツの代わりにカシューナッツを用いると腰果鶏丁 ヤオグゥオチーティンという。
② 鶏肉，しいたけの軟らかさと，たけのこ，ナッツの硬さの対比が大切である。鶏肉を軟らかく仕上げるために炒めず低温の油で揚げる。また，ナッツが水気を吸って軟らかくならないように，最後に加える。
③ 宮保は，中国の長官であった丁宮保が好んだ料理であることから名が付いたと言われる。ナッツの香ばしさと酸味，塩味，甘味，辛味の調和を楽しむ料理である。

炒青梗菜 チャオチンゴンツァイ（チンゲンサイの炒め物）

材料	1人分	5人分	備考
チンゲンサイ	80 g	400 g	
サラダ油	4.8 g	24 g	
ⓐ 湯	40 g	200 g	
ⓐ 本醸造酒	3 g	15 g	
ⓑ 湯	30 g	150 g	材料の40%
ⓑ 食塩	0.6 g	3 g	湯の2%
ⓑ 本醸造酒	1 g	5 g	湯の3.3%
ⓑ かき油	0.6 g	3 g	湯の2% オイスターソース
かたくり粉	1.2 g	6 g	水で溶く

エネルギー：62 kcal，たんぱく質：1.1 g，
脂質：4.9 g，カルシウム：83 mg，塩分：0.8 g

① チンゲンサイは，縦に半分に切る。太いものは1/4に切る。
② 中華鍋に油を熱し，①を炒めⓐを加えて軟らかくなるまで煮る。軟らかくなったら取り出し，煮汁を捨てる。
③ 中華鍋にⓑを加えて沸騰したら，②を加えて水溶きかたくり粉でまとめる。
④ 器に③を放射状に並べ，たれをかける。

ポイント
① コーン，干貝，しいたけ等を入れても可。
② チンゲンサイは軸と葉先に分けて，硬い軸のみ長く炒めてもよい。

炒墨魚（いかの炒め物）
チャオ モー ユー

材料		1人分	5人分	備考
するめいか		60 g	300 g	1ぱい
ⓐ	しょうが汁	1 g	5 g	いかの1.6%
	本醸造酒	3 g	15 g	いかの5%
たけのこ		20 g	100 g	茹で
乾しいたけ		1.2 g	6 g	3枚
きゅうり		20 g	100 g	1本
サラダ油		4.8 g	24 g	
ⓑ	湯	20 g	100 g	材料の20%
	食塩	0.6 g	3 g	湯の3%
	本醸造酒	3 g	15 g	湯の15%
かたくり粉		1〜1.6 g	5〜8 g	水で溶く

エネルギー：118kcal，たんぱく質：12.2 g，脂質：5.6 g，カルシウム：18mg，塩分：1.1 g

① いかは足，わた，ひれを取り除き，胴中央部を切り開き皮をむく。3×4 cm角に切って松笠切りか，一辺を約1 cm残して仏手切りにする。ⓐを振りかけておく。

松笠切り　　仏手切り

② たけのこは約4 cmの薄切り，しいたけは戻してそぎ切り，きゅうりは縦半分にして0.4cm厚さの斜め切りにする。
③ 中華鍋に油を加え，①を高温の油で炒め，形が丸まったら取り出す。次にしいたけ，たけのこを炒め，いかを戻す。
④ ③にきゅうりを加え，ⓑを入れる。一煮立ちしたら，水溶きかたくり粉でまとめる。

ポイント
① いかは加熱しすぎると硬くなるので注意が必要である。加熱すると筋肉が収縮してかみ切りにくくなるので，切り込みを入れておく。
② いかの色を白く仕上げたいので，薄い塩味にする。食べる時，好みでしょうゆやからし酢じょうゆをかけてもよい。

青椒牛肉絲（ピーマンと牛肉のせん切り炒め）
チンチャオニウ ロウ スー

材料		1人分	5人分	備考
牛もも肉		50 g	250 g	薄切り
ⓐ	本醸造酒	1 g	5 g	肉の2%
	しょうゆ	2.4 g	12 g	肉の5%
	かたくり粉	1 g	5 g	肉の2%
ピーマン		40 g	200 g	大5個
たけのこ		5 g	25 g	茹で
根深ねぎ		2 g	10 g	
サラダ油		4.8 g	24 g	材料の5%
ⓑ	しょうゆ	9 g	45 g	材料の9%
	砂糖	1.8 g	9 g	材料の1.8%
	本醸造酒	3 g	15 g	材料の3%
かたくり粉		3 g	15 g	水で溶く

エネルギー：211kcal，たんぱく質：10.9 g，脂質：13.6 g，カルシウム：12mg，塩分：1.7 g

① 肉は3 cm長さのせん切りにしてⓐで味を付ける。
② ピーマンは縦二つ割りにして，種を取り出しせん切りにする。たけのこは3 cm長さのせん切り，ねぎはみじん切りにする。
③ 中華鍋に油の半量を熱してねぎを加え，香りを油に移す。①を加え色が変わるまで炒めて取り出す。
④ ③の鍋に残りの油を加え，ピーマンを色よく炒める。ⓑと③を加え手早く混ぜ合わせる。汁が多い場合には，水で溶いたかたくり粉を加えまとめる。

ポイント

① **薄切り肉のせん切り**は，筋繊維と平行に切ること。筋繊維に垂直に切ると，炒めた時に筋繊維同士が離れるように収縮するので，ちぎれてひき肉のようになる。

② ピーマンは加熱しすぎると色が悪くなる。肉と別々に炒めたり，油通しや湯通しをするとよい。

青豆蝦仁（チントウシャレン）（青豆と芝えびの炒め物）

材料		1人分	5人分	備考
しばえび		20 g	100 g	10尾
ⓐ	本醸造酒	1 g	5 g	えびの10%
	しょうが汁	0.4 g	2 g	えびの4%
	かたくり粉	0.6 g	3 g	えびの6%
揚げ油		適量	適量	吸油率10%
グリンピース		30 g	150 g	鞘付き300 g
たけのこ		12 g	60 g	茹で
根深ねぎ		4 g	20 g	
サラダ油		2.4 g	12 g	材料の4%
ⓑ	湯	28 g	140 g	材料の50%
	食塩	0.6 g	3 g	湯の2%
	砂糖	0.6 g	3 g	湯の2%
	本醸造酒	2 g	10 g	湯の7%
かたくり粉		0.6 g	3 g	水で溶く

エネルギー：105kcal，たんぱく質：6.9 g，
脂質：4.6 g，カルシウム：25mg，塩分：0.7 g

① えびは殻をむき背わたを取り除き，ⓐで下味を付ける。

② ①にかたくり粉をまぶし，150℃の油で赤く変わるまで揚げる（油通し）。

③ グリンピースはさやをむき，塩を加えた熱湯で茹でる。茹で上がったら，鍋に少しずつ水を加え鍋の水温を下げる。

④ たけのこは1 cm角切り，ねぎも1 cm幅に切る。

⑤ 中華鍋に油を熱し，ねぎを炒め，香りを油に移す。たけのこを加えて炒め，水切りした③を加えⓑを入れる。

⑥ ⑤に②を加え，水溶きかたくり粉でまとめる。

ポイント

① しばえびの赤とグリンピースの緑が調和した彩りの美しい料理である。調味料はしょうゆを使わず，グリンピースの香りと甘みが引き立つように薄味にする。えびの代わりに鶏肉を使うと**青豆鶏丁**（チントウチーティン）になる。

② グリンピースを茹でた後，ざるに取り急冷すると湯気がたち，グリンピースの表面の水分が蒸発してしわができる。熱いまま放置すると色が悪くなるので，鍋中の湯温をゆっくりと下げるとよい。

③ **油通し**は，材料を120～150℃の油にくぐらせるようにさっと加熱すること。
　肉類は軟らかく肉汁が逃げずに加熱ができ，野菜は水分や風味が失われず加熱ができる。炒め物の下処理として行う。
　1) 炒めると水分が出るもの
　2) ゆっくり加熱だと味が逃げたり硬くなるもの
　3) 炒めて撹拌すると形が崩れやすいものに適する。

3. 炸菜(チャーツァイ)

中国料理では料理の下処理として揚げる場合が多いが，炸菜は，最後の仕上げ操作として油で揚げた場合にのみいう。揚げ物は，衣の有無等により以下のように分類される。

①清炸(チンチャー)：下味を付けた材料を，そのまま何も付けずに揚げる。②乾炸(ガンチャー)：下味を付けた材料に，粉を付けて揚げる。③軟炸(ルワンチャー)：衣揚げのことで，下味のついた材料に，小麦粉やかたくり粉を水または卵液で溶いた衣を付けて揚げる。④高麗(ガオリー)：泡立てた卵白に小麦粉やかたくり粉を加え，軽く混ぜた衣を付けて，白くふんわりと揚げる。

炸醸茄子(チャーニャンチェズ)（なすのはさみ揚げ）

材料	1人分	5人分	備考
なす	80g	400g	中5個
豚ひき肉	40g	200g	なすの50%
乾しいたけ	0.8g	4g	2枚
ⓐ しょうが汁	1g	5g	肉の2.5%
ⓐ 食塩	0.6g	3g	肉の1.5%
ⓐ 砂糖	1g	5g	肉の2.5%
かたくり粉	適量	適量	
揚げ油	適量	適量	吸油率20%
トマト	44g	220g	大1個

エネルギー：341kcal，たんぱく質：8.8g，脂質：30.2g，カルシウム：20mg，塩分：0.6g

① なすは，へたを取って縦半分に切る。さらに縦半分のところに2/3まで切り込みを入れる。水につけてアクを抜く。

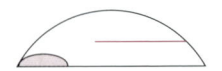

② 肉，しいたけを戻してみじん切りにしたものとⓐをよく練り混ぜておく。

③ ①のなすの水気を取り除き，切り込みの部分にかたくり粉を付けて，②を挟み，肉の周囲にもかたくり粉を付ける。

④ 170℃の油で2〜3分揚げる。トマトのくし形切りを飾る。からししょうゆを添える。

ポイント

① 豚ひき肉の代わりにえびすり身や鶏ひき肉でもよい。
② 大量調理の場合，スチームコンベクションオーブンのコンビ機能で蒸し焼きにしてもよい。その場合には油を振りかけて加熱する。

蝦仁吐司(シャレントゥス)（えびのすり身のパン揚げ）

材料	1人分	5人分	備考
食パン	14g	70g	サンドイッチ用2枚
しばえび	14g	70g	
白身魚	14g	70g	えびと同量
本醸造酒	2g	10g	すり身の8%
ⓐ 卵白	5.6g	28g	1個分
ⓐ かたくり粉	1.8g	9g	すり身の7%
サラダ菜	6g	30g	5枚
揚げ油	適量	適量	吸油率15%
花椒塩	適宜	適宜	

エネルギー：143kcal，たんぱく質：7.1g，脂質：8.2g，カルシウム：17mg，塩分：0.3g

① パンは耳を落とし1枚を6つに切る。

② えびは，殻と背わたを取る。白身魚は3枚におろし，皮，骨を取り除き粗く刻む。えび，白身魚，酒をフードプロセッサーにかけ，ⓐを加える。

③ ①の片面に②のすり身を中高に盛る。油を塗ったナイフで形を整える。

④ 170℃の油で，すり身の方を下にして揚げる。食パンが色付き始めたら180℃に油の温度を上げてパン全体がこんがり

きつね色になるまで揚げる。
⑤　サラダ菜を敷いた器に並べる。花椒塩を添える。

🔴 **ポイント**

① えびのすり身だけで赤く発色させたものと，白身魚のすり身で白いものと紅白にしてもよい。
② 吐司：トーストの音訳
③ 花椒塩（ホワヂャオイエヌ）は，さんしょうの粉と塩を1：1～2に混ぜたもの。

炸春捲（チャーチュンチュエン）（はるまき）

材料	1人分	5人分	備考
春巻きの皮	24 g	120 g	10枚
豚もも肉	20 g	100 g	
ⓐ 本醸造酒	2 g	10 g	肉の10%
食塩	0.2 g	1 g	肉の1%
もやし	16 g	80 g	
乾しいたけ	1.6 g	8 g	4枚
たまねぎ	20 g	100 g	
たけのこ	10 g	50 g	茹で
サラダ油	4.8 g	24 g	材料の6%
ⓑ 食塩	0.6 g	3 g	
しょうゆ	1.2 g	6 g	
かたくり粉	0.6 g	3 g	2倍の水で溶く
小麦粉	適量	適量	水で溶く
揚げ油	適量	適量	吸油率5%

エネルギー：167kcal，たんぱく質：7.0 g，
脂質：5.8 g，カルシウム：13mg，塩分：1.0 g
＊春巻きの皮は，餃子の皮で計算

① 肉は繊維に沿って3 cm長さに切り，ⓐで下味を付けておく。もやしは芽と根を取る。しいたけは戻して石付きを取りせん切りにする。たまねぎは薄切り，たけのこは3 cmのせん切りにする。
② 中華鍋に油を熱して肉を炒める。肉の色が変わったら，たまねぎ，たけのこ，しいたけを加え炒める。もやしを加え，さっと火が通ったらⓑを加え，水溶きかたくり粉でまとめる。バットに広げ冷ます。
③ 春巻きの皮に②の1個分を置き，水溶きの小麦粉を糊代わりに塗って巻く。

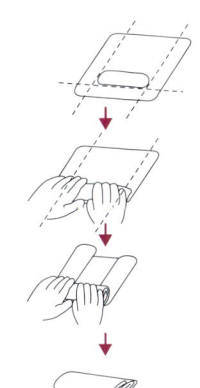

はるまきの巻き方

この時に空気が入らないように手で押さえて巻く。
④ たっぷりの揚げ油を熱して，③の巻き終わりを下にして190℃で皮がきつね色でパリッとなるまで揚げる。
⑤ からししょうゆか花椒塩を付けて食べる。

🔴 **ポイント**

① はるまきは，季節の春を巻き食べることで，春がいつまでも続くことや健康，若さ等人生の春も持続できるよう願いを込めたもの。

126　Ⅲ．中国料理

乾炸鶏塊（鶏から揚げ）
ガンチャーチークワイ

材料	1人分	5人分	備考
若鶏もも肉	60 g	300 g	骨付き
ⓐ しょうゆ	3.6 g	18 g	肉の 6％
ⓐ 本醸造酒	3 g	15 g	肉の 5％
ⓐ しょうが汁	1 g	5 g	肉の1.7％
かたくり粉	4 g	20 g	肉の 7％
揚げ油	適量	適量	吸油率10％
花椒塩	適宜	適宜	
パセリ	適量	適量	

エネルギー：194kcal，たんぱく質：10.0 g，
脂質：14.4 g，カルシウム：5 mg，塩分：0.6 g

① 肉は 3～4 cm のぶつ切りにし，ⓐに30分以上漬ける．汁気を切ってかたくり粉をまぶす．
② 油を熱して①を加え，140～150℃で肉の切断面から骨が飛び出して見えるまで揚げ，一度油から取り出す．
③ ②を180～190℃でカラッと油切れがよくなるまで（約 5 分）揚げる．
④ パセリをあしらい，花椒塩を添える．

ポイント
① **から揚げ用の鶏肉**は，骨付き若鶏がよい．中心部に骨があるので，肉が加熱により締まりすぎない．また，若鶏は，ひな鶏より旨味があり，親鶏より軟らかい（p.157参照）．
② 大きなものを中心部まで火を通し，周辺部は焦げないように揚げるためには，2 度揚げをする．

4．溜菜
リュウ ツァイ

溜菜は，揚げ物，煮物，炒め物，蒸し物等に，あんをかける料理である．材料をなめらかなあんで包むことにより，煮汁が無駄にならず，料理の彩りが美しく，舌ざわりがよく，また冷め難いのが特徴である．あんに用いる材料，調味料によって分類される．
①**醤汁**（チャンチー）：塩，しょうゆで調味したあん，②**糖醋，醋溜**（タンツゥ，ツゥリュウ）：しょうゆ，砂糖，酢で調味したあん，最も多く用いられる，③**奶溜**（ナイリュウ）：牛乳を加え白く仕上げたあん，④**杏露，杏酪**（シンルゥ，シンラオ）：杏仁をすりつぶして絞った汁を加えたあん，⑤**蕃茄汁**（ファンチェチー）：トマト，トマトピューレ，トマトケチャップを用いたあん，⑥**玻璃**（ポーリ）：塩，砂糖，酒等で無色透明なあん．

ポイント
① あんの調味料は全部合わせておく．
② かたくり粉は 1～2 倍量の水で溶いておく．
③ かたくり粉は煮立った中に入れ，かき混ぜながら素早くとろみを付ける．

2．中国料理の調理　127

咕噜肉（酢豚）
グゥルゥ ロウ

材料	1人分	5人分	備考
豚ヒレ肉	50 g	250 g	もも，ロースも可
ⓐ 本醸造酒	1 g	5 g	肉の2％
ⓐ しょうゆ	3.6 g	18 g	肉の7％
鶏卵	5 g	25 g	肉の10％
かたくり粉	5.4 g	27 g	
揚げ油	適量	適量	吸油率10％
たまねぎ	40 g	200 g	
乾しいたけ	1.6 g	8 g	4枚
たけのこ	16 g	80 g	茹で
にんじん	10 g	50 g	
パインアップル（缶）	7 g	35 g	1枚
さやえんどう	6 g	30 g	
サラダ油	4.8 g	24 g	野菜類の5％
ⓑ 湯	30 g	150 g	材料の20％
ⓑ しょうゆ	9 g	45 g	湯の30％
ⓑ 砂糖	10 g	50 g	湯の33％
ⓑ トマトケチャップ	5 g	25 g	湯の17％
穀物酢	12 g	60 g	湯の40％
かたくり粉	3.6〜4 g	18〜20 g	液量の7〜8％　水で溶く
ラード	1.2 g	6 g	照り出し用

エネルギー：297kcal，たんぱく質：14.8 g，
脂質：13.5 g，カルシウム：28mg，塩分：2.1 g

① 肉は2〜3cm角に切る。下味がしみ込みやすく，また縮まないよう包丁の先で表面に切り込みを入れてからⓐに10分浸ける。汁を捨て，卵とかたくり粉を加えてからめ，170℃の油で3分揚げる。
② たまねぎは3cm幅に切り込みを入れてはがす。

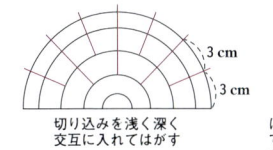

切り込みを浅く深く交互に入れてはがす　　はがして細かくなったところで長めの切れ目でまた3cmの大きさにはがせる

しいたけは戻して，3〜4cm角にそぎ切り，にんじんは肉よりやや小さめの乱切りにして茹でる。パインアップルは8つ切り，さやえんどうは筋を取り除いて熱湯で塩茹でする。
③ 中華鍋に油を熱して，野菜の硬いものから順に炒める。野菜に火が通ったら，たまねぎと①を加えさっと混ぜ合わす。
④ ③にⓑを加え，煮立ってきたら酢と水溶きかたくり粉を加えてまとめ，さやえんどうを散らす。最後にラードを落として照りを出す。

ポイント
① 肉団子やまぐろぶつ切りを用いてもよい。肉は，表面に包丁目を入れると下味が付きやすい。
② 野菜はたまねぎが白く半生状態が炒め加減の目安とされる。野菜は同時に軟らかくなるように，火の通りの早いものは大きく，遅いものは小さく切ったり，下茹でする。
③ 広東が本場の料理で広東式は肉類と野菜を用いるが，北京式は肉類だけを用いる。
④ 咕嚕は，擬音語でお腹がグゥルゥ鳴る音であることや，酸果というピクルス風の野菜の浅漬けの漬け汁を咕嚕と言い甘酢あんにこれを用いたこと等から名付けられたと言われる。

128　Ⅲ. 中国料理

酢溜丸子（ツゥーリュウワンズ）（肉団子の甘酢あんかけ）

材料		1人分	5人分	備考
豚ひき肉		80 g	400 g	
根深ねぎ		2 g	10 g	肉の2.5%
ⓐ	しょうが汁	1 g	5 g	肉の1.2%
	食塩	0.6 g	3 g	肉の0.8%
	鶏卵	8 g	40 g	肉の10%
	かたくり粉	1.6 g	8 g	肉の2％
揚げ油		適量	適量	吸油率10%
根深ねぎ		4 g	20 g	
ⓑ	湯	30 g	150 g	肉団子の40%
	しょうゆ	4.8 g	24 g	湯の16%
	砂糖	7.2 g	36 g	湯の24%
	穀物酢	9 g	45 g	湯の30%
	食塩	0.6 g	3 g	湯の2％
かたくり粉		1.8 g	9 g	水で溶く

エネルギー：319kcal，たんぱく質：16.5 g，
脂質：21.9 g，カルシウム：14mg，塩分：2.0 g

① 肉にねぎみじん切りとⓐを加え，よく混ぜて粘りを出す。直径2～2.5cmの団子に丸める。
② ①を150℃の油で中まで火が通るように揚げる。さらに180℃で1分2度揚げする。
③ ねぎはみじん切りにして水にさらす。
④ 鍋にⓑを入れ②を加え，水溶きかたくり粉でまとめる。器に盛り③を飾る。

ポイント

① 肉団子は，ひき肉をよく練ることにより，肉のたんぱく質のアクチンとミオシンがアクトミオシンになり弾力のある団子になる。ねぎ，しょうがで香りを良くする。また，卵や水等液体を加えると，ソフトな口当たりの肉団子になる。

奶汁白菜（ナイチーパイツァイ）（白菜の牛乳あんかけ）

材料		1人分	5人分	備考
はくさい		80 g	400 g	
サラダ油		4.8 g	24 g	はくさいの6％
ロースハム		4 g	20 g	はくさいの5％
ⓐ	湯	20 g	100 g	
	食塩	1.2 g	6 g	液量の3％
	本醸造酒	3 g	15 g	液量の7.5%
牛乳		20 g	100 g	湯と同量
かたくり粉		1.2 g	6 g	水で溶く
パセリ		2 g	10 g	

エネルギー：84kcal，たんぱく質：2.1 g，
脂質：6.2 g，カルシウム：58mg，塩分：1.3 g

① はくさいは葉柄を5cm長さ×3cm幅に切る。葉先は葉柄より大きく切る。ハム，パセリはみじん切りにする。
② 鍋に油を熱し，葉柄を先に炒め，葉先を加えてⓐを入れて，はくさいが軟らかくなるまで煮る。はくさいを取り出し，器に盛る。
③ ②の残り汁に牛乳を加えて味を調え，水溶きかたくり粉でとろみを付け，②にかける。ハムとパセリを上に飾る。

ポイント

① はくさいは，内側の軟らかい部分が適する。牛乳を加えて長く煮ると，はくさいの有機酸により牛乳が分離する。はくさいは牛乳を加える前に火を通しておくとよい。
② 牛乳の一部をエバミルクや生クリームで代替すると濃厚な味になる。
③ 牛乳あんで煮る材料は，いか，あわび，貝柱等の魚介類や鶏肉，アスパラガス，カリフラワー，コーン，キャベツ，にんじん，きゅうり等である。

2．中国料理の調理　129

糖酢黄魚（タンツーホワンユー）（白身魚の甘酢あんかけ）

材料	1人分	5人分	備考
白身魚（いしもち）	80g	400g	または切り身5切れ
かたくり粉	適量	適量	
揚げ油	適量	適量	吸油率7％
たまねぎ	6g	30g	
たけのこ	8g	40g	茹で
にんじん	4g	20g	魚の25〜30％
乾しいたけ	0.4g	2g	
サラダ油	2.4g	12g	野菜の10％
ⓐ 湯	40g	200g	魚の50％
ⓐ しょうゆ	4.8g	24g	湯の12％
ⓐ 穀物酢	3g	15g	湯の7.5％
ⓐ トマトケチャップ	3g	15g	湯の7.5％
ⓐ 砂糖	3.6g	18g	湯の9％
かたくり粉	1.8g	9g	水で溶く
根深ねぎ	4g	20g	
紅しょうが	2g	10g	
グリンピース	2.8g	14g	茹で，1T

エネルギー：256kcal，たんぱく質：17.5g，脂質：15.3g，カルシウム：20mg，塩分：1.1g

① 白身魚は，1尾の場合にはうろこをきれいに引く。えらを取り除き，盛りつける時に下側になる腹部を割き内臓を出す。きれいに洗い，身の厚いところは両面に中骨の上まで斜めに数本切れ目を入れる。切り身の場合，身の厚いところに切り込みを入れるのみでよい。下味に酒20gを振りかけてもよい。

② ①の魚の水気をふき取り，全体にむらなくかたくり粉をまぶす。140〜150℃の油で20〜30分，切り身なら10分揚げる。さらに，180〜190℃で色付くまで2度揚げする。

③ あんの材料は，全てせん切りにし，にんじんは茹でておく。鍋に油を熱し，硬いものから順に炒め，ⓐを加え，沸騰したら水溶きかたくり粉でまとめる。

④ ②の魚を器に盛り，③のあんをかける。白ねぎをせん切りして水にさらしたもの，紅しょうがのせん切り，グリンピースを上から散らして飾る。

ポイント

① 魚の下ごしらえ

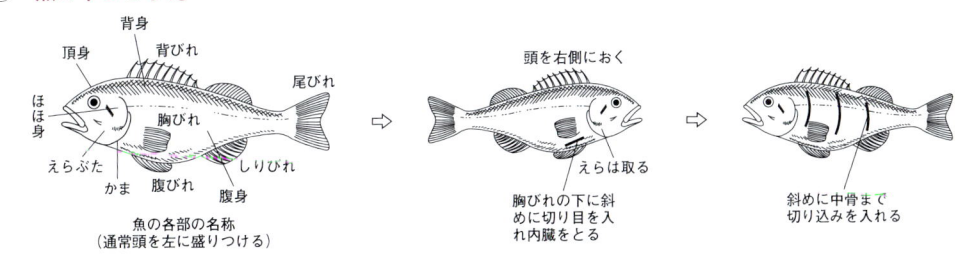

魚の各部の名称（通常頭を左に盛りつける）：頂身，背身，背びれ，尾びれ，ほほ身，胸びれ，えらぶた，かま，腹身，腹びれ，しりびれ

→ 頭を右側におく，胸びれの下に斜めに切り目を入れ内臓をとる，えらは取る

→ 斜めに中骨まで切り込みを入れる

朝ごはんは金メダル

　栄養バランスのよい食事は，どの食事も心と身体の健全な成長に大切である。特に，朝食は眠っていた脳を起こし，おなかをすっきりさせ，眠っている間に下がった体温を元に戻し，元気よく働ける状態にすることから，朝ごはんは金メダルである。昼食は，午後からも活発に働けるようにしっかり補給する必要があるため，銀メダルといわれる。夕食は，一日の疲れを癒し，明日への活力を蓄えるために必要であるが，リラックスをして身体を休め健やかな睡眠を得るため，過食を避けて消化のよいものを腹八分目に摂ることが望ましい。そこで，夕ごはんは銅メダルである。

5. 煨　菜 (ウェイ ツァイ)

煨とは，埋み火(うず)のことで，本来灰の中の火のことを指し，灰の中の火のように弱火でじっくり煮込んだものをいう。肉や魚に多く用いられる調理法で，材料をあらかじめ炒める，揚げる，蒸す等して食品の味を逃がさないようにして煮込むことが多い。

①煨(ウェイ)：ごく弱火で材料が動かないような状態で長く煮込む。②燜(メン)：材料を炒めたり，揚げたりして材料がかぶる程度の調味液を入れて長く煮込む。③燒(シャオ)：材料を色が変わるくらい炒め，少量の調味液を加え，弱火で煮込む。

東坡肉 (トンポーロウ)（豚肉のやわらか煮）

材料	1人分	5人分	備考
豚ばら肉	120 g	600 g	
根深ねぎ	6 g	30 g	
しょうが	2 g	10 g	
しょうゆ	2.4 g	12 g	肉の2％
サラダ油	4.8 g	24 g	肉の4％
蒸し汁	9 g	45 g	肉の7.5％
ⓐ 砂糖	1.8 g	9 g	蒸し汁の20％
ⓐ しょうゆ	3.6 g	18 g	蒸し汁の40％
ⓐ 本醸造酒	6 g	30 g	蒸し汁の67％
かたくり粉	0.5 g	2.5 g	水で溶く
チンゲンサイ	40 g	200 g	

エネルギー：589kcal，たんぱく質：16.9 g，
脂質：53.0 g，カルシウム：48mg，塩分：1.0 g

① 肉は，たこひもで縛って熱湯にくぐらせ，霜降り状にして，氷水に取り出す。
　肉がかぶる程度の水を加え，ねぎのぶつ切り，しょうがの薄切りを入れて1時間茹でる。最初強火，沸騰したら弱火にして，アクを取りながら茹でると，箸が通るくらい軟らかくなる。

② ①にしょうゆをまぶし，全体に焦げ目が付くように油で炒める。油から取り出し，繊維に直角になるように1cm厚さに切る。ボールに脂身の方を下にして隙間なく並べ，30～40分蒸す。

③ ②の蒸し汁を小鍋に入れて加熱し，ⓐを加え，水溶きかたくり粉でとろみを付ける。

④ ②の肉を器に盛り，チンゲンサイの1/4に縦に切って茹でたものを周囲に飾る。上に③のあんをかける。好みでからしを添えてもよい。

ポイント

① 豚肉を軟らかく茹でて蒸し加熱することにより，肉の結合組織のコラーゲンがゼラチン化し滑らかな舌触りになる。また，茹でることでばら肉の余分な脂が溶け出し，さらに蒸すことにより残った脂肪が溶け出して濃厚な味になる。茹でた肉を油で揚げて脂身を溶かし出し，その後熱湯で油ぬきして調味液で煮込んでいく方法もある。

② 宋の時代の詩人蘇東坡が考え，好んだ料理と言われて名付けられた。

③ 日本の豚の角煮は，長崎の卓袱料理を経て一般化したものである。

麻婆豆腐(マーボードウフ)（豆腐とひき肉のとうがらし炒め）

材料	1人分	5人分	備考
豆腐	90 g	450 g	絹ごし，1.5丁
豚ひき肉	20 g	100 g	
葉ねぎ	4 g	20 g	
しょうが	2 g	10 g	1/2かけ
にんにく	1 g	5 g	1かけ
とうがらし	0.4 g	2 g	乾，1本
サラダ油	7.2 g	36 g	材料の6.5％
ⓐ 米みそ（赤色辛みそ）	2.4 g	12 g	湯の8％
ⓐ しょうゆ	3.6 g	18 g	湯の12％
ⓐ 食塩	1.2 g	6 g	湯の4％
ⓐ 砂糖	1 g	5 g	湯の3.3％
ⓐ 湯	30 g	150 g	材料の27％
かたくり粉	1.2～1.8 g	6～9 g	水で溶く

エネルギー：182kcal，たんぱく質：9.1 g，
脂質：13.1 g，カルシウム：47 mg，塩分：2.1 g

① ねぎ，にんにく，しょうがはみじん切り，とうがらしは水に浸けて戻し種を取り除き，輪切りにする。

② 豆腐は1～1.5cm角切り，冬には熱湯につけて豆腐の中まで温める。ざるにあげて水気を切る。

③ 中華鍋に油を加え，油の温度が上がる前に①を入れて香りを油に移す。肉を加えほぐすように炒める。肉の色が変わったら，②を加えさっと混ぜ，ⓐを入れ2～3分煮込む。

④ ③の鍋にかたくり粉の水溶きを流し入れ，全体にとろみを付けて器に盛る。

ポイント

① **麻婆豆腐**とは有名な四川料理である。名前の由来には諸説があると言われている。
　1) 四川省の役人の陳富森さんの奥さんが夫の死後，安くておいしい惣菜を作り評判となった。この奥さんは麻疹（はしか）後のあばただらけの顔だったのでこの名が付いたという説
　2) 麻は姓で婆はおばさんの意味であるとする説
　3) 麻婆という名の女性が考えだした料理とする説
② とうがらしのピリッとした味が特徴の料理で，夏冬いずれにも適する。辛味は好みで調節する。
③ 好みで最後にサラダ油大さじ1を加えると光沢がよくなる。香り付けも兼ねてごま油を用いてもよい。料理の仕上げに油を入れるのは四川料理独特の調理法で，**燒油**（シャオユウ）といい油を注ぐという意味がある。
④ **豆腐**は，木綿豆腐を用いてもよい。炒める際に豆腐は多少崩れてもよいが，熱湯に軽く通すと崩れにくくなる。大量調理では，薄い調味液を温めた中に豆腐を漬け込み，中心部まで味と熱を浸透させて使用する。

朝食の大切さ【生体リズムの調整】

人間の生体時間の周期は24時間より長いため，朝の光を浴びて生体時間の周期を短くして地球時間に合わせている。夜ふかしや朝寝坊のため，朝日を浴びそこねると，生体時間と地球時間のずれが大きくなって，慢性的な時差ぼけの状態となる。特に，子どもは睡眠時に成長ホルモンが分泌されるので，成長のためにしっかりした睡眠が必要である。朝食をしっかり食べることで，体内時計がセットされ，生活のリズムや食事のリズムができ，ひいては睡眠のリズムも整う。

乾焼蝦仁（ガンシャオシャレン）（えびのチリソース炒め）

材料	1人分	5人分	備考
しばえび	100 g	500 g	または大正えび
本醸造酒	3 g	15 g	えびの3%
かたくり粉	1.8 g	9 g	
根深ねぎ	10 g	50 g	えびの10%
しょうが	2 g	10 g	1/2かけ
にんにく	1 g	5 g	1かけ
ⓐ 湯	20 g	100 g	
ⓐ 豆板醤	2 g	10 g	湯の10%
ⓐ 食塩	0.6 g	3 g	湯の3%
ⓐ 本醸造酒	6 g	30 g	湯の30%
ⓐ 砂糖	0.6 g	3 g	湯の3%
ⓐ トマトケチャップ	9 g	45 g	湯の45%
サラダ油	2.4 g	12 g	
かたくり粉	3.6 g	18 g	水で溶く

エネルギー：152kcal，たんぱく質：19.2 g，
脂質：2.9 g，カルシウム：63mg，塩分：1.9 g

① えびは殻をむき，背わたを取り除く。8cm以内の大きさのものはそのまま，それ以上のものは半分に切る。背の方に軽く切り込みを入れる。酒を振りかけ10分おく。かたくり粉をまぶして熱湯で色が変わる程度にさっと茹でる。

② 中華鍋に油を熱し，みじん切りにしたねぎ，しょうが，にんにくを炒め，香りを出す。ⓐを加え沸騰したら①を加え，水溶きかたくり粉でとろみをつける。

ポイント

① えびは，大量調理の場合，卵白とかたくり粉の衣を付けて140〜150℃の油で油通しする。えびは加熱しすぎると硬くなるので注意する。

② 加熱の最後に油や酢を加えてもよい。器に盛る時，中央にパセリを飾ったり，サラダ菜等を敷くと彩りがよい。

燜栗子鶏（メンリーズチー）（鶏とくりの煮込み）

材料	1人分	5人分	備考
若鶏もも肉	100 g	500 g	骨付き
くり甘露煮	50 g	250 g	肉の50%
根深ねぎ	16 g	80 g	肉の16%
しょうが	2 g	10 g	肉の2%，1/2かけ
ラード	5 g	25 g	肉の5%
ⓐ 水	60 g	300 g	
ⓐ みりん	7.2 g	36 g	水の12%
ⓐ しょうゆ	10.8 g	54 g	水の18%
砂糖	1 g	5 g	水の1.7%
ぎんなん	6 g	30 g	15個
かたくり粉	2.8 g	14 g	水で溶く

エネルギー：418kcal，たんぱく質：18.3 g，
脂質：19.3 g，カルシウム：18mg，塩分：1.7 g

① 肉は約3cmのぶつ切り，ねぎは1cmの小口切り，しょうがは皮をむき，みじん切りにする。ぎんなんは殻を取り，茹でて薄皮を取り除く（p.70参照）。

② 中華鍋にラードを熱してねぎ，しょうがを加え，ラードに香りを移す。肉を入れ，色が変わるまで炒め，ⓐを加え，10分アクを取り除きながら煮る。

③ ②に水洗いしたくりと砂糖を加え，焦げ付かないように弱火で15〜20分煮込む。

④ ぎんなんを入れ，水溶きかたくり粉でとろみをつける。

ポイント

① 甘露煮のくりは甘すぎるので水洗いをする。場合によっては2〜3分茹でて甘みを取り除く。

6. 蒸　菜(チョン ツァイ)

蒸菜は蒸気で加熱するため，材料の形を崩さず，旨味や栄養分の流出も少なく，食品そのものの味が生かせるすぐれた調理法である。しかし，調味は加熱中に行うことが難しく，下味を先に付けたり，蒸し上がってから調味する。材料や調理の目的に応じて，蒸し器下段の水量，加熱時間，火加減を調節する。また，調理操作として，炒めたり揚げたりする前に蒸したり，後に蒸したりする場合がある。①清蒸(チンチョン)（材料をそのまま蒸す），②粉蒸(フェヌチョン)（材料に米粉等をまぶして蒸す），③燉(ドゥヌ)（材料を容器に入れ，湯(タン)，調味料を加えて容器ごと蒸す）等がある。

清 蒸 魚(チン チョン ユイ)（魚の姿蒸し）

材料	1人分	5人分	備考
魚	80 g	400 g	さば1尾
しょうが	2 g	10 g	魚の2.5%
根深ねぎ	3 g	15 g	魚の3.75%
乾しいたけ	0.8 g	4 g	2枚，戻して20 g
たけのこ	4 g	20 g	茹で
ロースハム	4 g	20 g	
湯	5 g	25 g	
本醸造酒	3 g	15 g	湯の60%
食塩	0.8 g	4 g	湯＋酒の10%
ⓐ 穀物酢・しょうゆ	6 g	30 g	酢：しょうゆ：砂糖
ⓐ 砂糖	2 g	10 g	3　：　3　：　1
ⓐ しょうが	2 g	10 g	

エネルギー：179kcal，たんぱく質：25.4 g，
脂質：5.7 g，カルシウム：20mg，塩分：2.2 g

① 魚は，うろこや内臓を取り，よく洗い水気をふき取り，両面に斜めの切れ目を入れる。
② しょうがは薄切り，ねぎはぶつ切りにして魚の腹の中に詰め，皿にのせる。
③ しいたけは戻してそぎ切りにし，たけのこは薄切り，ハムは6等分にし，魚の上にのせ，酒，塩，湯を振りかけて約15分蒸す。
④ ⓐを合わせ，小皿に入れて添える。

ポイント

① 初め強火で蒸し，魚のたんぱく質を凝固させ，後は弱火で形を崩さないように蒸す。

珍 珠 丸 子(チェヌデゥ ワヌ ズ)（もち米団子の蒸し物）

材料	1人分	5人分	備考
豚ひき肉	60 g	300 g	
乾しいたけ	1.2 g	6 g	3枚，戻して30 g
葉ねぎ	3 g	15 g	
しょうが汁	0.6 g	3 g	肉の1％
鶏卵	10 g	50 g	肉の16.6％
かたくり粉	2 g	10 g	肉の3.3％
ⓐ しょうゆ	2 g	10 g	具の2.5％
ⓐ 本醸造酒	1 g	5 g	具の1.25％
ⓐ 食塩	0.6 g	3 g	具の0.75％
もち米	30 g	150 g	

エネルギー：488kcal，たんぱく質：22.7 g，
脂質：13.2 g，カルシウム：16mg，塩分：1.2 g

① もち米は洗って2〜3時間水に浸し，ざるに上げて水気を切っておく。
② しいたけ，ねぎはみじん切りにし，豚ひき肉に混ぜ，しょうが汁，卵，かたくり粉，ⓐを加えてよく混ぜる。
③ ②を直径3 cmの団子にし，①を付ける。
④ 蒸し器にぬれ布巾を敷いて③を並べ，初め約5分強火で蒸し，その後中火で約30分蒸す。

134　Ⅲ. 中国料理

7. 湯菜(タンツァイ)

湯菜は汁物のことで，宴席料理では通常，大件(ダアチエヌ)の後に出される。燕窩(イエヌオウ)(海つばめの巣)，魚翅(ユイチー)(ふかのひれ)，海参(ハイシェヌ)(ほしなまこ)，鮑魚(パオユ)(あわび)等の特殊材料を用いた湯は前菜の次に出される。湯の種類には次のようなものがある。

①材料による分類：1)葷湯(ホウエヌタン)(豚，鶏等動物性食品から取る)，2)素湯(スウタン)(昆布，しいたけ等植物性食品から取る)，②清濁による分類：1)清湯(チンタン)(澄んだもの)，2)奶湯(ナイタン)(牛乳等を用い白く濁ったもの)，③でんぷんの濃度による分類：1)会湯(ホウイタン)(濃度の薄いもの)，2)羹湯(ゴンタン)(濃度の濃いもの)

四宝湯(スーパオタン)（四種の材料スープ）

材料	1人分	5人分	備考
鶏ささ身	20 g	100 g	
ⓐ しょうが汁	1 g	5 g	
本醸造酒	0.8 g	4 g	肉の4%
かたくり粉	0.3 g	1.5 g	肉の1.5%
みつば	4 g	20 g	
うずら卵	15 g	75 g	10個
えのきたけ	16 g	80 g	
湯	160 g	800 g	固形コンソメ1個
ⓑ 食塩	0.6 g	3 g	湯の0.4%
本醸造酒	3 g	15 g	湯の1.9%

エネルギー：69 kcal，たんぱく質：8.8 g，脂質：2.5 g，カルシウム：14 mg，塩分：0.8 g

① ささ身はすじを取り，大き目のそぎ切りにしてからⓐで下味を付け，かたくり粉をまぶす。
② みつばは4 cm長さに切る。
③ うずら卵は固茹でにし，水につけて殻をむく。
④ えのきたけは，根を切りおとし4 cm長さに切る。
⑤ 鍋で湯を煮立て，①を入れる。火を弱めてアクを取り，③④を加えて静かに約5分煮てⓑを入れて火を止める。

ポイント
① うずら卵の茹で時間は水から入れて7分，沸騰してから4～5分が目安である。

搾菜肉絲湯(ヂァツァイロウスータン)（ザーサイと豚肉のスープ）

材料	1人分	5人分	備考
ザーサイ	6 g	30 g	
ロースハム	8 g	40 g	2枚
たけのこ	10 g	50 g	茹で
湯	180 g	900 g	固形コンソメ1個
ⓐ 本醸造酒	3 g	15 g	湯の1.7%
しょうゆ	1.2 g	6 g	湯の0.7%
食塩	0.4 g	2 g	湯の0.2%

エネルギー：29 kcal，たんぱく質：3.6 g，脂質：0.7 g，カルシウム：13 mg，塩分：1.5 g

① ザーサイは洗い，せん切りにする。
② ハムとたけのこはせん切りにする。
③ 湯を煮立て，①②を入れⓐで調味する。

ポイント
① 搾菜は四川省の醃菜(イエヌツァイ)(漬け物)。高菜の変種といわれる植物の茎にできるこぶ状のものを塩漬け後，唐辛子等の香辛料に漬けたもの。塩抜きまたは水洗いして使用する。塩分含量が異なるので注意する。

2．中国料理の調理

白菜丸子湯（パイツァイワンズタン）（白菜と肉団子のスープ）

材料	1人分	5人分	備考
はくさい	60 g	300 g	
はるさめ	5 g	25 g	
みつば	1 g	5 g	
豚もも肉	40 g	200 g	赤身，ひき肉
しょうが汁	1 g	5 g	肉の2.5%
葉ねぎ	5 g	25 g	
食塩	0.5 g	2.5 g	肉の1.25%
本醸造酒	3 g	15 g	肉の7.5%
かたくり粉	1.6 g	8 g	肉の4%
湯	160 g	800 g	固形コンソメ1個
ⓐ 食塩	0.6 g	3 g	湯の0.4%
ⓐ しょうゆ	2 g	10 g	湯の0.125%

エネルギー：123kcal，たんぱく質：9.9 g，
脂質：6.4 g，カルシウム：36mg，塩分：1.5 g

① はくさいは大切りにする。はるさめは熱湯に浸けて戻し，3cmに切る。みつばも3cm切りとする。
② 肉に塩を加えて，よく練り合わせ，さらにしょうが汁，みじん切りにしたねぎ，酒，かたくり粉を加える。
③ 鍋に湯を沸騰させて，②を1.5cm大の団子に整えながら入れ，アクを取る。はくさい，その他の材料を加えてⓐで調味する。
④ 温めておいた器に盛って供する。

ポイント
① 肉団子は塩を加えて粘りがでるまでよく混ぜ，調味した後，やや時間をおくと味がなじむ。

奶湯龍鬚（ナイタンロンスウ）（アスパラガスのスープ）

材料	1人分	5人分	備考
アスパラガス（水煮缶詰）	15 g	75 g	ホワイトアスパラガス
みつば	2 g	10 g	
きくらげ（乾）	0.5 g	2.5 g	2枚
ロースハム	10 g	50 g	
湯	100 g	500 g	固形コンソメ1個
牛乳	60 g	300 g	
ⓐ 食塩	0.8 g	4 g	湯の0.8%
ⓐ 本醸造酒	2 g	10 g	湯の2%
ⓐ こしょう	少量	少量	

エネルギー：75kcal，たんぱく質：5.3 g，
脂質：3.9 g，カルシウム：76mg，塩分：1.4 g

① アスパラガスは，2～3等分に切る。
② きくらげは戻し，せん切りにする。
③ ハムは3cm長さのせん切りにする。
④ 湯に①の缶汁を加えてⓐで調味する。①②③を加えて煮る。
⑤ ④に牛乳を加え，刻んだみつばを散らす。

ポイント
① きくらげは戻すと約7倍の重量になる。
② 湯の中に入れる材料の長さをそろえると，見た目も美しく出来上がる。
③ 龍鬚は，アスパラガスのことで竜のひげの形に似ていることから名付けられた。
④ 牛乳を加えた後，過度の加熱を行うとたんぱく質の膜ができるので火加減に注意する。

酸辣湯（スワンラータン）（酸味と辛味のスープ）

材料		1人分	5人分	備考
豚もも肉		12 g	60 g	薄切り
本醸造酒		1 g	5 g	肉の8.3%
かたくり粉		0.6 g	3 g	肉の5%
乾しいたけ		1 g	5 g	2.5枚，戻して25 g
たけのこ		8 g	40 g	茹で
豆腐（木綿）		20 g	100 g	
鶏卵		10 g	50 g	
葉ねぎ		3 g	15 g	
湯		160 g	800 g	固形コンソメ1個
ⓐ	穀物酢	3 g	15 g	湯の1.9%
	しょうゆ	3 g	15 g	湯の1.9%
	本醸造酒	2 g	10 g	湯の1%
	食塩	0.6 g	3 g	湯の0.4%
かたくり粉		3 g	15 g	水で溶く

エネルギー：82kcal，たんぱく質：7.7 g，
脂質：3.0 g，カルシウム：38mg，塩分：1.8 g

① 肉はせん切りにし，酒を振りかけて，かたくり粉をまぶしておく。
② しいたけは戻してせん切りにする。たけのこはせん切り，豆腐は拍子木切り，ねぎはせん切りにする。
③ 湯を煮立て，①を入れ，アクを取る。
④ しいたけ，たけのこを入れ，ⓐで味をつけ煮立ったら豆腐を入れ，水溶きかたくり粉を入れて混ぜる。
⑤ 溶き卵を流し，ねぎを散らして火を止める。

🔴 ポイント
① 酢を入れると粘度が下がるので，湯の濃度はやや濃い目にする。
② 夏の食欲減退時には酸味をきかせる，冬の厳寒期にはとろみを強く，辛味をきかせると体が温まる。
③ 酸辣湯は，四川省独特の酸味のある有名な料理である。

清湯魚片（チンタンユーピェヌ）（白身魚のスープ）

材料		1人分	5人分	備考
白身魚		25 g	125 g	ひらめ
しょうが		1 g	5 g	魚の4%
本醸造酒		1 g	5 g	魚の4%
食塩		0.2 g	1 g	魚の4%
かたくり粉		1 g	5 g	魚の4%
乾しいたけ		1 g	5 g	2.5枚，戻して25 g
たけのこ		10 g	50 g	茹で
さやいんげん		4 g	20 g	2.5本
湯		160 g	800 g	固形コンソメ1個
ⓐ	本醸造酒	3 g	15 g	湯の1.9%
	食塩	0.8 g	4 g	湯の0.5%
	しょうゆ	2 g	10 g	湯の1.25%

エネルギー：70kcal，たんぱく質：7.6 g，
脂質：28 g，カルシウム：11mg，塩分：1.3 g

① 白身魚は4cmのそぎ切りにし，塩をして，しょうが汁と酒を振りかけ，10分味をなじませてから，かたくり粉をまぶす。
② 鍋に熱湯を沸騰させ，魚を1片ずつ入れ再沸騰後取り出す。
③ 戻したしいたけは細切り，たけのこは短冊切りにする。
④ さやいんげんは塩茹でし，斜め細切りにする。
⑤ 鍋に湯を熱し，③を加え，ⓐで調味をし，②と④を加え，一煮立ちさせる。

🔴 ポイント
① **白身魚**は，たい，すずき，あこうだい，きす等を用いてもよい。
② 魚をかたくり粉で包むことによって旨味の流出を防ぐ他，澄んだスープを得ることができる。

蛋花湯（中華風かきたま汁）
タンホワタン

材料	1人分	5人分	備考
鶏卵	40 g	200 g	4個
かに（缶）	11 g	55 g	ずわいがに
たけのこ	12.5 g	62.5 g	茹で
葉ねぎ	1 g	5 g	
しょうが	1 g	5 g	
湯	160 g	800 g	固形コンソメ1個
ⓐ 食塩	0.8 g	4 g	湯の0.5%
ⓐ 本醸造酒	2 g	10 g	湯の1.25%
かたくり粉	2 g	10 g	水で溶く

エネルギー：99kcal，たんぱく質：8.9g，脂質：4.5g，カルシウム：35mg，塩分：1.3g

① かにには軟骨を取り除く。たけのこ，ねぎ，しょうがはせん切りにする。
② 鍋に湯を熱し，①を入れⓐで調味し，水溶きかたくり粉でとろみを付ける。溶き卵を流し入れ，静かにかき混ぜる。
③ 卵が浮き上がったら，火を止める。

● ポイント

① 細切りのハム，みつば等を用いてもよい。
② 蛋花湯は，澄んだ湯にとろみを付けたあっさりしたスープである。材料は淡白なものを用いる。

玉米湯（とうもろこしのスープ）
ユミイタン

材料	1人分	5人分	備考
スイートコーン	60 g	300 g	クリームスタイル
にんじん	6 g	30 g	
たけのこ	6 g	30 g	茹で
さやえんどう	6 g	30 g	
湯	160cc	800cc	固形コンソメ1個
食塩	1 g	5 g	湯の0.6%
かたくり粉	2 g	10 g	水で溶く
卵	10 g	50 g	1個

エネルギー：105kcal，たんぱく質：5.7g，脂質：2.7g，カルシウム：20mg，塩分：1.7g

① 鍋に湯とスイートコーンを入れて，煮立たせる。
② にんじん，たけのこはせん切りにする。
③ さやえんどうは筋を取って茹で，2cm長さの斜め切りにする。
④ ①に②を加えて塩で調味し，水溶きかたくり粉でとろみを付ける。
⑤ 溶き卵を静かに流し，一煮立ちさせ③を入れて火を止める。

● ポイント

① スイートコーンをミキサーにかけ，ざるでこすと，非常になめらかな食感が得られる。

朝食の大切さ【脳のエネルギー源】

　朝は，夕食を摂ってから10時間以上断食が続き，血糖値が下がっている。エネルギーの補給には朝食を摂る必要がある。食事を摂らないと，エネルギー源として体組織を作っているたんぱく質をエネルギー源として利用することになる。また，脳のエネルギー源はブドウ糖のみであるので，脳を活性化するためには，炭水化物やブドウ糖の補給が必要となる。朝食にはごはんやパン等の主食を必ず摂ることが大切である。

什景火鍋子（五目寄せ鍋）
（シヂヌホオグヴォズ）

材料		1人分	5人分	備考
たけのこ		20 g	100 g	茹で
乾しいたけ		1.6 g	8 g	4枚，戻して40 g
はくさい		100 g	500 g	
にんじん		10 g	50 g	
さやえんどう		10 g	50 g	
いか		20 g	100 g	するめいか1パイ
ⓐ	本醸造酒	1 g	5 g	いかの5％
	しょうが汁	1 g	5 g	いかの5％
	かたくり粉	2 g	10 g	いかの10％
豚ひき肉		50 g	250 g	
水		10 g	50 g	
根深ねぎ		2 g	10 g	
ⓑ	しょうが汁	1 g	5 g	肉＋水の1.7％
	しょうゆ	2 g	10 g	肉＋水の3.3％
	かたくり粉	0.8 g	4 g	肉＋水の1.3％
鶏卵		25 g	75 g	
食塩		0.1 g	0.5 g	卵の0.66％
サラダ油		0.1 g	0.5 g	卵の0.66％
大正えび		50 g	250 g	
本醸造酒		1 g	5 g	えびの2％
はるさめ		10 g	50 g	
湯		300 g	1500 g	固形コンソメ2個
ⓒ	食塩	2 g	10 g	湯の0.7％
	本醸造酒	8 g	40 g	湯の2.7％

エネルギー：319kcal，たんぱく質：32.0 g，
脂質：11.3 g，カルシウム：105mg，塩分：3.1 g

① たけのこは縦に薄切りにする。しいたけは戻してそぎ切り。はくさいは5 cm長さに切る。にんじんは花形で抜き，さっと茹でる。さやえんどうは筋を取り，塩茹でする。
② いかは皮をむいて開き，かのこに切れ目を入れ，一口大に切る。ⓐを振り，さっと茹でる。
③ ボールに肉を入れ，水を少しずつ加えて混ぜ，ねぎ，ⓑを加えてよく混ぜる。
④ 卵は割りほぐし，塩を加える。平たい玉じゃくしに油を塗って火にかけ薄焼き卵を作る。中央に③を少量入れて2つに折り，押さえる。(卵ギョウザ)
⑤ 残った③は団子に丸め，煮立った熱湯に入れ浮いたら取り出す。
⑥ えびは背わたを取って，殻を取り除き，酒を振りかけ，さっと茹でる。
⑦ はるさめは戻して2つに切る。

煮　方
① 鍋にはくさいを敷き，⑦をのせ，材料を色よく並べて，ⓒで調味した熱い湯を七分目まで注ぐ。ふたをし，炭火を煙突の中に入れて食卓に運ぶ。好みで酢じょうゆ，からしじょうゆを添える。

ポイント
① はるさめの代りにくず切りを用いてもよい。
② 鍋底にはくさいを敷くのは焦げ付きを防止するため，はるさめをのせるのは材料の旨味を吸って味が良くなるようにするためである。
③ 火鍋子とは，火鍋子という鍋（p.107参照）を用いた中国風鍋物である。
④ この鍋を用いると，食卓が焦げることがあるので，深皿に水を入れ，その上に鍋をのせるとよい。火を消したい時は，小皿に水を入れて煙突の上に置くと自然に消える。
⑤ 煮る時，湯が不足すると焦げるので，いつも鍋に一杯にしておく。

8. 点心(ディエヌシヌ)

点心は，間食や軽食のことで，種類は豊富であるが，甘味を含む甜点心(ティエヌディエヌシヌ)，と甘味のない鹹点心(シェヌディエヌシヌ)に大別される。

甜点心：豆沙包子(ドウシャパオズ)，糕類(ガオ)，月餅(ユエビン)，元宵(ユァヌシャオ)，奶豆腐(ナイドウフウ)等
鹹点心：炒飯(チャオファン)，麵類(ミエヌ)，餃子(ヂャオズ)，焼売(シャオマイ)，肉包子(ロウパオズ)等

広東省の広州等では，点心は飲茶(ヤムチャ)として朝食にお茶とともに食べられる。飲茶は中国茶を飲みながら点心を食べることで，香港では，午後のおやつや昼食として点心を食べ，併せてプーアル茶や烏龍茶，菊花茶等が飲用される。緑茶はあまり飲まれない。

肉絲炒飯(ロウスーチャオファン)（豚肉せん切り入り焼き飯）

材料	1人分	5人分	備考
精白米	70 g	350 g	
水	105 g	525 g	米の150%
豚もも肉	30 g	150 g	
鶏卵	10 g	50 g	
たけのこ	20 g	100 g	茹で
乾しいたけ	1.2 g	6 g	3枚，戻して30 g
葉ねぎ	8 g	40 g	1本
サラダ油	6 g	30 g	
食塩	1.5 g	7.5 g	材料の0.7%
こしょう	少量	少量	
しょうゆ	1 g	5 g	材料の0.4%
本醸造酒	4 g	20 g	材料の1.8%

エネルギー：434 kcal，たんぱく質：25.8 g，脂質：1.8 g，カルシウム：21 mg，塩分：1.8 g

① 米は洗って炊いておく。
② 肉，たけのこ，戻したしいたけは0.7 cm角のさいの目に切り，ねぎは小口切りにする。卵は溶きほぐしておく。
③ 鍋に油を熱し，卵を入れて大きくかき混ぜ，半熟状の炒り卵を作り，取り出す。
④ 鍋に油を足し，ねぎを入れて炒め，香りがでたら，肉，たけのこ，しいたけを炒める。しょうゆの1/2量で味を付け取り出す。
⑤ ④の鍋に油を足し，熱してから①をほぐしながら炒め，③と④を加えて混ぜ合わせたら，塩，こしょうをし，残りのしょうゆ，酒は鍋の周囲から回し入れて炒める。

ポイント
① 弱い火で炒めると米が糊化(p.33)して鍋にくっつきやすくなるので，強火で炒める。
② 温かい飯を用いる場合は，ねばりがあるので油の使用量を多くする。
③ 飯と卵を一緒に炒めると，飯の表面に卵がコーティングされ，粘りを抑え，ふっくらと仕上げることができる。
④ しょうゆは加熱すると香気成分が飛びやすいため，分量の一部を加熱終了ぎわに加えるとよい。

粽子（ツォンズ）（ちまき）

材料	1人(個)分	5人分	備考
もち米	50 g	250 g	蒸し上がり450 g
豚ばら肉	15 g	75 g	
たけのこ	8 g	40 g	茹で
乾しいたけ	1 g	5 g	2.5枚，戻して25 g
たまねぎ	20 g	100 g	
蝦米（シャミイ）	3 g	15 g	戻して21 g
ごま油	2.4 g	12 g	材料の1.7%
ⓐ 湯	30 g	150 g	固形スープ1/4個
ⓐ しょうゆ	5 g	25 g	湯の17%
ⓐ 食塩	0.4 g	2 g	湯の1.3%
ⓐ 砂糖	0.5 g	2.5 g	湯の1.7%
竹の皮	1枚	5枚	
サラダ油	適量	適量	

エネルギー：281kcal，たんぱく質：7.7 g，
脂質：8.3 g，カルシウム：233mg，塩分：1.0 g

① もち米は数時間水に浸けておく。
② 蝦米（シャミイ）はさっと洗い，水に浸けて軟らかくし，粗く刻む。浸け汁はとっておく。
③ 肉，野菜は0.8cm角に切る。
④ 竹の皮は水に浸けて湿らせておく。軟らかくなったら水気を拭き，内側に油を薄く塗る。
⑤ 鍋に油を熱し，たまねぎを入れて香りが出るまで炒め，その中へ肉，その他の野菜，②を加えてさらに炒める。
⑥ 肉の色が変わったところで，ⓐ，②の浸け汁を加え，もち米を入れる。汁気がなくなるまでよく炒める。
⑦ 竹の皮の中に⑥を包み込む。
⑧ 強火で約30分蒸し，熱いうちに食す。

ポイント

① 竹の皮はぬるま湯に浸けて軟らかくしておくと包みやすい。
② 水に浸けたもち米は水気をしっかり切ることが大切である。

鶏蓉粥（チーロンヂオウ）（鶏肉入りおかゆ）

材料	1人分	5人分	備考
米	40 g	200 g	
湯	200 g	1000 g	固形スープ1個
鶏肉	40 g	200 g	骨つき
食塩	0.2 g	1 g	肉の0.5%
根深ねぎ	10 g	50 g	湯の5%
しょうが	2 g	10 g	湯の1%
食塩	1.2 g	6 g	湯の0.6%

エネルギー：198kcal，たんぱく質：11.6 g，
脂質：1.9 g，カルシウム：18mg，塩分：1.7 g

① 肉を洗って，水気を切り，鍋に入れ，ねぎ，しょうが，湯を加えて沸騰させる。アクを取り，火を弱めて約1時間煮る（p.21参照）。
② 肉を鍋から出し，肉を骨からはずし，せん切りにして，塩を振る。
③ 米をきれいに洗って①に入れ，弱火で1時間煮る。
④ 米が完全に軟らかくなったら，塩を加えて②を入れる。熱いうちに器に盛る。

ポイント

① 鶏肉は，若鶏の手羽肉を用いるとおいしい。
② ねぎのみじん切り，しょうゆ，こしょうを振ってもよい。

什景炒麺(シチヌチャオミェヌ)（五目あんかけ焼きそば）

材料	1人分	5人分	備考
蒸し中華めん	120 g	600 g	4玉
サラダ油	9.6 g	48 g	
若鶏もも肉	40 g	200 g	
大正えび	40 g	200 g	10尾
ⓐ 本醸造酒	2.5 g	12.5 g	えびの6.25%
ⓐ しょうが汁	少量	少量	
かたくり粉	0.8 g	4 g	えびの2%
乾しいたけ	2 g	10 g	5枚，戻して50 g
根深ねぎ	10 g	50 g	
たけのこ	10 g	50 g	茹で
ロースハム	6 g	30 g	1.5枚
さやえんどう	10 g	50 g	20枚
ⓑ 湯	140 g	700 g	固形コンソメ1個
ⓑ しょうゆ	7.2 g	36 g	湯の5.1%
ⓑ 本醸造酒	4 g	20 g	湯の2.9%
ⓑ 食塩	1 g	5 g	湯の0.7%
かたくり粉	4 g	20 g	水で溶く

① めんを半量の油できつね色に焼いて，皿に取る。
② 肉は薄くそぎ切りにし，えびは殻と背わたを除き2つに切った後，ⓐで下味を付けてかたくり粉をまぶす。
③ ねぎはせん切り，戻したしいたけは石付きを取ってそぎ切り，たけのこは薄切り，ハムは縦に8つに切る。さやえんどうは筋を取る。
④ 鍋に残りの油を熱し，ねぎ，肉，えび，しいたけ，たけのこ，ハム，さやえんどうの順に炒めⓑを加える。煮立ったら水溶きかたくり粉でとろみを付ける。
⑤ ①に④をかける。

エネルギー：574kcal，たんぱく質：30.7 g，
脂質：14.0 g，カルシウム：56mg，塩分：3.8 g

ポイント

① 麺が鍋にくっつかないように，必ず熱した鍋に油を馴じませてから材料を入れる。少し多目の油で麺を揚げるように炒めるとよい。麺の揚げ色の目安は，こんがりとしたきつね色である。
② **中華めん**が黄色いのは，小麦粉に弱アルカリ性の**かん水**を加えて作られているので，小麦粉の**フラボノイド色素**が黄変したためである。また，かん水が不均一に混ざるので，ちぢれた形状を呈する。

朝食の大切さ【体温上昇】

眠っている間は体温が下がり，活発に活動する日中は体温が上がる。また，体温が上がると脳も活発に働くようになる。体温を上げるためには，温かい食べ物やたんぱく質の多い食べ物が効果的である。主食として温かいご飯，主菜として目玉焼き，焼き魚，納豆等，副菜としてみそ汁等の汁物が理想である。また，副菜によく噛む必要のある野菜料理を取り入れると，さらに脳が活性化する。

焼米粉（シャオミイフェヌ）（ビーフンの五目炒め）

材料	1人分	5人分	備考
豚もも肉	20 g	100 g	薄切り
ビーフン	40 g	200 g	戻して440 g
サラダ油	2.4 g	12 g	ビーフンの2.7%
たまねぎ	20 g	100 g	
ピーマン	10 g	50 g	
たけのこ	10 g	50 g	茹で
にんじん	10 g	50 g	
サラダ油	2.4 g	12 g	ビーフンを除く材料の3.4%
ⓐ 湯	40 g	200 g	固形コンソメ1/2個
ⓐ 食塩	1.2 g	6 g	湯の3%
ⓐ しょうゆ	1.2 g	6 g	湯の3%
ⓐ こしょう	少量	少量	

エネルギー：274kcal，たんぱく質：9.6 g，
脂質：7.9 g，カルシウム：25mg，塩分：1.4 g

① ビーフンは熱湯につけて硬めに戻す。水気を切って，油で炒め半透明になったら取り出す。
② たまねぎ，ピーマン，たけのこ，にんじん，肉は細切りにする。
③ 鍋に油を熱し②を炒めⓐを加えて1〜2分加熱する。
④ ③に①を加え，ビーフンに汁気を吸わせる。

🔴 ポイント
① 炒める順番は，最初にたんぱく質の食材を炒め旨味を出し，次に硬めの食品と手順よく丁寧に炒める。
② ビーフンは戻しすぎないこと。

鍋貼餃子（グオティエヂャオズ）（焼き餃子）

材料	1人分	5人分	備考
皮			
中力粉	30 g	150 g	
微温湯	15 g	75 g	粉の50%
食塩	0.3 g	1.5 g	粉の1%
打ち粉	適量	適量	
豚ひき肉	40 g	200 g	
はくさい	40 g	200 g	
食塩	少量	少量	
根深ねぎ	10 g	50 g	
にら	4 g	20 g	
しょうが	1 g	5 g	
にんにく	2 g	10 g	2かけ
ⓐ 食塩	0.5 g	2.5 g	具の0.5%
ⓐ しょうゆ	2 g	10 g	具の2.1%
ⓐ ごま油	1 g	5 g	具の1.0%
サラダ油	3.6 g	18 g	
水	25 g	125 g	蒸し焼き用
穀物酢	4 g	20 g	酢：しょうゆ
しょうゆ	4 g	20 g	1 ： 1
練りがらし	少量	少量	
辣油	少量	少量	

エネルギー：279kcal，たんぱく質：11.8 g，
脂質：12.8 g，カルシウム：37mg，塩分：1.9 g

① 小麦粉をふるい，塩を溶かした微温湯を入れてよくこね，ぬれ布巾に包み30分以上ねかせる。
② ①を直径2cmの棒状にして，1人分5個に切り，丸めてから短い麺棒で直径7〜8cmの円に薄く伸ばす。
③ はくさいはみじん切りにし塩をしてしばらくおき，布巾に包んで水分を絞る。
④ ねぎ，にら，しょうが，にんにくはみじん切りにし，肉と③を混ぜⓐを加えて，個数に分ける。
⑤ ②に④をのせて包む。

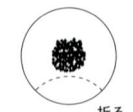

折る　　ひだを取る　　でき上がり
餃子の包み方

⑥ フライパンに油を熱し，餃子を入れて，焦げ目が付いたら水を入れふたをして，中火で水がなくなるまで蒸し焼きする。

2．中国料理の調理　143

> **ポイント**
> ① 蒸し焼き用の水の目安は10個につき50 g，または鍋に並べた餃子が1／3浸かる程度。
> ② 餃子は調理法により，**水餃子**（ゆでる），**蒸餃子**（蒸す），**炸餃子**（揚げる）等がある。

焼　売（シャオ マイ）（しゅうまい）

材料	1人分	5人分	備考
皮			
中力粉	20 g	100 g	
微温湯	10 g	50 g	粉の50％
サラダ油	0.7 g	3.5 g	粉の3.5％
食塩	0.2 g	1 g	粉の1％
打ち粉	適量	適量	
豚ひき肉	40 g	200 g	
たまねぎ	30 g	150 g	
しょうが	1 g	5 g	
かたくり粉	4 g	20 g	具の5.6％
ⓐ 本醸造酒	2 g	10 g	具の2.8％
しょうゆ	3.6 g	18 g	具の5.0％
砂糖	0.6 g	3 g	具の0.8％
食塩	0.4 g	2 g	具の0.5％
グリンピース	4 g	20 g	25粒
穀物酢	4 g	20 g	酢：しょうゆ
しょうゆ	4 g	20 g	1：1
練りがらし	適量	適量	

エネルギー：218kcal，たんぱく質：10.8 g，
脂質：7.7 g，カルシウム：20mg，塩分：2.0 g

① 粉をふるい，塩，油を溶かした微温湯を入れよくこねて，ぬれ布巾に包み，30分以上ねかせる。
② 表と裏に打ち粉をしながら，厚さ約0.1cmに薄く伸ばす。これを6cmの正方形に切る。（1人5枚）
③ たまねぎ，しょうがはみじん切りにする。たまねぎの水気を絞り，かたくり粉を加える。
④ 肉にⓐを入れてよく混ぜ合わせ，これに③を加えて個数に分ける。
⑤ ②を左手にのせて④を包み，グリンピースを中央にのせる。

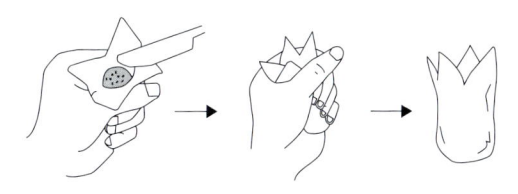

⑥ 蒸し器に並べて約15分強火で蒸し，酢じょうゆ，練りがらしを添えて供する。

> **ポイント**
> ① 一つの皮の中に，旨味も肉汁も凝集されて入っているため，非常においしく，また，肉だけではなく，えびやその他の食材で作った焼売もあり種類も豊富である。

朝食の大切さ【水分補給】

　人体を構成する成分の内，水分量は子どもは約70％，大人は約60％といわれるが，睡眠中には汗をかき，目覚める朝は脱水状態になっている。食事は，栄養を補給するばかりでなく，みそ汁，ご飯，おかず等から300〜400mLの水分が補給できる。また，食事の時には，お茶等の飲み物を飲用するので，さらに100〜200mLの水分が補給できる。朝食の欠食は勿論，パンと牛乳だけ，シリアルと牛乳だけの組み合わせでも充分な水分補給はできないので，果物等を組み合わせるとよい。

肉包子(ロウパオズ)(肉まんじゅう)

材料	1人分	5人分	備考
強力粉	30 g	150 g	
薄力粉	10 g	50 g	
微温湯	25 g	125 g	粉の63%
ドライイースト	0.8 g	4 g	粉の2%,パン酵母(乾燥)
砂糖	2 g	10 g	粉の5%
ⓐ ラード	2 g	10 g	粉の5%
ⓐ 食塩	0.2 g	1 g	粉の0.5%
豚ひき肉	12 g	60 g	
たまねぎ	8 g	40 g	
たけのこ	3 g	15 g	茹で,5枚
乾しいたけ	2 g	10 g	戻して50 g
しょうが	0.5 g	2.5 g	
ⓑ しょうゆ	1.5 g	7.5 g	肉の12.5%
ⓑ 砂糖	0.3 g	1.5 g	肉の2.5%
ⓑ 食塩	少量	少量	
ⓑ ごま油	0.5 g	2.5 g	肉の4.16%
かたくり粉	1 g	5 g	材料の3%

エネルギー:220kcal,たんぱく質:7.5 g,
脂質:5.3 g,カルシウム:15mg,塩分:0.4 g

① 小麦粉はふるいにかける。
② 微温湯にイーストと砂糖を加え細かい泡が出るまで約5分おき,ⓐを加える。
③ ①に②を加えてよく混ぜ合わせる。ふきんをかけて一次発酵させる。
④ ③が2倍に膨れたら,ガス抜きをして棒状にして5等分にする。
⑤ 戻したしいたけと野菜をみじん切りにし,肉をよく混ぜⓑで味を付け,かたくり粉を入れてさらに混ぜ合わせて5等分する。
⑥ ④を中央を厚めに周囲を薄く円形に伸ばし,⑤をのせ,ひだを取りながら包む。
⑦ クッキングシートに⑥をのせ40℃で20分間二次発酵させてから,蒸気のあがった蒸し器で約15分強火で蒸す。

ポイント

① **ガス抜き**をする理由は,生地の中の気泡を粉砕するためである。小麦粉に水を加えてこねると粘弾性のあるグルテンを生じる。食塩を加えるとグルテン形成を促進して粘弾性を増す。
② 小豆あんを包んだものを**豆沙包子**(ドウシャパオズ)という。ひだをとって包まずに普通のまんじゅうのように包み目を下にして作り,上に食紅で印をつける。

朝食の内容と授業の集中度

朝食の内容と授業への集中度を見ると,①主食のみの食事(パンと牛乳等):集中力に欠ける。しょっちゅう,おしゃべり,わき見,いたずらをする,②主食と主菜の食事(ごはん,みそ汁,目玉焼き等):中間タイプ,③主食に主菜と副菜が揃った食事(ごはん,みそ汁,卵焼き,お浸し等):情緒が安定し,授業に集中できる,といわれる。野菜は,ミネラル,ビタミンの給源であり,イライラ,気まぐれ等を抑える効果もある。

豆沙包子（あんまん）

材料		1人分	5人分	備考
薄力粉		25 g	125 g	
強力粉		5 g	25 g	
ドライイースト		0.5 g	2 g	粉の1.7%，パン酵母（乾燥）
砂糖		1.6 g	8 g	粉の5.3%
ごま油		1.3 g	6.5 g	粉の4.33%
微温湯		15 g	75 g	粉の50%
打ち粉		適量	適量	
あん				
ⓐ	こしあん	15 g	75 g	生あん
	砂糖	7 g	35 g	生あんの46.7%
	食塩	少量	0.2 g	生あんの0.3%
	水	4 g	20 g	生あんの26.7%
	ごま油	1 g	5 g	生あんの5.3%
くるみ		1 g	5 g	
黒ごま		0.8 g	4 g	
食紅				ごく少量

エネルギー：689kcal，たんぱく質：4.8 g，
脂質：2.9 g，カルシウム：23mg，塩分：5.0 g

① 生地は肉包子と同様に作る。
② 鍋にⓐを入れ，刻んだくるみ，すり鉢で油が出るまですった黒ごまを加えて火にかけて練る。
③ ①を個数分に分けて，打ち粉をした台にのせ，粉を付けた麺棒で直径約10cmに伸ばす。
④ ②を個数分に分けて包み，包み口を下にして丸く仕上げ，5 cm角に切ったクッキングシートの上にのせて，水溶きの食紅で模様の点を付け，40℃で20分間二次発酵させた後，強火で約10分蒸す。

🔴 ポイント
① 生イーストのない場合はドライイーストを用いるが，生イーストの半量でよい。
② 生地は発酵途中に乾燥を防ぐため，ラップフィルムで覆うようにするとよい。
③ 生地を麺棒で伸ばすときに，薄くしすぎると加熱中に破れてあんが流出する恐れがある。

鶏蛋糕（蒸しカステラ）

材料	1人分	5人分	備考
小麦粉	20 g	100 g	薄力粉
ベーキングパウダー	0.4 g	2 g	粉の2%
鶏卵	30 g	150 g	3個，粉の150%
砂糖	20 g	100 g	粉の100%
干しぶどう	4 g	20 g	粉の20%
ピーナッツ	4 g	20 g	粉の20%
小麦粉	少量	少量	

エネルギー：210kcal，たんぱく質：5.1 g，
脂質：3.3 g，カルシウム：19mg，塩分：0.1 g

① 干しぶどうは細かく切り，小麦粉をまぶす。ピーナッツを細かく切る。
② 卵は，卵白と卵黄に分ける。卵黄を入れたボールに，砂糖の1／2量を加え白っぽくなるまでよく混ぜる。別のボールに卵白を入れ，残りの砂糖を2〜3回に分けて加え，角が立つくらいまでよく泡立てる。卵白と卵黄を加えて混ぜる。
③ ②にふるった小麦粉と干しぶどうを入れて混ぜる。
④ 約18cmのざるに布巾を敷き，ピーナッツを入れてから生地を流して強火で20分蒸す。

🔴 ポイント
① 膨化を目的としているので，蒸している間はふたをとらない。
② 卵黄をしっかりと白っぽくなるまで泡立てるようにする。卵黄の泡立てが少ないと膨化しにくく，高さの低いカステラとなる傾向がある。

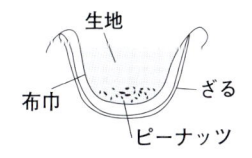

③ 卵白は，汚れていないボールで泡立てるようにする。また，泡立て器のあとが残るくらいを泡立ての目安にするとよい。

④ <u>糕</u>は，上新粉や小麦粉等を他の材料と混ぜて蒸したり寄せ固めて作ったものを称しているので，鶏蛋糕は上新粉を用いることもある。年糕は正月に，花糕は9月9日の重陽節に食べる。

杏仁酥（シンレンスウ）（中華クッキー）

材料	1個分	5個分	備考
薄力粉	10g	50g	
鶏卵	2.4g	12g	粉の24%
砂糖	5g	25g	粉の50%
ベーキングパウダー	0.4g	2g	粉の4%
ラード	5g	25g	粉の50%
アーモンド	1.4g	7g	5粒

エネルギー：114kcal，たんぱく質：1.3g，
脂質：5.7g，カルシウム：15mg，塩分：0.1g

① 小麦粉，ベーキングパウダーはふるいにかけてボールに入れ，さらに溶き卵と溶かしたラードを加えてよく混ぜ合わせ，生地を作る。

② まな板にとって麺棒で棒状に伸ばし，包丁で個数分に切り，形を整え，真ん中にアーモンドをのせる。

③ 約180℃のオーブンで15分間焼く。

ポイント
① 杏は，中国原産のバラ科の落葉樹である。春に淡紅の花を咲かせ初夏に梅に似た実を付ける。
② アーモンドの他にナッツ類をのせることもある。

月餅（ユエピン）（げっぺい）

材料	1人分	5人分	備考
小麦粉	30g	150g	薄力粉
ⓐ｛バター	7g	35g	粉の23%
砂糖	7g	35g	粉の23%
微温湯	10g	50g	粉の33%
あん			
こしあん	25g	125g	生あん
水	20g	100g	
ラード	5g	25g	生あんの20%
砂糖	20g	100g	生あんの80%
食塩	0.2g	1g	生あんの0.8%
ごま（黒）	1g	5g	
干しぶどう	4g	20g	
くるみ	3g	15g	
卵黄	2g	10g	
みりん	1g	5g	

エネルギー：458kcal，たんぱく質：10.3g，
脂質：14.8g，カルシウム：45mg，塩分：0.3g

① 小麦粉によく練り混ぜておいたⓐを加えて混ぜ，微温湯を少しずつ加えてよくこねる。生地を人数分に分ける。

② ごま，ぶどう，くるみを細かく刻む。

③ 分量の水にラードを入れて，沸騰させ砂糖を加え，溶けたらあん，塩を加えて煮る。②を入れて練り上げて冷まし，あん玉を作る。

④ ①で③を包み，丸くしたものを平らな円形状に整え，上面に竹串でうずまき模様等を描く。

⑤ 卵黄をみりんで溶いて，刷毛で全体に塗り，180℃のオーブンで約15分焼き，表面に少し焦げ色が付くまで焼く。

ポイント
① 陰暦8月15日の仲秋節に一家の無病息災を祈って供える習慣がある。あんに用いる材料により，豆沙月餅（トウシャー）（あずきあん），五仁月餅（ウレス）（木の実あん），蓮蓉月餅（リエンロオン）（はすの実あん）等がある。

2．中国料理の調理　147

炸芝麻元宵（チャーチイマアユアヌシャオ）（胡麻つき白玉団子）

材料		1人分	5人分	備考
白玉粉		32 g	160 g	
砂糖		9 g	45 g	白玉粉の28%
微温湯		32 g	160 g	白玉粉の100%
浮き粉		9 g	45 g	
熱湯		15cc	75cc	浮き粉の166.6%
ラード		4 g	20 g	
あん				
ⓐ	こしあん	25 g	125 g	生あん
	砂糖	5 g	25 g	生あんの20%
	食塩	0.2 g	1 g	生あんの0.8%
	水	6 g	30 g	
ごま（白）		10 g	50 g	
揚げ油		適量	適量	吸油率5%

エネルギー：366kcal，たんぱく質：6.5 g，
脂質：11.5 g，カルシウム：128mg，塩分：0.0 g

① ボールに浮き粉を入れ，熱湯を一気に加えて，すりこぎで手早く混ぜ合わせる。1〜2分間蒸らしてから練る。
② 鍋にⓐを入れて火にかけて練り，あんを作り，12等分する。
③ ボールに白玉粉，砂糖を入れ，微温湯を少しずつ加えて練る。さらに①とラードを加えてよく練る。
④ ③の皮を10等分にし，②を包み，ごまを付ける。
⑤ 油を約150℃に熱し③をゆっくり揚げごまがきつね色になったら，油を切る。

ポイント

① 白玉粉に加える水分はその日の天候等の状態によって変える。
② 団子を揚げる温度が高いと団子が破裂し，中からあんが流出する危険があり，見た目も悪くなる。
③ 陰暦の1月15日を元宵節（ユアヌシャオチイエ）といい，元宵（白玉団子）を食べる習慣がある。
④ **ごま**は，カルシウム，鉄分，たんぱく質，各種ビタミン群を豊富に含んでいる。

高麗香蕉（ガオリーヤンチャオ）（バナナの泡雪揚げ）

材料	1人分	5人分	備考
バナナ	60 g	300 g	
小麦粉	1 g	5 g	
卵白	12 g	60 g	
食塩	0.2 g	1 g	卵白の1.7%
小麦粉	1.6 g	8 g	バナナの2.7%
かたくり粉	1.6 g	8 g	バナナの2.7%
水	2 g	10 g	粉の62.5%
粉糖	2 g	10 g	バナナの3.3%
揚げ油	適量	適量	吸油率7%

エネルギー：117kcal，たんぱく質：2.2 g，
脂質：4.2 g，カルシウム：5 mg，塩分：0.2 g

① バナナは皮をむいて厚さ約1.5cmの斜め切りにする。
② 小麦粉とかたくり粉を混ぜてふるっておく。
③ 卵白は少量の塩を加えて硬く泡立て，分量の水と②を加え，泡が消えないよう静かに混ぜる。
④ バナナに揚げる直前に薄く小麦粉をまぶし，③の衣を付けて約160℃の油で，色が付かないように揚げる。
⑤ 油を切り，粉糖を振りかけて食す。

ポイント

① バナナを卵白の衣で包む時，泡をつぶさないように気をつけて包む。
② 出来上がったら直ちに油を切り，少し冷めてから粉糖を振りかける。温かすぎると粉砂糖が溶けてしまい，見た目が美しくなくなる。
③ **バナナ**は，カリウムやマグネシウム等のミネラルやビタミンも豊富である。空気にふれると褐変しやすい。

水果西米露（タピオカ入りココナッツミルク）
シュイグオ シー ミィ ルー

材料	1人分	5人分	備考
タピオカ（乾）	6 g	30 g	大粒（キャッサバでん粉）
ココナッツミルク	100 g	500 g	
ⓐ 水	50 g	250 g	ココナッツミルクの50％
ⓐ 砂糖	15 g	75 g	ココナッツミルクの15％
ⓐ 塩	0.6 g	3 g	ココナッツミルクの0.6％

エネルギー：229kcal，たんぱく質：1.9 g，
脂質：16.0 g，カルシウム：7 mg，塩分：0.6 g

① たっぷりの沸騰水にタピオカを入れ，混ぜながら弱火にして1時間茹で，火を消してふたをして，お湯が冷めるまで置いておく。
② タピオカが充分軟らかくなったら，ざるに上げ，冷たい水で洗う。新しい水の中に使うまで漬けておく。
③ ココナッツミルクにⓐを加えて，一煮立ちさせたら，火からおろし，鍋ごと水につけて冷ます。
④ 器に，水気を切ったタピオカを入れ，③のココナッツミルクを注ぐ。

●ポイント
① **タピオカ**の原料は，**キャッサバ**という芋のでんぷん（キャッサバでん粉）であり，白い小粒，黒い大粒，カラーのもの等がある。また，乾燥タイプと冷凍タイプがある。冷凍タイプは，茹でてあるので5分程熱湯で解凍して用いる。

牛奶豆腐（牛乳の寄せ物）
ニュウナイ ドウ フウ

材料	1人分	5人分	備考
寒天（粉）	0.4 g	2 g	水＋牛乳の0.44％
水	50 g	250 g	
砂糖	8 g	40 g	
牛乳	40 g	200 g	
レモン（果汁）	1 g	5 g	
シロップ			
砂糖	10 g	50 g	砂糖：水
水	20 g	100 g	1 ： 2
レモン（果汁）	6 g	30 g	
ぶどう酒（赤）	3 g	15 g	

エネルギー：122kcal，たんぱく質：1.5 g，
脂質：1.6 g，カルシウム：50mg，塩分：0.0 g

① 寒天を中火で煮溶かし，砂糖を加えて220 gに煮詰め，火からおろす。
② ①に牛乳とレモン汁を混ぜ，水でぬらした器に流し入れ，表面の気泡を丁寧にすくい取り，冷やして固める。
③ 砂糖と水を火にかけ，100 gになるまで煮つめ，レモン汁とぶどう酒を加えて冷やす。

●ポイント
① あんずの汁を加えると杏仁豆腐となる。
② パイナップル，みかん，チェリー等を飾ってもよい。
③ 器に液を流し入れた後，気泡を取り除くと表面が美しく仕上がる。
④ 固まった豆腐にシロップを流すと，比重の差で豆腐が浮き上がるので，煮つめを正確にする。
⑤ 牛乳の臭み消しのためのレモン汁は，使用量が多いとカード化するのでシロップの方に多く加える。

3．中国料理の献立例

1．家常食(チャチャンシ)

　一般的な日常食のことで，飯と菜を食べる場合(吃飯(チファン))や，点心だけ(吃点心(チディエヌシヌ))の場合がある。点心を食べながらお茶を飲むことから，広東地方では吃点心(チディエヌシヌ)のことを飲茶と称している。

(1) 朝　食

　一般的に粥の他，油条(ヨウティヤオ)(小麦粉を水で練って発酵させ，それを直径1cmほどの紐状に伸ばして，緩くより合わせ，その後熱い油で揚げた塩味だけの食べ物)，大餅(小麦粉に水をたっぷり入れ，糊状になった粉を平らの鍋の上に平均的に広げて，その上に卵と刻みにらを乗せ，塩，胡椒，豆板醤等の調味料を入れて作る。油条を挟んで食べてもよい)，豆腐脳(大豆で作られたもので，脳のように豆腐よりもっと軟らかい，白く，ヨーグルトのような軟らかい豆腐)，豆乳等に炸菜(デアツァイ)(漬け物)を供することが多い。

```
献立例　1　(中国かゆの場合)
　鶏蓉粥(チーロンデョウ)　(p.140)
　炒青梗菜(チャオチンゴンツァイ)　(p.121)
　油条(ヨウティヤオ)　(揚げたパン)
　搾菜(デアツァイ)　(漬け物)　(p.105)
```

```
献立例　2　(油条の場合)
　豆乳
　油条(ヨウティヤオ)　(揚げたパン)
　青豆蝦仁(チンドウシャレン)　(p.123)
　香菜(シャンツァイ)　(中国パセリ／コエンドロ)
```

(2) 昼　食

　麺類や水餃子等点心だけの場合や，湯菜や搾菜等と共に食する場合がある。また，週末等は，朝食と昼食を兼ね，飲茶で済ます場合もある。飲茶とは，お茶を飲みながら餃子や焼売，春巻き，包子，麺類，ご飯類，餅，団子，杏仁豆腐等の点心を食べることである。特に香港や台湾では，茶楼において早朝から点心と茶を楽しむ風習がある。

2．饗応食

　中国料理の宴席の格は，上は満漢全席から，下はごく普通の酒席までの各宴席の品格であるが，使う材料の価値とその分量や調理法の種類等によって決まる。宴席の格付けの簡単な見分け方は，前菜の次に出される最初の大皿料理の種類で判別できる。最初に出てくる料理を頭菜または主菜と言い，この頭菜につばめの巣を使えば燕窩席(イエヌオウシイ)，ふかひれを使えば魚翅席(ユイチーシイ)，なまこを使えば海参席(ハイシェヌシイ)等と名付けられ，宴席の格が決まる。

III. 中国料理

菜単例 1 （燕窩席 イエヌオウシイ）

什景伴盤（前菜盛り合わせ）
 涼拌海蜇 リャンバンハイチョー (p.111)
 棒棒鶏 バンバンチー (p.113)
 辣拌白菜 ラーバンパイツァイ (p.113)
 叉焼肉 チャーシャオロウ (p.117)
清湯燕菜 チンタンイエヌツァイ （つばめの巣のスープ）
青椒牛肉絲 チンチャオニウロウスー (p.122)
蝦仁吐司 シャレントゥス (p.124)
糖醋黄魚 タンツーホワンユー (p.129)
珍珠丸子 チェヌデゥワンズ (p.133)
肉絲炒飯 ロウスーチャオファン (p.139)
牛奶豆腐 ニュウナイドウフウ (p.148)

菜単例 2 （普通の酒席）

四冷葷
 白片肉 バイピェンロウ (p.115)
 醤蛋 ヂャンタン (p.116)
 辣拌墨魚 ラーバンモーユー (p.114)
 五香冬菇 ウーシャントングゥ (p.117)
乾炸鶏塊 ガンチヤーチークゥイ (p.126)
芙蓉蟹 フゥロンシェ (p.118)
酢溜丸子 ツゥーリュウワンズ (p.128)
酸辣湯 スワンラータン (p.136)
焼米粉 シャオミイフェヌ (p.142)
水果西米露 シュイグオシーミイルー (p.148)

Ⅳ 西洋料理

1. **西洋料理の食文化**
   ・歴史 ・特徴 ・食事作法 ・材料 ・調理器具
   ・ソース ・洋酒
2. **西洋料理の調理**
   ・前菜 ・スープ ・魚料理 ・肉料理 ・卵料理
   ・野菜および米料理 ・パン料理 ・菓子 ・飲み物
3. **西洋料理の献立例**

1. 西洋料理の食文化

1. 西洋料理の歴史

　日本で西洋料理というと，フルコースのフランス料理をイメージする場合が多いが，東洋に対して西洋ということで，欧米諸国の料理を総称して用いられる。

　欧米における料理は古代ギリシャを源とし，古代ローマ時代にイタリアへ伝わり，西洋料理の基盤はローマやフィレンツェで生まれた。フランスに西洋料理が伝えられたのはフィレンツェの名家メディチ家の娘14歳のカトリーヌ・ド・メディチが，フランス王フランソワ1世の第2皇子アンリ2世のもとに嫁いだ時と言われている。彼女は侍従のイタリア人を連れて行き，当時としては先進的なイタリア料理，食材，技術，食器類の基盤，陶器，リキュール，香辛料等を持ち込み，同時にテーブルマナーも伝えた。その後，フランス料理は上流階級で発展したが，フランス革命が起こり，宮廷，貴族に仕えていた料理人が各地に四散し，レストラン等で美食を庶民に提供することになった。

　21世紀の西洋料理の中心的役割を果たしているフランス料理も彼女がグローバルな意味での原点といわれる所以(ゆえん)である。

（1）ギリシャ時代

　自然物雑食時代であるが，すでに美食法の観念が生まれていた。

（2）ローマ時代

　ローマ帝国時代には種々の調理法が用いられるようになり，料理が豪華になった。アピキウスの料理書が有名である。

（3）中世期

　大きな変化はなかった。修道院

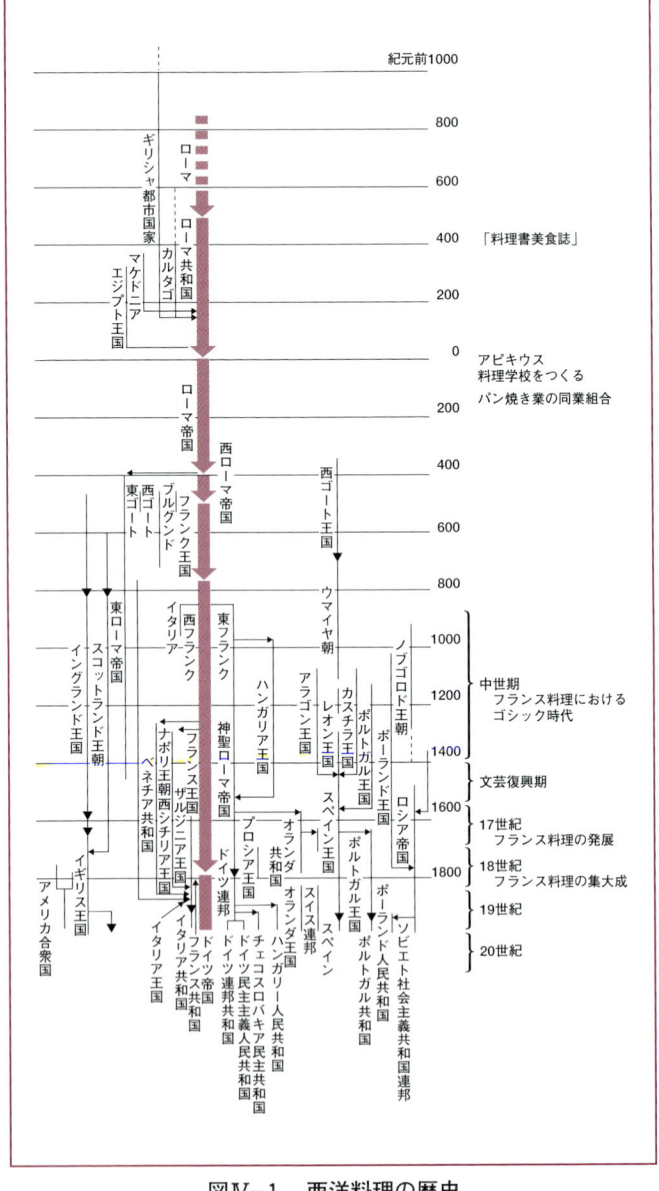

図Ⅳ-1　西洋料理の歴史
（川端晶子：調理学, p.21, 学建書院, 1989, 一部改変）

で料理の伝承が行われた。

（4） 文芸復興期
イタリアで料理が発展し，フランス料理の基礎が出来上がった。

（5） 17世紀
フランス料理の充実期で，ルイ14世はベルサイユ宮殿に多くの貴族達を招き，宴を催した。料理書も出版され，料理名に婦人の名前を付けることもあった。

（6） 18世紀
宮廷芸術として開花したフランス料理が集大成されたが，1789年の革命によって料理人が貴族達の元を離れ全土に散ったことにより，フランス料理が各地に普及した。

（7） 19世紀
19世紀初期は大食通家や大料理家が輩出し，フランス料理の全盛時代であった。当時の調理技術や美味学を知るのに重要なブリア＝サバランの『味覚の生理学』（1826）が発刊された。

（8） 現　代
優れた料理人が輩出し，多くの料理書が出版され，芸術的にも秀でたフランス料理は，世界の調理文化の最高峰に位置している。近年，新感覚のヌーベル・キュイジーヌ（新しい料理，p.154）も展開されている。

2．西洋料理の特徴

国によって文化の違い，食文化にも個性があるが，日本料理や中国料理に対応して大きく西洋料理ととらえると，次のような特徴が挙げられる。

表Ⅳ-1　西洋料理と日本料理の違い

① 西洋料理には主食という概念がないが，日本の米食に対し，パン，パスタ等の粉食が多い。一部，ドイツではじゃがいもの芋食も見られる。
② 海に面した国では魚介類も多く食するが，基本的に獣鳥肉類を多く用いる。スープストックもこれらの骨，肉等を用いる。
③ 一般にはバター，ラード（豚脂），ヘット（牛脂）等，地中海側ではオリーブ油等の油脂類を料理に多用する。
④ 乳・乳製品を飲用する以外に，料理にも用いる。
⑤ 肉の保存性を高め，動物臭を消して風味を出したりするために香辛料や香草を用いる。
⑥ 日本は海産物や農産物等食材の種類が豊富であるため，素材を生かす調理法が多いが，西洋料理は獣鳥肉類を食材とし，各種の調理法が発達し，変化を付けるため400種近いソース類がある。
⑦ 日本の調理操作になかったオーブン料理（蒸し焼き）が多く用いられる。
⑧ 日本料理では料理により小鉢，深鉢，焼き物皿，吸い物椀等種々の食器が使われるが，西洋料理では基本的に平皿で，収納や器械洗浄等が容易である。
⑨ 箸の変わりに，ナイフ，フォーク，スプーンを用いる。

（1） フランス料理
西洋料理を代表する料理で優れた料理法が発達し，他国の料理にも大きな影響を与えている。現在，各国で行われる正餐（ディナー）にはフランス料理を用いることが多い。

フランス料理は今も様々な国の料理文化を取り入れ，イタリア料理と競合しながら発展してい

る。1972年にゴーとミューの2人の料理研究家がヌーベル・キュイジーヌ（新しい料理）と言う言葉を用いだした。洗練され複雑な伝統的なフランス料理を，短時間の煮込みや肉や魚のだしを基本にした軽いソースを用い，材料の持ち味を生かした，あっさりしたフランス料理を生み出した。日本では懐石風フランス料理等と言われている。また，フランスには有名なワインの産地があり，フレンチパラドックス（赤ワインを多飲しているため心臓病が少ない）が話題になった。

(2) イタリア料理

古代ローマ以来の長い歴史を誇るイタリアでは料理も早くから発達し，ルネサンス期には，フランス料理に影響を与えて，その発達の契機になった。豊かな産物と食を重視する国民性により発展した数多くのパスタ料理，魚介料理，トマトやオリーブ（オリーブ油）の多用が特徴である。伝統的な郷土料理が受けつがれ，野菜スープのminestrone（ミネストローネ）等材料の持味を生かす家庭的で素朴な料理が多い。パスタは100種類以上あり，他にパン生地で作るpizza（ピッツァ）や，米を煮込むrisotto（リゾット）がある。

(3) スペイン料理

変化に富む気候や風土により地方色が濃く，米の産地バレンシア地方のサフランを用い肉や魚介をたき込んだ飯paella（パエリア）等郷土料理が多い。基本的に，オリーブ油，にんにく，豆，干だら，ハムやソーセージ等の豚肉加工品，魚介類が多く使われる。午後2時頃の昼食が正餐，午後10時頃の夕食は軽目，夕方に間食（merienda（メリエンダ））を摂る。

(4) イギリス料理

実質的で家庭的な料理で，調理法，味付けは全体に単純である。ローストビーフやローストラムのようなロースト料理（ロースト）が代表的である。オックステールシチュー，ラム肉を使ったアイリッシュシチュー（シチュー）のような煮込み料理等の家庭料理，魚介類を使ったsmoked salmon（スモークサーモン），フィッシュアンドチップスがある。アフタヌーンティーが有名で，ビスケットやケーキ類が多い。朝食は種類，量とも充実している。

(5) スイス料理

スイスは多民族国家で，ドイツ系，フランス系，イタリア系の3か国の料理がスイス風にアレンジされ，独特のスイス料理は余りないが，cheese fondu（チーズフォンデュ）やraclette（ラクレット）（ゆでたじゃがいもに溶かしたチーズを添えたもの）のように，特産のチーズを用いた料理が多い。

(6) ドイツ料理

実質的，合理的な料理が多い。寒冷地のため農産物が豊富ではないので，じゃがいも料理が発達し，茹でたり，ピューレにしたりして各種の料理の付け合わせとして毎日食される。豚肉がよく用いられ，ローストや煮込みの他，ハム，ソーセージといった豚肉加工品が多い。キャベツを塩漬けにし，発酵させたザウアークラウトが有名で，豚肉といっしょに煮込んだり，付け合わせとしてよく使われる。肉料理ではハンバーグステーキやTatar steak（タタールステーキ：生の牛肉を刻み，たまねぎ，ケーパーのみじん切り，卵黄等を混ぜたもの）がある。酒類ではドイツビールが有名で，アメリカの有名なビール会社もドイツビールを源としている。また，ワインの産地としてもフランスと並んで有名である。菓子ではバウムクーヘンがよく知られている。

(7) ギリシャ料理

オリーブ油をよく用い，スペインやイタリアの地中海料理と，トルコ等中東料理の影響を受けて

いる。トルコ料理的なものとしては，shish kebab（肉や野菜の串焼き）や musaka（ひき肉とナスの薄切りを交互に重ねて焼いたもの）が有名である。

（8） 北欧諸国の料理

北海，バルト海等の海に面しているため，魚料理に特徴があり，にしん，さけ，たら等を多く使い，乾燥，燻製，塩漬け等の保存食も発達している。フィンランド北部のサンタクロース村で知られるラップランド地方ではトナカイのロースト等が食べられる。スウェーデンの Smörgåsbord という食事形式は，日本ではバイキング料理として知られ，大テーブルに魚，肉，野菜の何十種類もの料理を並べ，好きなものを自由に取って食べる。

（9） アメリカ料理

豊かな農産物と海産物を背景に，世界中からの移民により持ち込まれた各国の料理と，伝統的な，地域毎に特色ある郷土料理がある。代表的なものとしては，barbecue（先住民やカウボーイの野外料理），pork and beans（豚肉と豆を煮込んだ料理），clam chowder（あさりを使ったスープ）等がある。一方，缶詰，冷凍食品，インスタント食品等の加工品や，大量生産による規格化されたハンバーガー，フライドチキン等が普及し，外食産業も発達している。

3．西洋料理の食事作法

西欧料理の食事作法は，国，時代，料理の流行にも左右され，また，レストラン等では特徴を出すため特に変えているところもあるが，一緒に食卓に着いた人に不快感を与えず，和やかな雰囲気で食事を楽しむことが一番求められる。

（1） 食卓の整え方

正餐（**dinner**）は，1日のうちで最も重要な食事，または正式の献立による食事のうち，特に晩餐のことをいう。ディナーの時間は時代によって変わってきた。フランスでは14世紀の頃には午前9時に摂る朝食のことであったが，17世紀後半には午前11～12時となり，18世紀には午後2～3時に摂る午餐，その後さらに遅くなり，19世紀前半には午後5時，そして現代になって午後7～8時頃に摂る晩餐を指すようになり，1日中で最も重要な食事の意味を持つようになったと言われる。日本では正式な献立が整ったフランス料理を指すことが多いのに対し，欧米では一般に簡素な献立の夕食もディナーと呼んでいる。

食卓の整え方は，まず，テーブルの上には純白のフランネルのような厚地の布を敷き，その上に

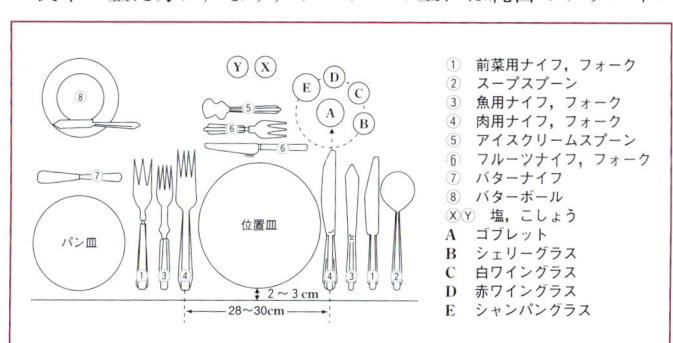

図Ⅳ-2　正餐のテーブルセッティング

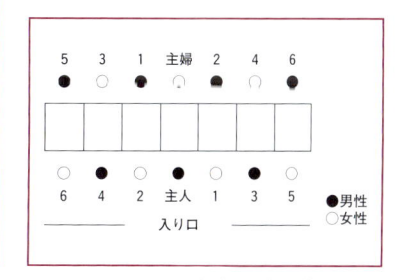

図Ⅳ-3　座席の決め方

156　Ⅳ．西洋料理

地模様のある白地のテーブルクロスをかける。テーブルクロスの大きさは卓上から約20cm垂れ下がるのがよい。一人分のスペースは約70～90cmとし，食器を並べる。ナプキンはテーブルクロスと同生地のものを用意し，王冠折り，ピーコック折り，ロール折り，ポケット折り等にし，位置皿（オードブル皿）の上に置く。

（2）　座席の決め方

正式には，入り口に一番遠い，食卓中央の上席が最上席で主婦が座り，向かい合わせの席に主人が座る。主婦の右隣が最上席で主客，左隣が次客の席で男女が交互に席に着く。

（3）　料理のサービス

右側から料理，飲物がサービスされ，食べ終わり，飲み終わった皿やグラスも右側より給仕係が出し下げをする。パンやサラダに関しては，左側よりサービスをするのが基本とされている。レストラン等によっては，料理は左から，飲物は右からサービスをすることもある。

4．西洋料理の材料

（1）　特殊材料

個性的な風味を持つ，希少価値の特殊材料が使われ，西洋料理に独特の味わいを醸しだす。特にフォアグラ，キャビア，トリュフは世界三大珍味と言われる。

表Ⅳ-2　特殊材料

動物性	フォアグラ	Foie gras Lever	がちょうの肝臓を肥大させたもの。雄のがちょうを生後3か月位から狭い檻の中でとうもろこしをポンプで食道に流し込み，強制肥育を行う。コクがあり，パイ包みやテリーヌに用いる。
	キャビア	Caviar Caviar	ちょうざめの卵巣の塩蔵品で，独特な風味を持つ。レモン汁をかけたり，カナッペ・スープ・冷製オードブル等の飾りにする。
	アンチョビー	Anchovy Anchois	いわしを塩漬けにし熟成させてからオリーブオイル等のオイル漬けにしたもの。カナッペやサラダに用いる。
	エスカルゴ	Escargot Snail	アルザス地方のワインを作る葡萄の葉を食べて育った食用かたつむりで，フランスの伝統的な食材。エシャレット，ガーリック，パセリ等の香味野菜を殻に詰めてバター焼きする。食す時にはエスカルゴスネールトング，またはエスカルゴホークを使用。 エスカルゴスネールトング　エスカルゴホーク
植物性	トリュフ	Truffe Truffle	西洋松露と言われるきのこで，胞子が形成される頃，独特の強い芳香を放ち味よりも香りを楽しむ食材。人工栽培が不可能で，イタリアやフランスの限られた地域で収穫される。地表で見えないため，採取は動物の嗅覚が頼りで豚を訓練して行う。黒トリュフは黒いダイヤと言われるが，白トリュフは収穫量も少なく黒トリュフより3倍高い。

（2）　食肉の部位

西洋料理でよく用いられる牛肉，豚肉，鶏肉はそれぞれ特徴があり，料理に合わせて使い分けがされる。豚肉や鶏肉の脂肪は牛肉の脂肪に比べ融点が低く，冷めた状態でも口の中で溶けるため，豚肉の冷しゃぶや鶏肉のサラダ等にも用いられる。また，牛肉は刺身やベリー・レアのステーキでも食することができるが，豚肉は条虫や施毛虫等の寄生虫がいることもあるので，肉の内部温度が

75℃に達するまで加熱する必要がある。鶏肉は生後3か月の間に肉質が変化する。若鶏，ひな鶏は各種料理に用いられるが，生後3か月以上の鶏は肉質が硬くなり，煮込みやスープストックとして用いる。また，部位によってたんぱく質や脂質の含有量も異なり，栄養成分，肉質等に差がある。各部位の特徴を理解し，好ましい調理法を用いる。

表Ⅳ-3 食肉の部位と調理

牛肉	
(図)	〔極上肉〕 ヒレ：ステーキ　　サーロイン：ローストビーフ　　リブロース：すき焼き，しゃぶしゃぶ 〔上肉〕 肩ロース：ステーキ，ローストビーフ　　ランプ：カツレツ，バーベキュー うちもも：すき焼き 〔中肉〕 肩：しゃぶしゃぶ，すき焼き，バター焼き　　そともも：カレー，シチュー，ひき肉　　胸：カレー，シチュー　　ばら：焼肉 〔並肉〕 肩：スープストック　　すね：ひき肉，シチュー　　タン：スープストック テール：シチュー

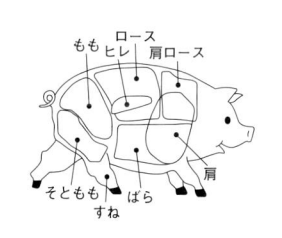

豚肉	
(図)	〔極上肉〕 ヒレ：ロースト，トンカツ，ソテー　　ロース：ロースト，トンカツ，焼肉 〔上肉〕 肩ロース：ロースト，ハム，シチュー，トンカツ，焼肉　　もも：トンカツ，焼肉，酢豚，すき焼き，ハム 〔中肉〕 肩：煮込み，焼肉，ひき肉　　ばら：角煮，酢豚，煮込み，ベーコン 〔並肉〕 すね：ひき肉，スープストック

鶏肉（品質に余り差がないので等級はない）	
(図)	もも：ソテー，カツレツ，照り焼，カレー　　ささみ：バター焼き，から揚げ，刺身，サラダ，椀種　　手羽先：から揚げ，煮込み　　胸：カツレツ，サラダ，ソテー，シチュー，水炊き　　手羽もと：から揚げ，煮込み　　皮：煮込み，スープ，炒め物　　丸ごと：ロースト，煮込み *ひな鶏（生後1か月）300g前後，（生後2か月）700g前後，若鶏（生後3か月）1.2kg前後，生後3か月以降1.5kg以上

（3）スパイス

　香辛料はシーズニングとも言われ，主として種子，樹皮，根，花を用いるスパイスと，葉，茎を使うハーブとに大別される。スパイスは乾燥品が多く，保存技術の発達していない時代からの伝統で，肉類の保存性を高め，消臭作用と風味付けの効果がある。食欲を増進させ消化液の分泌を促す，吸収された成分は血行を良くする等の薬理効果もある。

　スパイスはそれぞれ特徴があるので，1種類で用いるより多くの種類を合わせて使うと味に深みが出て風味が増し，いろいろな効果が期待できる。

表Ⅳ-4　スパイスの種類

作用	名称	フランス語	英語	特徴と用途
辛味	マスタード（洋がらし）	Moutarde	Mustard	アブラナ科のからしの種子で辛味が強く，ソーセージ，サンドイッチ等に用いる。
香味	こしょう	Poivre	Pepper	辛味と香りが強い。最も多用されるスパイスで，特に肉料理には欠かせない。白と黒があり，料理によって使い分ける。
	オールスパイス	Poivre de la jamaique	Allspice	未熟な実を乾燥させたもの。ナツメグ，クローブ，シナモンを合わせた香りがする。
	ローリエ（ベイリーフ）	Laurier	Bay leaf	月桂樹の葉で，消臭性と共に芳香性があるので，煮込み料理，マリネ，ピクルスに用いる。
	タイム	Thym	Thyme	消臭性があり，煮込み料理，スープ，ハム，ソーセージ，肉料理に用いる。
	クローブ（丁字）	Girofle	Clove	芳香性が強い。煮込み料理，肉料理，魚料理ソース，菓子に用いる。
	シナモン	Cannele	Cinnamon	芳香性が強い。ドーナッツ，プディング，アップルパイ等の製菓，アップルティー等飲み物に使う。
	ナツメグ	Muscade	Nutmeg	ニクズクの種子で，刺激的な甘い香りがある。肉料理，野菜料理，菓子，パン等に用いる。
着色	サフラン	Safran	Saffron	サフランの花の雌しべで，花1個から3本しか取れないため高価である。黄色の着色料で，魚料理，米料理に用いる。
	パプリカ	Paprika	Paprika	赤色の甘とうがらしの一種で，ソースや肉料理に用いる。

（4）ハーブ

香辛料の中で葉を用いるものをいい，香草のことである。生，または乾燥して，香り付け，消臭等の目的で料理に用いられる。数種の香草を束にしたものをブーケガルニ（香草の束）と呼び，スープストック等を作る時に使う。また，ハーブティーとして飲用や，ケーキのデコレーションとして製菓にも用いられる。

表Ⅳ-5　ハーブの種類

名称	フランス語	英語	特徴と用途
バジル	Basilic	Basil	シソ科の葉で，芳香性がある。シチュー，サラダ，ソーセージ，ピッツァ等に用いる。
ケーパー	Capre	Caper	花のつぼみで，ピクルスにして食用とする。スモークサーモンやサラダの付け合わせとして用いる。
カルダモン	Cardamine	Cardamon	ショウガ科の実で，しょうずくとも言う。味はややほろ苦い。肉製品の香り付け，ピクルス，ケーキ菓子等に用いられる。カレー粉の原料でもある。
ペパーミント	Peppermint	Peppermint	シソ科の葉で，ハッカとも言われる。魚料理，ラム料理，菓子類に用いる。
タラゴン	Estragon	Tarragon	ヨモギの仲間である。酢に合うので，ピクルス，ソース，サラダ等に用いる。特に，エスカルゴには必ず使われる。
ローズマリー	Romarin	Rosemary	消臭性がある。羊，豚，鶏等の肉の臭みを取るのに用いる。ソース，ドレッシング，付けダレ等に用いる。

5．西洋料理の調理器具

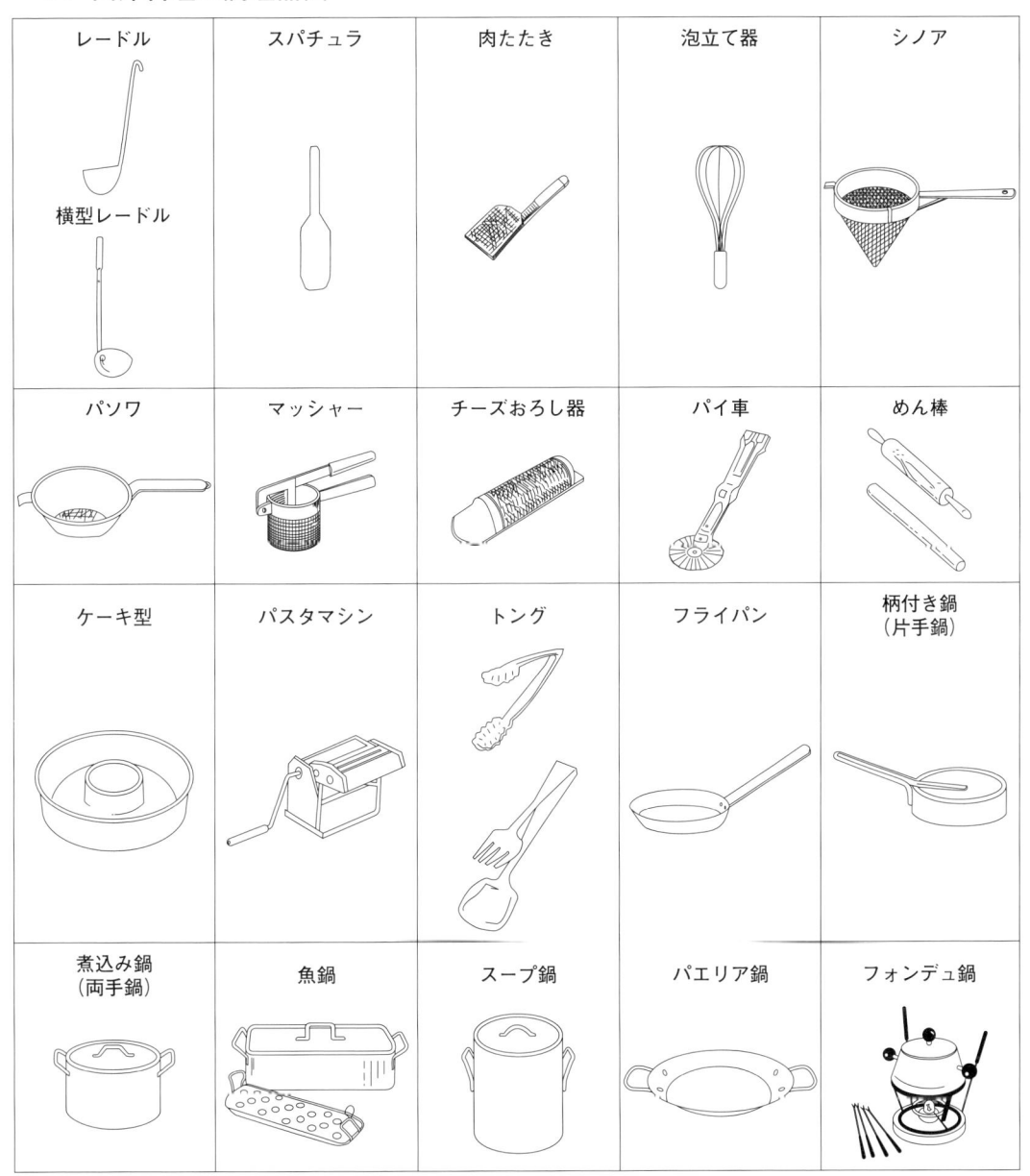

レードル 横型レードル	スパチュラ	肉たたき	泡立て器	シノア
パソワ	マッシャー	チーズおろし器	パイ車	めん棒
ケーキ型	パスタマシン	トング	フライパン	柄付き鍋 （片手鍋）
煮込み鍋 （両手鍋）	魚鍋	スープ鍋	パエリア鍋	フォンデュ鍋

図Ⅳ-4　調理器具の種類

6. ソース (Sauce)

(1) ルウ (Roux)

小麦粉をバターで炒めたもので，ソースに濃度をつけるために用いられる。出来上がりの色によって3種類ある。

表Ⅳ-6　ルウの種類

フランス語	英語	
Roux blanc (ルー ブラン)	White roux	白色ルウ。色付かないように炒める。ホワイトソースに用いる
Roux blond (ルー ブロン)	Blond roux	淡黄色ルウ。トマト・ソース，ヴルーテ・ソース等に用いる
Roux brun (ルー ブルン)	Brown roux	褐色ルウ。褐色になるまで充分炒める

(2) ソースの種類

西洋料理に風味を与えるソースはラテン語のサール（sal；塩）が語源とされ，数百種類あるといわれるが，基本は温かいソース4種類，冷たいソース3種類である。

表Ⅳ-7　ソースの種類

温ソース	白ソース　Sauce béchamel (ソース ベシャメル)	白色ルウと牛乳または白色のフォンを加えて作る白いソースで，主に白い肉類，魚，卵，野菜に広く用いる
	淡黄色ソース　Sauce veloute (ソース ヴルーテ)	白色または褐色ルウと白色フォンで作る。魚用には魚のフォンで作ったもの，肉用には肉のフォンで作ったものを利用する
	褐色ソース　Sauce demi-glace (ソース デミグラス)	褐色のルウと褐色のフォンで作る。肉類に用いられる
	トマト・ソース　Sauce tomate (ソース トマト)	淡黄色のルウと白色のフォンとトマトピューレで作る赤いソース。スパゲティやオムレツ，コロッケ等に用いる
冷ソース	マヨネーズ・ソース　Sauce mayonnaise (ソース マヨネーズ)	卵黄とサラダ油と酢を泡立て器で攪拌して作る。一般的にはサラダ等冷野菜に用いるが，揚げ物料理等温料理にも使うことがある
	ヴィネグレット・ソース　Sauce vinaigrette (ソース ヴィネグレット)	サラダ油と酢で作る。サラダやマリネに用いられる
	ショーフロア・ソース　Sauce chaud froid (ソース ショー フロア)	基本ソースにゼラチンを煮溶かし，温かいうちに料理にかけ，冷やして固めた冷料理用ソース。上にゼリーをかけてつやを出す

表Ⅳ-8　応用ソース

基本ソース	応用ソース	調理法
白ソース	Sauce aurore (ソース オロール)	Sauce béchamel にトマトピューレを加える
	Sauce a la creme (ソース ア ラ クリーム)	Sauce béchamel に生クリームとレモン汁を加える
淡黄色ソース	Sauce parisienne (ソース パリジェンヌ)	Sauce veloute に卵黄，バター，レモン汁を混ぜる
褐色ソース	Sauce italienne (ソース イタリーヌ)	Sauce brune や Sauce tomate とみじん切りたまねぎ，パセリ，ハム等を加える
マヨネーズ・ソース	Sauce tartare (ソース タルタル)	Sauce mayonnaise にみじん切りたまねぎ，卵，ピクルス等を用いる
ヴィネグレット・ソース	Sauce ravigote (ソース ラビゴット)	Sauce vinaigrette にみじん切りたまねぎ，パセリ，ピーマン等を加える

（3） リエゾン（Liaison）

ソースの濃度を高めたり，味を良くするために用いられるつなぎで，料理の仕上げに使われる。

表Ⅳ-9　リエゾンの種類

分類	調理法
Liaison de fécule（リエゾン ド フェキュル）	かたくり粉，コンスターチ等のでんぷんを水，ワイン，料理酒等で溶いたもの
Liaison de beurre（リエゾン ド ブール）	小麦粉とバターをよく練り合わせソースに入れる
Liaison aux jaunes d'oeufs（リエゾン オ ジューヌ ドゥー）	煮立ったソースに卵黄と牛乳を合わせたものを泡立て器で混ぜながら加える
Liaison à la créme（リエゾン ア ラ クレーム）	仕上がったソースにバターとクリームを加えたもの

（4） 基本ソースの作り方

① ベシャメルソース　　（仏）Sauce béchamel　　（英）White sauce

濃度		薄い	中間	濃い
用途		スープ，煮込み	ソース，一般料理，グラタン	コロッケ（クロケット）
材料（g）	薄力粉	4（4〜8）	10（10〜15）	20（20〜30）
	バター	4（4〜8）	10（10〜15）	30（25〜30）
	牛乳	200	200	200
	食塩	1	1	1.3
	こしょう	少量	少量	少量
仕上がり量（g）		160	180	200
薄力粉／牛乳（％）		2（2〜4）	5（5〜7.5）	10（10〜15）

① 鍋にバターを溶かし，小麦粉を入れて焦がさないように混ぜ，さらさらするまで炒める（120℃ 白色ルー）。火から下ろしてルーの温度を下げる（約40℃）。
② 60℃に温めた牛乳で伸ばす。塩，こしょうを加え，弱火で撹拌しながら約8分煮込み，一定濃度にする。

ポイント
① 牛乳の一部をフォン，ブイヨン，煮汁，蒸し汁に代えてもよい。

② マヨネーズソース　　（仏）Sauce mayonnaise　　（英）Mayonnaise sauce

材料		分量（仕上がり量160g）	備考
ⓐ	卵黄	17 g	鶏卵　中1個分
	食塩	2 g	材料の1.25%
	こしょう	0.5 g	
	マスタード（粉末）	1 g	材料の0.6%
食酢		15 g	材料の9%
サラダ油		125 g	材料の78%

① ボールに@を合わせ,酢の半量で溶く。
② サラダ油を初めは滴下するように入れ,泡立て器で充分撹拌する。次第に油を入れる量を増やし,ソースが固くなったら,残りの酢を加えてソースをゆるめ,残りの油を徐々に加えてよく撹拌する。最後に強く撹拌して仕上げる。

ポイント

① 酢は果実酢,ワイン酢がよい。マスタードは練りマスタード,粒入りマスタードを用いてもよい。
② マヨネーズソースは,卵黄レシチンを乳化剤として,油と酢を混合,乳化したものである。一度に多量の油を入れたり,撹拌速度が遅かったりすると分離しやすい。

7. 洋　酒

製造法の違いによって醸造酒，蒸留酒，混成酒に分けられる。

正餐では，食前酒として食欲を促進させる目的でリキュール類やカクテルが用いられることが多い。食卓では，一般的に，前菜や魚料理には白ワイン，肉料理には赤ワインが用いられる。

ワインの原料であるぶどうの品質は収穫年度の天候に左右されるので，よいぶどうのできた収穫年度をラベルに記入する。有名銘柄の収穫年度を記入したワインを，特にビンテージワインという。また，毎年11月20日に解禁となる**ボジョレヌーボー**は，フランスのボジョレ地方でその年に収穫したワインの新酒のことで，日本人が世界の約半分を飲んでいると言われる。通常ワインは実を潰して熟成させるが，このワインは潰さないで作り，製法が一般的なワインと異なる。一般的にワインは，数年から数十年と熟成され，年代物が好まれる傾向があるが，ボジョレヌーボーは熟成していない，賞味期限は約2か月と言われるワインである。

表Ⅳ-10　洋酒の分類

醸造酒	ワイン	生ぶどう酒	赤ワイン 白ワイン ロゼワイン	ワイン酵母菌によって発酵させてアルコール分を作り出す。 ぶどう酒醸造所毎に酵母菌が若干異なり，同じ地方で同種のぶどうを使っても香りや味に特徴がある。
		発泡性ワイン	シャンパン	
		酒精強化ワイン	シェリー（スペイン産） ポートワイン（ポルトガル産） マデラ（ポルトガル産）	
	ビール			ビール酵母菌により発酵させたもの。
蒸留酒	ブランデー		コニャック，アルマニャック	糖分を含んだ物質を発酵させて生成されたアルコール分を蒸留した酒。 国によってそれぞれの特産品の穀類や果物を用いる。 スピリッツはカクテルに用いられることが多い。
			カルバドス（原料りんご）	
	ウイスキー		スコッチ（イギリス産）	
			アイリッシュ（アイルランド産）	
			バーボン（アメリカ産）	
			カナディアン（カナダ産）	
	スピリッツ		ジン（穀類）	
			ウオッカ（穀類）	
			ラム（さとうきび）	
			テキーラ（とうもろこし）	
混成酒	リキュール	薬草・香草系	ベルモット ペパーミント	醸造酒や蒸留酒に香草や薬草，果物を浸し，エキスを付加したり，香料を加えたりしたもの。 食前，食後に少量，またはカクテルとして飲用。製菓にも使われる。
		果実系	キュラソー クレームドカシス チェリーブランデー	

2. 西洋料理の調理

1. 前　菜　（仏）Hors d'œuvre　（英）Appetizer

前菜は食事の初めに供される料理で、主要料理に先立ち食欲を促す役割がある。次に供される料理に配慮して、形は小さく、量も少なく、味は淡白で軽く、美しく、おいしく作ることが求められる。温前菜と冷前菜に分けられ、**温前菜**はパイ、コロッケ、串焼き、コキーユ等の調理法があり、1品だけを独立して供する。**冷前菜**はキャビア、フォアグラ、テリーヌ、生かき、メロン等を1品だけ用いる一品前菜と、材料や味付けに変化をもたせた冷たい前菜を数種類並べた組み合わせ前菜がある。家庭向きの前菜には野菜、卵、魚介、肉を組み合わせた実だくさんのサラダやディップがある。

盛り合わせ前菜　（仏）Hors d'œuvre variés
（1）　卵の詰め物　（仏）Œufs farcies　（英）Stuffed eggs
（2）　トマトの詰め物　（仏）Tomates farcies　（英）Stuffed tomato
（3）　ラディッシュの花切り　（仏）Radis　（英）Radish

材料		1人分	5人分	備考
卵の詰め物				
鶏卵		50 g	250 g	5個
ⓐ	マヨネーズ	5.4 g	27 g	卵黄の30%
	食塩	0.4 g	2 g	卵黄の2%
	こしょう	少量	少量	
パセリ		0.1 g	0.5 g	
トマトの詰め物				
ミニトマト		45 g	225 g	15個
ⓑ	食塩	0.2 g	1 g	ミニトマトの0.4%
	こしょう	少量	少量	
カテージチーズ		10 g	50 g	
マヨネーズ		3 g	15 g	カテージチーズの30%
パセリ		0.1 g	0.5 g	
ラディッシュの花切り				
ラディッシュ		20 g	100 g	10個（はつかだいこん）

エネルギー：161kcal、たんぱく質：8.6 g、
脂質：11.8 g、カルシウム：42mg、塩分：1.0 g

（1）卵の詰め物
① 鍋に卵と水を入れ、卵黄が中心に位置するように転がしながら、沸騰後12分間茹でて、冷水にとる（p.116参照）。殻をむいて横または縦にジグザグに切り目を入れて半分に切る。
② 卵黄を裏ごしして⒜で調味する。
③ 卵白は底を少し平らに切って安定させる。②を絞り出し袋に入れ、卵白のケースに絞り出す。みじん切りのパセリを上に散らす。

（2）トマトの詰め物
① トマトはへたを除き、上部を少し切り落として、中をくり抜く。⒝をかけて、切り口を下にしてざるにふせる。
② 裏ごししたカテージチーズとマヨネーズを混ぜ、①に詰め、上にパセリを飾る。

（3） ラディッシュの花切り

① 葉は芯の 2，3 枚を残して，茎の根元は汚れを落とす。

② 図のように飾り切りし，水に浸す。吸水してパリッとなり，食べる前に塩をふる。

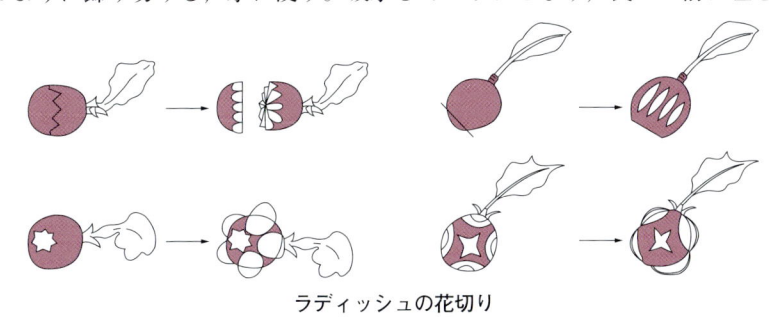

ラディッシュの花切り

（1）〜（3）を美しく盛り合わせて供す。

🔴 ポイント

① スタッフドエッグは上にキャビア，イクラ，ピクルスをのせるのもよい。魚介類，肉類，サラダ類を詰めてもよく，応用範囲が広い。

② トマトの詰め物はミディトマトの中にマセドワーヌサラダ（p.193参照）を詰めてもよい。きゅうり，ピーマン，小形のシューにも前菜用の詰め物料理が応用できる。

わかさぎのエスカベーシュ　　（仏）Escabèche d'éperlans

材料	1人分	5人分	備考
わかさぎ	45 g	225 g	15尾
ⓐ 食塩	0.4 g	2 g	材料の0.9%
こしょう	少量	少量	
小麦粉	3 g	15 g	材料の7%
揚げ油	適量	適量	吸油率10%
マリネ液			
トマト	10 g	50 g	
たまねぎ	4 g	20 g	
ⓑ レモン	6 g	30 g	果汁，材料の13%
サラダ油	10 g	50 g	材料の22%
食塩	1.2 g	6 g	材料の3%
こしょう	少量	少量	
サラダ菜	7 g	35 g	10枚
パセリ	1 g	5 g	

エネルギー：188kcal，たんぱく質：7.0g，
脂質：15.7g，カルシウム：212mg，塩分．1.8g

① わかさぎを洗い，丸のままⓐを振り，10分おく。水気をふき取り，小麦粉をまぶし，170〜180℃の油で揚げる。

② トマトは皮を湯むきして，へたと種を除き，粗みじん切り，たまねぎはみじん切りにする。

③ ⓑと②を混ぜ合わせ，マリネ液を作る。

④ ③に揚げたての①を漬け込み，冷蔵庫に入れて30分以上冷やす。皿に盛り，サラダ菜を添えて，みじん切りのパセリを散らす。

🔴 ポイント

① エスカベーシュは小あじ，きす，かき，さば等にも応用できる。スペインで，揚げた魚を日持ちさせるために考えられた料理で0〜2日間冷蔵庫内で保存できる。

② マリネ液（マリナード）は，サラダ油で野菜（たまねぎ，にんじん，セロリ，ピーマン，にんにく等）を炒めてからローリエ，酢，塩等を加えて煮立てて作る方法もある。レモン汁は果実酢，穀物酢に代えてもよい。

カナッペ　　（仏）Canapé　　（英）Canapé

材料	1人分	5人分	備考
食パン	17 g	85 g	厚さ0.6〜0.7 cm 5枚
バター	4 g	20 g	
イクラのカナッペ			
鶏卵	6 g	30 g	固茹で卵1/2個分
イクラ	2 g	10 g	
パセリ	0.1 g	0.5 g	
スモークサーモンのカナッペ			
スモークサーモン	6 g	30 g	2枚（べにさけくん製）
たまねぎ	6 g	30 g	小たまねぎ1個
ケーパー	0.2 g	1 g	5粒
生ハムのカナッペ			
スライスチーズ	6 g	30 g	2枚，プロセスチーズ
生ハム	5 g	25 g	5枚，促成
キウイフルーツ	6 g	30 g	1/2個
オイルサーディンのカナッペ			
オイルサーディン	6 g	30 g	5尾（いわし缶詰油漬）
マヨネーズ	2 g	10 g	材料の33%
レモン	3 g	15 g	輪切り1枚
パセリ	5 g	25 g	飾り用5本

エネルギー：174 kcal，たんぱく質：8.5 g，脂質：11.0 g，カルシウム：76 mg，塩分：1.0 g

① 食パンは円形5枚，長方形10枚，三角形5枚に切り，トーストして，冷めてから片面にバターを薄く塗る。
② 固茹で卵の輪切りを5枚作り，円形パンの上にのせ，中央にイクラを盛り，パセリの葉を飾る。
③ スモークサーモンは長方形のパンと同じ大きさに切ってのせる。小たまねぎは薄くスライスして水でさらしてサーモンの上にのせ，ケーパーを飾る。
④ スライスチーズを長方形のパンと同じ大きさに切り，のせる。上に生ハムをのせ，キウイをいちょう切りにして2枚組み合わせて扇形に飾る。
⑤ オイルサーディンは開いて三角形のパンにのせ，マヨネーズを糸状に絞り出して，扇形のレモンを飾る。
⑥ ②〜⑤を大皿に並べ，パセリを飾る。

ポイント

① カナッペの台は，食パン，黒パン，ロールパン，クラッカー等で，形は自由でよいが，必ず一口で食べられる大きさにする。
② バターを塗るのは上にのせた材料の水分がパンに吸収されることを防ぎ，材料をパンに固定するためである。トーストするのは，具をのせ手で持ち上げても形を保つためである。
③ 上にのせる材料は，キャビア，鶏肉，えび，ハム，ソーセージ，ローストビーフ，レバーペースト，トマト，オリーブ，アスパラガス，ピーマンもよい。
④ カナッペの語源は「長いす」で，王宮や貴族の館の招待客が華やかに着飾って，長いすに座っている様子を再現したところから命名された。

〔イクラのカナッペ〕　　〔スモークサーモンのカナッペ〕
〔生ハムのカナッペ〕　　〔オイルサーディンのカナッペ〕

2．スープ　（仏）Potage（ポタージュ）　（英）Soup

コース料理ではスープは前菜に次いで供され，食欲を誘う役割がある。スープは料理全体の評価にも及ぶので，後の料理と調和した質と量を配慮する。スープは肉類，魚介類の煮だし汁（仏；Bouillon（ブイヨン），英；Soup stock）（p.22参照）を土台とした汁物である。

スープの浮き実（Garniture de potage（ガルニチュール ド ポタージュ））は食感と見た目を良くし，スープの名前は浮き実の種類によって付けられることが多い（p.168参照）。スープの適温は温製スープが60〜65℃，冷製スープが10℃前後である。器は少し深みのあるスープ皿を用いるが，左右に持ち手のついたブイヨンカップも使われる。いずれも器の七〜八分目量を盛り付ける。

コンソメジュリエンヌ　（仏）Consommé julienne（コンソメ ジュリエンヌ）

材料		1人分	5人分（約800ml）	備考
ブイヨン		240 g	1200 g	固形コンソメ2個
牛すね肉		40 g	200 g	薄切りまたはひき肉
ⓐ	たまねぎ	15 g	75 g	
	にんじん	8 g	40 g	
	セロリ	4 g	20 g	
卵白		6 g	30 g	1個分
ローリエ			0.25 g	1枚
ⓑ	食塩	1 g	5 g	仕上がり量の0.6%
	こしょう	少量	少量	
浮き実				
	にんじん	4 g	20 g	
	キャベツ	4 g	20 g	
	さやいんげん	4 g	20 g	
	かぶ	4 g	20 g	
	ブイヨン	40 g	200 g	
	食塩	0.2 g	1 g	浮き実の1.3%

エネルギー：9 kcal，たんぱく質：0.3 g，
脂質：0.1 g，カルシウム：6 mg，塩分：1.9 g

① ブイヨンを準備する。
② 肉は0.5cm角に刻む。ⓐは薄切りにする。
③ 深鍋に②の牛肉と卵白を入れ，手で充分混ぜる。ⓐとローリエも加え，冷めたブイヨンを注ぎ，火にかける。
④ 中火で撹拌し，煮立つ前に火を弱め，材料が浮き上がってきたら，撹拌を止める。ふたはしないで極弱火で1時間加熱する。
⑤ 熱いうちにこす。別鍋で沸騰させ，表面に浮かんだ脂肪はクッキングペーパーで吸い取る。ⓑで調味してコンソメスープを作る。
⑥ 浮き実の野菜は繊維に沿って，せん切り（ジュリエンヌ）にする。食塩を入れたブイヨンでさっと煮る。
⑦ 温めた皿に⑤を注ぎ，浮き実を散らす。

ポイント

① 冷たいコンソメは，子牛の骨から煮出したブイヨンを使うとゼラチン質が溶出され，冷やすとゼリー状のとろみが出て，ゼリーコンソメとなる。
② すね肉や魚等の動物性食品を材料にスープを作る場合，卵白を加える。卵白はスープ材料からのアクや濁りの原因となる浮遊物を吸着して熱凝固するので，60℃以下のブイヨンに加えて徐々に加熱する。卵白の熱凝固物を除くことにより，清澄なコンソメスープが得られる。

コンソメの浮き実

種類	調理法
ペイザンヌ	野菜を色紙切りにして、ブイヨンで下煮しておく。
パセリ	みじん切りにする。
リー	米を洗って茹で、ブイヨンで10分間煮る。
クルトン	食パンをサイコロ型に切り、油で炒めるか揚げる。
クラッカー	割り入れる。
マカロニ、スパゲッティ	茹でて、1～2cmに切る。
バーミセリ	茹でる。
クレープ	クレープを帯状、四角に切って用いる。
タピオカ	茹でて用いる。
ロワイヤル	卵とスープを合わせて型に入れて蒸す。さいの目に切る。
プロフィットロール	シュー生地を小さなボール状に焼く。
クネール	肉や魚のすり身に生クリーム、食塩で調味し、丸めて茹でる。

コーンクリームスープ　（仏）Potage crème de maïs　（英）Corn cream soup
ポタージュ　クレーム　ド　マイス

材料	1人分	5人分	備考
スイートコーン（缶）	80g	400g	クリームスタイル
たまねぎ	10g	50g	
バター	4g	20g	
小麦粉	4g	20g	
ブイヨン	120g	600g	
ローリエ		0.25g	1枚
牛乳	40g	200g	
ⓐ 食塩	1g	5g	仕上がり量の0.5%
ⓐ こしょう	少量	少量	
クリーム	8g	40g	乳脂肪、生クリーム
クルトン			
食パン	1.6g	8g	厚さ0.8cm　1/3枚
サラダ油	0.8g	4g	

エネルギー：196kcal、たんぱく質：5.0g、
脂質：9.7g、カルシウム：60mg、塩分：2.3g

① たまねぎはみじん切りにする。鍋にバターを溶かし、たまねぎを透き通るまで炒める。小麦粉を振り入れて、弱火で焦がさないように1分炒める。スイートコーンを加え、さらに1分炒める。

② ブイヨンとローリエを加えて、鍋底をこするようにして全体をかき混ぜ、中火で10分煮たあと、裏ごしにかける。

③ 鍋に戻し、牛乳を加えて温め、ⓐで調味する。火からおろして、生クリームを加える。

④ 0.5cm角の食パンをサラダ油で色付くまで炒める（**クルトン**）。ペーパータオルで余分な油を除く。

⑤ 皿を温め、スープを注ぎ、④を浮き実として散らす。

ポイント

① 別鍋で白色ルー（p.160参照）を作り、ブイヨンと牛乳を加えて溶き伸ばす調理法もある。裏ごす代わりに、ミキサーにかけてもよい。浮き実にパセリのみじん切りを散らしてもよい。

2．西洋料理の調理

トマトのポタージュ　（仏）Potage purée portugaise
（ポタージュ　ピュレ　ポルチュゲーズ）

材料	1人分	5人分	備考
たまねぎ	20 g	100 g	
にんじん	10 g	50 g	
にんにく	0.6 g	3 g	1/2かけ
精白米	3 g	15 g	
バター	4 g	20 g	
トマトピューレ	30 g	150 g	仕上がり量の18％
ブイヨン	160 g	800 g	
ⓐ ローリエ		0.1 g	1/2枚
砂糖	1 g	5 g	仕上がり量の0.6％
食塩	1 g	5 g	仕上がり量の0.6％
こしょう	少量	少量	
バター	4 g	20 g	
クリーム	10 g	50 g	乳脂肪，生クリーム
食パン	2.4 g	12 g	厚さ0.8 cm　1/2枚

エネルギー：158 kcal，たんぱく質：3.6 g，
脂質：11.2 g，カルシウム：29 mg，塩分：2.1 g

① たまねぎ，にんじんは繊維と直角に薄切り，にんにくはみじん切りにする。米はさっと洗う。
② 鍋にバターを溶かし，たまねぎ，にんじん，にんにくを中火で3分炒め，米を入れて1分炒める。トマトピューレを加えて1分炒めて酸味を飛ばし，ブイヨンを加える。ⓐを加え，弱火で30分煮る。
③ 粗熱を取り，ローリエを除き，ミキサーに約3分かける。鍋に戻して弱火にかけ，煮立ててバターを加える。器に盛り，生クリームを中央に流す。
④ 食パンをクルトン（p 168参照）にし，浮き実とする。

◆ポイント

① トマトピューレの代わりに，完熟トマトを用いてもよい。Potage purée は，にんじん，かぼちゃ，グリンピース，そら豆，じゃがいも等を使ってもよい。
② 砂糖を加えるのは酸味を抑え，味を調えるため。生クリームを加えて時間をおくと，トマトに含まれるクエン酸，リンゴ酸でクリームが分離する。
③ portugaise はポルトガル風の意味。トマトを使った料理の名称に多く使われる。

じゃがいもの冷製スープ　（仏）Potage vichyssoise glacee
（ポタージュ　ヴィシソワーズ　グラーセ）

材料	1人分	5人分	備考
じゃがいも	50 g	250 g	中3個
たまねぎ	20 g	100 g	中1/2個
リーキまたは根深ねぎ	10 g	50 g	白い部分1/2本分（ポアロー）
バター	4 g	20 g	
ブイヨン	100 g	500 g	
ⓐ 牛乳	50 g	250 g	
食塩	1 g	5 g	仕上がり量の0.7％
こしょう	少量	少量	
クリーム	20 g	100 g	乳脂肪，生クリーム
あさつき	1 g	5 g	1本

エネルギー：205 kcal，たんぱく質：4.5 g，
脂質：14.2 g，カルシウム：82 mg，塩分：1.6 g

① じゃがいもは1 cmの角切りにして，水にさらす。たまねぎは繊維と直角に薄切り，リーキは小口切りにする。
② 鍋にバターを溶かし，たまねぎとリーキを弱火でしんなりするまで炒め，じゃがいもを入れて透明になるまで炒める。
③ ブイヨンを加え，中火で途中アクを取り除きながら，約20分煮る。
④ 粗熱を取り，裏ごす。冷めないうちにⓐを加えて味を調え，生クリームを加えて混ぜ，冷蔵庫で冷やす。
⑤ 冷やした器にスープを注ぎ，小口切りのあさつきを散らす。

170　Ⅳ. 西洋料理

● ポイント

① 冷製スープは砕いた氷を底に当てられる器を用いるとよい。温製スープとして用いてもよい。
② 塩味は同一濃度であっても低温になるほど強く感じるので，冷製は薄味に調味する。
③ じゃがいもの芽と皮の緑色部にはソラニンが含まれるので取り除く。ソラニンは加熱すると毒性が弱まる。
④ じゃがいもは種類によりでんぷん濃度が異なる。出来上がりのスープの粘度は液体で調整する。
⑤ 大量調理では牛乳を加えて加熱してから冷やす。
⑥ このスープはアメリカで創作された料理であるが，創作した料理長の出身地であるフランスのヴィシー地方から命名された。

クラムチャウダー　　（仏）Soupe aux clams　（英）Clam chowder

材料	1人分	5人分	備考
はまぐり（殻付き）	20g	200g	20個，殻付き500g
ぶどう酒（白）	20g	100g	
ⓐ ベーコン	8g	40g	
たまねぎ	20g	100g	
じゃがいも	30g	150g	
バター	4g	20g	
小麦粉	4g	20g	
ブイヨン	80g	400g	はまぐりの蒸し汁を加えた分量
ⓑ 牛乳	80g	400g	
クリーム	10g	50g	乳脂肪，生クリーム
ⓒ 食塩	1g	5g	仕上がり量の0.4%
こしょう	少量	少量	
パセリ	1g	5g	
ソーダクラッカー	6g	30g	1人2枚

エネルギー：265kcal，たんぱく質：9.1g，
脂質：14.8g，カルシウム：165mg，塩分：2.6g

① はまぐりは砂出しし，表面を洗う。鍋にはまぐりとぶどう酒を入れ，ふたをして約3分蒸し煮して殻をあけ，身を取り出す。蒸し汁はこす。
② ⓐは1cm角の色紙切りにする。
③ 鍋にバターを溶かしベーコンを炒め，油と香りを出す。たまねぎを加えて色付かないように2分炒め，透明になったら小麦粉を振り，焦がさないように約1分炒める。はまぐりの蒸し汁を加えたブイヨンを少しずつ入れて溶き伸ばす。じゃがいもを加え，弱火で20分煮る。
④ じゃがいもが煮えたらⓑを加え，はまぐりのむき身を入れⓒで調味する。
⑤ 皿に盛り，みじん切りのパセリを散らす。クラッカーは別皿に添え，割り入れて食べる。

● ポイント

① **チャウダー**は，はまぐり，かき，あさり等の貝類と白身魚，ロブスター，ベーコン，野菜（にんじん，セロリ等）を煮込んだ実沢山のアメリカ風スープである。ニューイングランド風は牛乳を用い，マンハッタン風はトマトを用いる。
② 貝類，ベーコン，クラッカーには塩分が含まれるので，スープの調味は控え目にする。浮き実のクラッカーは，スープのつなぎ，とろみ付けにもなる。小麦粉の量は少な目にする。

3. 魚料理　　（仏）Poisson　　（英）Fish

魚料理は正餐コースではスープの次に供される。魚介類は種類が豊富で，季節によっても品質が変動するので，適した調理法を用いる。西洋料理では加熱調理が多いが，独特の風味・食感を生かした生食調理もある。一般に，茹で煮，蒸し煮は淡白な風味の魚種に適し，濃厚なソースで仕上げる。風味に独特のくせがある魚種には香ばしさを与える焼く，揚げる等の調理法が適する（次頁表参照）。

にじますのバター焼き　　（仏）Truite à la meunière　　（英）Meunière of rainbow trout

材料	1人分	5人分	備考
にじます	100 g	500 g	5尾
ⓐ 食塩	1 g	5 g	魚の1％
こしょう	少量	少量	
牛乳	20 g	100 g	魚の20％
小麦粉	4 g	20 g	魚の4％
サラダ油	6 g	30 g	
バター	6 g	30 g	
アーモンドソース			
アーモンドスライス	8 g	40 g	魚の8％ アーモンド（乾）
バター	4 g	20 g	
レモン果汁	10 g	50 g	魚の10％
パセリ	1 g	5 g	

エネルギー：322kcal，たんぱく質：21.6 g，
脂質：23.1 g，カルシウム：49mg，塩分：1.3 g

① にじますはひれを切り取り，えらと内臓を割り箸で**つぼ抜き**する（p.14参照）。表面と腹腔内を流水でよく洗い，水気をふき取る。
② ⓐを振り10分おき，牛乳に10分漬ける。
③ 水気をふき取り，焼く直前に小麦粉を薄くまぶし，余分な粉をはたき落とす。
④ フライパンに油とバターを熱し，盛り付けるときに表になる側から中火で焼く。表面がこんがりと焼き色が付いたら，返して裏面も焼き，盛り付ける。
⑤ 別のフライパンにバターを溶かし，アーモンドを入れてかき混ぜ，薄く色付いたらレモン汁を加えて，アーモンドソースを作る。
⑥ 魚に⑤をかけて，ボイルドポテト（p.188参照）とパセリを添える。

● ポイント

① **ムニエル**は色々な魚に応用でき，これらを1尾付けか切り身にして使う。中心部まで火が通りにくい魚はフライパンで蒸し焼きにするか，バターをのせてオーブンで焼く。バターは多いほうが風味はよいが焦げやすいので，油と半々に用いる。ムニエルは粉屋の意味である。
② 小麦粉は魚の水分を吸収して，加熱により膜を形成し，身崩れや旨味の流出を防ぐ。小麦粉は焼く直前に付ける。余分な粉は焼きむらや焦げの原因になる。
③ アーモンドソースの代わりに，バターを加熱して薄茶色に焦がしたものにレモン汁を加えたソース（**ブール・ノアゼット**）もよい。
④ 魚を牛乳に漬けるのは，生臭みの成分を吸着して魚臭を抑え，加熱による色と香気を付与して食味を高める効果がある。

魚と肉の主な調理法（仏語／英語）

調理法	魚の調理法	肉の調理法
茹で煮	pocher／poach（ポシェ） 白身魚，かに，えびをクールブイヨン等の茹で汁で茹でる。 例）さけのポシェ	bouilli／boil（ブイイ） 塊の肉を多めの水かブイヨンで長時間煮る。汁はスープとして，肉は肉料理として用いる。肉質が硬い部位に適する。　例）ポトフ
蒸し煮	braiser／braise（ブレゼ） 大きめの材料を香味野菜と少量のワインやブイヨンと共に煮る。オーブンを用いる場合もある。 例）にしんの白ワイン蒸し煮	braiser／braise（ブレゼ） 魚と同じ マリネ液に漬けた後，蒸し煮する方法もある。 例）牛肉の蒸し煮
煮る	matelote／stew in wine（マトロット） 淡水魚をワインでゆっくり煮込む。 例）うなぎのマトロット	ragoût／stew（ラグー） 肉類を軽く炒めた後，茶色系か白色系のソースでゆっくり煮込む。肉質が固い部位に適する。 例）ビーフシチュー，アイリッシュシチュー
炒める	meuniére／meuniére（ムニエル） 小麦粉をまぶしてバターで焼く。一般的にムニエルと呼ばれる。　例）にじますのムニエル	sauter／sauté（ソテー） 少量の油で炒め，一般的にソテーと呼ばれる。魚にも用いる。　例）ビーフステーキ
網焼き	griller／grill（グリエ） 熱した網の上にのせて焼く。 例）たいの網焼き	griller／grill（グリエ） 魚と同じ。軟らかい肉や脂肪の多い肉に向く。 例）牛サーロインの網焼き
串焼き	brochette／brochette（ブロシェット） 材料に串を打ち，焼く。 例）かきのベーコン巻きブロシェット	brochette／brochette（ブロシェット） 魚と同じ。 例）子羊肉の串焼き
紙包み焼き	papillote／papillote（パピヨット） パラフィン紙やアルミホイルで包んで焼く。 例）あまだいの紙包み焼き	papillote／papillote（パピヨット） 魚と同じ。 例）子牛肉の紙包み焼き
グラタン	gratiner／gratin（グラティネ） 下調理した材料にソースをかけて，チーズ，パン粉，バターをのせてオーブンで焼き色を付ける。 例）帆立貝のグラタン	gratiner／gratin（グラティネ） 魚と同じ。 例）チキングラタン
蒸し焼き	rôtir／roast（ロティール） 丸ごとの魚をオーブンで蒸し焼きにする。 例）すずきのロースト	rôtir／roast（ロティール） 大きな塊の肉をオーブンで蒸し焼きにする。 例）ローストチキン，ローストビーフ
揚げる	frire／fry（フリール） 素材のままか小麦粉，パン粉，溶き衣を付けて油で揚げる。　例）ひらめのフリッター	frire／fry（フリール） 魚と同じ。 例）チキンカツレツ
冷製	chaud-froid／chaudfroid（ショーフロア） 加熱した後，冷やす。ソースをかけることもある。 例）さけの冷製	chaud-froid／chaudfroid（ショーフロア） 魚と同じ。調理肉，加工肉を冷たく仕上げる。 例）コールドポーク，ガランティーヌ，パテ
漬ける	mariner／marinade（マリネ） 漬け汁（酢，ワイン，香辛料，香味野菜）に漬ける。　例）いわしのマリネ	mariner／marinade（マリネ） 魚と同じ。 例）ローストビーフのマリネ

2．西洋料理の調理　173

魚の紙包み焼き　(仏) Poisson en papillote
（ポアソン　アン　パピヨット）

材料	1人分	5人分	備考
あまだい	70 g	350 g	5切れ，ひらめ，たら
ⓐ 食塩	0.7 g	3.5 g	魚の1%
こしょう	少量	少量	
ぶどう酒	3 g	15 g	白，魚の4%
小麦粉	3 g	15 g	
サラダ油	5 g	25 g	
シャンピニオンデュクセル			
たまねぎ	16 g	80 g	エシャロットも可
マッシュルーム	16 g	80 g	5個
バター	2 g	10 g	
トマトピューレ	6 g	30 g	魚の9%
食塩	0.4 g	2 g	魚の0.6%
レモン	15 g	75 g	薄切り，5枚
クッキングシート			5枚（25×30cm）アルミホイルも可

エネルギー：146kcal，たんぱく質：13.4 g，脂質：7.0 g，カルシウム：39mg，塩分：1.4 g

① 魚にⓐをかけて15分おく。水気をふき取り小麦粉をまぶし，油を熱したフライパンで焼く。

② たまねぎはみじん切り，マッシュルームは薄切りにする。バターで炒め，トマトピューレを加えて煮詰め，塩で調味してシャンピニオンデュクセルを作る。

③ 魚の大きさより大きめのクッキングシートを用意し，半分に折り，図のように切る。シートに魚をのせ②をかけ，レモンの薄切りをのせる。シートを折り，ふちを折り曲げ，空気を入れないように包む。

紙の包み方

④ 200℃のオーブンでシートの表面が少し焦げて膨らむまで，約10分焼く。

ポイント

① **紙包み焼き**は食材を紙やアルミホイルに包んで蒸し焼きにして，香りと旨味を閉じ込める調理法である。きれいに焼き色がついた紙をナイフで切り開くと，良い香りが広がる。白身魚，えび，鶏肉，豚肉に適する調理法である。

② オーブンで焼く代わりに，フライパンで蒸し焼きにしてもよい。

弁当箱の大きさ

弁当箱の大きさの目安は，1食に必要なエネルギー量（kcal）と同じ容量（mL）の弁当箱を選ぶとよい。つまり，弁当のエネルギー量と弁当箱の容量をほぼ同じと考える。成長期の子どもや，スポーツを行っている子どもの場合は，体格や活動量により，好ましい弁当箱の大きさは異なるので，個人の活動量や消費カロリーに合わせて弁当箱の大きさを選ぶとよい。

IV. 西洋料理

ひらめのフリッター　　（仏）Beignets de barbue　（英）Fritter of flounder

ベニエ　ド　バルビュウ

材料			1人分	5人分	備考
ひらめ			70g	350g	5切れ
ⓐ		食塩	0.7g	3.5g	魚の1%
		ぶどう酒	3g	15g	白, 魚の4%
		こしょう	少量	少量	
衣					
	鶏卵		10g	50g	1個
ⓑ		牛乳	12g	60g	
		サラダ油	0.8g	4g	
		食塩	0.2g	1g	魚の0.3%
	小麦粉		12g	60g	
揚げ油			適量	適量	吸油率10%
タルタルソース					
	たまねぎ		3g	15g	
	ピクルス		2g	10g	きゅうり（ピクルス・スイート型）
	パセリ		0.2g	1g	
	鶏卵		10g	50g	1個（固茹で）
ⓒ		マヨネーズ	4g	40g	
		レモン（果汁）	0.6g	3g	ソース材料の3%
		食塩	0.2g	1g	ソース材料の0.6%

エネルギー：338kcal，たんぱく質：18.9g，
脂質：23.0g，カルシウム：45mg，塩分：1.4g

① 魚は幅3cm長さ7cmに切り，ⓐを振る。
② 卵を卵黄と卵白に分ける。卵黄とⓑをよく混ぜ，ふるった小麦粉と固く泡立てた卵白を軽く合わせ，衣を作る。
③ 魚の水気をふき取り，②の衣をたっぷり付けて，160〜170℃の油で薄く色付くまで約3分揚げる。
④ たまねぎはみじん切りにして水にさらし，絞る。ピクルス，パセリ，固茹で卵はみじん切り。これらをⓒと合わせ，タルタルソースを作る。
⑤ 揚げたての魚を皿に盛り④をかけ，ボイルドポテトとフライドパセリ（p.188参照）を添える。

🔴 **ポイント**
① **フリッター（ベニエ）** は衣揚げの一種であり，卵白を固く泡立てて衣に加えて，ふっくらと揚げたもの。揚げる材料はきす，えび，鶏肉，ハム，チーズ，りんご，バナナ等応用範囲が広い。果実類を揚げる衣には少量の砂糖を入れる。
② 火が通り難い具材は下茹でするか，小さく切る。衣が空気中の水分を吸収しないうちに，揚げたてを食す。

バランスのよい弁当

弁当の基本は，主食3・主菜1・副菜2の割合にすると栄養のバランスがとりやすい。主食を弁当箱の面積の半分に詰める。残りの1/3に主菜，更に残りの2/3に副菜を詰める。主食は，ご飯やおにぎり等の炭水化物，主菜は肉，魚，卵等のたんぱく質を多く含む食材を用いる。副菜は野菜，きのこ類，海藻等ビタミン，ミネラル，食物繊維を多く含む食材である。彩りを考えながら詰めるとよい。味や調理法については，単調にならないように留意する。また，果物は旬の食材を使用すると季節感を出しやすい。

さけの冷製　（仏）Chaud-froid de saumon　（英）Cold salmon

材料		1人分	5人分	備考
しろさけ（生）		80 g	400 g	5切れ
クールブイヨン				
ⓐ	水	60 g	300 g	
	ぶどう酒	10 g	50 g	白
	たまねぎ	4 g	20 g	
	にんじん	4 g	20 g	
	食塩	0.8 g	4 g	魚の1％
	レモン	6 g	30 g	2枚（輪切り）
	ローリエ		0.25 g	1枚
	白こしょう		0.1 g	1粒
ソース・マヨネーズ・コレ				
	粉ゼラチン	1.6 g	8 g	ソース材料の8％
	水	10 g	50 g	
	マヨネーズ	10 g	50 g	
アスピックゼリー				
	ブイヨン	60 g	300 g	
	食塩	0.6 g	3 g	ブイヨンの1％
	粉ゼラチン	1 g	5 g	ブイヨンの1.7％
ミニトマト		15 g	75 g	5個
クレソン		1 g	5 g	葉のみを用いる

エネルギー：194kcal，たんぱく質：21.2 g，
脂質：10.8 g，カルシウム：19mg，塩分：1.3 g

① 鍋にⓐを入れ，10分煮てこす。魚を入れ沸騰後，弱火で5分茹で，鍋ごと冷ます。魚を取り出し，骨や皮を除く。
② 粉ゼラチンを水に入れて，膨潤させ，湯せんで溶かす。マヨネーズを加えてソース・マヨネーズ・コレを作る。
③ 網をのせたバットに魚を並べ，②をかける。
④ ブイヨンを温め，塩で調味し，粉ゼラチンを入れて溶かし，アスピックゼリーを作る。
⑤ 皮を湯むきしたトマトは薄く帯状にむき，ばらの花のように巻いて底の部分に④を付けて魚にのせる。クレソンの葉も④を付けてトマトの脇に飾る。
⑥ ④を魚全体に薄くかけ，つやを出す。ゼリーの残りはバットに入れ冷蔵庫で固め，みじん切りにして器に敷き，その上に魚を盛る。

● ポイント

① ますやさわらでもよい。前菜として用いてもよい。
② **chaud-froid**（ショウ フロワ）は魚，鶏肉等を用いて作る冷製料理で，熱して調理し（chaud，熱い），冷やして食す（froid，冷たい）ことから名付けられた。肉類にはゼラチン入りの白色または茶色の sauce chaud-froid（ソース ショー フロワ），魚類にはゼラチン入りマヨネーズである sauce mayonnaise colée（ソース マヨネーズ コレ）をかける。魚の場合はタルタルソースをかけてもよい。
③ **アスピック**は肉や魚等のゼラチン質を含んだブイヨンから作ったゼリー液で肉，魚，卵，野菜等のゼリー寄せや冷製料理のつや出し用，付け合わせ用に冷やし固めて用いる。

● 弁当作りのコツ

弁当を作る時のポイントとしては，①冷めてもおいしいもの，②汁がこぼれないもの，③いたまないもの，④隙間なく詰める，⑤彩りよく詰める，⑥弁当箱が食べる人に合った大きさ，⑥主食3，主菜1，副菜2の割合で詰める等がある。その他，味は濃淡を付け，同じ調味料の味付けが重ならないようにすることが大切である。調理法も重ならないように考慮する。様々な調理法を用いることにより，栄養素の偏りを防ぐことにもつながる。また，箱というシンプルな中に詰めるため，食材の彩りや形等見た目を美しくする工夫が必要である。

IV. 西洋料理

いわしのマリネ　　（仏）Sardine mariné
（サルディンヌ　マリネ）

材料		1人分	5人分	備考
いわし		50 g	250 g	5尾，正味
ⓐ	食塩	1.5 g	7.5 g	魚の3％
	こしょう	少量	少量	
果実酢		4 g	20 g	魚の8％
ラヴィゴットソース				
	たまねぎ	15 g	75 g	
	赤ピーマン	10 g	50 g	
	セロリ	15 g	75 g	
ⓑ	果実酢	8 g	40 g	魚の16％
	レモン	4 g	20 g	果汁，魚の8％
	ぶどう酒	8 g	40 g	白，魚の16％
	食塩	0.8 g	4 g	魚の1.6％
	こしょう	少量	少量	
	サラダ油	8 g	40 g	
ローリエ			0.5 g	2枚
タイム		少量	少量	
パセリ		1 g	5 g	
レモン		15 g	75 g	輪切り5枚

① いわしは**手開き**にし（p.15参照），三枚におろし，ざるに並べてⓐを振り20分おく。酢で洗い（酢洗い），頭から皮をむき，一枚を2つにそぎ切りにする。

② たまねぎ，赤ピーマンは種を除いてせん切り，セロリは筋を除いて斜めの薄切りにする。ⓑをよく混ぜ合わせ，ローリエ，タイムを加え，野菜類と合わせてラヴィゴットソースを作る。

③ いわしに②をかけて，冷蔵庫で1時間冷やす。

④ ローリエを取り除いて皿に盛り，みじん切りのパセリを振り，レモンの輪切りをのせる。

エネルギー：210kcal，たんぱく質：10.5 g，脂質：15.1 g，カルシウム：59mg，塩分：2.4 g

ポイント

① **マリネ**は食材を漬け汁に漬けることで，風味付けと保存を目的に行う。魚介類ではあじ，さけ，こはだ，わかさぎ，いか，たこ等に用いる。

② マリネをする前にいわしに塩を振るのは，脱水作用により身を締めるためである。さらにマリネ液中の酢の酸によりいわしのたんぱく質が変性し，身が締まる。

③ いわしは，**手開き**にすると小骨もきれいに取れる。

4つのお皿

主食・主菜・副菜・汁物の4つの皿のそろった日本型の食事は栄養バランスがとりやすい食事のモデルとして，世界的にも注目されている。主食の皿は食事の中心的な位置を占める穀類を主材料とし，ご飯，パン，麺類等で，炭水化物が主体でエネルギー源となる。主菜の皿は魚，肉，卵，大豆製品を主材料とし，メインディッシュとなる料理を指し，良質なたんぱく質や脂質の給源である。副菜の皿は野菜，芋，きのこ，海藻を主材料とし，量的には主菜よりも少なめであるが，献立の季節感，味覚的なバランスを考えるうえで，大きな役割を果たし，ビタミン，ミネラル，食物繊維が摂取できる。汁物は食事中の水分補給の役割を果たすと共に，色々な具を使うことで不足しがちな栄養素を補うことができることから，具沢山の汁物が推奨される。

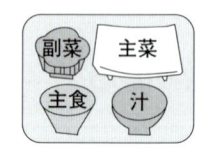

2．西洋料理の調理

帆立貝のプロヴァンス風　　（仏）Coquilles Saint-Jacques à la provençale

材料	1人分	5人分	備考
帆立貝（貝柱）	50 g	250 g	10個
ⓐ 食塩	0.5 g	2.5 g	材料の1％
ⓐ こしょう	少量	少量	
小麦粉	3 g	15 g	
オリーブ油	2 g	10 g	
プロヴァンサルソース			
にんにく	1 g	5 g	1片
たまねぎ	8 g	40 g	
トマト	40 g	200 g	完熟，中1個
オリーブ油	1 g	5 g	
ⓑ ぶどう酒	3 g	15 g	白
ⓑ レモン	0.6 g	3 g	果汁，ソースの3％
ⓒ 食塩	0.14 g	0.7 g	ソースの0.7％
ⓒ こしょう	少量	少量	
パセリ	0.6 g	3 g	

① 帆立貝は殻から貝柱を切り離し，2～3つに切る。ⓐを振り小麦粉をまぶす。フライパンに油を熱し，強火で貝柱を焼く。

② にんにくとたまねぎはみじん切りにする。トマトは皮を湯むきして，種を除き，粗みじん切りにする。鍋に油を熱し，にんにくとたまねぎを炒め，トマトとⓑを加えとろみが付くまで煮詰める。ⓒで調味し，みじん切りのパセリを加え，プロンヴァンサルソースを作る。

③ 帆立貝の殻に①を盛り付け，上から②をかける。ボイルドポテトかパセリを付け合わせとする。

エネルギー：102kcal，たんぱく質：9.6 g，脂質：3.2 g，カルシウム：11mg，塩分：0.8 g

🔴 **ポイント**

① **プロヴァンス風料理**はトマト，にんにく，オリーブ油，ハーブを用いるのが特色である。プロヴァンサルソースは魚，肉，卵，野菜に利用できる。ソースの酸味が強い場合は砂糖を少し加える。

かにのクリームコロッケ　　（仏）Croquettes de crabe　　（英）Cream crab croquette

材料	1人分	5人分	備考
かに（缶）	20 g	100 g	たらばがに
鶏卵	10 g	50 g	1個，固茹で
たまねぎ	20 g	100 g	1/2個
バター	2 g	10 g	
マッシュルーム	15 g	75 g	中4個
クロケット用ベシャメルソース	60 g	300 g	
小麦粉	6 g	30 g	コロッケ材料の5％
鶏卵	12 g	60 g	コロッケ材料の10％
生パン粉	6 g	30 g	コロッケ材料の5％
揚げ油	適量	適量	吸油率10％
パセリ	10 g	50 g	
レモン	12 g	60 g	

① かには軟骨を除き，細かくほぐす。茹で卵の黄身はほぐし，白身は粗みじん切りにする。

② たまねぎはみじん切りにして，バターで炒め，マッシュルームの薄切りも加えて炒める。

③ クロケット用のベシャメルソース（ホワイトソース）（p.161参照）を作り，①②を加えて混ぜ，バットに広げ冷ます。

④ 手に油（分量外）をつけて，等分してクロケット型（たわら型）に成形し，小麦粉，溶き卵，生パン粉を付けて，約180℃の油で揚げる。

⑤ パセリの水気をよくふいて，約160℃の油で30秒ほど揚げ（フライドパセリ），レモンのくし型切りと共に添える。

エネルギー：393kcal，たんぱく質：11.7 g，脂質：29.3 g，カルシウム：135mg，塩分：1.1 g

IV. 西洋料理

ポイント

① **コロッケ**は，フランス語の「クロケット」（運動具のクロケーに形が似ている）から転じたもので，フライ衣をつけた揚げ物料理の一種。クリームコロッケの主材料はえび，鶏肉，ハムでもよい。一品料理としても，また小型に成形して温製前菜や付け合わせとしても用いる。

② コロッケは揚げ油の温度が低いと破裂しやすく，高すぎると表面のみが焦げる。また生地の温度が高くても破裂することがある。

えびグラタン　（仏）Crevette au gratin（クルヴェット　オ　グラタン）　（英）Shrimp gratin

材料	1人分	5人分	備考
マカロニ（乾）	30 g	150 g	ゆで上がり約2.3倍
たまねぎ	24 g	120 g	小1個
しばえび	20 g	100 g	無頭
マッシュルーム	10 g	50 g	中5個
レモン	1 g	5 g	果汁
バター	8 g	40 g	
食塩	0.9 g	4.5 g	材料の1％
こしょう	少量	少量	
ベシャメルソース			
バター	8 g	40 g	
小麦粉	8 g	40 g	
牛乳	100 g	500 g	
食塩	1 g	5 g	牛乳の1％
こしょう	少量	少量	
バター	適量	適量	グラタン用
パルメザンチーズ	3 g	15 g	
生パン粉	3 g	15 g	T5
バター	7 g	35 g	

エネルギー：431kcal，たんぱく質：14.0 g，
脂質：24.4 g，カルシウム：178mg，塩分：2.8 g

① マカロニを，重量の約7倍の水に塩（水重量の約0.5％）を加えた中で，硬目に茹で（約12分），ざるにあげる。オーブンを210℃に温めておく。

② たまねぎは薄切り，マッシュルームは薄切りにしてレモン汁を振りかけておく。えびは背わたを取る。

③ フライパンにバターを溶かして②を炒め，①を加えて混ぜ，塩，こしょうで味を調える。

④ ベシャメルソースを作る（p.161参照）。

⑤ グラタン皿にバターを塗り，④の1/3量を敷き，③を盛り付け，残りのソースをかける。生パン粉，パルメザンチーズを振りかけ，バターを小さくちぎってのせる。

⑥ オーブンで上面に焦げ目がつくまで約7分焼く。

ポイント

① 表面に焦げ目の薄い膜ができるように焼き，中身は蒸し焼き状態で滑らかな舌触りに仕上げる。

② マッシュルームは生で食べられるが，含有する酵素（ポリフェノールオキシダーゼ）の作用で褐変しやすい。そのためレモン汁や食酢をかけるとよい。

③ グラタンは本来，鍋の底が焦げた状態をいう。フランス語で削るという意味のgrattórが転じてグラタンと名付けられた。

4. 肉料理　（仏）Viande（ヴィアンド）　（英）Meat

欧米の食の歴史が肉中心であったことから，肉料理は西洋料理の最も重要な料理であり，メインディッシュとして供される。正式なフルコース料理では魚料理の次に出されるのがEntrée（アントレ）（主となる肉料理），続いて異なる種類の肉がRôti（ロティ）（蒸し焼き肉料理；ロースト）として供される。肉料理には牛，豚，鶏が多く使用されるが，ラム（子羊），子牛，鴨（かも），七面鳥も用いられる。欧米では野うさぎや鹿等の狩猟によって捕らえたgibier（ジビエ）（猟鳥獣）が珍重されている。食肉は内臓類も含めて種類や部位により肉質や味が異なるので，その特徴を活かす適切な調理法を用いることが大切である。代表的な調理法はp.172を参照。

ビーフステーキ　メートル・ドテルバター添え
（仏）Bifteck à la maître d'hôtel（ビフテック　ア　ラ　メートル　ドテル）　（英）Beef steak with lemon butter sauce

材料	1人分	5人分	備考
牛肉	150 g	750 g	5枚，ヒレ，サーロイン
ⓐ 食塩	1.2 g	6 g	肉の0.8%
こしょう	少量	少量	
サラダ油	7.5 g	37.5 g	肉の5%
バター	7.5 g	37.5 g	肉の5%
ブランデー	3 g	15 g	肉の2%
メートル・ドテルバター			
バター	6 g	30 g	
ⓑ レモン	1 g	5 g	果汁
パセリ	0.2 g	1 g	みじん切り
クレソン	10 g	50 g	10茎

エネルギー：464 kcal，たんぱく質：29.9 g，
脂質：35.1 g，カルシウム：20 mg，塩分：1.6 g

① 肉は焼く前に室温におく。肉たたきで軽くたたき，繊維をつぶし軟らかくする。包丁の先で筋を約3 cmおきに切り，形を整える。焼く直前にⓐを振る。

② 厚手のフライパンに油とバターを熱し，肉の表から強火で焼く。フライパンを前後に動かして熱が平均に通るようにする。裏に返して弱火にして，好みの焼き加減に仕上げる。途中で焼き汁をかけて，表面が乾かないようにする。最後にブランデーをかけ，アルコール分を飛ばして，風味を付ける（フランベ）。温めた皿に盛る。

③ クリーム状に軟らかくしたバターにⓑを加えて練り，ラップフィルムで直径約2.5 cmの筒状になるように包み，冷やし固めてメートル・ドテルバターを作る。1.5 cm厚さに切り，肉にのせる。

④ クレソンを添え，フライドポテト，にんじんのグラッセを付け合わせる（p.188参照）。

ポイント

① 初めに強火で肉の表面をすばやく焼き固め，肉汁を内部に閉じ込める。フライパンは厚手のものを用いて，温度変化を最小限に止める。

② ステーキ用牛肉には軟らかい部位の肉を用い，小さ目でも厚みのあるほうがおいしい。1切れは厚さが1.5〜2 cm，重さが100〜250 gがよい。塊肉を切ってステーキ用にする場合は，筋肉の線維を断ち切るように切り分けるとよい。ヒレ肉を用いるとtenderloin steak（テンダーロイン　ステーキ）と呼ばれる。サーロインの部位は霜降り肉になりやすく，肉質はきめが細かく軟らかく，ステーキとしては最高の部位である。

③ 焼き縮みを防ぐには，赤身と脂身の間にある膜や筋を切る。均一に焼くためには肉たたきでたたく。ヒレ等の軟らかい部位はたたく必要はない。

④ ステーキやローストは加熱程度（焼き加減）により内部の状態が異なり，それぞれ特徴ある風味，テクスチャーが得られる。ステーキの加熱時間は，片面のおよその目安としてレアー1分，ミディア

ム 2.5 分，ウェルダン 3 分以上である。

肉の加熱程度と内部の状態

加熱程度		内部温度 (℃)	中心部の色	状態
(英)	(仏)			
rare レアー	**saignant** セニャン	55〜60	鮮赤色	表面は焼けているが，内部は生焼き状で軟らかく，赤い肉汁が多く出る
medium ミディアム	**à point** ア・ポワン	65〜70	バラ色	表面は灰褐色，内部は赤色が減少，肉汁は多少出て，体積が少し収縮
well-done ウェルダン	**bien cuit** ビヤン・キュイ	70〜80	灰褐色	中心部まで火が通り，内部も灰褐色，肉汁少なく，収縮が大きく，硬い

⑤ 肉色素ミオグロビンは空気中の酸素に触れると，鮮赤色のオキシミオグロビンになる。加熱すると灰褐色のメトミオクロモーゲンに変化する。

⑥ 食塩は焼く直前に振る。振ってから時間がたつと肉内部から水分が出て，焼くとぱさつく。

⑦ 肉の軟化法には，1) 果汁や食酢に漬けて，肉の等電点より酸性側に移行させる，2) たんぱく質分解酵素（プロテアーゼ）を含むパパイヤ，パイナップル等の汁をかける，3) 保水性を高める油や砂糖をかける，がある。

⑧ 「メートル・ドテル」は給仕長，ボーイ長の意。

ビーフシチュー英国風　(仏) Ragoût de bœuf à l'ánglaise　(英) Beef stew English style

（ラグー　ド　ブッフ　ア　ラングレーゼ）

材料	1人分	5人分	備考
牛ばら肉	100 g	500 g	
ⓐ 食塩	1 g	5 g	肉の 1 %
こしょう	少量	少量	
小麦粉	3 g	15 g	肉の 3 %
サラダ油	5 g	25 g	肉の 5 %
ぶどう酒	10 g	50 g	赤，肉の 10 %
ⓑ ブイヨン	300 g	1500 g	肉の 3 倍
トマトピューレ	20 g	100 g	肉の 20 %
ブーケガルニ			
ローリエ		0.25 g	1 枚
セロリ	1 g	5 g	5 cm
パセリの茎	0.2 g	1 g	5 cm
ブラウンルー			
バター	6 g	30 g	肉の 6 %
小麦粉	6 g	30 g	肉の 6 %
小たまねぎ	40 g	200 g	10 個（ペコロス）
にんじん	30 g	150 g	1 本
じゃがいも	60 g	300 g	中 3 個
ⓒ 食塩	1 g	5 g	肉の 1 %
こしょう	少量	少量	
パセリ	1 g	5 g	

エネルギー：600 kcal，たんぱく質：21.0 g，脂質：43.1 g，カルシウム：48 mg，塩分：3.8 g

① 肉は約 4 cm 角に切り，ⓐを振り，小麦粉を付ける。フライパンで油を熱し，肉の表面を薄茶色に焼き（rissoler リソレ），煮込み鍋に移し，油は別皿にとる。フライパンにぶどう酒を入れ，木じゃくしで底をこすって肉汁を鍋に入れる。(dégraisser デグラッセ)

② ①の鍋にⓑを加えて中火にかけ，煮立つ前に浮いたアクをすくい取る。ブーケガルニ（ポイント参照）を入れて，ふたをして約 1.5 時間弱火で煮込む。

③ フライパンにバターを溶かし，小麦粉を入れて褐色になるまで炒めてブラウンルーを作る。②の煮だし汁を少しずつ加えてのばし，ソースを作り，鍋に戻す。

④ たまねぎは皮をむく。にんじん，じゃがいもは皮をむき，シャトー型に切る。①の油で炒めて，③へにんじん，たまねぎ，じゃがいもを加え 30 分煮る。ブーケガルニを取り除き，ⓒで調味する。

2．西洋料理の調理

⑤　深皿に盛り付け，パセリのみじん切りを振る。

ポイント

① 煮込み料理には結合組織を多く含む硬いばら肉，すね肉，肩肉を用いる。これらの肉は水分と共に長時間加熱すると，結合組織たんぱく質のコラーゲンがゼラチンに変化し，筋肉の繊維がほぐれて肉質が軟らかくなる。長時間の煮込みには厚手で深めの鍋がよい。
② **シチュー**はソースの旨味と肉の味を賞味する。煮込みを作る時は肉に小麦粉をまぶし，表面をさっと焼く（**リソレ**）。これは肉の表面のたんぱく質を凝固させ，旨味成分を内部に残し，焼くことで香ばしい香りが付き，長時間煮込んでも形が崩れない等の効果がある。小麦粉は煮込んでいる間にだし汁に溶け出し，だし汁に粘りととろみを付ける。
③ リソレした後のフライパンには肉汁が付着しているので，ワインを少量加えて煮溶かすことを**デグラッセ**という。この調理操作はルーに色やコクを与える重要なポイントである。
④ **bouqet garni**(ブーケ ガルニ)は香草の束のこと。パセリ，ベイリーフ，セロリ，にんじん，たまねぎ等の香草を数種類束ねたもので，煮込み料理，ブイヨンの風味付けに用いる。

ポークソテー　アップルソース添え

（仏）Côtelette de porc sauce aux pommes(コートレット ド ポール ソース オー ポム)

（英）Pork chop with apple sauce

材料	1人分	5人分	備考
豚ロース肉	100 g	500 g	5枚
ⓐ 食塩	0.8 g	4 g	肉の0.8%
こしょう	少量	少量	
小麦粉	5 g	25 g	肉の5%
ⓑ バター	4 g	20 g	肉の4%
サラダ油	4 g	20 g	肉の4%
ぶどう酒	10 g	50 g	白，肉の10%
アップルソース			
りんご	50 g	250 g	肉の50%
ⓒ レモン	3 g	15 g	輪切り1枚
食塩	0.2 g	1 g	肉の0.2%
砂糖	1 g	5 g	肉の1%
水	10 g	50 g	
バター	1 g	5 g	肉の1%

エネルギー：395kcal，たんぱく質：19.9 g，脂質：27.4 g，カルシウム：10mg，塩分：1.2 g

① 肉は筋を約3cm間隔に切り，肉たたきで平らにして形を整える。焼く直前にⓐを振る。小麦粉をまぶし，余分な粉をはたき落とす。
② フライパンにⓑを熱し，表側から強火で焼き，焼き色が付いたら裏に返す。強火で少し焼いたら，油を捨て，ぶどう酒をかけてふたをして弱火で蒸し焼きにして，中心部まで火を通す。
③ りんごはいちょう切りにし，ⓒと共にホーロー鍋に入れて，軟らかくなるまで煮る。裏ごしして，バターを加えてアップルソースを作る。
④ 肉を皿に盛り③をかける。ほうれんそうのバター炒め，パスタバター和え，焼きトマト等を添える（p.188参照）。

ポイント

① **豚肉**はトキソプラズマ病や豚肺虫症等を発症する寄生虫がいる場合やE型肝炎（ウイルス性肝炎）に感染する場合があるので充分に火を通す。豚肉は縮みやすいので弱火でじっくり焼く。小麦粉をまぶすと肉表面のでんぷんが加熱により糊化して，肉汁の流出を防ぎ，香ばしい加熱香も生じる。
② 骨付きロース肉のソテーは**ポークチョップ**（pork chop）という。骨付き肉は加熱しても肉が縮みにくい特徴がある。

③　りんごは裏ごしせずに肉の上にのせてもよい。豚肉は甘酸っぱい味と相性がよいので，オレンジ，レモン，パイナップル，洋梨を添えてもよい。アップルソースにシナモンを加えると風味が増す。

鶏肉のクリーム煮　(仏) Fricassée de poulet
フリカッセ　ド　プーレー

材料	1人分	5人分	備考
若鶏もも肉	80 g	400 g	
ⓐ 食塩	0.6 g	3.2 g	肉の0.8%
こしょう	少量	少量	
たまねぎ	10 g	50 g	
小たまねぎ	40 g	200 g	10個（ペコロス）
かぶ	30 g	150 g	3〜4個
マッシュルーム	30 g	150 g	10個
サラダ油	5 g	25 g	
ぶどう酒（白）	6 g	30 g	
ブイヨン	100 g	500 g	
ベシャメルソース			
ⓑ バター	4 g	20 g	
小麦粉	4 g	20 g	
煮汁	80 g	400 g	
牛乳	40 g	200 g	
ⓒ 食塩	0.4 g	2 g	ソース材料の0.3%
こしょう	少量	少量	
クリーム	6 g	30 g	乳脂肪，生クリーム
パセリ	1 g	5 g	

エネルギー：275kcal，たんぱく質：19.7 g，脂質：15.8 g，カルシウム：80mg，塩分：1.8 g

①　肉は一口大のそぎ切りにしてⓐを振る。
②　たまねぎはみじん切り，小たまねぎは根元に十字の切込みを入れる。かぶは1.5cm角切り，マッシュルームは半割りにする。
③　鍋に油を熱し，肉を炒めて取り出す。たまねぎをしんなりするまで炒め，小たまねぎ，かぶ，マッシュルームも加えてさっと炒める。肉を戻してぶどう酒をかけ，アルコール分を飛ばしてからブイヨンを加え，アクを取りながら15分煮る。
④　ⓑでルーを作り，③の煮汁と牛乳で伸ばし，ⓒで調味してベシャメルソースを作る（p.161参照）。③に戻し，弱火で10分煮る。仕上げに生クリームを加える。
⑤　深皿に盛り，パセリのみじん切りを散らす。

ポイント
①　野菜はにんじん，カリフラワー，じゃがいもを加えてもよい。
②　**fricassée**（フリカッセ）は本来子羊を用いた料理であり，子牛を使うこともある。

砂糖の話

　砂糖は，今から2300年前，アレクサンダー大王一行がさとうきびを発見したことから始まる。マルコポーロやコロンブスによりインドから世界へと広まったといわれている。日本に砂糖が伝わったのは，8世紀頃で，当時は非常に少量で貴重であったため薬として利用されていた。徳川吉宗がさとうきび栽培を奨励したことにより，江戸時代には庶民にも砂糖が広く普及した。砂糖をはじめとする甘いものは，脳のエネルギー源として重要である。疲労時に甘いものが欲しくなったりするのは，脳がエネルギーを欲しているためである。現在では，生活習慣病予防や治療のため砂糖に代わるさまざまな種類の代替甘味料も多く出回るようになった。

ローストチキン　　（仏）Poulet rôti （プーレー ロティ）　　（英）Roast chicken

材料	1人分	5人分	備考
若鶏	144 g	720 g	1羽（約1200 g）
ⓐ 食塩	0.9 g	4 g	肉の0.6%
こしょう	少量	少量	
たまねぎ	20 g	100 g	
にんじん	10 g	50 g	香味野菜
セロリ	10 g	50 g	
バター	2 g	10 g	
サラダ油	4 g	20 g	
鶏のブイヨン	40 g	200 g	または熱湯
グレービーソース			
ぶどう酒	1 g	5 g	赤
ⓑ 食塩	0.2 g	1 g	ソースの1.5%
こしょう	少量	少量	
たこ糸			
つまようじ			
マンシェット			2個, 半紙1/2枚
紅白リボン			

エネルギー：340kcal, たんぱく質：23.3 g,
脂質：25.8 g, カルシウム：8 mg, 塩分：1.3 g

① 鶏は首の皮だけ残して，首の骨を落とす。表面と腹の内部をよく水洗いして水気をふき，表面と腹の内部にⓐをすり込む。香味野菜は薄切りにして，半量を腹の中に入れる。

② 首の皮を背中に回し，つまようじで固定する。手羽を背中（後ろ側）にねじる。図のように形を整え，たこ糸で両脚を結び，手羽はつまようじで固定する。表面にバターをすり込む。

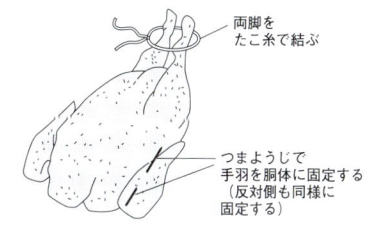

ローストチキンの成形

③ 天板に油を塗り香味野菜の残りをのせ，その上に鶏をおく。200℃のオーブンで15分焼き，表面に焼き色をつける。鶏にブイヨンと天板にたまった焼き汁をかけ，180℃で約50分焼く。途中3回程，鶏の向きを変えて焼き汁をかけ，全体を色よく焼く。

④ 竹串をももに刺して透明な汁が出てくれば焼き上がり。鶏を深鍋に移し，10分保温する。たこ糸とつまようじを取り除く。

⑤ 天板の焦げた野菜は捨て，ブイヨンを加えて焼きかすを木じゃくしでこそぎ取り，鍋にこし入れる。ぶどう酒と④の深鍋の汁も加え，アクを除きながら約半量まで煮詰める。ⓑで調味してグレービーソースを作る。ソースポットに入れ，ソースレードルを添える。

⑥ 楕円形の大皿に鶏を盛り，脚先にマンシェット（仏；manchette）を飾り，リボンを結ぶ。付け合わせにクレソン，フライドポテト，焼きトマト，芽キャベツ，にんじん，さやえんどう，カリフラワー等のソテー（p.188参照）を周りに添える。

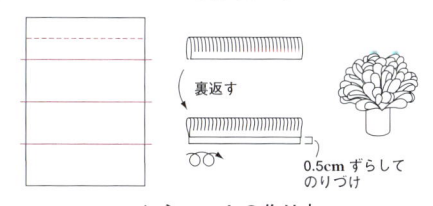

マンシェットの作り方

⑦ サービスはもも肉，手羽肉，むね肉，ささ身肉等の部位に切り分け，付け合わせと共に，各人のミート皿に取り分け，ソースをかける。

IV. 西洋料理

🔴 **ポイント**

① 若鶏の代わりに骨付きもも肉や七面鳥を用いてクランベリーソースを添えることもある。
② **ロースト**は丸ごとの鶏や肉の塊をオーブンで蒸し焼きにする調理法で，肉自身が持つ旨味を引き出すのに適し，食卓に豪華さを提供する。単純な調理法であるが，肉質を選び，焼き方には次の点を留意する。
  1) 肉を成形して，水分の蒸発を少なくする。
  2) オーブンで長時間焼くと肉が乾いてくるので，焼き汁を時々かける（arroser アロゼ）。香ばしい焼き色と風味も増す。
  3) 焼き上がってもすぐには切り分けず，保温しながらしばらく休ませ，肉汁が流れ出るのを防ぐ。

チキンカツレツ ウイーン風　（仏）Poulet à la viennoise　（独）Wiener schnitzel

材料	1人分	5人分	備考
鶏むね肉	80 g	400 g	皮なし，5枚
ⓐ 食塩	0.6 g	3.2 g	肉の0.8%
こしょう	少量	少量	
小麦粉	4 g	20 g	肉の5%
鶏卵	10 g	50 g	肉の12%
生パン粉	8 g	40 g	肉の10%
バター	6 g	30 g	肉の7.5%
サラダ油	6 g	30 g	肉の7.5%
ブール・ノアゼット			
バター	4 g	20 g	肉の5%
レモン	8 g	40 g	果汁，肉の10%

エネルギー：270kcal，たんぱく質：20.4 g，
脂質：16.8 g，カルシウム：13mg，塩分：1.0 g

① 肉の厚い部分は包丁を入れて開く。肉たたきで厚さを均一にしてⓐを振る。
② 肉に小麦粉，溶き卵，パン粉を付ける。パン粉は押し付けるようにしっかり付け，片面のパン粉の上に包丁で2 cm幅の斜め格子の筋目を軽く付ける。
③ フライパンを熱し，バターを入れて溶けたら油を加え，模様のある表面から焼く。フライパンは時々動かして，きれいに焼く。余分な油は切り，皿に盛る。
④ 別のフライパンにバターを入れて溶かし，薄く色付いてきたら温度を少し下げてレモン汁を加えてかける（**ブール・ノアゼット**，p.171参照）。
⑤ レモンのくし形切りとフライドポテト（p.188参照）を添える。

🔴 **ポイント**

① この料理の原型はオーストリアの代表料理 **Wiener schnitzel**（仏；Escalope de veau viennoise）であり，子牛肉を用いる。escalope は薄切り，viennoise はウイーン風を意味する。
② この調理法は多目の油を使い，炒め焼きと揚げ物の中間の加熱方法である。

虫歯（う蝕）とおやつ

食べ物に含まれている糖質は，虫歯の原因菌であるミュータンス菌によって代謝され，酸になる。また，ネバネバしたデキストラン（グルカン）をつくりプラーク（歯垢）を形成する。歯垢のpHが5.5以下になると歯の表面のエナメル質が溶け出し，虫歯になりやすい状態になる。しかし，口腔内の唾液によって30〜60分かけて元の状態に戻っていく。食事や間食を摂るたびに歯の表面は酸にさらされるので，口腔内を衛生的な状態に保つことは歯の健康にとって重要であり，おやつの内容に留意する必要がある。

チキンカレー　（仏）Curry de volaille（キュリ ド ヴォライユ）　（英）Chicken curry

材料	1人分	5人分	備考
若鶏骨付き	100 g	500 g	1片約50 g, ぶつ切り肉
ⓐ 食塩	0.7 g	3.5 g	肉の0.7%
こしょう	少量	少量	
ⓑ 小麦粉	0.6 g	3 g	
カレー粉	0.4 g	2 g	肉の0.4%
サラダ油	3 g	15 g	
ⓒ ブイヨン	200 g	1000 g	肉の2倍
ローリエ		0.25 g	1枚
たまねぎ	40 g	200 g	
にんにく	1 g	5 g	1かけ
しょうが	1.6 g	8 g	
サラダ油	5 g	25 g	
ⓓ バター	4 g	20 g	
小麦粉	4 g	20 g	
カレー粉	4 g	20 g	肉の4%
にんじん	10 g	50 g	
りんご	20 g	100 g	
チャツネ	3 g	15 g	
食塩	0.8 g	4 g	肉の0.8%
クリーム	3 g	15 g	乳脂肪, 生クリーム
薬味			
ピクルス	6 g	30 g	
鶏卵	10 g	50 g	1個（固茹で）
スライスアーモンド	4 g	20 g	

エネルギー：444 kcal, たんぱく質：22.5 g, 脂質：30.5 g, カルシウム：71 mg, 塩分：2.8 g

① 肉にⓐを振り，ⓑをまぶす。フライパンに油を熱し，肉の表面をさっと炒めて，煮込み鍋に入れる。ⓒを加えて，アクを除きながら中〜弱火で30分煮る。ローリエを取り除く。

② たまねぎは薄切り，にんにくとしょうがはみじん切りにする。鍋に油を熱し，褐色になるまで炒める。ⓓを加えてよく炒め，カレー粉も混ぜ合わせて軽く炒めてカレールーを作る。

③ ①の煮汁を液量約700 gに調節し，②へ少しずつ加えてカレールーを溶き伸ばし，鍋に戻す。にんじん，りんごをすりおろし，チャツネを鍋に加え，塩で調味して10分煮る。生クリームを入れる。

④ バターライス（p.199の半量）を皿に盛り，カレーソースをかける。ピクルス，固茹で卵，から炒りしたアーモンドを粗みじん切りにして，薬味皿に盛って添える。

ポイント

① **カレー**はインド・タミール語のkari（カリ）が語源で，ソース，汁を意味する。18世紀にイギリス人によって西洋に伝えられた。カレー粉はインドでは10種類以上のスパイスを調合して用い，仕上げに**ガラムマサラ**（チョウジ，カルダモン，シナモンを基本原料とする混合香辛料）とココナッツミルクを一緒に加えることが多い。カレーの主材料は肉類，魚介類，豆類，野菜類，卵，乳製品等多彩である。小麦粉でとろみを付けるのは西洋風である。

② **薬味**はカレー料理の味を引き立てるために数種類添えられる。

③ **チャツネ**はインドの保存食品で，マンゴー，タマリンド等に酢，砂糖，各種香辛料を加えて漬け込んだもの。

ハンバーグステーキ

（英）Hamburg steak

材料		1人分	5人分	備考
合いびき肉		80 g	400 g	牛肉の割合70～80%
食塩		0.6 g	3.2 g	肉の0.8%
たまねぎ		24 g	120 g	肉の30%
バター		2 g	10 g	
食パン		12 g	60 g	肉の15%
牛乳		12 g	60 g	または水
ⓐ	鶏卵	8 g	40 g	肉の10%
	こしょう	少量	少量	
	ナツメグ	少量	少量	
サラダ油		3 g	15 g	
トマトブラウンソース				
	バター	2 g	10 g	
	小麦粉	2 g	10 g	
	トマトピューレ	10 g	50 g	ソースの17%
	ブイヨン	40 g	200 g	固形コンソメ2.5 gと湯200 g
	ぶどう酒（赤）	6 g	30 g	
ⓑ	食塩	0.3 g	1.5 g	ソースの0.5%
	砂糖	0.4 g	2 g	ソースの0.7%
	こしょう	少量	少量	

エネルギー：316kcal，たんぱく質：18.7 g，脂質：20.2 g，カルシウム：35mg，塩分：1.5 g

① 肉をボールに入れ，塩を加えて手でよくこねる。バターでたまねぎのみじん切りを弱火で炒め，冷ます。細かくちぎった食パンは牛乳に浸けておく。

② たまねぎと食パンをボールに加え，ⓐも加えてよく混ぜ合わせ，粘りが出てきたら等分に分ける。両手の間で交互に打ち付けるようにして中の空気を追い出し，だ円形に成形する。中央は少しくぼませる。

③ フライパンに油を熱して②を入れ，フライパンを動かしながら中火で片面を焼き，焼き色が付いたら裏返し，ふたをして弱火で中まで火を通す。竹串で刺して，透明な肉汁が出れば焼き上がり。

④ フライパンの脂肪を取り除き，バターを溶かし，小麦粉を加え褐色に炒める。トマトピューレを加えて少し炒め，ブイヨンとぶどう酒を加えて弱火で5分煮る。ⓑで調味してソースを作る。

⑤ 皿にハンバーグを盛り，ソースをかけ，付け合わせを添える（p.188参照）。

ポイント

① **ハンバーグステーキ**はジャーマンステーキとも言い，ドイツのハンブルグから各国に広まり，世界的に知られたひき肉料理である。合いびき肉では中心まで火を通すが，牛肉だけを用いれば焼き方はビーフステーキと同様に，好みの焼き加減でよい。食パンの代わりに生パン粉を用いるのもよい。ソースはウスターソースとトマトケチャップを混ぜたものでもよい。

② ハンバーグの材料へにんじん，マッシュルーム，ベーコン，チーズの角切りやうずらの茹で卵を入れ，ローフ型に入れるか大きな筒形にして，オーブンで焼いたものが**ミートローフ**（英；meat loaf）である。加熱は約180℃，約35分である。

③ **ひき肉に塩**を加えてよく練ると，アクトミオシンが網目構造を作り，粘りが出てまとめやすくなり，また加熱中の肉汁の流失を防ぐ。食パンやパン粉は肉汁を吸収し，ソフトな食感を作り出す。卵は肉やその他の材料をつなぐ役割を果たし，肉汁の流出を防ぐ。

2．西洋料理の調理

ロールキャベツ　（仏）Chou farci（シュ ファルシ）　（英）Rolled cabbage

材料	1人分	5人分	備考
キャベツ	100 g	500 g	中葉なら10枚
合いびき肉	40 g	200 g	牛肉，豚肉各50％
たまねぎ	20 g	100 g	
ⓐ 生パン粉	10 g	50 g	
ⓐ 鶏卵	5 g	25 g	1/2個分
ⓐ 食塩	0.5 g	2.5 g	肉の1.3％
ⓐ こしょう	少量	少量	
ⓐ ナツメグ	少量	少量	
トマトソース			
ブイヨン	100 g	500 g	固形コンソメ5 gと湯500 g
ⓑ トマトピューレ	15 g	75 g	材料の9％
ⓑ 食塩	0.6 g	3 g	材料の0.3％
ⓑ こしょう	少量	少量	
パセリ	1 g	5 g	

エネルギー：168kcal，たんぱく質：12.4 g，脂質：7.3 g，カルシウム：65mg，塩分：1.8 g

① キャベツは熱湯で約3分茹でる。葉芯の硬いところはそぐ。
② 肉にみじん切りのたまねぎとⓐを合わせてよく練る。
③ キャベツは大小を組み合わせて5等分して広げ，②を等分して手前にのせる。きっちり巻き，巻き終わりを下にする。
④ 鍋に③を並べ，ブイヨンを加える。落しぶたをして強火で沸騰させ，弱火で20分煮込む。ⓑを加え20分煮込む。
⑤ ④をやや深めの皿に盛り，汁をかけてみじん切りのパセリを散らす。

🔴 ポイント

① ベーコンをロールキャベツの上から巻くか，下に敷いて煮込む場合もある。葉芯の硬い部分はみじん切りにして肉に加えてもよい。生パン粉の代わりに，食パンをほぐすか白飯を使うのもよい。
② ひき肉詰物料理（**farci**）（ファルシ）はピーマン，たまねぎ，かぶ，トマト，なす，しいたけも用いる。
③ トマトソースの他，ケチャップソース，ホワイトソース，カレーソース等も利用できる。小麦粉とバターを練り合わせて，最後にソースに加えてとろみをつける場合もある。
④ キャベツは丸ごと芯をくり抜いて，茹でながらむくと破れずにむくことができる。

ハムとパインアップルのソテー　（英）Baked ham and pineapple

材料	1人分	5人分	備考
ロースハム	100 g	500 g	厚さ1 cm，5切れ
クローブ	0.2 g	1 g	10本
バター	5 g	25 g	
パインアップル（生）	30 g	150 g	5枚
ⓐ ぶどう酒(赤)	10 g	50 g	材料の7％
ⓐ 三温糖	0.8 g	4 g	材料の0.8％
ⓐ シナモン	少量	少量	
ⓐ カイエンペッパー	少量	少量	

エネルギー：259kcal，たんぱく質：16.7 g，脂質：18.0 g，カルシウム：14mg，塩分：2.6 g

① ハムの側面にクローブを刺す。フライパンにバターの半量を熱し，ハムの両面を中火で焼き色が付く程度にソテーして皿に取る。クローブを取り除く。
② パインアップルは外皮と中央の硬い芯の部分は取り除き，1 cmの輪切りにする。①のフライパンに残りのバターを溶かし，パインアップルを色付くまで焼く。ⓐを加えて，汁気を少し煮詰めてハムの上にのせる。
③ クレソン，パセリ，マッシュポテト，生しいたけのソテー等を添える（p.188参照）。

🔴 ポイント

① ロースハムはすでに加熱済みなので，表面に焼き色がつく程度でよい。焼きすぎると硬くなる。

魚料理と肉料理に向く付け合わせ野菜　　（仏）Garniture（ガルニチュール）　　（英）Garnish

　主料理を引き立たせ，味や彩り，栄養素のバランスを考えて使う。パセリ，クレソン，レモン等の香草類は生で，主料理が温かい場合は温かいものを，冷たい場合は冷たいものを付け合わす。

料理名，材料（5人分），栄養価（1人分）	調理法
ボイルドポテト（仏）Pommes à l'anglaise（ポム ア ラングレーズ） 　魚料理向き。〔材料〕じゃがいも300 g（中3個），0.5%塩水，食塩3 g（じゃがいもの0.8～1%），こしょう少量 　〔栄養価〕エネルギー：46kcal，たんぱく質：1.0 g，脂質：0.1 g，カルシウム：2 mg，塩分：0.6 g	じゃがいもは皮をむき，両端を落として，半割りにして面取りする。塩水で茹で，竹串が通るくらいで，湯を捨てる。火にかけて余分な水分を飛ばし，鍋を揺らして粉をふかせ，塩とこしょうを振る。
マッシュポテト（仏）Purée de pommes de terre（ピュレ ド ポンム ド テール） 　魚，肉料理向き。〔材料〕じゃがいも300 g（中3個），0.5%塩水，バター15 g（じゃがいもの5%），牛乳50 g（同17%），食塩1.5 g（同0.5%），こしょう，ナツメグ少量 　〔栄養価〕エネルギー：75kcal，たんぱく質：1.3 g，脂質：2.9 g，カルシウム：13mg，塩分：0.4 g	じゃがいもは塩水で茹で，軟らかくなったら水切りし，熱いうちに裏ごすかつぶす。鍋にバターと牛乳を沸かし，こしたいもを加えて練る。塩，こしょう，ナツメグで調味する。
デュシェスポテト（仏）Pomme de terre duchesse（ポンム ド テール デュシェス） 　魚，肉料理向き，グラタンの飾り用。〔材料〕じゃがいも200 g（中2個），0.5%塩水，バター10 g（じゃがいもの5%），牛乳30 g（同15%），食塩1.6 g（同0.8%），こしょう少量，卵黄20 g，牛乳5 g 　〔栄養価〕エネルギー：65kcal，たんぱく質：1.5 g，脂質：3.3 g，カルシウム：15mg，塩分：0.4 g	じゃがいもは塩水で茹で，裏ごしてバター，牛乳を加えて練る。塩，こしょうで調味する。天板に油を塗り，好みの形（木の葉，波）に絞り出す。卵黄を牛乳で溶き，刷毛で表面に塗り，220℃のオーブンでこんがりと焼き目を付ける。
フライドポテト（仏）Pommes de terre frites（ポンム ド テール フリット）（英）French fried potato 　魚，肉料理向き。〔材料〕じゃがいも300 g，0.5%塩水，揚げ油適量（吸油率10%），食塩1.5 g（じゃがいもの0.5%），こしょう少量 　〔栄養価〕エネルギー：101kcal，たんぱく質：1.0 g，脂質：6.1 g，カルシウム：2 mg，塩分：0.3 g	じゃがいもは1 cm角で5 cm長さの拍子木切りにする。水にさらして，硬目に塩茹でする。160℃の揚げ油に入れ，徐々に180℃になるように調整して，外側が黄金色になるまで7～8分揚げる。塩とこしょうを振る。
にんじんのグラッセ（仏）Carottes glacées（カロット グラッセ） 　肉料理向き。〔材料〕にんじん200 g（中2本），水200 g，バター10 g（にんじんの5%），砂糖6 g（同3%），食塩1 g（同0.5%）〔応用〕小たまねぎ（ペコロス）200 g 　〔栄養価〕エネルギー：34kcal，たんぱく質：0.3 g，脂質：1.7 g，カルシウム：11mg，塩分：0.3 g	にんじんはシャトー形か乱切りか0.7cm厚さの輪切りにする。鍋に全材料を入れ，落としぶたか紙ぶたをして，軟らかくなるまで静かに30分煮る。汁気が残っていたら，煮詰める。
ほうれんそうのバター炒め（仏）Epinards au beurre（エピナール オ ブール） 　魚，肉料理向き。〔材料〕ほうれんそう200 g，1%塩湯，バター10 g（ほうれんそうの5%），食塩1 g（同0.5%），こしょう少量〔応用〕さやいんげん，さやえんどう，芽キャベツ，グリーンアスパラガス，ブロッコリー，カリフラワー，オクラ，しいたけ，マッシュルーム 　〔栄養価〕エネルギー：23kcal，たんぱく質：0.9 g，脂質：1.8 g，カルシウム：20mg，塩分：0.2 g	ほうれんそうを塩湯で色よく茹で，水にさらし，水気を絞り3～4 cmに切る。フライパンでバターで炒めをして，塩，こしょうを振る。バターで和えてもよい。 　各材料150～200 gを目安に，塩茹でして，バターで炒めるか和える。きのこ類は生のままバター炒めする。
焼きトマト（仏）Tomote grillée　（英）Baked tomato 　魚，肉料理向き。〔材料〕トマト300 g，食塩3 g（トマトの1%），こしょう少量，バター10 g（同3%） 　〔栄養価〕エネルギー：26kcal，たんぱく質：0.4 g，脂質：1.7 g，カルシウム：5 mg，塩分：0.6 g	トマトのへたを取り，輪切りにして，塩，こしょうを振り，10分おく。フライパンでバター炒めするか，オーブンで焼く。パセリやバジル，パルメザンチーズを振りかけてもよい。ミニトマトを用いるのもよい。
パスタバター和え（英）Buttered noodles 　肉料理向き。〔材料〕パスタ100 g，0.5%塩湯，バター10 g（パスタの10%），食塩1 g（同1%），こしょう少量〔応用〕パセリ，バジル 　〔栄養価〕エネルギー：91kcal，たんぱく質：2.6 g，脂質：2.1 g，カルシウム：4 mg，塩分：0.2 g	パスタは塩湯でやや硬目に茹で，水気を切り，熱いうちにバターで和え，塩，こしょうを振る。 　みじん切りパセリやバジルを混ぜる。

　この他に，フライドパセリ（魚，肉料理向き），シャンピニオンクリーム和え（肉料理向き），小型パイ（fleuron）（フルーロン）（魚料理向き）等がある。

2．西洋料理の調理

5．卵料理　　（仏）Œufs　　（英）Eggs

卵料理はイギリス，アメリカでは朝食の献立に取り入れられることが多く，昼食と夕食には魚介料理の代わりに供される。日常の献立においては，卵料理は前菜，スープ，サラダ，デザート等に利用されている。基本の調理法は，1）茹でる（茹で卵，落とし卵），2）炒め焼く（目玉焼き，炒り卵，オムレツ），3）オーブンで焼く（ココット焼き），4）揚げる（揚げ卵）がある。

半熟卵　　（仏）Œufs mollets　　（英）Medium-boiled egg

材料	1人分	5人分	備考
鶏卵	50 g	250 g	5個

エネルギー：76kcal，たんぱく質：6.2 g，脂質：5.2 g，カルシウム：26mg，塩分：0.2 g

① 鍋に水と卵を入れ，火にかけて，沸騰後約4分茹で，水で冷ます。

ポイント

① 半熟卵は卵白も卵黄も半熟状態になる。（仏）Œufs à la coque　（英）Soft-boiled eggは沸騰後2～3分茹で，卵白が軽く固まり，卵黄が生に近い液状の半熟卵である。卵黄が固まり卵白は流動性がある温泉卵は卵を70℃の湯に20～30分つけておく。固茹で卵（仏）Œufs dur　（英）Hard-boiled eggは沸騰後の茹で時間は12分，前菜用の詰め物，サラダ，裏ごして飾り用として用いる。
② 採卵して日数がたった古い卵はカラザが劣化して，脂肪の多い卵黄が中心部より上に浮く。卵黄を中央にすることが望ましい調理には，沸騰するまでころがしながら茹でる。
③ 卵を15分以上茹でると卵黄の表面が暗緑色を呈する。これは卵白中のイオウが硫化水素になり，卵黄中の鉄と結合して硫化第一鉄を生成することに起因する。古い卵ほど呈色しやすい。

ポーチドエッグ　　（仏）Œufs pochés　　（英）Poached egg

材料		1人分	5人分	備考
鶏卵		50 g	250 g	5個
ⓐ	水	200 g	1000 g	
	穀物酢	6 g	30 g	卵の12%
	食塩	2 g	10 g	卵の4%

エネルギー：76kcal，たんぱく質：6.2 g，脂質：5.2 g，カルシウム：26mg，塩分：0.4 g

① 卵は1個ずつ器に割っておく。鍋にⓐを入れ，沸騰したら火を弱め，卵を静かに入れる。広がった白身は黄身にかぶせながら約3分茹でる。穴じゃくしですくい上げ，網の上で水を切る。

ポイント

① ポーチドエッグ（落とし卵）はトーストパンにバターを塗り，のせてもよい。
② 卵は熱湯の中に入れるとたんぱく質が加熱変性して固まる。さらに食酢や食塩を加えると熱凝固しやすい。産みたての新鮮卵は卵黄の回りに卵白がまとまり，形のよいポーチドエッグになる。

Ⅳ. 西洋料理

目玉焼き　（仏）Œuf poêle　（英）Fried egg
_{ウー ポワル}

材料	1人分	5人分	備考
鶏卵	50 g	250 g	5個
バター	2 g	10 g	卵の4％
水	5 g	25 g	
ⓐ 食塩	0.4 g	2 g	卵の0.8％
こしょう	少量	少量	

エネルギー：90kcal，たんぱく質：6.2 g，
脂質：6.8 g，カルシウム：26mg，塩分：0.6 g

① フライパンにバターを溶かし，卵を割り入れる。卵白が固まりかけたら水を注ぎ，弱火で約3分焼く。卵白は乳白色で，卵黄は半熟状態に焼き上げる。
② 皿に取り，ⓐを振る。

🔴 **ポイント**

① **ハムエッグ**（英；ham and egg）（仏；Œufs au jambon）はロースハムかボンレスハムを，**ベーコンエッグ**（英；bacon and eggs）（仏；Œufs au bacon）はベーコンをフライパンで焼き，その上に卵を割り目玉焼きを作る。目玉焼きを別に作り，ハムやベーコンを焼いて添えてもよい。ハムやベーコンに塩分が含まれるので，上からかける食塩は控える。
② 水を注いでふたをすると，卵黄の上に白い膜がかかるようになる。

卵のココット焼き　（仏）Œufs en cocotte
_{ウー アン ココット}

材料	1人分	5人分	備考
鶏卵	50 g	250 g	5個
トマト	60 g	300 g	中2個
バター	4 g	20 g	
ⓐ 食塩	0.2 g	1 g	トマトの約0.3％
こしょう	少量	少量	
バター	0.4 g	2 g	ココット塗り用
食塩	0.2 g	1 g	卵の0.4％
クリーム	10 g	50 g	乳脂肪，生クリーム

エネルギー：163kcal，たんぱく質：6.8 g，
脂質：13.3 g，カルシウム：36mg，塩分：0.7 g

① トマトは湯むきにして種を除き，粗みじん切りする。フライパンにバターを溶かし，トマトをピューレ状になるまで5分炒めて，ⓐで調味する。
② ココットの内側に薄くバターを塗り，①を等分して入れ，卵を1個ずつ割り落とし，塩を振り，クリームをかける。
③ 熱湯を入れた天板に②を並べ200℃のオーブンで5分卵が半熟状になるまで蒸し焼きにする。

🔴 **ポイント**

① **ココット**は卵料理に用いる1人用の小さな陶器製の器をさす。
② トマトのピューレの上に，茹でたほうれんそうのバター炒めをのせるとボリュームが出る。その他，白身魚，鶏肉，クリームソース，ドミグラスソースを卵の下に敷いたり，チーズを卵の上にのせるのもよい。鍋で湯せんにしてもよい。

スクランブルエッグ（炒り卵）　　（仏）Œufs brouillés　　（英）Scrambled egg

材料		1人分	5人分	備考
鶏卵		50 g	250 g	5個
ⓐ	牛乳	15 g	75 g	卵の30% 生クリームでも可
	食塩	0.5 g	2.5 g	卵の1%
	こしょう	少量	少量	
バター		4 g	20 g	

エネルギー：115kcal，たんぱく質：6.7g，脂質：9.0g，カルシウム：43mg，塩分：0.8g

① 卵を割りほぐし，ⓐを加え，泡立てないように混ぜる。
② フライパンにバターを溶かし，①を流し入れ，木べらで大きくかき混ぜ火を通す。全体が半熟程度になったら，火から下ろして余熱で火を通すとなめらかに出来上がる。

🔴 ポイント

① **スクランブル**はかき混ぜるの意味である。なめらかで，しっとりした比較的大きな塊の状態に仕上げる。上からトマトソースをかけると炒り卵のポルトガル風 Œufs brouillés portugaise となる。ハム，ベーコン，チーズ，ほうれんそうのソテー等を添えてもよい。
② 卵液に加熱したえび，白身魚，たまねぎ，ピーマン，マッシュルーム等を加えてもよい。

プレーンオムレツ　　（仏）Omelette simple, Omelette nature　　（英）Plain omelet

材料		1人分	5人分	備考
鶏卵		100 g	500 g	10個
ⓐ	牛乳	15 g	75 g	卵の15%
	食塩	1 g	5 g	卵の1%
	こしょう	少量	少量	
バター		10 g	50 g	
パセリ		1 g	5 g	5茎

エネルギー：236kcal，たんぱく質：12.9g，脂質：19.0g，カルシウム：72mg，塩分：1.6g

① ボールに卵を割りほぐし，ⓐを加えて泡立てないように混ぜる。
② フライパンを温めバターを入れて①を流す。
③ 中〜強火で箸で大きくかき混ぜ，半熟になったらフライパンの手前を上げて卵を向こう側に寄せ，向こう側のへりを使って裏返し，フライパンの柄をこぶしでたたいて回転させ，木の葉型に整える。
④ 焼き色が付いたら，皿に滑らせて移す。外側は焼き色が付き，内部は軟らかく半熟状態がよい。パセリを添え，熱いうちに食す。

🔴 ポイント

① フライパンの大きさは卵2個分に対して外側の直径約20cmが適当である。
② 卵は新鮮なものを使い，焼く直前に混ぜ，かき混ぜすぎないようにする。卵のたんぱく質の網目構造をしっかり形成し，形よく仕上がる。
③ **オムレツの応用例**：オムレツに具材を入れる場合は卵の1/3量までとする。1)卵液に混ぜて焼く（角切りハム，グリュイエールチーズ，パセリ等）。2)焼く途中で，別に調理した材料を中に入れて包む（トマトとたまねぎのバター炒め，えびやかきのクリームソース，ほうれんそうのソテー等）。3)プレーンオムレツを作り，側面に包丁で切り目を入れはさむか，上にのせる（ホワイトアスパラガスやマッシュルームのソテー等）。4)卵白を泡立てて卵黄，牛乳か生クリーム，調味料を手早く混ぜて焼き，二つ折りにする。Omelette mousseline（仏）　Puffed omelet（英）。

6．野菜および米料理
（1） サラダ

　サラダ(仏)Salade　(英)Salad は，ラテン語の塩 sal が語源で，採れたての野菜に塩をかけて食べていた習慣が現在のサラダの始まりといわれる。野菜1種類のみ **Salade simple** および野菜，果物，肉類，魚介類等を組み合わせて作る **Salade composée** に大別され，正餐コースのサラダ料理や前菜，肉料理・魚料理の付け合わせとして用いられる。ドレッシングはヴィネグレットソース（フレンチドレッシング）とマヨネーズソースを基本として，香辛料，野菜，卵，ハム，ベーコン，チーズ，生クリーム等を加えて変化をつける。

　調理は以下のことに留意する。1)材料は新鮮で衛生的なものを用い，彩りよく組み合わせる，2)生野菜は水に戻して，パリッとさせる，3)材料の水切りを充分にする，4)茹でた材料は熱いうちに調味料で下味を付ける，5)器類も充分冷やし，必ず冷えた状態で供する，6)ドレッシングは食べる直前にかけるか，別器に入れて供す，7)ドレッシングには酢を使うので，器とサーバーはガラス，陶磁器，木製を用いる。

グリーンサラダ　　(仏)Salade verte　　(英)Green salad

材料		1人分	5人分	備考
グリーンアスパラガス		20 g	100 g	5本
レタス		20 g	100 g	1/3個
きゅうり		20 g	100 g	1本
ピーマン		6 g	30 g	1個
セロリ		12 g	60 g	1/2本
ラディッシュ		6 g	30 g	2，3個（はつかだいこん）
ヴィネグレットソース				
ⓐ	果実酢	5 g	25 g	材料の5～10%
	食塩	0.4 g	2 g	材料の0.5%（酢＋油の約3%）
	こしょう	少量	少量	
サラダ油		8 g	40 g	材料の10～15%

エネルギー：89kcal，たんぱく質：1.1 g，脂質：8.1 g，カルシウム：20mg，塩分：0.4 g，食物繊維：1.2 g，ビタミン C：13mg

① グリーンアスパラガスは根元の皮を薄くむく。0.5%の塩を加えた熱湯で約6分茹でて冷水にとり，水気を切って4 cm長さに切る。

② レタスは洗って一口大にちぎる。きゅうりは板ずりして0.5cm厚さの斜め切りにする。ピーマンは種を除き，薄い輪切り。セロリは筋を取り，長さ4 cmのせん切りにして，水にさらす。ラディッシュは薄い輪切りにする。

③ ボールにⓐを入れ，泡立て器でよく混ぜる。油を少しずつ注ぎ入れ，白濁するまでよく混ぜ合わせてソースを作る。

④ サラダボールにレタスを敷き，①②の材料を盛り，③をかける。

ポイント

① 「グリーン」は新鮮な野菜をさすので，トマト，たまねぎ，キャベツ等を使ってもよい。

② **ヴィネグレットソース**（仏；sauce vinaigrette　英；French dressing）はサラダ材料重量の15～20%を用意し，酢とサラダ油の割合は好みで容量比1：1～3とする。マスタード，砂糖を加える場合もある。肉や魚の冷製料理，フライ料理にも用いられる。

マセドワーヌサラダ　　（仏）Salade macédoine

材料	1人分	5人分	備考
じゃがいも	50 g	250 g	中2個
にんじん	20 g	100 g	中1/2本
ⓐ 食塩	0.4 g	2 g	材料の0.5％
ⓐ こしょう	少量	少量	
ⓐ 果実酢	4 g	20 g	材料の6％
さやいんげん	10 g	50 g	10本
セロリ	20 g	100 g	1本
マヨネーズソース	15 g	75 g	材料の15～20％
サラダ菜	8 g	40 g	10枚

エネルギー：158kcal，たんぱく質：1.7 g，脂質：11.4 g，カルシウム：26mg，塩分：0.7 g，食物繊維：1.8 g，ビタミンC：22mg

（英）Macedoine salad

① じゃがいも，にんじんは皮付きのまま，0.5％の塩を加えた湯で茹で，熱いうちに皮をむき，じゃがいもは1 cm角，にんじんは0.7cm角に切り，ⓐをかけておく。
② さやいんげんは0.5％の塩を加えた湯で茹でて，1 cmの小口切りとする。
③ セロリは筋を取り，1 cm角に切る。
④ ボールに①②③を入れ，マヨネーズソースで和える。器にサラダ菜を敷き，和えた材料を盛る。

ポイント

① じゃがいも等の茹でた材料は，熱いうちに調味料をかけると吸収しやすい。
② **マセドワーヌ**は0.5～1 cm角くらいの野菜や果物のさいの目切りのことである。きゅうり，かぶ，グリンピース，ブラックオリーブ，ラディッシュ，茹で卵も利用できる。

シーザーサラダ　　（英）Caesar salad

材料	1人分	5人分	備考
レタス	40 g	200 g	コスレタス，リーフレタス
鶏卵	10 g	50 g	1個
食パン	8 g	40 g	6枚切り1枚
ドレッシング			
卵黄	3.6 g	18 g	1個分
にんにく	1 g	5 g	1片
アンチョビー	3 g	15 g	5尾
ⓐ レモン（果汁）	4 g	20 g	
ⓐ 練りマスタード	0.6 g	3 g	
ⓐ ナツメグ	少量	少量	
ⓐ こしょう	少量	少量	
オリーブ油	8 g	40 g	
パルメザンチーズ	2 g	10 g	

エネルギー：154kcal，たんぱく質：4.7 g，脂質：12.2 g，カルシウム：73mg，塩分：0.3 g，食物繊維：1.0 g，ビタミンC：11mg
＊アンチョビーはいわし缶詰油漬で計算

① レタスは一口大の大きさにちぎる。
② 卵はポーチドエッグにする（p.189参照）。
③ 食パンは1 cm角に切り，クルトンにする（p.168参照）。
④ ボールに卵黄，すりおろしたにんにく，アンチョビーのみじん切り，ⓐを合わせ，油を少しずつ加えてよくかき混ぜてドレッシングを作る。
⑤ 器にレタスを盛り，②をのせてドレッシングをかける。クルトン，パルメザンチーズを振る。

ポイント

① 材料としてスライスたまねぎ，スタッフドオリーブ，ベーコン，サラミ，チェダーチーズやパルミジャーノチーズも用いられる。ドレッシングにウスターソースを加える場合もある。
② シーザーサラダは，考案したメキシコのレストラン料理人の名前に由来する。

194　Ⅳ．西洋料理

フルーツサラダ　　(仏)Salade de fruits　　(英)Fruits salad
(サラダ　ド　フリュイ)

材料	1人分	5人分	備考
りんご	40 g	200 g	1個
キウイフルーツ	20 g	100 g	1個
パインアップル(缶)	12 g	60 g	2枚
グレープフルーツ	16 g	80 g	1/3個
いちご	15 g	75 g	5個
ヨーグルトドレッシング			
プレーンヨーグルト	20 g	100 g	材料の19％(全脂無糖)
クリーム	3 g	15 g	乳脂肪，生クリーム
砂糖	1 g	5 g	材料の1％
食塩	0.2 g	1 g	材料の0.2％

エネルギー：83kcal，たんぱく質：1.4 g，
脂質：2.1 g，カルシウム：39mg，塩分：0.2 g，
食物繊維：1.5 g，ビタミンC：32mg

① りんごはいちょう切りにして，塩水にくぐらせる。他の果物は皮やへたを除いて，一口大に切る。皿に盛り合わせる。
② ヨーグルトドレッシングの材料を混ぜ合わせて①にかける。

🔴 **ポイント**

① 果物は1人分約100 g用意する。メロン，バナナ，ぶどう，オレンジ，缶詰のみかんや桃，レーズン等を用いてもよい。ミントをあしらったり，器としてメロンやパインアップル等の果物の中身をくり抜いた皮を利用すると豪華である。
② ドレッシングの生クリームは泡立てて加えると口当たりが軽くなる。マヨネーズに泡立てた生クリーム，レモン汁，砂糖を加えた mayonnaise chantilly も適する。
(マヨネーズ　シャンティー)

コールスロー　　(仏)Salade de chou　　(英)Coleslaw
(サラダ　ド　シュー)

材料	1人分	5人分	備考
キャベツ	50 g	250 g	
レッドキャベツ	5 g	25 g	
ベーコン	10 g	50 g	
ヴィネグレットソース			
果実酢	4 g	20 g	材料の5〜10％
食塩	0.3 g	1.5 g	材料の0.5％
こしょう	少量	少量	
サラダ油	6 g	30 g	材料の10〜15％

エネルギー：110kcal，たんぱく質：2.0 g，
脂質：10.0 g，カルシウム：24mg，塩分：0.5 g，
食物繊維：1.0 g，ビタミンC：27mg

① キャベツとレッドキャベツはせん切りにして，冷水に放し，水気を切ってから冷蔵庫で冷やす。
② ベーコンは1 cm幅のせん切りにして熱湯にさっと通し，水気を切り冷やす。
③ ソースを作り(p.192参照)，①②と和えて器に盛る。

🔴 **ポイント**

① レッドキャベツの代わりににんじん，ピーマン，たまねぎのせん切りが用いられる。ドレッシングはヨーグルトやサワークリームを加えたり，マヨネーズソースを用いてもよい。
② ベーコンを湯通しすることで，余分な塩分と脂肪を除く。ベーコンは省いてもよい。
③ コールスローはオランダ語に由来し，コールはキャベツ，スローはサラダを意味する。

サラダ

　日本人は野菜を煮物，和え物等を加熱して食べ，生野菜を積極的に食べなかった。織田信長が肉，パンを好んだ記録はあるがサラダの記録はない。明治36年『食道楽』に記述がみられ，珍しい野菜の食べ方といわれたようである。生野菜としては，キャベツのせん切りが洋食の付け合わせとして食べられ，サラダとしてはポテトサラダが最初に食べられるようになった。現代の生野菜のサラダは，戦後各家庭に普及したようである。

2．西洋料理の調理　195

シーフードサラダ　　(仏)Salade de fruits de mer
(サラド　ド　フリュイ　ド　メール)
(英)Seafood salad

材料	1人分	5人分	備考
するめいか	40g	200g	1ぱい
えび	20g	100g	殻つき10〜15尾 大正えび，ブラックタイガー
ほたてがい貝柱	30g	150g	生，5〜6個
茹で汁			
ⓐ 水	100g	500g	
ぶどう酒	3g	15g	白，材料の3％
レモン	1g	5g	果汁，材料の1％
食塩	0.5g	2.5g	材料の0.5％
きゅうり	20g	100g	1本
クレソン	4g	20g	5本
うど	10g	50g	1/2本（またはセロリ）
フルーツドレッシング			
いちご	30g	150g	8粒，材料の24％
ⓑ レモン	4g	20g	果汁，材料の3％
オリーブ油	5g	25g	材料の4％
食塩	0.6g	3g	材料の0.5％

エネルギー：143kcal，たんぱく質：16.9g，脂質：5.6g，カルシウム：37mg，塩分：1.1g，食物繊維：0.9g，ビタミンC：26mg

① いかは薄皮をむいて輪切りにする。えびは殻をむいて背わたを除く。貝柱は横半分に切る。ⓐを加熱し，いか，えび，貝柱を手早く茹でて，冷ます。

② きゅうりは皮をしま目にむいて，厚さ0.5cmの輪切りにする。クレソンは3cmに切る。うどは皮をむいて5cm長さの短冊に切り，水に放す。

③ いちごは裏ごしして，ⓑと合わせてドレッシングを作る。

④ 器に①②を盛り，周りにドレッシングを流す。

🔴 ポイント

① **fruits de mer**（フリュイ　ド　メール）は「海の幸」の意味で，貝，甲殻類，軟体動物等を示し，魚は含まない。

② 帆立貝は旨味が強くグリシン，グルタミン酸，アラニン等のアミノ酸を含み，えびはグリシンが呈する甘味，いかはベタインの旨味が重要である。

ミモザサラダ　　(英)Mimosa salad

材料	1人分	5人分	備考
レタス	30g	150g	中1/2個
トマト	20g	100g	中1個
オレンジ	20g	100g	1/2個
鶏卵	20g	100g	固茹で卵2個
ラヴィゴットソース			
たまねぎ	6g	30g	
パセリ	1g	5g	
ⓐ 果実酢	4g	20g	材料の4％
食塩	0.5g	2.5g	材料の0.5％
こしょう	少量	少量	
練りマスタード	0.6g	3g	材料の0.7％
サラダ油	6g	30g	材料の7％

エネルギー：105kcal，たんぱく質：3.2g，脂質：8.1g，カルシウム：26mg，塩分：0.6g，食物繊維：0.9g，ビタミンC：14mg

① レタスは5等分のくし型，トマトは皮を湯むきにしてくし型，オレンジは皮をむき一口大のくし型に切る。

② 茹で卵の卵黄は裏ごし，卵白はみじん切りにする。

③ 器にレタス，トマト，オレンジを盛り，卵白を振りかけ，ミモザの花のように卵黄を中心に飾る。

④ たまねぎはみじん切りにして，水にさらす。パセリはみじん切りにする。ⓐを合わせてヴィネグレットソースを作り，たまねぎ，パセリを加えてラヴィゴットソースとして添える。

ポイント

① ミモザサラダは黄色い花が咲くミモザに由来する。クレソン, サラダ菜, キャベツ, レーズン, にんじん, ブロッコリー, カリフラワーも用いる。
② **sauce ravigote**（ソース ラヴィゴット）はヴィネグレットソースにたまねぎやパセリ, ケーパー等を加えた薬味の効いたソースであり, 各種サラダや茹で肉料理に用いる。

（2） その他の野菜料理

野菜料理(仏)Légume（レギュム）（英)Vegetable は, 献立の中で独立した料理として, あるいは肉料理や魚介類料理の付け合わせ（p.188参照）として用いられる場合がある。調理法は生食（サラダ, p.192参照）, 茹でる（茹でる, 茹でてさらす）, 煮る（蒸し煮, 炒め煮, つや煮）, 炒める（ソテー）, 焼く（蒸し焼き, グラタン, 網焼き）, 揚げる, 裏ごす, 酢漬け, 詰める（ファルシー）がある。野菜は水分が多く, 鮮度の低下が早いことに留意して, 特有の色, 味, 香り, テクスチャー, 栄養素を最大限に引き出す調理法を用いる。

ラタトゥイユ　(仏)Ratatouille（ラタトゥイユ）

材料	1人分	5人分	備考
ズッキーニ	30 g	150 g	1本
なす	50 g	250 g	3本
たまねぎ	40 g	200 g	1個
トマト	80 g	400 g	2個, 完熟
ピーマン	20 g	100 g	青・赤・黄まぜて
にんにく	1 g	5 g	1片
オリーブ油	5 g	25 g	
ⓐ ローリエ		0.25 g	1枚
ⓐ タイム	少量	少量	
ⓐ バジル	少量	少量	
ⓑ 食塩	1 g	5 g	材料の0.4%
ⓑ こしょう	少量	少量	

エネルギー：98kcal, たんぱく質：2.1 g,
脂質：5.3 g, カルシウム：32mg, 塩分：1.0 g,
食物繊維：3.4 g, ビタミンC：47mg

① ズッキーニの皮はしま模様にむき, 1 cmの輪切り。なすは1 cmの輪切りにして, 水に放す。たまねぎは薄切り。トマトは皮を湯むきして, 種を除いて乱切り。ピーマンは1 cm角に切る。にんにくはみじん切り。
② 鍋に油を熱し, にんにくを炒め, 香りが出たらたまねぎ, なす, ピーマン, ズッキーニを加えて中火で約6分炒める。
③ トマトを加えて5分炒め, ⓐを入れ, 時々かき混ぜて弱火で30分煮込む。
④ ふたを取って水気がなくなるまで煮る。ローリエを除き, ⓑを加えて調味する。

ポイント

① ズッキーニの代わりにきゅうりを, 完熟トマトの代わりにトマト水煮缶を用いるのもよい。煮込むときにブーケガルニ（p.181参照）を入れると風味が増す。
② 南フランス・プロヴァンス地方が発祥の地で, ニース風野菜の煮込みである。野菜から水分が出るので, 水を加える必要はない。単品の野菜料理として, オードブルや肉料理の付け合わせとして, 温かいまま, あるいは冷やして供す。

カリフラワーポロネーズ　（仏）Choux-fleurs à la polonaise　（英）Cauliflower Polish style

材料	1人分	5人分	備考
カリフラワー	50 g	250 g	中1個
茹で湯			
水	200 g	1000 g	
ⓐ 食塩	2 g	10 g	水の1％
穀物酢	3 g	15 g	水の1.5％
小麦粉	4 g	20 g	
ⓑ 食塩	1 g	5 g	カリフラワーの2％
こしょう	少量	少量	
鶏卵	10 g	50 g	固茹で卵1個
パセリ	1 g	5 g	
バター	5 g	25 g	
生パン粉	5 g	25 g	

エネルギー：80kcal，たんぱく質：3.4 g，
脂質：5.4 g，カルシウム：22mg，塩分：1.2 g，
食物繊維：1.7 g，ビタミンC：42mg

① カリフラワーは小房に切り分ける。鍋に水，ⓐ，少量の水で溶いた小麦粉を入れ，沸騰後カリフラワーを入れ10分茹でて水気を切る。ⓑをかけて器に盛る。
② 茹で卵，パセリはみじん切りにする。
③ フライパンにバターを溶かし生パン粉を入れ，黄金色に色付くまで弱火で炒める。①にかけ，その上に②をかける。

ポイント

① **カリフラワー**は淡白な味わいとさくっとした歯ざわりが特徴であり，煮物，炒め物，サラダ，ピクルスに用いる。肉料理の付け合わせにしてもよい。
② カリフラワーにはフラボノイド色素が含まれるので，茹で湯に酢またはレモンの輪切りを入れて酸性にすると，白く茹で上がる。小麦粉はカリフラワーの表面の組織を保護する。茹ですぎると崩れやすくなるので，やや固めに茹でる。
③ ポロネーズはポーランド風のこと。バターで炒めたパン粉，茹で卵やパセリのみじん切りをかけた料理であり，さやいんげん，アスパラガス，ブロッコリーに応用できる。

ピクルス　（英）Pickles

材料	1人分	5人分	備考
きゅうり	20 g	100 g	1本
にんじん	20 g	100 g	1本
黄ピーマン	8 g	40 g	1/3個
セロリ	14 g	70 g	1/2本
食塩	2 g	10 g	野菜の3％
漬け汁			
ⓐ 穀物酢	30 g	150 g	野菜の48％
水	20 g	100 g	
砂糖	4 g	20 g	野菜の6％
食塩	1.4 g	7 g	野菜の2％
ⓑ ローリエ		0.25 g	1枚
黒こしょう		0.5 g	5粒
とうがらし	0.1 g	0.5 g	乾，1/2本

エネルギー：14kcal，たんぱく質：0.5 g，
脂質：0.1 g，カルシウム：17mg，塩分：2.0 g，
食物繊維：1.0 g，ビタミンC：17mg
＊漬け汁は計算から除外

① きゅうり，にんじん，黄ピーマンは5cmの長さの短冊に切る。セロリは筋を取り，一口大の斜め切りにする。
② ①を合わせて塩を振り，水分が出るまで重石をしておく。水気を絞る。
③ ホーロー製かステンレス製の鍋にⓐを入れ，一煮立ちさせて火を止める。ⓑを加えて冷まし，漬け汁とする。
④ ③に②を漬け込む。2時間以上おいて味を馴じませる。

ポイント

① 漬け汁の酢は果実酢，スパイスはクローブ，タイム，ディル，キャラウェイ，オールスパイスも使われる。
② ピクルスは前菜，肉料理の付け合わせ，サラダ，サンドイッチ，カレーの薬味に用いる。

198　Ⅳ. 西洋料理

なすのファルシー　　（仏）Aubergines farcies　（英）Stuffed eggplant
（オーベルジーヌ　ファルシ）

材料	1人分	5人分	備考
なす	80 g	400 g	中5個
オリーブ油	5 g	25 g	
詰め物			
ひき肉	40 g	200 g	牛肉または豚肉
小麦粉	2 g	10 g	
ⓐ　トマトケチャップ	2 g	10 g	ひき肉の5%
食塩	0.2 g	1 g	ひき肉の0.5%
こしょう	少量	少量	
ナツメグ	少量	少量	
ⓑ　パン粉	1 g	5 g	
パルメザンチーズ	2 g	10 g	
トマト	50 g	250 g	中2個
ⓒ　食塩	0.2 g	1 g	トマトの0.4%
こしょう	少量	少量	
オリーブ油	2 g	10 g	
クレソン	5 g	25 g	5本

エネルギー：205kcal，たんぱく質：10.2 g，
脂質：13.9 g，カルシウム：52mg，塩分：0.6 g，
食物繊維：2.5 g，ビタミンC：13mg

① なすはへたをつけたまま，縦に2つに切る。皮の内側0.5cmにぐるりと切り目を付け内側にも格子状に切り目を付ける。
② フライパンに油を熱し①を焼く。スプーンで格子状の切り目の部分をすくい取りみじん切りにして，ひき肉，小麦粉，ⓐを混ぜてなすに詰める。ⓑを振る。
③ トマトを輪切りにしてⓒを振る。天板に油を塗り，トマトを並べ，上に②をのせて，200℃のオーブンで約20分焼く。
④ 皿に盛り，クレソンを添える。

ポイント

① なすは油類との味の調和がよい。なすを160℃の油で揚げるか天板に並べて油をかけて焼くのもよい。米なすを用いたり，詰め物をベシャメルソースで和えてもよい。

（3）米料理　　（仏）Riz　　（英）Rice
（リ）

米は野菜として扱われ，魚料理や肉料理の付け合わせや前菜，スープ，デザート等に利用されるほか，独立した一品の軽い食事として供される。米を油脂で炒めてから炊飯する方法が多い。主な<u>米料理</u>を表に示した。

代表的な米料理

種類	米以外の材料		加水量（ブイヨン）米に対する重量比	調味料 米に対する重量%	備考
	材料名	米に対する重量%			
バターライス Riz au beurre Butter rice	無し（たまねぎを加えることもある）	0%（2～25%）	1.3～1.4倍	食塩0.7～1.4% バター5～10%	応用；トマトピューレを加える
ピラフ Pilaf	たまねぎ，にんじん，トマト，グリンピース，ピーマン，にんにく，きのこ類，鶏肉，牛肉，ハム，白身魚，えび，いか，貝類	50～125%	1.3～1.5倍	食塩0.7～2% バター7～10%	応用；トマトピューレ，トマトケチャップ，カレー粉を加える
リゾット Risotto		50～150%	2.5～3倍	食塩1.4～1.7%	オリーブ油を使用する
パエリヤ Paella		120～250%	1.5～1.9倍	食塩0.7～1.3%	サフラン，オリーブ油を使用する

2．西洋料理の調理　199

バターライス　（仏）Riz au beurre（リ オ ブール）　（英）Butter rice

材料	1人分	5人分	備考
精白米	80 g	400 g	
バター	4.8 g	24 g	米の6％
たまねぎ	20 g	100 g	米の25％
ブイヨン	112 g	560 g	米重量の1.4倍
ⓐ 食塩	0.6 g	3 g	米の0.8％
ⓐ こしょう	少量	少量	

エネルギー：335kcal，たんぱく質：6.6 g，脂質：4.6 g，カルシウム：15mg，塩分：1.2 g

① 米は洗ってざるに上げ，30分おく。
② 鍋にバターを熱し，みじん切りのたまねぎを入れて弱火で約5分炒める。透明になったら米を加えて1分炒め，ブイヨンとⓐを入れて18分炊飯する。約10分蒸らす。

🔴 **ポイント**

① 米を炒めてから炊くと米粒表面の組織が損傷し，表面の糊化が進む。米粒中心部への吸水や熱の浸透を速めるために熱いブイヨンを加える。
② 沸騰したらふたをして，160℃のオーブンで15～20分加熱してもよい。
③ バターライスには粘着性のある米（**ジャポニカ米**）より，ぱらぱらした米（**インディカ米**）が適している。また加水量は白飯の場合より少ない。

チキンピラフ　（仏）Pilaf de volaille（ピラフ ド ヴォライユ）　（英）Chicken pilaf

材料	1人分	5人分	備考
精白米	80 g	400 g	
若鶏もも肉	40 g	200 g	皮なし
たまねぎ	20 g	100 g	
バター	3 g	15 g	
ⓐ 食塩	0.6 g	3 g	鶏肉とたまねぎの1％
ⓐ こしょう	少量	少量	
バター	4 g	20 g	
ブイヨン	100 g	500 g	米重量の1.25倍
トマトピューレ	16 g	80 g	材料の11％
食塩	1 g	5 g	材料の0.7％
グリンピース	5 g	25 g	

エネルギー：408kcal，たんぱく質：14.6 g，脂質：8.0 g，カルシウム：21mg，塩分：2.3 g

① 米を洗い，ざるに上げ，水気を切る。
② 肉は1.5cmの角切り，たまねぎはみじん切りにする。鍋にバターを溶かして炒め，ⓐで調味して皿に取り出す。
③ ②の鍋にバターを溶かして米を炒め，②，ブイヨン，トマトピューレ，塩を入れ混ぜる。ふたをして沸騰までは強火，その後は白飯と同様に炊飯する。
④ グリンピースを茹で，ピラフに混ぜて盛り付ける。

🔴 **ポイント**

① ピラフは先にバターライスを作り，具材を別に調理して最後に混ぜ合わせる方法もある。トマトピューレの代わりにトマトケチャップでもよいが，その場合は塩の量を減らす。粉チーズをかけると美味である。
② **ピラフ**はトルコ料理が源で，中近東，インド，ギリシャおよびフランスに広がった。

ハッシュドビーフ・アンド・ライス　　（英）Hashed beef and rice

材料	1人分	5人分	備考
精白米	80 g	400 g	
水	112 g	560 g	米の1.4倍
牛かた肉	70 g	350 g	薄切り，乳牛（皮下脂肪なし）
ⓐ 食塩	0.4 g	2 g	肉の0.6%
ⓐ こしょう	少量	少量	
たまねぎ	80 g	400 g	中2個
マッシュルーム	30 g	150 g	10個
にんにく	1 g	5 g	1片
サラダ油	4 g	20 g	
ぶどう酒	6 g	30 g	赤
ブラウンルー			
バター	4 g	20 g	
小麦粉	4 g	20 g	
ブイヨン	100 g	500 g	
ⓑ トマトピューレ	20 g	100 g	材料の6%
ⓑ ウスターソース	6 g	30 g	材料の2%
ⓒ 食塩	0.4 g	2 g	材料の0.1%
ⓒ こしょう	少量	少量	

① 米を炊飯しておく。
② 肉は約3 cm幅に切り，ⓐを振る。たまねぎとマッシュルームは薄切り，にんにくはみじん切りにする。
③ フライパンに油を熱してにんにくを炒め，香りが出たらたまねぎを加えて色付くまで炒める。肉も加えて炒め，ぶどう酒を全体にかける。
④ 鍋にバターを溶かし，小麦粉を入れ，弱火で茶褐色になるまで炒めブラウンルーを作る。
⑤ ④にブイヨンを少しずつ入れて溶き伸ばし，ⓑを加え10分煮て，③とマッシュルームを加えてさらに10分煮る。ⓒで調味し，ハッシュドビーフソースを作る。
⑥ ①を器に盛り，その脇に⑤をかける。⑤を別に盛り付けてもよい。

エネルギー：578kcal，たんぱく質：21.2 g，
脂質：18.7 g，カルシウム：39mg，塩分：2.0 g

ポイント

① ブラウンルー，トマトピューレ，ウスターソースの代わりにドミグラスソースを，赤ワインの代わりにシェリー酒やブランデーを用いると風味が増す。また砂糖と水を煮詰めて作るカラメルソースを加えると独特の色，つや，風味が出る。器に盛りつけてからパセリ，グリンピース，レーズンを散らすのもよい。
② この料理は日本独特の洋風料理**ハヤシライス**の原型で，ハヤシはhash（ハッシュ）（肉等を細かく刻むの意）がなまったものと言われている。

7．パン料理　　（仏）Pain（パン）　　（英）Bread

　小麦粉に水を加えてこねると，たんぱく質成分のグリアジンとグルテニンがグルテンを形成する（**ドウ**）。たんぱく質量が多いとグルテンの網目構造が密に形成され，イースト菌の発酵により生じる炭酸ガスの気泡を包む力が強く，よく膨化するパンができる。そのため，パンには主に強力粉を用いるが，パンの種類によっては，粉の配合や種類を使い分ける。
　イーストには，生イーストとドライイーストがあり，保存性や使い勝手の点からドライイーストが多く用いられる。ドライイーストは，あらかじめぬるま湯に砂糖を添加して15分程おく予備発酵を行い，発酵条件の悪い冬季は予備発酵が必要であるが，予備発酵が不要，あるいはイースト臭が少ないものもある。また，ホットケーキ等のように，ベーキングパウダー等の化学膨張剤を用いる時は，グルテン含量の少ない小麦粉を用いる。

ロールパン　　（英）Roll Bread

材料		1人分	5人分	備考
ⓐ	強力粉	50 g	250 g	10個分
	砂糖	4 g	20 g	粉の8%
	食塩	0.6 g	3 g	粉の1.2%
	ドライイースト	1.2 g	6 g	パン酵母（乾燥）粉の2.5%
ⓑ	ぬるま湯	10 g	50 g	30℃
	砂糖	0.6 g	3 g	イーストの50%
牛乳		15 g	75 g	30℃
鶏卵		5 g	25 g	1/2個
バター		5 g	25 g	
サラダ油		適量	適量	
打ち粉		適量	適量	
ドリュール				つや出し用の卵水
ⓒ	鶏卵	5 g	25 g	
	水	2 g	10 g	

エネルギー：267kcal，たんぱく質：8.1 g，脂質：6.6 g，カルシウム：33mg，塩分：0.7 g

① 溶かしたⓑにイーストを振り入れ15分おき，泡立って発酵していることを確かめる。
② ボールにⓐをふるい入れ，中央をくぼませて①と，温めた牛乳，溶いた卵を加えて粗く混ぜ合わせる。
③ 軟らかくしたバターを②にちぎって入れ，よく混ぜてべとつきがなくなりまとまってきたら台に取り出す。
④ ③の生地を台にたたきつけ，手前に引っぱり，折り返したら，横からつかんで再びたたきつける。これを繰り返してこね，生地が薄く膜を張るようになり，なめらかになったら，表面を張らせるようにして丸める。
⑤ サラダ油を薄く塗ったボールに④を入れ，水分が蒸発しないようにして30℃で生地が2.5～3倍になるまで発酵させる（**一次発酵**）。生地の中心を，粉を付けた指で押して跡が残る状態が良い。
⑥ 打ち粉をした台に⑤を取り出し，両手で軽く押してガス抜きをしたら，スケッパーで10等分し，生地を丸めて並べ，乾燥を防ぎながら約20分休ませる（**ベンチタイム**）。
⑦ ⑥を円錐形にし，麺棒で約20cmの細長い三角形に伸ばし，太い方から細い方に引っぱり加減にして巻く。
⑧ オーブンシートを敷いた天板に，⑦の巻き終わりを下にし，間隔を空けて並べる。
⑨ 生地に霧を吹いて，約30℃で約2倍になるまで発酵させる（**二次発酵**）。
⑩ ⓒを刷毛で⑨に丁寧に塗り，190℃に熱したオーブンで約10分焼く。

● ポイント

① 発酵時間の目安は，一次発酵が50～60分，二次発酵が約30分であるが，時間よりも生地の大きさで判断する。
② イーストは24～28℃で活発に働き，50℃を越すと力が弱まり，60℃で死滅する。

サンドイッチ盛り合わせ　　（英）Closed sandwiches and Roll sandwiches

材料		1人分	5人分	備考
ハムサンド				
食パン		24 g	120 g	12枚切 4枚
ロースハム		10 g	50 g	四角形 3枚
ⓐ	バター	3.6 g	18 g	
	練りマスタード	0.6 g	3 g	
卵サンド				
食パン		24 g	120 g	12枚切 4枚
鶏卵		12 g	60 g	大 1個
ピクルス		3 g	15 g	スイート型
ⓑ	マヨネーズ	3 g	15 g	
	食塩	少量	0.3 g	
	こしょう	少量	少量	
バター		3 g	15 g	
チーズサンド				
食パン		24 g	120 g	12枚切 4枚
スライスチーズ		7 g	35 g	2枚，プロセスチーズ
きゅうり		24 g	120 g	まっすぐなもの
食塩		適量	適量	
ⓒ	マヨネーズ	4 g	20 g	
	こしょう	少量	少量	
バター		3 g	15 g	
ツナロールサンド				
食パン		13 g	65 g	12枚切 3枚
ツナ缶		8 g	40 g	まぐろ缶詰（油漬フレーク）
ⓓ	マヨネーズ	3 g	15 g	
	こしょう	少量	少量	
ラディッシュ		8 g	40 g	はつか大根，5個
パセリ		3 g	15 g	5茎
パラフィン紙				ラップフィルムでも可

エネルギー：456kcal，たんぱく質：14.7 g，脂質：25.3 g，カルシウム：96mg，塩分：2.1 g

① ロールサンド以外の食パンは，切られた順を変えずにおき，2枚1組にした内側に具材を挟む。
② ハムサンド：ⓐを練り合わせ，パンに塗りハムを挟む。
③ 卵サンド：固茹で卵とピクルスはみじん切りにしⓑと合わせ，バターを塗ったパンに挟む。
④ チーズサンド：きゅうりは板ずりして，パンの長さに合わせて縦に0.5cm厚さに切り，塩をして約10分おく。パンにバターとⓒを塗り，チーズと水気を拭いたきゅうりを挟む。
⑤ ②③④をそろえて重ね，固く絞ったぬれ布巾で包み，軽く重石をして約30分おき，耳を落とす。
⑥ ロールサンド：ツナ缶の汁気を切りⓓと合わせ，耳を落としたパン1枚に塗り，端から巻いてラップフィルムに包み両端をねじっておく。3本作る。
⑦ ⑥はフィルムに包んだまま切り分けて皿に盛り，パセリと花切りのラディッシュを飾る。

ポイント

① パンは具材を挟んで切るまで乾燥させないようにする。
② 食パンを1/2か1/4に切って，具材を盛り付けたオープンサンドイッチやホットサンドイッチ（揚げサンド，クラブハウスサンド）等がある。
③ パンにバターを塗るのは，1)中身の水分をパンに浸み込ませない，2)パンと中身をぴったり合わせる，3)味を良くするためである。

2．西洋料理の調理　203

フレンチトースト　　（英）French toast

材料	1人分	5人分	備考
食パン	60 g	300 g	6枚切，5枚
鶏卵	20 g	100 g	2個
牛乳	30 g	150 g	
砂糖	6 g	30 g	
バター	7 g	35 g	
ⓐ グラニュー糖	3 g	15 g	
ⓐ シナモン	0.1 g	0.5 g	

エネルギー：296kcal，たんぱく質：9.1 g，
脂質：11.5 g，カルシウム：63mg，塩分：1.0 g

① 牛乳を温めて（60℃以下）砂糖を加えて溶かす。
② ①に溶いた卵を加え，バットに流す。
③ パンを1/4に切り，②に並べ，裏返しながら吸収させる。
④ フライパンにバターを熱し，③を並べて中火で焼き色を付け，ふたをして弱火で中まで火を通す。
⑤ 皿に盛りⓐをかける。

●ポイント

① フレンチトーストやパンプディングは，少々硬くなったパンを美味しく食す有効な方法である。
② 牛乳を加熱する場合は，臭みが出たり，皮膜ができるのを防ぐため，60℃以下にする。

8．菓　子　（仏）Patisserie et Entremets　　（英）Pastry and Sweet

アントルメは西洋料理で食事の最後に供される甘味料理（デザート）で，料理と料理（ments）の間（entre），すなわち entre les ments が語源である。西洋料理では料理一般に砂糖を用いないので，食事の最後に甘味の一皿を供し，食事の締めくくりとしての役割ももつので，料理全体の調和を考えて組み合わせることが大切である。

供される温度の違いによって温菓（entremet chauds）と冷菓（entremet froids）がある。

製菓の際には，材料を正確に計ることが大切である。

コーヒーゼリー　　（仏）Gelée café　　（英）Coffee jelly

材料	1人分	5人分	備考
ゼラチン（粉）	2.4 g	12 g	仕上がり重量の2.5%
水	20 g	100 g	
インスタントコーヒー	1.6 g	8 g	
水	60 g	300 g	
砂糖	12 g	60 g	仕上がり重量の13%
クリーム	10 g	50 g	乳脂肪，生クリーム
砂糖	1.6 g	8 g	
バニラエッセンス	少量	少量	

エネルギー：109kcal，たんぱく質：2.6 g，
脂質：4.5 g，カルシウム：9 mg，塩分：0.0 g

① 水にゼラチンを加えて膨潤させる。
② 水を沸騰させ，砂糖とインスタントコーヒーを加えて火を止め，①を加えて溶かす。
③ ②を型に流し，冷蔵庫または氷水で冷やし固める。
④ ボールにクリームを入れ，氷水で冷やしながら泡立て，途中で砂糖とバニラエッセンスを加えて八分立てにする。
⑤ ③が固まったら器に移し④を飾る。

204　Ⅳ. 西洋料理

🔴 ポイント
① ゼラチンは水と混合するとすぐに膨潤するので、水をかき混ぜながら振り入れる。
② **ゼラチン**はコラーゲンを原料とする動物性たんぱく質なので、高温で加熱すると変性し、ゼリー化し難くなるので、煮立てないこと。
③ **ゼリー**はラテン語の gelare（こごる、凍る）から名付けられた。
④ コーヒーの他、果汁等を用いてもよいが、パパイヤ、パインアップル、キウイフルーツ、いちじく等のたんぱく質分解酵素（パパイン、ブロメリン、アクチニジン、フィシン等）を含む果実類は生のままゼリー液に加えるとゲル化を阻害するため、一度煮たものを用いる。
⑤ 砂糖を多くすると、ゼリー強度が高く、崩壊し難いゲルになる。
⑥ ゼラチンゼリーは付着性が強いので、型より抜く場合は、40～50℃の湯に浸けて抜くとよい。内側にサラダ油を薄く塗る方法もある。

いちごのババロア　（仏）Bavarois au fraise（ババロワ オ フレーズ）　（英）Strawberry bavarois

材料	1人分	5人分	備考
ゼラチン（粉）	2 g	10 g	仕上がり重量の2％
水	8 g	40 g	
いちご	50 g	250 g	
レモン（果汁）	2 g	10 g	
砂糖	10 g	50 g	
クリーム	20 g	100 g	乳脂肪、生クリーム
カスタードソース			
卵黄	6.8 g	34 g	2個
砂糖	6 g	30 g	
牛乳	30 g	150 g	
バニラエッセンス	少量	少量	

エネルギー：220kcal，たんぱく質：4.8 g，脂質：12.6 g，カルシウム：65mg，塩分：0.1 g

① 水にゼラチンを加えて膨潤させ、湯せんで溶かす。
② いちご、砂糖、レモン汁をミキサーにかけてピューレ状にする。
③ ボールに①②を加え、氷水で冷やしながらとろみが付くまで混ぜる。
④ 別のボールにクリームを軽く泡立て、③と合わせ、均一に混ぜる。
⑤ ④を水にぬらした型に流し、冷蔵庫または氷水で冷やし固める。
⑥ カスタードソースは卵黄に砂糖を混ぜ、約40℃に温めた牛乳を少しずつ加えながら混ぜる。湯せんにかけ、撹拌しながら卵黄に火を通す。とろみが付くまで冷やしてバニラエッセンスを加える。
⑦ ⑤を型から抜いて器に移し、⑥をかける。

🔴 ポイント
① 泡立てたクリームは果汁液より比重が小さいので両者を合わせると2層に分離しやすい。そのためクリームとゼラチン液のとろみを同じにして混合するとよい。
② **ババロア**はドイツ南部のバイエルン地方の温かい飲み物であったが、フランス人の料理人カレームによって菓子として創作され、その土地の名を取ってフランス風に名付けた。
③ **カスタードババロア**にする場合は、卵黄34 gと砂糖60 gを泡立て、温めた牛乳200 gを加えてカスタードソースを作る。水40 gで膨潤させたゼラチン10 gを加えて煮溶かし、とろみが付くまで冷やす。クリーム200 gを軽く泡立て、合わせて冷やし固める。

ブラマンジェ　（仏）Blanc-manger

材料	1人分	5人分	備考
コーンスターチ	8 g	40 g	牛乳の10%
砂糖	12 g	60 g	仕上がり重量の12%
牛乳	80 g	400 g	
バニラエッセンス	少量	少量	
オレンジソース			
オレンジ果汁	24 g	120 g	
砂糖	6 g	30 g	
コーンスターチ	0.6 g	3 g	
水	2 g	10 g	
キュラソー	1 g	5 g	オレンジキュラソー

エネルギー：167kcal，たんぱく質：2.8 g，
脂質：3.1 g，カルシウム：91mg，塩分：0.1 g

① 鍋にコーンスターチ，砂糖，牛乳を入れ，加熱する。煮立ったら火を弱め約2分かき混ぜながら煮て火からおろし，バニラエッセンスを加える。
② 型を水でぬらして①を流し入れ，冷やし固める。
③ オレンジソースは鍋にオレンジ果汁と砂糖を入れて煮立て，水溶きコーンスターチを加えてとろみを付ける。キュラソーを加えて冷やす。
④ 皿に②を型から出し，③を添える。

ポイント

① コーンスターチは加熱しても粘度低下が少なく安定している。砂糖は糊化の粘度を大きくする。
② ブラマンジェは白い食物という意味の冷菓の一つである。コーンスターチで固めたのはイギリス風で，ゼラチンで固めたのはフランス風である。

カスタードプディング　（仏）Crème renversée au caramel　（英）Caramel custard pudding

材料	1人分	プディング型5個分	備考
鶏卵	30 g	150 g	3個
牛乳	60 g	300 g	卵の2～2.5倍
砂糖	12 g	60 g	仕上がり重量の12%
バニラエッセンス	少量	少量	
カラメルソース			
砂糖	6 g	30 g	
水	2 g	10 g	
湯	1.6 g	8 g	

エネルギー：175kcal，たんぱく質：5.7 g，
脂質：5.4 g，カルシウム：82mg，塩分：0.2 g

① 型の内側にバターを薄く塗る。天板に約1/3水を入れ，オーブンを170℃に温めておく。
② 小鍋に砂糖と水を入れて火にかけ，混ぜないように煮詰める。褐色になったら（180～190℃）火を止め，湯を加えて溶かし，型の底に流す。
③ 鍋に牛乳と砂糖を入れて70℃くらいに温め，割りほぐした卵の中へ混ぜてこし，バニラエッセンスを加える。卵液が60℃になるまで湯せんする。
④ ③を②の型に流し，①の天板に並べて170℃で20分焼く。少し冷まして型から抜き，器に移す。

ポイント

① 蒸し器を使用する時は内部の温度が85～90℃を保ち，15分蒸す。
② カスタードプディングは卵たんぱく質の熱凝固性を利用する。牛乳のカルシウムイオンは熱凝固を促進させ，また砂糖は水酸基をもつため卵アルブミン分子に水素結合し，熱凝固を阻害する。そのため，砂糖の量が多くなるほど硬度が低下し，砂糖濃度が30％以上になると形が崩れる。

クレープ　（仏）Crêpe　（英）Crepe

材料		1人分	5人分 (10枚分)	備考
ⓐ	小麦粉	10 g	50 g	
	砂糖	3 g	15 g	
	食塩	少量	少量	
鶏卵		10 g	50 g	1個
牛乳		20 g	100 g	
無塩バター		2 g	10 g	
バニラエッセンス		少量	少量	
ラム酒		1 g	5 g	
サラダ油		適量	適量	
ジャム		6 g	30 g	いちご等
粉糖		少量	少量	

エネルギー：110kcal，たんぱく質：2.7g，
脂質：3.6g，カルシウム：30mg，塩分：0.1g

① ⓐをふるう。
② 卵を割りほぐし，牛乳を混ぜる。
③ ①に②を少しずつ加え，だまにならないように混ぜてこす。溶かしたバターとバニラエッセンス，ラム酒を加えて混ぜラップフィルムをかけ30分以上ねかす。
④ フライパンに薄く油をひき，③を流し，薄くのばして焼く。表面が乾いてきたら裏返して乾かす程度に焼く。焼き上がったクレープはジャムを塗り，四つ折りにして粉砂糖をふる。

🔴 **ポイント**
① 生地をねかすことでグルテンが形成され，焼く時に伸びやすくなるので，最低30分以上ねかせる。
② **クレープ**は焼け具合が布地の縮んだような状態（クレープ）から名がついた。
③ **クレープシュゼット**　（仏）crepe suzette はクレープをオレンジソースで煮てフランベしたものである。フランベは，調理でコニャックやラム酒をかけて火を付け燃やすことや，獣鳥類の毛を火で焼き取ることを言う。

パウンドケーキ　（仏）Quatre-quarts　（英）Pound cake

材料	1人分	18×8×6cm パウンド型 1本分	備考
小麦粉	20 g	100 g	
ベーキングパウダー	0.4 g	2 g	粉重量の2％
無塩バター	20 g	100 g	
砂糖	20 g	100 g	粉と同重量
鶏卵	20 g	100 g	粉と同重量 （2個）
バニラエッセンス	少量	少量	
レーズン	8 g	40 g	
ブランデー	3 g	15 g	
アーモンドスライス	6 g	30 g	乾
サラダ油	適量	適量	

エネルギー：2004kcal，たんぱく質：27.5g，
脂質：111.4g，カルシウム：232mg，塩分：0.8g
＊パウンド型1本分

① 型に油を塗り紙を敷く。小麦粉とベーキングパウダーをふるう。オーブンを170℃に温めておく。
② ボールにバターと砂糖を入れクリーム状にし，卵を少しずつ入れよく混ぜる。
③ ②にバニラエッセンスとふるった粉，ブランデーに漬けたレーズン，アーモンドスライスを加えて混ぜる。
④ ③を型に流して中央をくぼませるようにし，170℃のオーブンで40分焼く。

🔴 **ポイント**
① ドライフルーツに少量の小麦粉をふるっておくとよい。
② **パウンドケーキ**はバター，砂糖，小麦粉，卵を1ポンドずつ用いたことから名付けられた。フランス語の quatre quarl は4分の4という意味がある。

マドレーヌ　　（仏）Madeleine　　（英）Madeleine

材料	1人分	5個分	備考
小麦粉	20 g	100 g	
ベーキングパウダー	0.4 g	2 g	粉重量の2％
鶏卵	20 g	100 g	2個
砂糖	20 g	100 g	
無塩バター	20 g	100 g	
レモン果皮	—	3 g	国産

エネルギー：334kcal，たんぱく質：4.2 g，
脂質：19.0 g，カルシウム：27mg，塩分：0.2 g

① 小麦粉とベーキングパウダーをふるう。
② ボールに卵を泡立て，砂糖を加えて固く泡立てる。
③ ②に①を加え，切るようにさっくりと混ぜる。溶かしバターを加えて軽く混ぜる。
④ ③にすりおろしたレモンの皮を加えて混ぜ，型に流して空気を抜く。
⑤ 180℃に温めておいたオーブンで10～15分焼く。

ポイント

① **マドレーヌ**はバターケーキの一種で，フランス東部ロレーヌ地方が発祥といわれる。
② 日本では丸型のものもマドレーヌと呼ぶが，本来は貝殻型のお菓子である。

いちごのショートケーキ　　（英）Strawberry short cake

材料	1人分	18cmケーキ型1個分	備考
スポンジ生地			材料の配合比
小麦粉	18 g	90 g	25％
鶏卵	30 g	150 g	41％（3個）
砂糖	18 g	90 g	25％
牛乳	3 g	15 g	4％
無塩バター	4 g	20 g	5％（小麦粉重量の20～30％）
いちご	50 g	250 g	
ホイップクリーム			
クリーム	40 g	200 g	乳脂肪，生クリーム
砂糖	3 g	15 g	クリームの7.5％
バニラエッセンス	少量	少量	

エネルギー：2075kcal，たんぱく質：32.5 g，
脂質：124.4 g，カルシウム：280mg，塩分：0.8 g

① 型に油を塗り，紙を敷く。小麦粉をふる。オーブンを170℃に温めておく。
② 卵は卵黄と卵白に分け，別々のボールに入れる。卵黄に牛乳と砂糖1/3量を入れ，泡立てる。
③ 卵白は軽く泡立て，残りの砂糖を加えてしっかり泡立て，メレンゲを作る。
④ ②に③，①に溶かしバターを加え，切るようにさっくり混ぜる。
⑤ ④を型に流し，底を軽くたたいて平らにする。170℃のオーブンで約30分焼く。焼き上がったら型から出して，紙をはがし，金網の上にのせて冷ます。
⑥ いちごは洗って飾り用以外は縦に切る。クリームはボールを冷やしながら泡立て，砂糖とバニラエッセンスを加える。塗り用は八分立てに，飾り用は九分立てにする。
⑦ ⑤を横に2枚に切り，中段に塗り用のホイップクリームを塗る。切ったいちごを並べて上にも塗り，スポンジを重ねて全体に薄く塗る。飾り用のホイップクリームと粒のいちごを飾る。

ポイント

① **スポンジケーキの生地**の作り方は上記の別立て法の他，②で全卵を35～40℃に湯せんで温めながら撹拌する共立て法がある。

アップルパイ　　（仏）Tarte aux pommes（タルト オ ポム）　　（英）Apple pie

【アメリカンパイ生地の場合】

材料	1人分	18cm パイ皿 1枚分	備考
パイ生地			
小麦粉	30 g	150 g	
バター	20 g	100 g	小麦粉の70％
水	10 g	50 g	小麦粉の50％
打ち粉	適量	適量	薄力粉
バター	適量	適量	
フィリング			
りんご	80 g	400 g	3個
ⓐ　砂糖	16 g	80 g	りんごの20％
水	2 g	10 g	りんごの3％
レモン（果汁）	2 g	10 g	りんごの3％
シナモン	0.2 g	1 g	
ⓑ　卵黄	3.4 g	17 g	1個分
水	少量	少量	
卵白	5.6 g	28 g	1個分

エネルギー：381kcal，たんぱく質：3.8 g，
脂質：17.9 g，カルシウム：20mg，塩分：0.4 g

① パイ皿に薄くバターを塗る。小麦粉をふるう。オーブンを200℃に温めておく。
② りんごは，皮と芯を除いていちょう切りする。鍋にりんごとⓐを入れ，透き通るまで煮る。シナモンを加えて冷ます。
③ 材料や器具は冷やしておく。
④ パイ生地を作る。

【アメリカンパイ生地】（練り込み式）
A① 冷蔵庫で冷やしたバターを1 cm角に切って，小麦粉をまぶし，スケッパーで細かく刻む。中央をくぼませて水を入れ，軽くまとめ，ラップフィルムに包んで冷蔵庫で30〜60分ねかせる。
A② 麺板の上に打ち粉をして①をおき，スケッパーで軽くまとめ，麺棒で0.4cm厚さに伸ばし，4：6に切り分ける。

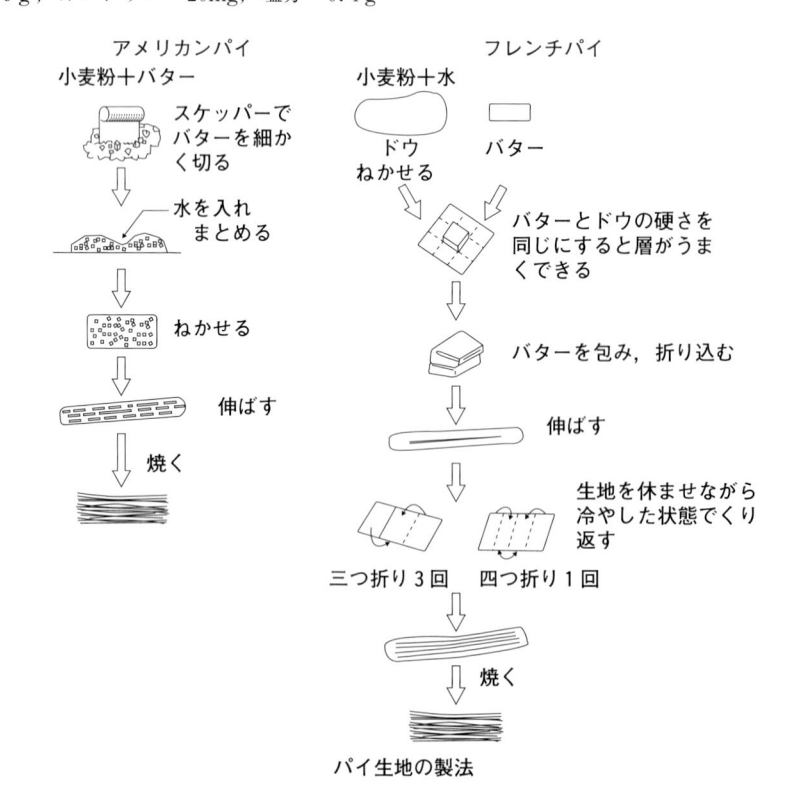

アメリカンパイ　　　　　　フレンチパイ
小麦粉＋バター　　　　　　小麦粉＋水

スケッパーでバターを細かく切る
↓
水を入れまとめる
↓
ねかせる
↓
伸ばす
↓
焼く

ドウ　バター
ねかせる
↓
バターとドウの硬さを同じにすると層がうまくできる
↓
バターを包み，折り込む
↓
伸ばす
↓
生地を休ませながら冷やした状態でくり返す
三つ折り3回　四つ折り1回
↓
焼く

パイ生地の製法

2．西洋料理の調理

⑤　大きい方の生地をパイ皿よりも大きめに伸ばし，パイ皿に敷き，皿の縁に沿って余分な生地を切り落とす。フォークで底に穴をあけて②のりんごを並べる。

⑥　小さい方の生地もパイ皿よりも大きめに伸ばし，りんごの上にかぶせ，余分な生地を切り落とす。生地の合わせ目に卵白を塗り，密着させる。切り落とした余分な生地も卵白を塗って縁に飾る。

⑦　パイはさみで⑤の表面に切り込みを入れて空気穴をあけ，刷毛で⑥を全面に塗る。オーブンに入れ，200℃で20～30分焼く。

【フレンチパイ生地の場合】

材料	1人分	18cmパイ皿1枚分	備考
パイ生地			
小麦粉	30 g	150 g	
水	15 g	75 g	小麦粉の50%
バター	22 g	110 g	小麦粉の73%
打ち粉	少量	少量	薄力粉
フィリング他			

エネルギー：396kcal，たんぱく質：3.9 g，
脂質：19.5 g，カルシウム：19mg，塩分：0.4 g

【フレンチパイ生地】（折り込み式）

F①　小麦粉に水を加えてまとめ，ラップフィルムをして冷蔵庫で30分ねかす。

F②　バターはラップフィルムに包み，麺棒でたたいて，8cmの正方形に伸ばし冷蔵庫で冷やす。

F③　麺棒で②を前後，左右に伸ばし，25cmの正方形にする。真ん中に②をおき，包んで伸ばし，三つ折りにし，さらに伸ばす。向きを90℃回転させて伸ばす。これを3～4回繰り返す。次に四つ折りをし，20×40cmに伸ばし，4：6に切り分ける。

ポイント

①　パイ生地（クラスト）の製法は大きく2つに分けられる。フレンチパイ（折り込みパイ）は小麦粉に水を加えてドウを作り，伸ばしたドウでバターを包み折りたたんで作り，しっかりした層ができる。アメリカンパイ（練り込みパイ）は小麦粉とバターを切り混ぜてから水を加えて生地を作るため，層はできないが，手軽で失敗が少ない。

②　ショートネス（砕けやすく，もろいこと）がよく手軽なアメリカンパイの生地を作り，折りたたむことでフレンチパイのように層状にするフレンチパイ・アメリカンパイ折衷生地を用いることもある。

③　フレンチパイは，ドウの層とバターの層が積み重なっていることが大切で，加熱によりバターが溶け，小麦粉は糊化し，ドウの中の水分が水蒸気になってドウの薄層に空間をつくる。これが焼き上がりに美しい層を形成し，パイ独特の舌触りを与える。

④　バターはパイにショートネスを与えるが，加熱するまで固体の状態でないと小麦粉の微粒子の間に浸潤し，ショートネスを低下させる。そのため，こね水は5～10℃とし，材料，器具等も10℃以下にして操作することが望ましい。また，焼き方は高温，短時間で行うのがよい。

⑤　しっかりした層を形成するために，グルテンの多い強力粉を併用してもよい。

⑥　フレンチパイ生地の加水量は，グルテン形成がよくなるように，アメリカンパイ生地より約15%多くする。また，層状にするために，バターは5～10%多くする。

シュークリーム　　　(仏)Chou à la crème　　(英)cream puff

材料	1人分	10個分	備考
シュー			
小麦粉	10 g	50 g	
無塩バター	8 g	40 g	小麦粉の60〜100%
水	18 g	90 g	小麦粉の160〜200%
鶏卵	20 g	100 g	小麦粉の200〜250%（2個）
カスタードクリーム			
小麦粉	6 g	30 g	
砂糖	12 g	60 g	
牛乳	50 g	250 g	
卵黄	6.8 g	34 g	2個
バニラエッセンス	少量	少量	

エネルギー：256kcal，たんぱく質：6.6 g，脂質：13.2 g，カルシウム：80mg，塩分：0.1 g

① 小麦粉をふるう。天板にクッキングシートを敷く。オーブンを200℃に温めておく。

② 鍋に水とバターを入れて火にかけ，沸騰したら小麦粉を一度に加える。火を弱めて練り混ぜ，生地がまとまって鍋に付かなくなったら火からおろす。

③ 卵を割りほぐし，②が約65℃になったら卵を少しずつ入れながらよく混ぜ，そのつど均一に伸ばしていく。すくった時，三角形が残ってゆっくり落ちる程度の硬さになるよう卵の量を加減する。
　（生地が硬い時は，カスタード用の卵黄を取った残りの卵白を利用する。）

④ 絞り出し袋に③を入れ，天板に間隔を空けて絞り出す。（スプーンで落としてもよい。）

⑤ 表面に霧をふいて，オーブンに入れ，200℃で15分，さらに温度を180℃に下げて8分焼く。

⑥ カスタードクリームは鍋に小麦粉と砂糖を入れ，牛乳を少しずつ加えながら溶き伸ばす。火にかけ，混ぜながら沸騰後1〜2分煮る。鍋を火からおろし，卵黄を少しずつ加えながら混ぜ，再度弱火で滑らかになるまで練る。火からおろし，バニラエッセンスを加えて冷ます。

⑦ ⑤の側面に切れ目を入れ，⑥を詰める。

ポイント

① シューは高温で加熱することによって生じた水蒸気の圧力により押し上げられ，中に空洞を作る。そのためには生地中のでんぷんの一部を糊化し，かつグルテンを充分形成して膜を作った生地を加熱する必要がある。

② 霧をふくのは，パリッと焼き上げるためである。また，加熱中に温度を下げるとシューがしぼむのでオーブンの扉は開けない。

③ シューは，フランス語でキャベツのことで，焼き上がりがキャベツのように膨らむことから名付けられた。中のクリームはコーンスターチを使用すると舌触りが良くなる。また，ホイップクリームを詰めてもよい。

④ **エクレア**　(仏)Éclair を作る場合は，横に太く約6 cmの棒状に絞り出して焼き，シューを横2つに切ってクリームを詰め，上に溶かしたチョコレートをかける。エクレアはフランス語で稲妻のことである。

2．西洋料理の調理　211

レアチーズケーキ　（仏）Gateau au fromagé（ガドー オ フロマージュ）　（英）Rare cheese cake

材料	1人分	18cmケーキ型1個分	備考
生地（台）			
ビスケット	20 g	100 g	ハードビスケット
無塩バター	14 g	70 g	
ゼラチン（粉）	2.4 g	12 g	チーズクリームの2.5％
水	6 g	30 g	
チーズクリーム			
クリームチーズ	40 g	200 g	
砂糖	10 g	50 g	
クリーム	40 g	200 g	乳脂肪，生クリーム
レモン汁	6 g	30 g	果汁

エネルギー：2765kcal，たんぱく質：39.0 g，脂質：224.2 g，カルシウム：604mg，塩分：2.5 g
＊ケーキ型1個分

① 水にゼラチンを加えて膨潤させ，湯せんで溶かす。
② ビスケットをビニール袋に入れて砕きボールに入れて溶かしたバターを加えて混ぜ合わせる。型に敷き詰め，冷蔵庫で冷やし固める。
③ クリームチーズを裏ごしし，ボールに入れて砂糖を加え，よく練る。
④ ③に①とレモン汁を加えて混ぜる。
⑤ 別のボールにクリームを入れ，冷やしながら泡立て，④を加えて泡を消さないようにさっくり混ぜる。
⑥ ⑤を②の型に流し，冷蔵庫で冷やす。

ポイント

① 台は，厚さ1cmのスポンジケーキでもよい。
② チーズケーキには，ゼラチン液で固めた**レアチーズケーキ**と，オーブンで加熱して作る**ベイクドチーズケーキ**（Baked cheese cake）の2種類がある。ベイクドチーズケーキの場合は，ボールに裏ごししたクリームチーズ200 gを入れ，少しずつクリーム200 gを加えて泡立てる。さらに砂糖25 g，卵黄34 g，レモン汁30 g，小麦粉20 gを加えて混ぜる。別のボールに卵白56 gと砂糖25 gで硬いメレンゲを作り，生地に加えて混ぜる。型（18cm）に流して180℃のオーブンで約50分焼く。
③ **クリームチーズ**は，クリームまたはクリームと牛乳の混合物から製造した非加熱の軟質チーズで，酸味をおびた風味とバターのような滑らかなテクスチャーをもつ。

りんごのコンポート　（仏）Compote de pommes（コンポート ド ポンム）　（英）Apple compote

材料	1人分	5人分	備考
りんご	100 g	500 g	
砂糖	20 g	100 g	りんご可食部（425 g）の25％
水	100 g	500 g	
レモン	12 g	60 g	1/2個
バニラエッセンス	少量	少量	
ぶどう酒	2 g	10 g	赤

エネルギー：139kcal，たんぱく質：0.3 g，脂質：0.2 g，カルシウム：11mg，塩分：0.0 g

① りんごは皮をむき，縦半分に切って芯をくり抜く。1％の食塩水に浸す。
② 鍋に砂糖と水と輪切りレモンを入れて火にかけ，沸騰したら①のりんごを加える。紙ぶたをして弱火で20分煮る。
③ ②が軟らかく，透き通るくらいになったら火を止めて冷まし，バニラエッセンスとぶどう酒を加えて冷蔵庫で冷やす。

ポイント

① コンポートは果物をシロップで煮たもので，形を崩さないようにする。

クッキー　（仏）Gateau sec（ガトー セック）, Biscuit（ビスキュイ）, Sable（サブレ）　（英）Cookie

絞り出しクッキー（約30個分）

材料		備考
小麦粉	100 g	
ベーキングパウダー	2 g	小麦粉の2％
砂糖	50 g	小麦粉の50％
無塩バター	50 g	小麦粉の50％
鶏卵	25 g	小麦粉の25％
バニラエッセンス	少量	
牛乳	20 g	

エネルギー：199kcal，たんぱく質：2.4 g，脂質：9.3 g，カルシウム：23mg，塩分：0.1 g
＊クッキーは1人分で計算

アイスボックスクッキー（約40個分）

材料		備考
小麦粉	170 g	
砂糖	60 g	小麦粉の35％
無塩バター	120 g	小麦粉の70％
鶏卵	17 g	小麦粉の10％
バニラエッセンス	少量	

エネルギー：395kcal，たんぱく質：3.3 g，脂質：20.8 g，カルシウム：13mg，塩分：0.0 g
＊クッキーは1人分で計算

絞り出しクッキー

① 小麦粉とベーキングパウダーをふるう。天板にクッキングシートを敷く。オーブンを180℃に温めておく。
② ボールにバターと砂糖を入れて混ぜる。卵とバニラエッセンスを加えて混ぜ，最後にふるった粉を加えて混ぜる。
③ ②の硬さを牛乳で調節する。
④ 天板に絞り出し袋で絞り出し，180℃のオーブンで約10分焼く。

アイスボックスクッキー

① クッキーの生地をまとめ，直径約3 cmの棒状に丸める。ラップフィルムをして冷蔵庫で1時間冷やす。
② ①を厚さ約0.5cmに切り，天板に並べて180℃のオーブンで約10分焼く。

ポイント

① クッキーはもろく，砕けやすいショートニング性が重要で，材料の配合により影響される。小麦粉に対して油脂が多いと，グルテン形成やでんぷんの膨潤糊化が抑制され，ソフトでもろいクッキーとなる。砂糖は膨化およびショートネスを増大させる効果があるが，多量に配合すると逆にショートネスを低下させる。
② クッキーはアメリカでの呼び名であり，イギリスではビスケット，フランスではサブレという。ヨーロッパからアメリカに渡ったオランダ人が，自家製の焼き菓子をクオキエ（koekje オランダ語の「小さい菓子」）と呼んだところから名付けられた。
③ 生地にしょうがを加えて星型にしたジンジャークッキーはクリスマスに食べられる。
④ アイスボックスクッキーは生地を冷凍保存して，必要な時に解凍して焼くことができる。

にんじんケーキ　（英）Carrot cake

材料	1人分	カップケーキ5個分	備考
小麦粉	18 g	90 g	
にんじん	15 g	75 g	1/2本
レモン	2 g	10 g	果汁
レモン	0.6 g	3 g	果皮
卵黄	6.8 g	34 g	2個
砂糖	10 g	50 g	材料の15%
卵白	11.2 g	56 g	2個
無塩バター	3 g	15 g	

エネルギー：166kcal，たんぱく質：3.9 g，
脂質：5.1 g，カルシウム：20mg，塩分：0.1 g
＊レモン（果皮）は（全果）で計算

① 小麦粉をふるう。型に紙を敷く。オーブンを180℃に温めておく。
② にんじんは皮をむいて，すりおろす。余分な水分を除いてレモン汁とすりおろしたレモンの皮を加えて混ぜる。
③ ボールに卵黄と砂糖の1/2量を入れ，泡立てる。②を加えて混ぜる。
④ 別のボールに卵白を入れて泡立て，残りの砂糖を加えてメレンゲを作る。
⑤ ③に溶かしバターを加えて混ぜ，④と小麦粉を交互に加えてさっくり混ぜる。
⑥ 型に流し，180℃のオーブンで20分焼く。

ポイント
① にんじんの代わりにかぼちゃやほうれんそうを利用してもよい。
② にんじんの風味をおいしく仕上げるために小麦粉の代わりにアーモンドパウダーやコーンスターチを用いてもよい。

9．飲み物　（仏）Boisson（ボアッソン）　（英）Beverage

主に，コース料理では食事の最後にコーヒー，アフタヌーンティーでは紅茶，朝食ではコーヒー，紅茶の他にカフェ・オー・レやミルク，ジュース等目的や好みに応じて供される。ココア，シェーク，パンチ等もある。

ホット紅茶　（英）Hot lemon tea

材料	1人分	5人分	備考
紅茶	3 g	15 g	
熱湯	160 g	800 g	
レモン	15 g	75 g	輪切り5枚
グラニュー糖	適量	適量	

エネルギー：5 kcal，たんぱく質：0.2 g，
脂質：0.0 g，カルシウム：3 mg，塩分：0.0 g
＊紅茶浸出液で計算

① ティーポットとカップを温めておく。
② ティーポットに紅茶を入れ，熱湯を静かに注ぎ，ふたをして2～4分蒸らす。（細かい茶葉は2.5～3分，大きい茶葉は3～4分が目安）
③ 蒸らしあがる時間の直前に，ポットの中をスプーンで軽くひと混ぜする。
④ 紅茶こしで，カップに濃さが均一になるように，最後の1滴（ベストドロップ）まで注ぎ分け，レモンを添える。

ポイント
① インドのダージリン，スリランカのウバ，中国のキーモンは世界三大銘茶と言われる。
② ミルクティーの場合は，湯の量を少なめにし，やや濃く浸出した紅茶にミルクを注ぐ。

③ アイスティーの場合は，ホットの場合の2倍の濃度に浸出する。また，温度が徐々に低下することにより，成分中のタンニンとカフェインの化合物が析出して白濁する現象（**クリームダウン**）を防止するために，氷で急冷するとよい。

コーヒー　（仏）Café　（英）Coffee

材料	1人分	5人分	備考
コーヒー	10 g	50 g	普通挽き用
熱湯	140 g	700 g	
ろ紙			

エネルギー：5 kcal，たんぱく質：0.3 g，
脂質：0.0 g，カルシウム：3 mg，塩分：0.0 g
＊コーヒー浸出液で計算

① コーヒーセーバーとカップは温める。
② セーバーに，ろ紙をセットしたろ過器をのせ，コーヒーを入れる。
③ コーヒーの中央に沸騰した少量の熱湯を静かに注ぎ，20秒蒸らす。
④ 再び中央に熱湯をたっぷり注ぎ，泡が出てきたら，その外周をまんべんなくゆっくり1周する。
⑤ ④の中央がくぼんだら，泡が消えないうちに同様に「の」の字を描くように注ぐ。（出来上がり時間約3分）

ポイント

① コーヒーは，豆の種類により風味が異なる。煎りたて，挽きたてを用いるのがよい。苦味は砂糖で，酸味はクリーム，ミルクで調整する。
② 上記のペーパードリップの他，布ドリップ式，サイフォン式，パーコレーター式がある。現在は簡便なコーヒーメーカーが使われる。
③ アイスコーヒーは深煎りの粉を使用し，1人分15 g，抽出量はホットコーヒーの1/2〜2/3で，熱いうちに氷を入れたグラスに注ぎ，出来上がり量を150 gにする。シロップとクリームを添える。
④ カフェ・オー・レは，深煎りで苦みのあるコーヒー豆を使用し，コーヒーと同量のミルクを注ぐ。

エッグノッグ　（英）Eggnog

材料	1人分	5人分	備考
牛乳	70 g	350 g	
鶏卵	30 g	150 g	3個
砂糖	10 g	50 g	材料の6.7％
クリーム	30 g	150 g	乳脂肪，生クリーム
ラム酒	10 g	50 g	
バニラエッセンス	少量	少量	
ナツメグ	少量	少量	

エネルギー：285 kcal，たんぱく質：6.6 g，
脂質：19.3 g，カルシウム：110 mg，塩分：0.2 g

① 卵は，卵黄と卵白に分ける。
② ボールに卵黄を入れ，砂糖の1/2量を加えクリーム状になるまで泡立てる。
③ 卵白に残りの砂糖を加えたもの，クリームをそれぞれ別のボールで泡立てておく。
④ ②に③とラム酒，バニラエッセンスを混ぜて器に分けて冷やし，ナツメグを振って供す。

ポイント

① クリスマスの代表的な飲み物で，温かいものもある。
② ノッグとは，ラム酒（grog グロッグ）を卵と共に用いることから，エッグ・アンド・グロッグが変じたと言う説と，noggin（ノギン）（小さい木製のマグカップ）に注いで飲んだことによると言う説がある。

3. 西洋料理の献立例

　欧米各国の食事の構成・様式は自然環境や宗教, 食文化, 食習慣によってさまざまであるが, フランス系と英米系に大別される。フランス系は朝食が軽く, 昼食, 夕食に重点をおき, 英米系では朝食と夕食は質, 量が充実し, 昼食は軽い。また家庭での日常食や供応食とホテルやレストランでの食事では食品, 調理法の種類, 数が異なる。日本料理では主食と副食（主菜・副菜）からなる献立構成を用いるが, 西洋料理にはこの区別がなく, 肉類を主とした献立構成である。

　基本の献立構成と目的, 役割は次のようである。

① アペタイザー（前菜, スープ）：食欲を促す。
② 主菜（魚料理, 肉料理）：質, 量ともに食事の中心であり, たんぱく質や脂肪に富む。
③ 副菜（野菜料理）：主菜を栄養的, 嗜好的に補足する。ビタミン, 無機質, 食物繊維, 生理調節機能成分に富む。
④ デザート（デザート, 果物）：食事をしめくくり, 味覚的, 心理的な満足感を与える。
⑤ パン, バター：エネルギーを供給する。

（1）朝　　食　　（仏）Petit déjeuner　　（英）Breakfast

一般家庭では下記の7グループから数種選択する。ホテルではバイキング形式も用いられる。

① 季節の果物, 各種ジュース。
② シリアル類（乾燥穀物）：オートミールを粥状に煮たもの, コーンフレークやライスフレークに牛乳, 砂糖をかけたもの。
③ パン類, パンケーキ類：各種山型パンのトースト, バターロール, マフィン, バゲット, ブリオッシュ, パンケーキ, フレンチトースト。バター, ジャム, マーマレード, はちみつ等を添える。
④ 卵料理：半熟卵, 固茹で卵, ポーチドエッグ, スクランブルエッグ, 目玉焼き, オムレツ。
⑤ 食肉加工品とチーズ類：ハム, ソーセージ, ベーコン, スライスチーズ。
⑥ 飲み物：コーヒー, 紅茶, ココア（ショコラ）, ミルク。
⑦ その他：ヨーグルト, 野菜サラダ。

献立例　1　（フランス系）

Baguette
　バゲット（フランスパン）
Beurre, Confiture de fraises
　バター, いちごのジャム
Café au lait
　カフェ・オー・レ

献立例　2　（英米系）

Orange juice
　オレンジジュース
Oatmeal with milk and sugar
　オートミール, ミルクと砂糖添え
Poached egg on toast
　ポーチドエッグオントースト（p.189）
Milk tea
　ミルクティー

216　Ⅳ. 西洋料理

(2)　昼　　食　　（仏）Déjeuner　　（英）Lunch

① 前菜またはスープ：前菜はサラダに代えてもよい。スープはコンソメ，ポタージュ，チャウダー。
② 魚料理，軽い肉料理，卵料理のいずれか1品：温製または冷製。
③ 野菜料理またはサラダ：野菜料理は温製または冷製。
④ デザート：菓子，果物，チーズ。
⑤ パン，バター。
⑥ 飲み物：コーヒーまたは紅茶。

上記のコースは簡略にしてもよいし，親しい友人との集まりや弁当にはサンドイッチとスープあるいは飲み物という場合もある。

献立例　1

Escabèche d'èperlans	わかさぎのエスカベーシュ （p.165）
Hamburg steak with tomato brown sauce	ハンバーグステーキ　トマトブラウンソース添え （p.186）
Carottes glacées	にんじんのグラッセ （p.188）
Pomme de terre frite	フライドポテト （p.188）
Bavarois au fraise	いちごのババロア （p.204）
Cafè	コーヒー （p.214）

献立例　2

Potage crème de maïs	コーンクリームスープ （p.168）
Truite à la meunière	にじますのバター焼き （p.171）
Salade verte	グリーンサラダ （p.192）
Gelée café	コーヒーゼリー （p.203）
Thè	紅茶 （p.213）

(3)　夕　　食　　（仏）Dîner　　（英）Dinner

家庭では，前菜またはスープ，魚料理または肉料理，野菜料理またはサラダ，デザート（菓子または果物），パン，バター，コーヒーまたは紅茶の構成である。しかしドイツやフランスでは簡略化して，食肉加工品（ハムやパテ等），チーズ，サラダ等の冷製料理だけですます家庭も多い。

献立例

Potage purée portugaise	トマトのポタージュ （p.169）
Côtelette de porc sauce aux pommes	ポークソテー　アップルソース添え （p.181）
Epinard au beurre	ほうれんそうバター炒め （p.188）
Pomme de terre duchesse	デュシェスポテト （p.188）
Caesar salad	シーザーサラダ （p.193）
Crêpe	クレープ （p.206）
Café	コーヒー （p.214）

（4）正餐　（仏）Dîner　（英）Dinner

正餐は最も整った形式でフォーマルな供応食であり，結婚披露宴，祝賀会等の会食に用いられることが多く，内容も豊富である。昼食あるいは夕食に供され，夕食の場合は晩餐と呼ばれる。

① 前菜　（仏）Hors d'œuvre（オールドゥーヴル）　（英）Appetizer：食欲を促すために食事の初めに供される。食前酒（アペリティフ）としてシェリー，シャンパン等が供される。

② スープ　（仏）Potage（ポタージュ）　（英）Soup：晩餐には必ず供され，昼の正餐には省略される場合もある。食欲増進の役割がある。

③ 魚料理　（仏）Poisson（ポアソン）　（英）Fish：種々の魚介類やカエルの料理が供される。白ワインが供される。

④ 肉料理　（仏）Entrée（アントレ）　（英）Meat：ロースト以外の肉類の料理で，献立の中心で豪華な料理が用いられ，野菜料理を添える。赤ワインが供される。

⑤ 氷菓　（仏）Sorbet（ソルベ）　（英）Sherbet：アルコール入りシャーベット。口直しのために供される。

⑥ 蒸し焼き料理　（仏）Rôti（ロティ）　（英）Roast：肉類を塊のままオーブンで焼いた料理で，野菜料理を添える。アントレまたはロティのどちらかが供されることが多い。

⑦ 野菜料理　（仏）Légume（レギュム）　（英）Vegetable：独立した野菜料理が供されることもあるが，生野菜のサラダを用いる場合が多い。また省かれることもある。

⑧ デザート　（仏）Entremets（アントルメ）　（英）Dessert：食後の菓子として，プディング，スフレ，ババロア，ゼリー，アイスクリーム等から一品を供する。シャンパンが供される。

⑨ 果物　（仏）Fruit（フリュイ）　（英）Fruit：季節の果物を供する。果物を用いたデザートが用いられた場合は略される。

⑩ コーヒー　（仏）Café（カフェ）　（英）Coffee：濃くいれたコーヒーをデミタスカップで少量供する。フランスではプチフール（小菓子）も付ける。リキュール，ブランデー等を供する。

前菜の後からデザートの間にはパン類（バターロール，バゲット等）が添えられ，またフランスではデザートの前に各種チーズを供して赤ワインと共に楽しむ。最近はディナーが品数より内容を重視して簡略化する傾向にあり，5～7品で構成される。

献立例　（結婚披露宴）

Terrine de foiegras（テリーヌ ド フォアグラ）	フォアグラのテリーヌ
Consommé aux truffe（コンソメ オ トリュフ）	コンソメスープ　トリュフ入り
Langouste au champagne rosé et au caviar（ラングスト オ シャンパニュ ロゼ エ オ カヴィヤール）	伊勢海老のシャンパン風味煮　キャビア添え
Filet de bœuf poêle Charlemagne（フィレ ド ブフ ポワレ シャルルマーニュ）	牛ヒレ肉ポアレ　シャルル大帝風
Sorbet de la menthe（ソルベ ドゥ ラ マント）	ミントのシャーベット
Aiguillettes de canard beaujolaise（エギュイエット ド カナール ボジョレ）	家鴨の蒸し焼き　ソースボージョレー添え
Salade de chicorée（サラッド ド シコレ）	チコリのサラダ
Omelette surprise（オムレット シュルプリーズ）	焼きアイスクリーム
Melon frappé（ムロン フラペ）	メロンフラッペ
Café	コーヒー
Pain et Beurre（パン エ ブール）	パンとバター

218　Ⅳ．西洋料理

例）前菜またはスープ，魚料理，肉料理または蒸し焼き料理，デザート，コーヒー。また前菜の前に食前酒とともに軽いおつまみとして amuse-gueule（アミューズ グール）（小前菜）が供されることもある。

（5）アフターヌーンティー　　（英）Afternoon tea

午後の気軽な集まりに供されるもので，サンドイッチ，スコーン，ケーキ，ビスケット等を数種と紅茶がサービスされる。

献立例

	サンドイッチ盛り合せ
Closed sandwiches and roll sandwich	クローズドサンドイッチ，ロールサンドイッチ (p.202)
Chou á la crème（シュー ア ラ クレーム）	シュークリーム (p.210)
Tarte aux apricot（タルト オー アプリコット）	アプリコットタルト
Madeleine（マドレーヌ）	マドレーヌ (p.207)
Compote de pommes（コンポート ド ポンム）	りんごのコンポート (p.211)
Tea	紅茶 (p.213)

（6）ビュッフェ　　（仏）Buffet（ビュッフェ）　　（英）Buffet

テーブルに並べられた多種類の料理を各自が好みに応じて取って食べるセルフサービス式の立食料理で，このスタイルは招待客数や料理の内容に融通が利く特長がある。席が固定されないので，多くの参会者と交流が図れ，着席する会食に比べ気楽さもあることから，最近はビュッフェ形式のパーティーが多くなっている。この形式は正餐に準じるパーティー，ランチパーティー，カクテルパーティー，ティーパーティーに用いられる。献立は正式にはコースに従い，パーティーの目的，客の人数，年齢，嗜好を配慮して組み合わせる。

献立例

Hors d'œuvre variés（オール ドゥヴル ヴァリエ）	盛り合わせ前菜 (p.164)
Consommé á la royale（コンソメ ア ラ ロワイヤル）	コンソメロワイヤル
Chaud-froid de saumon（ショウ フロウド ド サーモン）	さけの冷製 (p.175)
Croquettes de crabe（クロケット ド クラブ）	かにのクリームコロッケ (p.177)
Backed ham and pineapple	ハムとパインアップルのソテー (p.187)
Meat loaf	ミートローフ
Riz à la valencienne（リ ア ラ ヴァランシエンヌ）	バレンシア風ライス
Salade de fruits（サラダ ド フリュイ）	フルーツサラダ (p.194)
Salade de fruits de mer（サラダ デ フリュイ デ メール）	シーフードサラダ (p.193)
Clubhouse sandwich	クラブハウスサンドイッチ
Rare cheese cake	レアチーズケーキ (p.211)
Gâteau des fraises（ガトー デ フレーズ）	いちごのショートケーキ (p.207)

V 諸外国の料理

1. 世界の食文化
   ・四大料理圏　・三大食作法　・箸食の文化
2. イタリア料理
3. スペイン料理
4. 韓国料理

1. 世界の食文化

1. 四大料理圏

この地球上では65億人を越える人間が生活している。国の数は190か国余りあり，それぞれに伝統的文化を有している。世界の「食」文化は，①食料資源からと②調理方法や食事様式から分類することができる。

(1) 食料資源と食文化

世界の主要な農産物は，米，麦，雑穀，芋，肉，乳等である。食文化は，それぞれの土地で採れるものを中心として発達した。また，同じ食料でも他地域へ伝播していくことにより，その土地特有の食文化を形成している。

例えば，米はインドアッサムから中国へ伝えられ，さらに東南アジアへと普及していった。また米の加工品には，ビーフン（台湾，中国南部），フォーやライスペーパー（ベトナム），クイティアオ（タイ），餅（ピン）（中国）等，地域色豊かなものがある。麦は，メソポタミアを起源とし，周辺地域へと広がっていき，粒状や粉状にして利用したり，パンやパスタ，麺等，特色のある加工品が作られている。いずれも地域の特産物を利用し，長い間培ってきた地域特有の文化と生活がある。

(2) 調理方法，食事様式と食文化

地域の特産物を用い，その地域に最も適した食べ方が発達し，そこに特色ある料理が生まれた。15世紀頃の主要な4つの料理圏に，①中国料理，②インド料理，③ヨーロッパ料理，④ペルシャ・アラブ料理が挙げられる。

① 中国料理圏

漢代において発酵技術が大豆に応用され豆腐，豆乳，醤油等の加工食品が生まれ，製粉技術の導入により餅（ピン）類や麺（ミェヌ）類が普及した。調味料や香辛料の種類が多く，ラードや植物油を多用し，魚や野菜は，基本的に加熱してから食す。医食同源の考えも強い。

② インド料理圏

宗教上の理由から，牛や豚は使われず，羊，鶏，山羊や魚介類が主な食材となる。肉を全く食さないベジタリアンの料理も発達しているが，ベジタリアンでも牛乳や乳製品は多く利用する。油で調理すると浄化されるとの思想から，揚げたり炒めたりする料理が多い。米の粒粥や，ペルシャから伝わったナンや，雑穀を餅状に炊き上げたものを主食としている。

③ ヨーロッパ料理圏

狩猟の伝統があるヨーロッパでは，獣鳥肉食が中心である。防腐効果や，香り，辛み，色等を食品に付加する香辛料や香草が多く使われる。ハムやソーセージ等の保存食品として肉を加工することが発達している。17世紀頃よりナイフ，フォークが一般に普及し，現在ではヨーロッパ料理圏の象徴となっている。

④ ペルシャ，アラブ料理圏

古い歴史を持つ，多民族国家のイラン（ペルシャ）やアラブはイスラム文化圏であり，宗教上の理由からも，羊肉が用いられている。かつて世界中から多くの食材が運ばれ，地域や民族によって

料理や食事様式も多様であるが，料理にはアーモンドや干しぶどう，スパイス等が多く用いられる。主食はナンやボブス等のパンや米である。

2．三大食作法

かつて人は手で食べ物を掴んで食べていた。食べ物の違いや，民族の食作法の違い，調理法の違い等から現在は，①手を使って食事をする「手食」，②箸を使って食事をする「箸食」，③ナイフ，フォークを使って食事をする「ナイフ，フォーク食」の食事方法に大きく分けられる。

① **手食**の人たちは世界人口の約40％を占める。東南アジア，中近東，アフリカ，オセアニアで行われている。宗教的理由から，食べ物は神から与えられた神聖なものであり，最も清浄である手を使って食事をする。基本的には，右手が「浄」，左手が「不浄」のものとされ，食事には右手が使われる。その際，親指，人差し指，中指の第2関節までを使う。

② **箸食**の人たちは世界人口の約30％を占め，中国，韓国，日本，台湾，ベトナム等である。箸を使う国は，中国文明の影響を受けた国々であるといわれ，中国料理圏の特徴である加熱調理された熱いものを挟むのに適している。韓国では，汁物と飯は匙で，おかずは箸でと使い分けている。中国とベトナムでは，汁には匙を使うが，箸が主に使われている。日本は，汁物の器を口元まで持ち上げて食すので匙の必要はなく，箸が単独で用いられることが多い。

③ **ナイフ，フォーク食**の人たちは世界人口の約30％を占め，ヨーロッパ，南北アメリカ，ロシア等である。歴史は浅く，17世紀のフランス宮廷料理の中で確立された。肉料理の多い欧米食では，ナイフで切り，フォークで突き刺したり乗せたりして食べるのに適している。パンは手で食す。

3．箸食の文化

（1） 日本への箸の伝来

『魏志倭人伝』（3世紀）に手食の記載があるが，『日本書紀』『古事記』では箸の記載があることから，箸の起源はこの頃であるという説や，7世紀に遣隋使が中国文化を持ち帰った時という説もある。いずれにしても一般に箸食が普及したのは，8世紀になってからと言われる。

表V-1　日本，中国，韓国の箸食の比較

料理名	箸の種類と特徴	主な材質	箸食の比較
日本料理	割り箸，塗り箸，菜箸等がある。割り箸は，先が片方細いもの（片口箸）と両方細いもの（両口箸）がある	木，竹，プラスチック製	・主に箸を使う（近年，卵，豆腐料理に匙を使うこともある） ・主に，器は持ち上げて食す ・大皿料理は取り箸を使い直箸は避ける
中国料理	筷子と呼ばれ，形は寸胴型で日本のものより長く，先は丸い	木，竹，象牙，プラスチック製	・箸と湯匙を使う ・大皿料理も直箸を用いる
韓国料理	チョッカラと呼ばれ，形は寸胴型で，長さは中国と日本の中間位	銀，ステンレス，プラスチック製	・チョッカラとスッカラ（匙）を使い，合わせてスジョ（箸匙）と呼ぶ ・大皿料理も直箸を用いる

222　V．諸外国の料理

（2） 箸食の特徴

　箸は日本人が一番良く使う道具で，日本人の手先が器用なのは，幼い頃から微妙な指の使い方，力加減を習得しながら2本の棒を片手で操り，使いこなしているからだと言われる。箸は，摘む，切る，挟む，ほぐす，剥がす，すくう，くるむ，のせる，押さえる，分ける，支える，運ぶ等の機能を持つ優れた道具である。

（3） 箸の使い方

① 箸の選び方

　使いやすい箸とは，自分が持ちやすい長さ，太さ，重さ，形，箸先が滑らないものである。

　箸の長さは，手首の付け根から中指の先までの長さに約3cmを足した長さが適するといわれる。

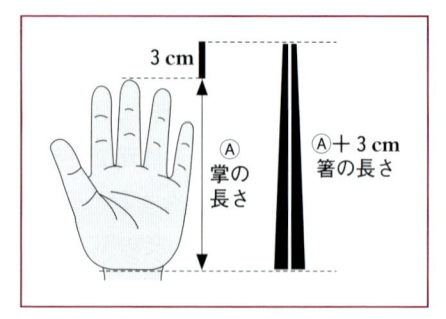

② 正しい箸の使い方

　正しい箸の持ち方をすると，見た目が美しく上手に使え

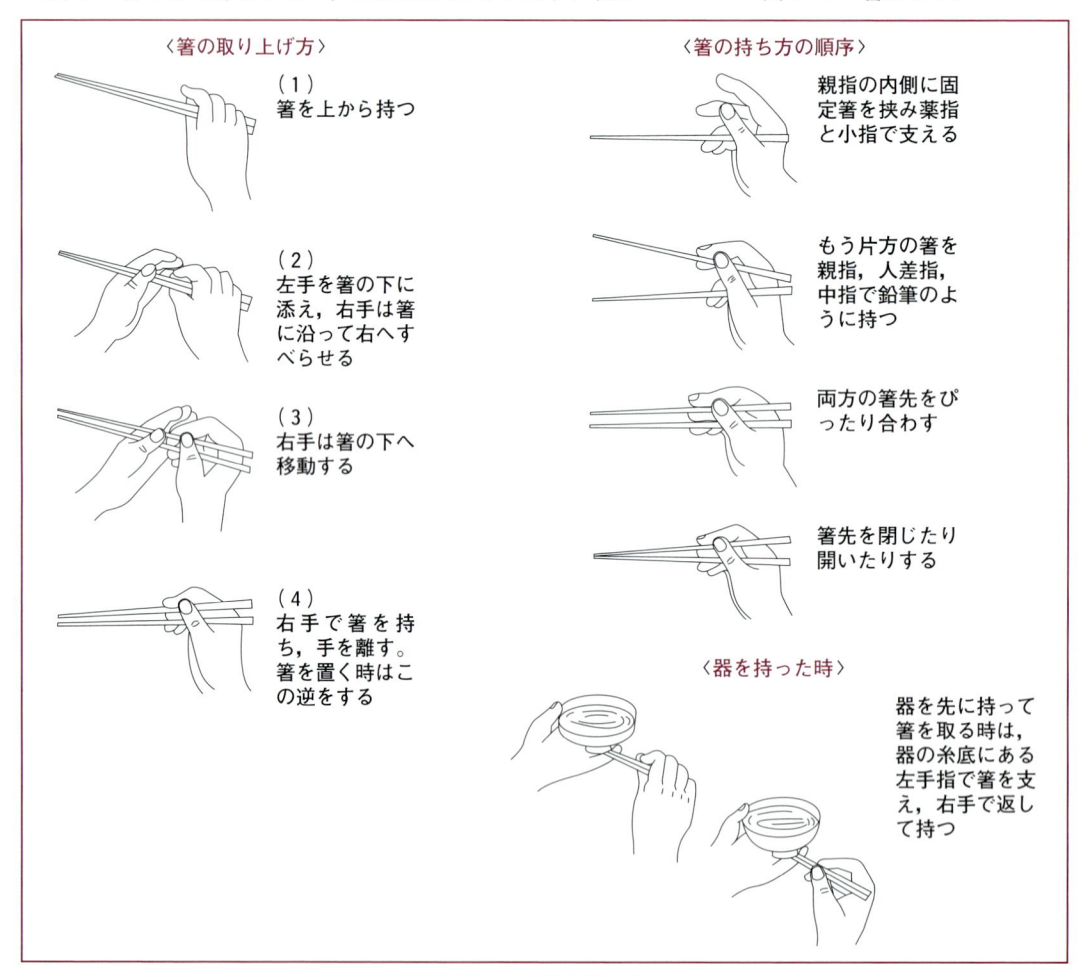

図V-1　箸のサイズ

〈箸の取り上げ方〉

（1）箸を上から持つ

（2）左手を箸の下に添え，右手は箸に沿って右へすべらせる

（3）右手は箸の下へ移動する

（4）右手で箸を持ち，手を離す。箸を置く時はこの逆をする

〈箸の持ち方の順序〉

親指の内側に固定箸を挟み薬指と小指で支える

もう片方の箸を親指，人差指，中指で鉛筆のように持つ

両方の箸先をぴったり合わす

箸先を閉じたり開いたりする

〈器を持った時〉

器を先に持って箸を取る時は，器の糸底にある左手指で箸を支え，右手で返して持つ

図V-2　箸の使い方

るようになる。力を入れすぎてしっかり握ってしまうと筋肉が自由に動かず，細かい動きがしにくくなるので，指には力を入れすぎず，手首を動かすように箸を持つようにする。

③ 箸の作法

食事をするには，周りの人に不快な感じを与えず，自分もおいしく食すことが大切である。箸を使うにも作法があり，握り箸（箸を握って持つ），迷い箸（取る料理を迷ってあちこち箸を動かす），刺し箸（食べ物を刺して食べる），指さし箸（箸で人を指す），寄せ箸（箸で遠くの器を手元に引き寄せる）等30種程ある嫌い箸や忌箸と言われる所作は避ける。

2．イタリア料理

イタリア料理（Italian cuisine）といえば，パスタ料理が代表的で多くの種類がある。イタリアは，南北に細長い国のため気候風土が異なり，ボローニャ，ベネチア，ナポリ，ローマ，トスカーナ等地方によって料理に特徴がある。地域的にみると，北部ではリゾット等の米料理や乳製品を使った料理が多く，中部ではラビオリ等の手打ちパスタ，南部ではスパゲッティ，マカロニ等の乾燥パスタやピッツァが多い。

ミネストローネ　（伊）Minestrone（ミネストローネ）　（仏）Soupe au pistou（スープ オ ピストー）

材料		1人分	5人分	備考
ⓐ	ベーコン	8 g	40 g	2枚
	たまねぎ	24 g	120 g	小1個
	にんにく	1.2 g	6 g	1かけ
	にんじん	14 g	70 g	中1／2本
	セロリ	4 g	20 g	
	キャベツ	20 g	100 g	2枚
オリーブ油		4 g	20 g	
ブイヨン		200 g	1000 g	
トマトジュース		40 g	200 g	
ⓑ	じゃがいも	20 g	100 g	小1個
	トマト	28 g	140 g	小1個
	スパゲッティ（乾）	10 g	50 g	
食塩		1 g	5 g	仕上り量の0.5％
こしょう		少量	少量	
パセリ		0.4 g	2 g	小2
パルメザンチーズ		4 g	20 g	
オリーブ油		適量	適量	

エネルギー：186kcal，たんぱく質：8.2 g，
脂質：8.8 g，カルシウム：90mg，塩分：2.6 g

① ベーコン，たまねぎ，にんじん，セロリ，キャベツは皮を湯むきして，種を除いたトマトは1cmのペイザンヌ（p.12参照）に切る。じゃがいもも同様に切って水にさらす。にんにくはみじん切り，スパゲッティは2cm長さに折る。
② 鍋に油を熱してⓐを加えて炒める。
③ ②にブイヨンとトマトジュースを注いでⓑを加え，約15分煮る。
④ ③に塩，こしょうを加えて味を調える。みじん切りのパセリとパルメザンチーズを散らす。（好みにより仕上げでオリーブ油をかける。）

ポイント
① 野菜にパスタや米が入り，具だくさんなので一品で満腹感を与える。
② **ミネストローネ**は，イタリア北西部のロンバルディアで生まれた代表的な野菜スープである。ラテン語の給仕するという意味のministrareが転じてイタリア語のminestra（スープ）から名付けられた。

スパゲッティミートソース

(伊)Spaghetti alla Bolognese　　(仏)Spaghetti a la milanaise　　(英)Spaghetti meat sause

材料	1人分	5人分	備考
スパゲッティ(乾)	70 g	350 g	ゆで上がり約2.5倍
バター	6 g	30 g	
ミートソース			
牛ひき肉	50 g	250 g	
たまねぎ	30 g	150 g	
にんじん	10 g	50 g	中1/3本
バター	10 g	50 g	
小麦粉	10 g	50 g	
ブイヨン	100 g	500 g	
トマトケチャップ	15 g	75 g	
食塩	1.5 g	7.5 g	仕上がり量の0.7%
こしょう	少量	少量	
パルメザンチーズ	5 g	25 g	
パセリ	0.5 g	2.5 g	

① ミートソース：たまねぎ，にんじんをみじん切りにし，鍋にバターを熱して約3分炒め，肉を加えて色が変わるまで炒める。これに小麦粉を加えて褐色に色付くまで炒める。ブイヨン，トマトケチャップを加え，弱火で煮詰め，塩，こしょうで味を調える。

② スパゲッティは，重量の約7倍の水に塩（水重量の0.5％）を加えて，時々かき混ぜながらアルデンテに茹でる。ざるにあげて水気を切り，温かいうちにバターを全体に混ぜる。

③ 皿に②を盛り，①をかけ，みじん切りパセリとパルメザンチーズを散らす。

エネルギー：560kcal，たんぱく質：22.2 g，脂質：21.3 g，カルシウム：97mg，塩分：2.5 g

ポイント

① **スパゲッティの茹で時間**は大量調理では所定の時間に合わせて茹でる。
② パスタ類の茹で加減を示すアルデンテ aldente(伊)は歯ごたえのある茹で方である。
③ スパゲッティに混ぜるバターは香りを活かすために冷めないようにする。バターを混ぜることにより麺同士が付着しにくくなる。
④ スパゲッティミートソースは，ボローニャ風スパゲッティのことである。Bolognese は北イタリアの都市ボローニャに由来する。ボローニャソーセージも有名である。

ピッツァ　（伊）Pizza　（英）Pizza pie

材料	1人分	天板2枚分	備考
ピッツァドウ			
強力粉	40 g	200 g	
ドライイースト	0.8 g	4 g	粉の2％，パン酵母（乾燥）
食塩	0.6 g	3 g	粉の1.5％
砂糖	1.6 g	8 g	粉の4％
オリーブ油	2 g	10 g	
牛乳	26 g	130 g	粉の65％
ピッツァソース			
トマト（水煮缶）	72 g	360 g	
にんにく	1.2 g	6 g	1かけ
オリーブ油	6 g	30 g	
ぶどう酒（白）	6 g	30 g	
パセリ	1.8 g	9 g	大3
ローリエ		0.25 g	1枚
オレガノ	少量	少量	
ピッツァの具			
たまねぎ	20 g	100 g	
マッシュルーム	8 g	40 g	
レモン（果汁）	1 g	5 g	
ピーマン	6 g	30 g	
サラミ	6 g	30 g	
アンチョビー（フィレ）	4 g	20 g	
モッツァレラチーズ	40 g	200 g	
オリーブ油	8 g	40 g	

エネルギー：527kcal，たんぱく質：12.7 g，脂質：34.2 g，カルシウム：86mg，塩分：1.7 g

✱アンチョビはかたくちいわし（生），モッツァレラチーズはナチュラルチーズ（クリーム）で計算

① ドウは，ボールにふるった小麦粉とイーストを入れ，中央をくぼませて，塩，砂糖，油を入れてよく混ぜる。40℃に温めた牛乳を加え，周りの粉を少しずつ混ぜる。全体を一つにまとめ台に取り出し，たたきつけるようにこねる。ボールに入れ，ぬれ布巾をかけ30℃で30分発酵させる（一次発酵）。

② オーブンを220℃に温めておく。

③ トマトはざく切りにし，にんにくとパセリはみじん切りにする。

④ ソースは，鍋に油を入れ火にかけ，弱火でにんにくを炒め，ぶどう酒を入れてやや煮詰める。トマト，みじん切りパセリ，ローリエ，オレガノを入れて5分煮た後，ローリエは取り出す。

⑤ たまねぎは薄切り，マッシュルームも薄切りにしてレモン汁を振りかけておく。ピーマンは輪切りにし，サラミはせん切りにする。アンチョビーは小さくちぎる。チーズは0.7cm角に切る。

⑥ ①の発酵した生地はガス抜きして軽くこね，2つに分けて丸めなおし，ぬれ布巾をかけて10分休ませる（ベンチタイム）。

⑦ 天板に油1/2量（20 g）をひき，⑥を伸ばす。上に④を塗り，⑤を散らしてチーズをのせる。残りの油を上からかけ，オーブンで約15分焼く。

ポイント

① ピッツァはイタリア南部ナポリ地方の料理である。

きのこのリゾット　（伊）Risotto

材料	1人分	5人分	備考
精白米	60 g	300 g	
ぶなしめじ	20 g	100 g	
しいたけ	20 g	100 g	
マッシュルーム	20 g	100 g	
たまねぎ	12 g	60 g	小1/2個
にんにく	0.6 g	3 g	1/2かけ
レモン（果汁）	少量	少量	
オリーブ油	3 g	15 g	
バター	3 g	15 g	
ブイヨン	120 g	600 g	
ぶどう酒（白）	6 g	30 g	
食塩	1.2 g	6 g	ブイヨンの1%
こしょう	少量	少量	
パセリ	0.5 g	2.5 g	

エネルギー：291kcal，たんぱく質：7.2 g，
脂質：6.2 g，カルシウム：17mg，塩分：2.0 g

① 米は洗って，水気を切る。
② しめじは石付きを取り，ほぐす。しいたけはせん切りにし，マッシュルームは薄切りにしてレモン汁を振りかけておく。たまねぎとにんにくはみじん切りにする。
③ 鍋に油とバターを入れ，たまねぎとにんにくを炒める。しめじ，しいたけ，マッシュルームを加え，①を入れて焦がさないように混ぜながら炒める。
④ ③にぶどう酒とブイヨンを加えて火にかけ，沸騰したらふたをして弱火で約20分煮る。火を止めて10分蒸らし，みじん切りパセリを散らす。

ティラミス　（伊）Tiramisu

材料	1人分	カップ5個分	備考
ビスキュイ			
鶏卵	20 g	100 g	2個
砂糖	12 g	60 g	
小麦粉	12 g	60 g	
牛乳	2 g	10 g	
バニラエッセンス	少量	少量	
無塩バター	3 g	15 g	
チーズクリーム			
卵黄	10 g	51 g	3個
砂糖	6 g	30 g	
クリームチーズ	40 g	200 g	
卵白	17 g	84 g	3個
ラム酒	6 g	30 g	
コーヒーシロップ			
濃いコーヒー液	30 g	150 g	
砂糖	3 g	15 g	
洋酒	少量	少量	
ココアパウダー	適量	適量	

エネルギー：380kcal，たんぱく質：10.3 g，
脂質：21.4 g，カルシウム：60mg，塩分：0.5 g

① ビスキュイは，ボールに卵と砂糖を入れ，湯せんにしながらよく泡立てる。牛乳とバニラエッセンスを加えてさらに泡立てる。ふるった小麦粉を加えてさっくり混ぜ合わせる。溶かしバターを加えて，混ぜ合わせ，紙を敷いた型に流して170℃のオーブンで15～20分焼く。
② チーズクリームは，ボールに卵黄と砂糖1/2量を入れ，泡立てる。クリームチーズを加えてよく混ぜ，ラム酒を加える。別のボールで卵白を泡立て，途中で残りの砂糖を加えてメレンゲを作り，それを前のボールに混ぜ合わせる。
③ コーヒーシロップは，コーヒー液に砂糖を入れて溶かし，洋酒を加える。
④ ①をカップの大きさに切って入れ，③を塗り，②を流す。
⑤ 冷蔵庫で冷やし固め，上にココアパウダーを振る。

3．スペイン料理

　スペイン料理（Spanish cuisine）は，17〜18世紀に日本へ南蛮料理や南蛮菓子として伝わった。スペインは他民族複合国家であるため，地域ごとに独特の郷土料理があり，南部は魚を中心としたフリッター等の揚げ物，中央部は肉を中心とした焼き物，北部は魚介類を中心にソースを主体としたシチューが有名である。

　スペイン料理の共通点は，オリーブ油，にんにく，パプリカ，サフランをよく使う。北部地方を除いてはソースを作ることは少ない。

ガスパチョ　　（西）Gazpacho

材料	1人分	5人分	備考
トマト	20 g	100 g	中5個，完熟
赤ピーマン	8 g	40 g	大1個
きゅうり	10 g	50 g	中1本
たまねぎ	10 g	50 g	小1個
にんにく	0.6 g	3 g	1/2かけ
バゲット	8 g	40 g	フランスパン，白い部分
水	80 g	400 g	
ⓐ オリーブ油	3 g	15 g	
ぶどう酢	4 g	20 g	
食塩	0.8 g	4 g	仕上がり量の0.6%
こしょう	少量	少量	
浮き実	適量	適量	トマト，ピーマン，きゅうり，バゲット等

エネルギー：63kcal，たんぱく質：1.2 g，
脂質：3.2 g，カルシウム：8 mg，塩分：1.1 g

① トマトは皮を湯むきし，種を除いて乱切りにする。ピーマンは乱切りにする。きゅうりとたまねぎは皮をむき乱切りにする。にんにくはすりおろす。バゲットは小さくちぎって水に浸ける。
② ミキサーに①とⓐを入れてピューレ状にする。粗めのこし器でこして，塩，こしょうで味を調え，冷蔵庫で冷やす。
③ 浮き実を0.5cm角に切り，冷蔵庫で冷やす。
④ ②を器に入れ，③を添える。

ポイント

① トマトとたまねぎの甘味，ピーマンとにんにくの刺激，ぶどう酢の酸味が特徴である。
② ガスパチョは，南スペインのアンダルシア地方の代表的な加熱しない，冷たい野菜スープで，アラビア語で，びしょびしょに濡れたパンという意味がある。

トルティージャ（スペイン風オムレツ）　（西）Tortilla(トルティージャ)

材料	1人分	5人分	備考
鶏卵	50 g	250 g	5個
じゃがいも	80 g	400 g	大2～3個
たまねぎ	20 g	100 g	中1/2個
アンチョビー	20 g	100 g	
オリーブ油	9 g	45 g	
食塩	0.5 g	2.5 g	卵の1％
こしょう	少量	少量	

エネルギー：265kcal，たんぱく質：11.3 g，
脂質：16.7 g，カルシウム：44mg，塩分：1.2 g
＊アンチョビーはかたくちいわし（生）で計算

① じゃがいもは0.3cm厚さの短冊切りにする。たまねぎは粗みじんに切る。
② 鍋に油20 gを入れて熱し，じゃがいもを加えて軟らかくなるまで炒め，さらにたまねぎとアンチョビーを加えてしんなりするまで炒めて冷ます。
③ ボールに卵をほぐし，②を加えて混ぜ，塩，こしょうで味を調える。
④ 小さめのフライパンに油（1枚分5 g）を入れて熱し，③の1人分を流し入れ，中火でときどきフライパンをゆすりながら半熟状に焼き，平らな皿をかぶせっひっくり返して取り出す。皿からすべらせるようにしてフライパンに戻し，全体に火が通るように弱火で約5分間焼く。

🔴 **ポイント**

① 半熟状に火を通したら，弱火でふっくらと厚く焼く。
② **トルティージャ**は，スペインの代表的な家庭料理である。じゃがいもの代わりに，ピーマンやほうれんそう等を入れてもよい。

パエリヤ　（西）paella(パエリヤ)

材料	1人分	5人分	備考
精白米	80 g	400 g	
鶏もも肉	40 g	200 g	骨付き4本
食塩	0.2 g	1 g	肉の0.5％
こしょう	少量	少量	
たまねぎ	40 g	200 g	中1個
にんにく	1.2 g	6 g	1かけ
トマト	30 g	150 g	1個
赤ピーマン	8 g	40 g	大1個
青ピーマン	8 g	40 g	大1個
あさり	5 g	25 g	殻付き5個
大正えび	20 g	100 g	小10尾（有頭）
するめいか	30 g	150 g	1ぱい
オリーブ油	10 g	50 g	
サフラン	少量	少量	
ブイヨン	100 g	500 g	
食塩	1 g	5 g	米の1.3％
こしょう	少量	少量	

エネルギー：537kcal，たんぱく質：23.5 g，
脂質：16.9 g，カルシウム：39mg，塩分：3.0 g

① 米は洗って水気を切る。
② 肉はぶつ切りにし，塩，こしょうをする。
③ たまねぎとにんにくはみじん切りにする。トマトは皮を湯むきしてくし形に切り，ピーマンは輪切りにする。
④ あさりは砂出しする。えびは背わたを取り，足とひげをハサミで切る。いかは内臓を取り，皮をむいて1cmの輪切り，足は食べやすい大きさに切る。
⑤ サフランをブイヨンに浸けておく。
⑥ パエリヤ鍋に油を熱し②を入れ，炒めて取り出す。たまねぎとにんにくを入れ，透き通るまで炒め，①を加えてさらに炒めたら，⑤を加え，塩，こしょうをする。
⑦ ⑥の上にピーマン以外の具をのせ，ふ

たをして約20分炊く。
⑧　ピーマンを加え，10分蒸らす。

ポイント
① **パエリヤ**は，肉類，魚介類，野菜類等を豊富に盛り込んでサフランで色と香りを付けたスペイン東部の代表的な米料理である。ラテン語のフライパンという意味の Patella（パテーラ）から名付けられた。
② パエリヤ鍋は，途中でオーブンに入れて焼いてもよい。鍋ごと食卓に出し，鍋から直接食べる。

サングリア　　（西）Sangria（サングリア）

材料	1人分	5人分	備考
水	6 g	30 g	
砂糖	5 g	25 g	
ぶどう酒（赤）	60 g	300 g	
ジン	3 g	15 g	
レモン	20 g	100 g	1個
オレンジ	20 g	100 g	1個
バナナ	16 g	80 g	小1本
りんご	10 g	50 g	1/4個
炭酸水	適量	適量	

エネルギー：109kcal，たんぱく質：0.7 g，
脂質：0.2 g，カルシウム：23mg，塩分：0.0 g

① 鍋に水と砂糖を入れてシロップを作り，冷ます。
② 果物は皮，芯等を除き薄切りにする。
③ ①にぶどう酒とジンを加え，②を漬けて冷蔵庫で冷やす。
④ ③に炭酸水を入れ，グラスにそそぐ。

ポイント
① **サングリア**は，スペインの代表的な甘い飲み物で，カクテルの一種である。スペイン語で血という意味の sangra から名付けられた。

4．韓国料理

　韓国料理は，陰陽五行の思想により，**五味**（甘，辛，酸，苦，塩），**五色**（赤，緑，黄，白，黒），**五法**（焼く，煮る，蒸す，炒める，生）をバランスよく献立に取り入れ健康を保つ医食同源の考えが基本となっている。

　主食は米であるが，米に雑穀類等を混ぜ込んで用いることが多く，肉類は骨ごと煮詰めたり，全ての部位を効率よく利用している。また，魚介類が豊富で，刺身だけではなく保存食として，干し魚，塩辛がよく用いられる。野菜においては，寒い冬を乗り越えるための貯蔵方法として発達した発酵食品の**キムチ**があり，その数は200種を超える。韓国料理では，調味料，香辛料，香味野菜を総称して**薬念**（ヤンニョム）と呼び，料理の中身によって，それぞれの配合の仕方を変える。

　宮廷料理の流れを汲み，食事作法には細かい約束事がある。食器はテーブルに置いたまま食事をするのが礼儀正しいとされ，日本のように器を手に持ったり，口を付けたりしない。飯と汁物はスッカラ（匙，スプーン）で，おかずはチョッカラ（箸）で食べるという点も日本と異なる。

クッパブ（スープご飯）

材料		1人分	5人分	備考
精白米		60 g	300 g	
水		90 g	450 g	米の150%
牛もも肉		40 g	200 g	薄切り
にんにく		1.2 g	6 g	1かけ
ⓐ	しょうゆ	4 g	20 g	肉の10%
	砂糖	1 g	5 g	肉の2.5%
	本醸造酒	3 g	15 g	肉の7.5%
	ごま油	1 g	5 g	肉の2.5%
葉ねぎ		10 g	50 g	
にんじん		10 g	50 g	中1/3本
たけのこ		20 g	100 g	茹で
しめじ		30 g	150 g	
鶏卵		20 g	100 g	2個
肉汁（ユクス）		250 g	1250 g	固形コンソメ2個
にんにく		0.6 g	3 g	1/2かけ
ⓑ	食塩	1.5 g	7 g	肉汁の0.6%
	しょうゆ	2 g	10 g	肉汁の0.8%
	こしょう	少量	少量	
葉ねぎ		4 g	20 g	
ごま油		3 g	15 g	

エネルギー：401kcal，たんぱく質：20.0 g，
脂質：10.7 g，カルシウム：44 mg，塩分：3.7 g

① 米は洗って炊いておく。
② 肉は細切りにし，おろしにんにくとⓐで煮る。
③ ねぎは斜め切りにする。
④ にんじん，たけのこは短冊に切る。
⑤ しめじは，根元を取り小房に分ける。
⑥ 卵は軽くほぐしておく。
⑦ 鍋に肉汁を入れて火にかけ，④⑤を加え，おろしにんにくとⓑで味を調える。
⑧ ⑦に③を加え少し煮て，火を止める前に⑥を加える。
⑨ 器に①を入れ②をのせて⑧を注ぐ。
⑩ みじん切りねぎ，ごま油をかける。

ポイント
① 辛みが欲しい時は，薬念（ヤンニョム）（合わせだれ）やキムチを入れて好みの辛さにする。
② クッがスープ，パブが飯の意味。

キムチポクム（キムチの炒め物）

材料		1人分	5人分	備考
豚かた肉		50 g	250 g	薄切り
はくさいキムチ		50 g	250 g	よく漬かったもの
葉ねぎ		6 g	30 g	1/2本
たまねぎ		20 g	100 g	中1/2個
ごま油		1 g	5 g	
にんにく		1.6 g	8 g	1.5かけ
ⓐ	しょうゆ	7 g	35 g	材料の5.5%
	砂糖	1.2 g	6 g	材料の0.9%
	コチュジャン	3.6 g	18 g	材料の2.8%
	とうがらし	少量	少量	粉
	ごま	2 g	10 g	白，煎り
とうがらし		少量	少量	糸とうがらし，乾

エネルギー：185kcal，たんぱく質：12.5 g，
脂質：9.8 g，カルシウム：64 mg，塩分：2.6 g

① 肉は2 cm幅に，たまねぎはくし形に切る。
② キムチは2 cm幅に切る。
③ ねぎは斜め切りにする。
④ にんにくはすりおろしⓐと合わせる。
⑤ フライパンにごま油を熱し，①を炒めて，火が通ったら②を加える。
⑥ ④を入れて炒め，③を加えて，さっと火を通す。
⑦ 器に盛り，糸とうがらしをのせる。

ポイント
① キムチは，よく漬かったものがよい。
② 最後に卵を落とし入れてもよい。

ビビンパブ（混ぜご飯）

材料		1人分	5人分	備考
精白米		70 g	350 g	
水		105 g	525 g	米の150%
牛ひき肉		30 g	150 g	
ごま油		0.4 g	2.0 g	
にんにく		1.2 g	6.0 g	1かけ
ⓐ	しょうゆ	3.6 g	18 g	肉の12%
	砂糖	2 g	10 g	肉の6.7%
	本醸造酒	2 g	10 g	肉の6.7%
	ごま	0.3 g	1.5 g	白，煎り
ほうれんそう		40 g	200 g	
食塩		少量	少量	
ⓑ	しょうゆ	4 g	20 g	ほうれんそうの10%
	ごま油	1.2 g	6 g	
	ごま	1.6 g	8 g	白，煎り
大豆もやし		50 g	250 g	
食塩		少量	少量	
ⓒ	しょうゆ	5 g	25 g	もやしの10%
	ごま油	1.2 g	6 g	
	ごま	1.6 g	8 g	白，煎り
ぜんまい水煮		50 g	250 g	
ごま油		2.4 g	12 g	
ⓓ	しょうゆ	6 g	30 g	ぜんまいの12%
	砂糖	1 g	5 g	ぜんまいの2%
	みりん	3.6 g	18 g	ぜんまいの7%
	ごま	2 g	10 g	白，煎り
にんじん		20 g	100 g	
サラダ油		0.4 g	2 g	
食塩		0.3 g	1.5 g	だいこんの1.5%
だいこん		20 g	100 g	
サラダ油		0.4 g	2 g	
食塩		0.3 g	1.5 g	だいこんの1.5%
たれ				
ⓔ	コチュジャン	適量	大さじ1～2	18～36 g
	ごま	適量	小さじ1	3 g，白，煎り
	ごま油	適量	小さじ1～2	4～8 g

エネルギー：541 kcal，たんぱく質：17.6 g，脂質：17.2 g，カルシウム：148 mg，塩分：4.6 g

① 米は洗って炊いておく。
② ⓑⓒⓓのごまは煎ってすっておく。
③ ⓐとⓔのごまは煎っておく。
④ フライパンにごま油を熱し肉を炒め，おろしにんにくとⓐを入れ炒める。
⑤ ほうれんそうは塩茹でし，水気を絞り3 cm長さに切り，ⓑで和える（p.57参照）。
⑥ 大豆もやしはひげ根を取って洗い，鍋にもやしの半量の水を入れふたをして約8分蒸し煮する。ざるに上げて水気を充分に切ってⓒで和える。
⑦ ぜんまいは3 cmに切り，ごま油を熱したフライパンで強火でさっと炒め，ごまを除くⓓを入れて弱火で煮る。汁気がなくなったら火を止め，ごまを混ぜる。
⑧ にんじん，だいこんはせん切りにし，それぞれを油で炒め，塩で味を付ける。
⑨ 丼に①を盛り，④～⑧を彩りよくのせ，好みでⓔをのせる。

ポイント

① ビビンは混ぜる，パブは飯の意味で，飯の上に④～⑧のナムル等をのせて，混ぜ合わせて食す。ナムルは韓国料理の和え物のことでナムルだけでも1品料理になる。
② コチュジャンは唐辛子が入ったやや甘い韓国の味噌で，韓国を代表する調味料である。

アルサム（卵のサム）

材料		1人分	5人分	備考
鶏卵		50 g	250 g	5個
ⓐ	食塩	0.3 g	1.5 g	卵の0.6％
	砂糖	1 g	5 g	卵の2％
ごま油		1 g	5 g	
ほうれんそう		15 g	75 g	
食塩		少量	少量	
ⓑ	しょうゆ	2.4 g	12 g	ほうれんそうの16％
	砂糖	1 g	5 g	ほうれんそうの7％
	ごま油	0.2 g	1 g	
しいたけ		15 g	75 g	7枚
ごま油		0.2 g	1 g	
ⓒ	食塩	0.3 g	1.2 g	しいたけの1.6％
	こしょう	少量	少量	
にんじん		12 g	60 g	
ごま油		0.2 g	1 g	
ⓓ	食塩	0.2 g	1 g	にんじんの1.7％
	こしょう	少量	少量	
あまのり		1.6 g	8 g	2枚，焼のり

エネルギー：114kcal，たんぱく質：7.9 g，
脂質：7.0 g，カルシウム：43mg，塩分：1.4 g

① ほうれんそうは塩茹でし，3cmに切り，よく絞ってⓑで和えておく。
② しいたけ，にんじんはせん切りにし，それぞれを油で炒め，ⓒⓓで調味する。
③ のりは軽くあぶっておく。
④ 卵を割りほぐし，つなぎ用に少し取り分けておき，ⓐを入れる。
⑤ 卵焼き器にごま油を熱し，④の1/2量を焼く。半熟のうちに，③の1/2をのせ火から下ろす。
⑥ ⑤の上の手前に①②を並べて巻く。
⑦ 再び火の上に戻し，④の残りの卵をつなぎ目が付くように流して焼く。
⑧ ⑤〜⑦をくり返して，もう1本作る。
⑨ 冷めてから，切り分ける。

ポイント

① 卵焼き器の大きさにより1本分の量を加減する。卵は，少し厚めになるので，焦がさないようにする。

キョンダン（団子）

材料	1人分	5人分	備考
白玉粉	30 g	150 g	
食塩	少量	0.2 g	
水	25 g	125 g	
あん	20 g	100 g	
こしあん	13 g	65 g	
砂糖	7 g	35 g	あんの54％
食塩	少量	0.2 g	あんの0.3％
水	4 g	40 g	
きな粉	3 g	15 g	
ごま（黒）	3 g	15 g	
まつ（煎り）	4 g	20 g	松の実

エネルギー：216kcal，たんぱく質：5.4 g，
脂質：5.6 g，カルシウム：49mg，塩分：0.1 g

① ボールに白玉粉と塩を入れ，水を少しずつ加えてこね，耳たぶ位の軟らかさになったら，15個に丸める。
② あんを練り上げ，同様に丸めておく。
③ ①を手のひらで平らに広げ，②を包んで団子状に丸める。
④ たっぷりの熱湯に③を入れ，浮き上がってから約1分茹でて冷水に取る。
⑤ ④の水気を切り，松の実のみじん切り，きな粉，煎ったごまをそれぞれまぶして器に盛る。

ポイント

① キョンダンは本来は何も入らない団子のことで，詰め物が入る団子はダンジャと言い，宮中の高級餅であった。現在は詰め物の有無にかかわらずキョンダンと言う。

Ⅵ 郷土料理と行事食

1. **郷土料理**
   ・郷土料理とは　・分類
2. **行事食**
   ・正月料理　・七草がゆ　・桃の節句
   ・端午の節句　・クリスマス料理

1. 郷土料理

1. 郷土料理とは

　我が国は南北に長く，緯度による寒暖差，周囲を海に囲まれ内陸部は山という地形差，それに四季の移り変わりを加えると，実に多彩な自然環境を持つ国である。

　季節毎の海流にのった豊富な魚介類，雪溶けの水をたたえる湖沼や河川からの恵みによる山麓の高冷地農業や酪農，山岳がいだく平野での農業等，それぞれの気候・風土の異なった環境で得られた恵みは，地域特有の特産物を生み出している。交通手段や情報が未発達だった頃，各地ではその地方で手に入る特産物を利用して，おいしく食べる工夫や保存方法を考え，地方色豊かな料理が生み出された。そこに住む人々の生活環境により生まれ，作り上げられ，受け継がれてきたその地方特有の料理が郷土料理であり，日本料理の原型を作ってきたとも言える。

2. 郷土料理の分類

郷土料理は，その特色により3つに分類することができる。
① ある地方に特産する材料を用い，その土地独自の料理法が発達したもの
② ある地方の特産もしくは大量生産された食品が乾燥・塩蔵されて他地域へ運ばれ，産地よりもむしろ消費地で調理法が発達したもの
③ 広い地域で共通に生産・入手できた食品で，ある時期には当然同じ手法で調理されていたが，各地方毎に多少差異を生じながら発達したもの

　①は，ししゃも（北海道），はたはた（秋田），ほたるいか（富山），むつごろう（佐賀）等限られた地方に水揚げされる海産物を用いた料理や，野沢菜漬け（長野），かぶらずし（北陸），ふなずし（滋賀）のように特産物を利用したものがある。生産量が少なく，地理的な面からも他の地方には普及しにくく，また，気候風土の関係から味付けや調理は独特の場合が多い。

　②は，さばずし（京都，和歌山，中国山地）や芋棒（京都），にしんの昆布巻き（京都）等のように，「さば街道」，「昆布ロード」「塩の道」と言われる特産品の移動経路によるものがある。

　③は，共通する材料を使って，名前を変えて全国で作られている場合がある。小麦粉を使った麺を例に挙げると，伊勢うどん（三重），稲庭(いなにわ)うどん（秋田），きしめん（愛知），ほうとう（山梨），さぬきうどん（香川）等があり，地方色豊かである。また，けんちん汁（茨城，埼玉）については，鎌倉の建長寺発祥の精進料理が訛ったと言う説や，中国から仏教と共に伝来した料理 巻繊(ケンチェン)が，中国大陸に近い山口で何時の間にか郷土料理となったという説がある。醤油味や味噌味，材料を炒めてから煮込む等多少の差異はあるが，けんちょう汁（山口，神奈川），けんちゃん汁（宮崎）等，同じような形態のものが各地方に伝えられている。

　p.239に郷土料理の一覧を挙げた。

ほうとう

材料		1人分	5人分	備考
強力粉		35 g	175 g	強力粉：薄力粉
薄力粉		25 g	125 g	7 ： 5
ⓐ	食塩	0.9 g	4.5 g	粉の1.5%
	鶏卵	12 g	60 g	大1個
	水	25 cc	125 cc	卵＋水で粉の60%
打ち粉		適量	適量	強力粉
かぼちゃ		60 g	300 g	
だいこん		40 g	200 g	
さといも		20 g	100 g	
にんじん		10 g	50 g	
根深ねぎ		25 g	125 g	
しいたけ		10 g	50 g	
だし汁	煮干し	4 g	20 g	
	こんぶ	3 g	15 g	み・ついし
	水	320 g	1600 g	
ⓑ	米みそ	30〜60 g	150〜300 g	汁の10〜20% 淡色辛みそ
	本醸造酒	12 g	60 g	
	みりん	15 g	75 g	
薬味	葉ねぎ	8 g	40 g	1本
	とうがらし	少量	少量	粉

エネルギー：408kcal，たんぱく質：13.8 g，
脂質：4.5 g，カルシウム：97mg，塩分：5.1 g
＊だしは昆布だし150 g，煮干しだし150 gで計算

① 煮干しとこんぶでだしを取る。
② 小麦粉にⓐの卵水を加減しながら入れ，ひとまとめにする。体重をかけてよくこねてから，ビニール袋に入れて30分以上ねかし再びよくこね，平らにする。
③ 麺棒で厚さ0.5cmに伸ばして折りたたみ，幅2〜3cmに切る。
④ たっぷりの熱湯（分量外）で③を約3分茹で，水洗いして水気を切る。
⑤ かぼちゃ，だいこんはいちょう切り，さといも，にんじんは薄切り，ねぎは斜目切り，しいたけはそぎ切りにする。
⑥ 鍋に①とⓑを入れ，⑤の火の通りにくい野菜から入れ，アクを取り，麺を入れて好みの硬さまで煮込む。
⑦ 器に取り，薬味をかけて食す。

ポイント

① **ほうとう**は，山梨県の郷土料理で，白味噌や合わせ味噌が適する。生地をこねる場合は，ビニール袋に入れた生地をタオルに包み足で踏んでこねるとコシが出る。

長崎チャンポン

材料	1人分	5人分	備考
ちゃんぽん麺（生）	100 g	500 g	4玉 中華めん（生）で代用
豚かたロース肉	30 g	150 g	薄切り
するめいか	15 g	75 g	1/4ぱい
大正えび	25 g	125 g	10尾
しいたけ	10 g	50 g	5枚
きくらげ（乾）	1 g	5 g	5枚
なると	10 g	50 g	
焼き竹輪	10 g	50 g	
キャベツ	30 g	150 g	
たまねぎ	20 g	100 g	
にんじん	15 g	75 g	
たけのこ	15 g	75 g	茹で
もやし	50 g	250 g	
ラード	3 g	15 g	
中華だし	270 g	1350 g	顆粒風味調味料（中華味）14 g
ⓐ うすくちしょうゆ	12 g	60 g	全材料の2.0%
ⓐ 食塩	1.0 g	5.0 g	全材料の0.2%
ⓐ こしょう	少量	少量	

エネルギー：467kcal，たんぱく質：29.4 g，脂質：8.0 g，カルシウム：76mg，塩分：4.4 g

① 麺は硬めに茹でる。
② 肉と，皮をむいたいかは，一口大に切る。えびは背わたと殻を取る。石付きを取ったしいたけ，戻したきくらげは細切りにし，なると，竹輪は薄切りにする。もやし以外の野菜は短冊に切る。
③ 中華鍋にラードを熱し，②の火の通りにくい材料から順に炒め，半分程火が通ったら，だし汁と①を加えて煮立て，ⓐで味を調える。もやしを加えてさっと煮て器に盛る。

ポイント
① 長崎チャンポンは長崎県の郷土料理で，中国料理の流れをくんだ具沢山の麺料理である。麺には，かんすいではなく唐灰(とうあく)を使用し，独自の食感がある。
② ちゃんぽんとは，色々な物を混ぜ合わせる意味である。

治部煮

材料	1人分	5人分	備考
かも肉	65 g	325 g	または鶏もも肉
小麦粉	4 g	20 g	
たけのこ	20 g	100 g	茹で
にんじん	20 g	100 g	
しいたけ	10 g	50 g	5枚
ほうれんそう	30 g	150 g	
生ふ	20 g	100 g	あわ麩等2枚
だし汁	66 g	330 g	材料の50%
ⓐ しょうゆ	9 g	45 g	材料の7%
ⓐ 本醸造酒	6 g	30 g	材料の4.5%
ⓐ みりん	4 g	20 g	材料の3%
ⓐ 砂糖	4 g	20 g	材料の3%
わさび	少量	少量	

エネルギー：194kcal，たんぱく質：20.9 g，脂質：2.5 g，カルシウム：36mg，塩分：1.6 g

① 肉は10切れに切り，小麦粉をまぶす。
② たけのこは3 cm，にんじんは長めの乱切り，生ふは適当な大きさに切り，しいたけは石付きを取り，飾り切りする。
③ ほうれんそうは茹でて，3 cmに切る。
④ 鍋にだし汁とⓐを入れて煮立たせ，①を入れてさっと煮て取り出す。たけのこ，にんじんを入れ火が通ったら，生ふ，しいたけ，肉を加えて煮上げる。
⑤ 器に③④を盛り合わせ，煮汁をかけてわさびを上に添える。

ポイント

① 石川県金沢市の郷土料理の代表的なもので，本来は真鴨を使うが，鶏肉を使うことが多い。金沢特産のすだれ麩がよく使われる。
② 治部(じぶ)はこの料理を考え出した人の名前や，煮る時の「じぶじぶ」という音からきたという説がある。

ゴーヤチャンプルー

材料	1人分	5人分	備考
にがうり	40 g	200 g	ゴーヤ
食塩	少量	少量	
豚もも肉	40 g	200 g	薄切り
豆腐	60 g	300 g	木綿
鶏卵	20 g	100 g	
サラダ油	3 g	15 g	
ⓐ しょうゆ	7.2 g	36 g	材料の4.5%
ⓐ みりん	7.2 g	36 g	材料の4.5%
食塩	0.2 g	1.0 g	材料の0.1%
削り節	1 g	5 g	

エネルギー：207kcal，たんぱく質：16.4 g，
脂質：11.7 g，カルシウム：92mg，塩分：1.4 g

① 肉は一口大に切る。
② ゴーヤは縦半分に切り，スプーンでわたを取り0.2cm厚さの半月切りにする。塩でもみ，水洗いして水気を切る。
③ 豆腐は水切りし，一口大にちぎる。
④ フライパンに油を熱し，①②③の順で炒める。溶き卵とⓐを入れてかき混ぜ，塩で味を調える。
⑤ 器に盛り，削り節を散らす。

ポイント

① チャンプルーは，ごちゃ混ぜの意味で，沖縄県の代表的な炒め物料理である。
② 肉の代わりにスパム（塩漬けポーク缶）を用いる場合は，塩味を加減する。

松前漬け

材料	1鉢分	備考
するめ	100 g	加工品，胴体1枚分
こんぶ	25 g	みついし
にんじん	30 g	
かずのこ	25 g	塩蔵，大1本
ⓐ 本醸造酒	100 g	材料の55%
ⓐ しょうゆ	50 g	材料の28%
ⓐ みりん	50 g	材料の28%

エネルギー：537kcal，たんぱく質：77.3 g，
脂質：5.6 g，カルシウム：203mg，塩分：8.2 g
＊栄養計算は1鉢分

① するめは，酒に浸して軟らかくして5cmの細切りにする。
② きれいにふいたこんぶ，にんじんは5cmの細切りにする。
③ 塩出ししたかずのこは薄皮を除き，適当な大きさにちぎる。
④ ⓐを煮立て冷ましたものを①〜③に合わせ，味を馴じませる。

ポイント

① 辛口にしたいときは，みりんの量を控える。
② 松前は，北海道の松前地方が昆布の名産地であったことから昆布料理に付けられる。

五平餅

材料		1人分	5人分	備考
精白米		100 g	500 g	
水		130 g	650 g	米の130%
くるみ		5 g	25 g	
ごま		1.5 g	7.5 g	白，煎り
ⓐ	米みそ	15 g	75 g	赤色辛みそ
	砂糖	7 g	35 g	みその46.7%
	しょうゆ	5 g	25 g	みその33.3%
	しょうが汁	5 g	25 g	みその33.3%
	みりん	8 g	40 g	みその53.3%
杉串		1本	5本	

エネルギー：478kcal，たんぱく質：9.6 g，
脂質：6.0 g，カルシウム：49mg，塩分：2.7 g

① 米は硬めに炊き，炊きたてをすりこぎで米の粒が少し残る程度につぶす。すりこぎは水で濡らしながらつくとよい。
② ①の1/5を丸めて，串に平たく押しつけながら楕円形に形を整える。
③ すり鉢でくるみとごまをよくすりつぶし，ⓐを入れ，みそだれを作る。
④ 網で②をあぶり，途中で③を塗りながら焼き上げる。たれは焦げやすいので注意する。

🔴 ポイント

① 五平餅は本来，飯を杉木にさし，神前にお供えして豊穣を祝ったもので，その形が御幣（ごへい）に似ていることに由来する。木曽・伊那地方から岐阜，東海・三河の郷土料理で地方によって形や味も異なる。

ずんだもち

材料		1人分	5人分	備考
えだまめ		70 g	350 g	さやつきで650 g
食塩		適量	適量	
ⓐ	砂糖	25 g	125 g	豆の35.7%
	水	25 g	125 g	
食塩		0.1 g	0.5 g	豆の0.1%
上新粉		33 g	165 g	
熱湯		38 g	190 g	
白玉粉		5 g	25 g	
砂糖		5 g	25 g	粉の13.2%

エネルギー：348kcal，たんぱく質：10.6 g，
脂質：4.7 g，カルシウム：43mg，塩分：0.5 g

① ⓐを煮溶かしておく。
② えだまめは塩茹でし，さやからはずして薄皮も取り，すり鉢でつぶす。
③ ②に①を少しずつ入れてすり混ぜ，塩を加える。
④ 上新粉に熱湯を加え木杓子で混ぜる。白玉粉は少量の水（分量外）で溶き，砂糖とともに上新粉に加え，手でよくこねる。
⑤ ④をちぎって平たくし，強火で約20分蒸す。
⑥ ⑤の粗熱を取り，すりこぎでつき，よくこね，15等分し③をのせる。

🔴 ポイント

① えだまめをすりつぶして作る緑色の餡をずんだといい，宮城県や山形県を中心とした東北地方の郷土料理。もちで代用してもよい。

表Ⅵ-1　郷土料理一覧

地　方	都道府県名	料　　　理
北海道・東北	北海道	石狩鍋，三平汁，いか飯，ルイベ，豚丼，たこのしゃぶしゃぶ，ジンギスカン，チャンチャン焼き（鮭の味噌焼き）
	青森県	じゃっぱ汁，けの汁（粥の汁），ほたての貝焼き味噌
	岩手県	わんこそば，味噌ばっけもち，芋のこ汁，柳ばっと，冷麺，餅料理，豆腐料理
	宮城県	ずんだ餅，おくずかけ，牛タン，じんだ和え
	秋田県	きりたんぽ，しょっつる，じゅんさい，稲庭うどん
	山形県	いものこ汁，納豆汁，山菜おこわ，芋煮
	福島県	こづゆ，にしんの山椒漬け，いか人参
関東	茨城県	あんこう鍋，そぼろ納豆
	栃木県	しもつかれ，はっと汁
	群馬県	おきりこみ，つみっこ，焼き饅頭
	埼玉県	黄金めし，いがまんじゅう，行田のフライ
	千葉県	鰯のさんが，なめろう，塩辛こうこう
	東京都	深川飯，まつりいなり寿司，もんじゃ焼き
	神奈川県	しらす丼，サンマーメン，けんちん汁，鯵のたたき
中部	新潟県	のっぺい汁，鮭の酒びたし
	富山県	鱒鮨，かぶら寿司，ぶり大根，いとこ煮
	石川県	治部煮，日の出汁，ボラ茶漬け，えびす（べろ・べろ），なす素麺
	福井県	里いものころ煮，越前おろし蕎麦，へしこ，浜焼き鯖
	山梨県	ほうとう
	長野県	笹寿司（謙信寿司），五平餅，鰯の岡部，韮煎餅，ローメン，笹寿司，おやき，野沢菜漬け
	岐阜県	朴葉（ほおば）寿司，栗きんとん，柏餅，鮎ぞうすい，五平餅，へぼ飯
	静岡県	鰻丼，とろろ汁，がわ料理，麦とろ
	愛知県	味噌かつ，どて，ひつまぶし，味噌煮込みうどん，きしめん
近畿	三重県	てこね鮨，魚のなます，伊勢うどん
	滋賀県	源五郎ふな鮨，瀬田しじみの鉄砲あえ
	京都府	いも棒，水無月，竹の子田楽，はものおとし，鰻茶漬け，はもきゅう，皮ざく，夫婦炊き焼き，豆腐となまり節の煮物，鰊なす（共炊き法），鰊昆布巻き
	大阪府	バッテラ，うどんすき，くじら鍋，桜餅，たこ焼き，小田巻蒸し，鯖のきずし，鯖のみそ煮，きゅうりのざくざく，船場汁
	兵庫県	いかなごのくぎ煮，丹波黒大豆，明石焼き，かつ飯
	奈良県	柿の葉鮨，わらび餅，茶飯
	和歌山県	めばり鮨，秋刀魚寿司
中国	鳥取県	かに汁，いただき，大山おこわ
	島根県	わりご蕎麦（出雲蕎麦），箱寿司
	岡山県	岡山鮨（ばらずし），ままかり寿司，祭り寿司
	広島県	牡蠣（かき）の十手焼き，海軍さんの肉じゃが，たこ飯
	山口県	瓦蕎麦，岩国寿司，いとこ煮
四国	香川県	雑煮（餡餅入り），たまかけうどん，しっぽくうどん，さぬきうどん
	愛媛県	鯛麺
	徳島県	たらいうどん，蕎麦米雑炊
	高知県	皿鉢料理，鰹の土佐造り
九州	福岡県	がめ煮，博多雑煮，久留米ラーメン
	佐賀県	ふなんこぐい，鮒の昆布巻き，むつごろうの蒲焼
	長崎県	ちゃんぽん，大村寿司，トルコライス
	熊本県	辛子蓮根，つぼん汁，太平燕，ぶえん寿司，いきなりだご
	大分県	黄飯，やせうま，だんご汁
	宮崎県	飫肥天，むっけ汁，冷や汁，チキン南蛮
	鹿児島県	とんこつ（豚骨煮），あくまき，鶏飯
	沖縄県	ゴーヤチャンプルー，ヒラヤーチー（沖縄風お好み焼），ラフティー，ソーキ蕎麦，アーサの汁，ナーベラ（へちま）の卵とじ，サータアンダーキー

2. 行 事 食

1. 正月料理

　正月を祝う風習は奈良時代に始まったとされる。一般に伝わる伝統的な正月料理は江戸時代の武家の祝い膳にあった式三献に，かち栗，するめ，田作り，数の子，大豆，昆布が用いられたことに由来すると言われる。おせちは五節句（人日，上巳，端午，七夕，重陽）の料理のことを指しているが，現在では正月料理のみを「おせち」と呼ぶようになった。

　重詰にされるが，一般的には四段重ねが多く用いられる。最近では，少人数家族であることや多様化に伴い，三段重ねまたは二段重ねですませることも多い。新しい趣向としては，大皿に盛り込んだり，1人分ずつ懐石盆に盛る方法もある。

　料理としては正月の祝いにふさわしい，たい（めでたい），えび（腰が曲がるほどに長寿で元気に），こんぶ（喜ぶ），かずのこ（子孫繁栄），黒豆（まめに働けるように），田作り（米の豊作祈願）等を使った料理を中心に，正月の三が日にもてなしができるように保存のできるものを取り合わせる。

　調理に際しては，①保存を目的とするため，甘みをきかせた濃い目の味付けにする。②料理は完全に冷ましてから，汁気を切って詰める。③すき間なく料理を詰める方法と四隅をあけて散らし盛りにする方法がある。伝統的な詰め方には，次のようなものがある。

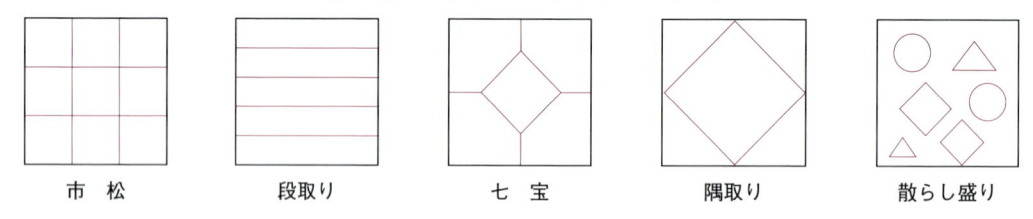

市　松　　　段取り　　　七　宝　　　隅取り　　　散らし盛り

日本料理の煮物，焼物・酢の物と組み合わせ，彩りよく重箱へ盛り付ける。

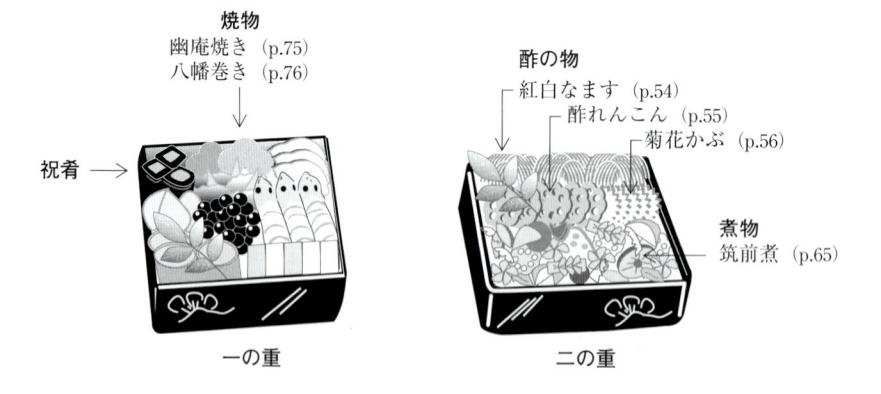

焼物
　幽庵焼き（p.75）
　八幡巻き（p.76）

祝肴 →

一の重

酢の物
　紅白なます（p.54）
　酢れんこん（p.55）
　菊花かぶ（p.56）

煮物
　筑前煮（p.65）

二の重

❶ 祝　肴

かずのこ

材料	1人分	5人分	備考
かずのこ（塩）	20 g	100 g	
ⓐ だし汁	30 g	150 g	
しょうゆ	7 g	35 g	だし汁の23%
みりん	3 g	15 g	だし汁の10%
本醸造酒	3 g	15 g	だし汁の10%
かつお節	適量	適量	糸かつお

エネルギー：30 kcal，たんぱく質：3.6 g，
脂質：0.6 g，カルシウム：3 mg，塩分：0.9 g
＊調味料の可食率は67％とした

① かずのこは塩出しして，薄皮を取り除き，1本を3〜4切のそぎ切りにする。
② ⓐを煮立てて冷まし，①を浸して味を含ませる。
③ 器に盛り，糸かつおをかける。

ポイント
① 塩かずのこは薄い塩水に漬けて塩出しするが，塩味が少し残っている程度にする。

黒　豆

材料	1人分	5人分	備考
黒豆	20 g	100 g	
ⓐ 水	60 g	300 g	黒豆の約3倍量
砂糖	15 g	75 g	黒豆の75%
食塩	0.2 g	1 g	黒豆の1%
しょうゆ	4 g	20 g	黒豆の20%
さし水		200 g	

エネルギー：101 kcal，たんぱく質：7.2 g，
脂質：3.8 g，カルシウム：48 mg，塩分：0.3 g
＊調味料の可食率は30％とした

① 黒豆は洗ってざるに上げ水気を切る。
② 鍋にⓐを沸騰させ，①を加え約5時間漬けておく。さび釘はよく洗い布袋に入れて加える。
③ ②を中火にかけ，煮立ったら上に浮く泡を取り，さし水をする。再び煮立ったら再度さし水をし，落としぶたをして，弱火で約4時間煮る。そのままおいて味を含ませる。

ポイント
① **黒豆**は粒がそろった大きいもので，虫食いのない，よく乾燥したものを選ぶ。
② 軟らかく茹でた黒豆を砂糖と水で作った蜜に漬け，甘味を含ませる方法もある。
③ **皮のしわを防止する方法**として，1)空気に触れさせない（常に豆が煮汁に浸っているようにする），2)砂糖を数回に分けて加える，3)軟らかく煮た豆を調味液に浸しておく，4)あらかじめ浸け汁に砂糖を加えておく等がある。地方によっては「雁食い豆（がんくい）」という自然なしわと歯ごたえが特徴の甘味の強い煮方が好まれている。
④ **さび釘**等鉄製品を用いると，黒豆の皮の色素のアントシアニン（**クリサンテミン**）が鉄と結合して黒紫の美しい色になる。
⑤ 短時間に**軟らかく煮る方法**として，1)充分吸水させてから圧力鍋で煮る。2)約0.3％の重曹（炭酸水素ナトリウム）を加えると軟化促進されるが，ビタミンB_1が破壊されやすい，3) 1％の食塩水に浸けておき，その水で煮る等がある。

田作り

材料	1人分	5人分	備考
田作り	6 g	30 g	
ⓐ 砂糖	2 g	10 g	田作りの約30%
ⓐ しょうゆ	3 g	15 g	田作りの約50%
ⓐ みりん	2 g	10 g	田作りの約30%
ごま	0.6 g	3 g	白,煎り

エネルギー：41kcal，たんぱく質：4.4 g，
脂質：0.7 g，カルシウム：158mg，塩分：0.5 g

① フライパンに田作りを入れ，ポキッと折れるくらいまで，弱火で煎る。
② 鍋にⓐを入れて火にかける。
③ ②が煮立ち泡が立ってきたら，①を加えて調味料をからめ，温かいうちに，いりごまを振る。

● ポイント
① **田作り**は，ごまめともいい，かたくちいわしを生のまま日干しにしたもので，昔は肥料として用いた。銀白色で光沢があり，小ぶりで形のそろったものを選ぶ。
② フライパンに火の当たりを和らげるために和紙を敷くとよい。
③ 電子レンジを利用すると簡単に乾燥することができる。
④ 田作りに調味料をからめる時は，焦げやすいので，手早くする。
⑤ でき上がった田作りは，別の器に移して急激に冷ますと，歯ざわりのよいものになる。

紅白かまぼこ

材料	1人分	5人分	備考
かまぼこ（紅）	20 g	100 g	1/2枚
かまぼこ（白）	20 g	100 g	1/2枚

エネルギー：38kcal，たんぱく質：4.8 g，
脂質：0.4 g，カルシウム：10mg，塩分：1.0 g

① かまぼこは1 cm厚さに切り，紅白に並べる。

● ポイント
① 飾り切りには下図のようなものがある。
② かまぼこは，上質で山高のものがよい。

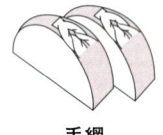

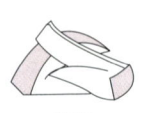

手綱　　松葉　　日の出　　結び　　くじゃく

錦 卵

材料	1人分	5人分	備考
鶏卵	60 g	300 g	5個
ⓐ 砂糖	12 g	60 g	卵の20%
ⓐ 食塩	0.2 g	1.0 g	卵の0.3%

エネルギー：137kcal，たんぱく質：7.4 g，
脂質：6.2 g，カルシウム：31mg，塩分：0.4 g

① 卵は固茹でにし，卵黄と卵白に分けて，別々に裏ごす。
② 卵黄の4/5量にⓐの半量を加えて軽く混ぜる。
③ 卵白は布巾に包み水気を絞り，ⓐの残りを加えて軽く混ぜる。
④ 水でぬらした流し缶に③を入れて平らにし，上に②の卵黄を入れて軽く押さえ，最後に残りの卵黄をふわっとのせる。
⑤ ④を約10分蒸し，冷めてから好みの形に切る。

2. 行事食

🔴 **ポイント**

① 卵白は冷めると裏ごしにくいので，温かいうちに裏ごす。
② 卵黄の周りを卵白で巻いて梅形に整えたり，卵白をほうれんそうの裏ごしで色を付け，卵黄の周りを巻いて松が枝の形にする方法もある。
③ 二色卵ともいうが，二色は錦にも通じるおめでたい料理とされている。

栗きんとん

材料	1人分	5人分	備考
さつまいも	60 g	300 g	
くちなしの実			1個
ⓐ 砂糖	30 g	150 g	さつまいもの50%
みりん	12 g	60 g	さつまいもの20%
食塩	0.1 g	0.5 g	
水	40 g	200 g	
くり甘露煮	20 g	100 g	

エネルギー：271kcal，たんぱく質：1.1 g，
脂質：0.2 g，カルシウム：26mg，塩分：0.1 g

① さつまいもは輪切りにして皮をむき，2つに割ってガーゼに包んだ梔子（くちなし）の実を入れ軟らかく茹でる。
② ①を裏ごし，ⓐを加え弱火で練り上げる。
③ ②に，適当な大きさに切ったくりの甘露煮を混ぜ，約2分練る。

🔴 **ポイント**

① 茹でたさつまいもは，熱いうちに裏ごしする。裏ごしをすると水分が蒸発し，そこに多量の砂糖を加えるとさらに脱水し，ぶつぶつになる。これを防止するため，砂糖の1/2をさつまいもにまぶして裏ごしするとよい。
② 甘さの調節にはくり甘露煮のシロップを利用するとよい。
③ さつまいもには外皮の下に酸化酵素のヤラピンが多く含まれる。内皮まで皮を厚くむくと，出来上がりの色，味が良くなる。
④ さつまいもを黄色に仕上げるには，ミョウバン（0.5%）を加えて茹でる方法もある。
⑤ **きんとん**（金団）は富を表す縁起の良い呼び名。栗きんとん，豆きんとんが一般的で，砂糖を加えて練り上げ，口取りに用いる。

昆布巻き

材料	1人分	5人分	備考
こんぶ	5 g	25 g	みついし，60cm
水			
はぜ	16 g	80 g	焼き，小10尾
かんぴょう	5 g	25 g	約2 m
食塩		適量	
ⓐ 本醸造酒	6 g	30 g	こんぶの120%
穀物酢	2 g	10 g	こんぶの40%
砂糖	6 g	30 g	こんぶの120%
しょうゆ	8 g	40 g	こんぶの160%
みりん	3 g	15 g	こんぶの60%

エネルギー：77kcal，たんぱく質：4.5 g，
脂質：0.1 g，カルシウム：60mg，塩分：1.5 g

① こんぶは汚れを取り，約6 cm長さに切って水に10分間浸けて戻す。ざるにあげ水気を切る。浸け汁は残しておく。
② かんぴょうは長さ20cmに切り，塩でもみ，軟らかくなったら水洗いして絞る。
③ ①に焼きはぜを巻き込み，②で結ぶ。
④ 鍋に③を並べ，①の浸け汁をかぶる程度に入れ，ⓐを加え，落しぶたをし，竹串が通る位まで弱火で煮る。
⑤ ④が軟らかくなったら砂糖を加え，約20分間煮た後しょうゆを加え，弱火で煮

汁が少し残る程度までゆっくり煮る。最後にみりんをからめて，つやよく仕上げる。

🔴 ポイント
① 昆布の表面の白い粉は，**マンニット**という旨味成分なので，水で洗い流さない。
② 昆布巻きの芯は，わかさぎ，さば，にしん，ごぼう，牛肉等でもよい。
③ 煮る時に酢を加えるのは，繊維が膨潤してゆるみ，軟らかくなるからである。

だて巻き

材料		1人分	5人分	備考
白身魚		10 g	50 g	たら等のすり身
ⓐ	だし汁	8 g	40 g	昆布だし，卵の20%
	本醸造酒	2 g	10 g	
鶏卵		40 g	200 g	4個
ⓑ	砂糖	5 g	25 g	材料の10%
	みりん	2 g	10 g	材料の4%
	食塩	0.4 g	2 g	材料の0.8%
サラダ油		2 g	10 g	

エネルギー：111kcal，たんぱく質：7.0 g，
脂質：6.3 g，カルシウム：23mg，塩分：0.6 g

① 魚すり身をすり鉢に入れてよくする。
② ⓐを少量ずつ加えてすり混ぜる。
③ 卵を割りほぐし，②に少量ずつ加えてよくすり混ぜ，ⓑを加える。
④ 卵焼き器を熱くし，油を馴じませる。③を流し入れ，ふたをして弱火で約8分焼く。
⑤ 焼き色が付いたら裏返し，ごく弱火で焼く。
⑥ 熱いうちに鬼すだれの上におき，1 cm幅に包丁目を数本入れ，しっかり巻き，輪ゴムで止める。
⑦ 完全に冷めてから切り分ける。

🔴 ポイント
① 魚すり身の代わりに白はんぺんを裏ごして使用してもよい。
② 均一に焼き色を付けたい場合は，ガス台に焼き網を置き，その上に卵焼き器をのせてもよい。
③ だて巻きのだて（伊達）はおしゃれの意味。巻きは巻き物の意味で学問を表す。

❷ 焼 き 物

いかの黄金焼き

材料		1人分	5人分	備考
こういか		40 g	200 g	1ぱい，まいかでも可
ⓐ	食塩	0.2 g	1 g	いかの0.5%
	本醸造酒	2 g	10 g	いかの5%
ⓑ	練りうに	6 g	30 g	いかの15%
	卵黄	3 g	15 g	いかの7.5%
	みりん	2 g	10 g	いかの5%
青のり		少量	少量	

エネルギー：55kcal，たんぱく質：7.3 g，
脂質：1.3 g，カルシウム：14mg，塩分：0.9 g

① いかは皮をむいて，表身に松笠に浅く切り込みを入れ，ⓐを振る。
② ⓑをよく混ぜる。
③ ①は金串を末広に刺して，切り目を入れた側から焦がさないように焼く。
④ ⓑを刷毛で2～3回塗って乾かす。
⑤ 青のりを振って切り分ける。

🔴 ポイント
① 松笠に切れ目を入れるときは，包丁を斜めにねかし，身の厚みの半分位の深さまで入れる。あまり身の厚いものは用いない。

えびの鬼殻焼き

材料	1人分	5人分	備考
車えび	50 g	250 g	5尾
ⓐ 食塩	1 g	5 g	えびの2%
ⓐ 本醸造酒	6 g	30 g	えびの12%
みりん	9 g	45 g	えびの18%

エネルギー：77kcal，たんぱく質：10.9 g，
脂質：0.3 g，カルシウム：21mg，塩分：1.2 g

① えびは殻付きのまま背わたを取り，腹側に縦に包丁目を入れ，ⓐを振る。
② ①のえびを曲げて金串を打ち，焦がさないように両面を焼き，みりんを2〜3回塗って，つやを出す。焼き上がったら，金串を回しておく。（小さめのえびは伸ばしたまま焼いてもよい。）

松風焼き

材料	1人分	5人分	備考
鶏ひき肉	40 g	200 g	
ⓐ 米みそ	8 g	40 g	淡色辛みそ，肉の20%
ⓐ 砂糖	4 g	20 g	肉の10%
ⓐ みりん	2 g	10 g	肉の5%
ⓐ 本醸造酒	2 g	10 g	肉の5%
ⓑ 卵白	6 g	30 g	1個分
ⓑ パン粉	4 g	20 g	
けしの実		少量	

エネルギー：122kcal，たんぱく質：10.6 g，
脂質：4.1 g，カルシウム：14mg，塩分：1.2 g

① すり鉢にひき肉を入れて，滑らかになるまでよくすり，ⓐを加えてさらに混ぜる。ⓑを加えて，よく混ぜる。
② 天板にクッキングシートを敷いて，①を1.5cm厚さの長方形に伸ばして，けしの実を散らす。
③ 190℃のオーブンで，約20分焼き，粗熱が取れたら，末広形に切る。

ポイント

① みその種類により塩分が違うため，分量を加減する。
② 松風焼きはけしの実を表面に振った焼き物。けしの実の代わりに白ごまでもよい。

❸ 煮　物
梅花にんじん

材料	1人分	5人分	備考
にんじん	40 g	200 g	
ⓐ だし汁	30 g	150 g	
ⓐ 砂糖	2 g	10 g	にんじんの5%
ⓐ みりん	4 g	20 g	にんじんの10%
ⓐ 食塩	0.4 g	2 g	にんじんの1%
ⓐ うすくちしょうゆ	1 g	5 g	にんじんの2.5%

エネルギー：34kcal，たんぱく質：0.5 g，
脂質：0.1 g，カルシウム：12mg，塩分：0.6 g

① にんじんは0.8cm厚さのねじ梅形に作り，硬目に茹でる。
② 鍋にⓐを入れ，①を加えてつやよく煮含める。

ポイント

① 京にんじん（きんとき）を使うと，赤色が鮮やかに出来上がる。京にんじんはリコピンを含むもので濃赤色を呈し，肉質が軟かくカロチン臭がないので，日本料理に珍重される。

末広たけのこ

材料		1人分	5人分	備考
たけのこ		30 g	150 g	茹で，小さいもの
だし汁		25 g	125 g	
ⓐ	砂糖	1.5 g	7.5 g	たけのこの5％
	本醸造酒	2 g	10 g	たけのこの7％
	みりん	2 g	10 g	たけのこの7％
	うすくちしょうゆ	2 g	10 g	たけのこの7％

エネルギー：39kcal，たんぱく質：2.1 g，
脂質：0.2 g，カルシウム：13mg，塩分：0.7 g

① たけのこは5cm長さの末広切りにする（p.13参照）。
② 鍋にだし汁と①を入れ中火でしばらく煮る。途中でⓐを2回に分けて加え，弱火でゆっくり煮含める。

手綱こんにゃく

材料		1人分	5人分	備考
こんにゃく		50 g	250 g	
食塩		適量	適量	
サラダ油		2 g	10 g	
ⓐ	だし汁	40 g	200 g	
	砂糖	2 g	10 g	材料の4％
	みりん	2 g	10 g	材料の4％
	しょうゆ	6 g	30 g	材料の1.2％
	とうがらし	少量	少量	乾，一味唐辛子

エネルギー：40kcal，たんぱく質：0.7 g，
脂質：2.1 g，カルシウム：37mg，塩分：0.9 g

① こんにゃくは0.7cm厚さに切って塩もみし，中央に切れ目を入れ手綱形にして茹でる（p.13参照）。
② 鍋に油を熱し，①を炒めた後，熱湯をかけて油抜きする。
③ 別鍋にⓐと②を入れ，煮汁がなくなるまで煮る。一味唐辛子を振る。

くわいの甘煮

材料		1人分	5人分	備考
くわい		40 g	200 g	1個20 g
穀物酢		適量	適量	
ⓐ	だし汁	40 g	200 g	
	砂糖	4 g	20 g	くわいの10％
	みりん	2 g	10 g	くわいの5％
	しょうゆ	4 g	20 g	くわいの10％

エネルギー：75kcal，たんぱく質：3.0 g，
脂質：0.1 g，カルシウム：4 mg，塩分：0.6 g

① くわいは芽を少し残し，底を平らに切り落とす。縦に皮をむき六角形にする。
② ①を酢を加えた熱湯で硬目に茹でる。
③ 鍋にⓐと②を入れて煮含める。

ポイント
① くわいは芽が出ていることから，「めでたい」とされ，正月の縁起物として使われる。
② くわいを下茹でする場合は，米のとぎ汁に梔子を砕いて入れ，後でざっと水で洗う。梔子から溶出される色素により，くわいが淡黄色に色付く。

❹ 酢のもの

五色なます

材料	1人分	5人分	備考
だいこん	50 g	250 g	
食塩	0.5 g	2.5 g	だいこんの1％
にんじん	10 g	50 g	
食塩	0.5 g	2.5 g	にんじんの5％
きゅうり	20 g	100 g	
食塩	0.2 g	1 g	きゅうりの1％
乾しいたけ	1 g	5 g	戻して25％
ⓐ 戻し汁	12 g	60 g	
ⓐ みりん	4 g	20 g	戻し汁の33％
ⓐ しょうゆ	2 g	10 g	戻し汁の16％
刻み昆布	1 g	5 g	糸昆布
穀物酢	適量	適量	
合わせ酢			
ⓑ 穀物酢	10 g	50 g	材料の15％
ⓑ 砂糖	7 g	35 g	材料の10％
ⓑ 食塩	0.5 g	2.5 g	材料の0.8％
ゆず（果皮）	少量	少量	

エネルギー：51kcal，たんぱく質：1.0 g，
脂質：0.1 g，カルシウム：30mg，塩分：1.5 g
＊調味料の可食率は67％とした

① だいこん，にんじん，きゅうりは4 cm長さにせん切りし，それぞれ塩を振る。
② しいたけは戻し，ⓐで煮た後せん切りにする。昆布は水洗いして熱湯を通し，水気を切り酢洗いする。
③ ①の水気を絞り，②と共にⓑで和える。
④ ③にゆず皮のせん切りを散らす。

🔴 ポイント

① 合わせ酢の配合は好みに合わせる。また，味をよく馴じませるためには，早目に仕込む。

たたきごぼう

材料	1人分	5人分	備考
ごぼう	40 g	200 g	
穀物酢	適量	適量	茹で水の3％
ごま酢			
ごま（煎り）	10 g	50 g	白，ごぼうの25％
ⓐ 穀物酢	6 g	30 g	ごぼうの15％
ⓐ 砂糖	5 g	25 g	ごぼうの13％
ⓐ みりん	2 g	10 g	ごぼうの5％
ⓐ うすくちしょうゆ	3 g	15 g	ごぼうの7.5％
青のり	適量		

エネルギー：112kcal，たんぱく質：2.9 g，
脂質：5.2 g，カルシウム：139mg，塩分：0.5 g

① ごぼうは皮を包丁の背でこそげ取り，水にさらす。
② 酢を加えた湯で①を軟らかく茹で，水気を切ってすりこぎで軽くたたく。
③ 4 cm長さに切りそろえ，太い場合は縦に2つ割りまたは4つ割りにする。
④ ごまをすりⓐを加え，ごま酢を作る。
⑤ ③を④で和え，器に盛ってのりを散らす。

🔴 ポイント

① ごぼうはたたくと繊維がほぐれて味がしみやすくなる。

❺ 雑　　煮

雑煮は，神様へのお供えを食すことにより，神を宿らせるためのもので，正月料理として欠かせないものである。地方により餅の形，具，調味料等が異なる。大きく分けると，丸餅を茹でみそ仕立てにする関西風と，角餅を焼いてすまし仕立てにする関東風がある。丸餅は，この1年何事も丸く収まるようにという意味から，また，角餅は角を取る意味で，焼いて丸くしてから用いるということが行われており，いずれも縁起が良いようにとの理由である。具は，野菜，魚介類，肉類等，土地の産物を何種類か取り合わせた，地方色豊かなものである。

雑　　煮（関西風）

材料	1人分	5人分	備考
だいこん	20 g	100 g	細いもの
にんじん	10 g	50 g	細いもの
さといも	16 g	80 g	
食塩	適量	適量	
もち（丸）	50 g	250 g	1個50 g
だし汁	150 g	750 g	
米みそ（甘）	18 g	90 g	だし汁の12%
削り節	0.2 g	1 g	糸かつお

エネルギー：178kcal，たんぱく質：4.9 g，
脂質：1.2 g，カルシウム：30mg，塩分：1.3 g

① だいこん，にんじんは皮をむいて0.5cm厚さの輪切りにする。さといもは六方むきにし，塩でもみ，ぬめりを取って0.5cm厚さの輪切りにする。
② もちは茹でる。
③ 鍋にだし汁と①を入れて煮る。軟らかくなったら，みそを入れ，ひと煮立ちさせる。
④ 椀に③のだいこんを敷いて，その上に②をのせ，③のにんじん，さといもを形よく盛って汁を注ぎ，糸かつおを盛る。

雑　　煮（関東風）

材料		1人分	5人分	備考
鶏むね肉		20 g	100 g	
乾しいたけ		2 g	10 g	小5枚
かまぼこ		20 g	100 g	
こまつな		20 g	100 g	
もち（角）		50 g	250 g	1個50 g
だし汁		150 g	750 g	
ⓐ	食塩	1 g	5 g	だし汁の0.7%
	うすくちしょうゆ	1.5 g	7.5 g	だし汁の1%
	本醸造酒	3 g	15 g	だし汁の2%
ゆず（果皮）		少量	少量	

エネルギー：194kcal，たんぱく質：9.5 g，
脂質：3.8 g，カルシウム：48mg，塩分：1.9 g

① 肉は一口大に切り，しいたけは戻して軸を取る。
② かまぼこは0.5cm厚さに切る。こまつなは色よく茹で，水気を絞り，4cm長さに切る。
③ もちは焼く。
④ 鍋にだし汁とⓐを煮立て，①を入れ，アクを除きながら煮る。
⑤ かまぼこを入れて一煮立ちさせる。
⑥ ③を熱湯にくぐらせて椀に入れ，⑤の具を形よく盛る。汁を注ぎ，こまつなとゆず皮を添える。

2. 七草がゆ

正月7日は人日(じんじつ)の節句といい,朝に春の七草を入れたかゆを食べると,1年の邪気を払い万病を防ぐと言われる。せり,なずな,ごぎょう,はこべら,ほとけのざ,すずな,すずしろの七種が**春の七草**と呼ばれる。

七草がゆ

材料	1人分	5人分	備考
精白米	40 g	200 g	
水	200 g	1000 g	米の5倍
春の七草	20 g	100 g	だいこんの葉
食塩	適量	適量	
食塩	0.6 g	3 g	水の0.3%

エネルギー:147kcal,たんぱく質:2.9 g,脂質:0.4 g,カルシウム:54mg,塩分:0.6 g

① 米は洗って水に30分浸漬する。
② 七草は塩1%を加えた熱湯で茹で,細かく刻む。
③ ①を強火にかけて沸騰したら弱火にし,ふたを少しずらす。
④ 約50分炊き,火を止めて5分蒸らす。塩と七草を混ぜる。

ポイント

① すずなはかぶ,すずしろはだいこんである。小松菜や春菊,ほうれんそう等で代用してもよい。
② 1月15日の小正月には餅を入れた小豆粥を食べる正月行事がある。

3. 桃の節句

3月3日に行われる女児の祝い行事。五節句の一つで雛の節句ともいい,古くは3月初めの巳(み)の日に行われたので,上巳(じょうし)の節句ともいう。女の子の美しく健やかな成長を願って,白酒,はまぐり等の貝料理等でお祝いをする。

甘だいの桜蒸し

材料		1人分	5人分	備考
甘だい		30 g	150 g	切り身,5枚
ⓐ	食塩	0.2 g	1 g	魚の0.6%
	本醸造酒	1 g	5 g	魚の3%
道明寺粉		20 g	100 g	
熱湯		30 g	150 g	
桜の葉			5枚	塩漬け
なばな		15 g	75 g	和種,花らい5本
銀あん				
ⓑ	だし汁	50 g	250 g	
	うすくちしょうゆ	1 g	5 g	だし汁の2%
	みりん	2 g	10 g	だし汁の4%
	食塩	0.5 g	2.5 g	だし汁の1%
かたくり粉		1.5 g	7.5 g	だし汁の3%
おろしわさび		少量	少量	

エネルギー:121kcal,たんぱく質:8.0 g,脂質:1.3 g,カルシウム:44mg,塩分:1.0 g

① たいは骨を除き,ⓐで下味を付ける。(氷魚等皮のきれいな魚で代用可。)
② 道明寺粉はボールに入れて熱湯を注ぎ,ふたをしてふやかす。
③ なばなは色よく茹でる。桜の葉はざるに広げ,熱湯をかける。
④ ⓑを煮立て,水溶きかたくり粉でとろみを付け,銀あんを作る。
⑤ ①のまわりに②を付け,桜の葉で包んで中火で15分蒸す。
⑥ 器に盛り,なばなを添え,銀あんをかけ,わさびを添える。

ポイント

① 銀あんは薄口しょうゆ,塩で味をつけ,材料の美しい色を生かすときに用いる。

ふくさ寿司

材料		1人分	5人分	備考
精白米		80 g	400 g	
水		104 g	520 g	米×1.3
こんぶ		1.2 g	6 g	みついし,10cm角
ⓐ	米酢	8 g	40 g	米の10%
	砂糖	2.4 g	12 g	米の3%
	食塩	1 g	5 g	米の1.2%
鶏卵		100 g	500 g	10個
かたくり粉		1 g	5 g	卵の1%
水		2 g	10 g	
ⓑ	砂糖	5 g	25 g	卵の5%
	食塩	0.4 g	2 g	卵の0.4%
サラダ油		1 g	5 g	
乾しいたけ		1 g	5 g	
にんじん		10 g	50 g	
ごぼう		10 g	50 g	
ⓒ	だし汁	30 g	150 g	材料の125%
	砂糖	3 g	15 g	材料の13%
	しょうゆ	4 g	20 g	材料の17%
大正えび		25 g	125 g	5尾
ⓓ	食塩	少量	少量	
	本醸造酒	少量	少量	
みつば		2 g	10 g	10本

エネルギー:529kcal, たんぱく質:23.4 g,
脂質:12.2 g, カルシウム:79mg, 塩分:2.3 g
＊こんぶは計算から除外

① 米はこんぶを入れて炊き,沸騰直前に取り出す。炊きあがりに,ⓐの合わせ酢をかけ,すし飯にする。
② 卵はほぐして水溶きかたくり粉とⓑを加えて薄焼き卵を10枚焼く。
③ 戻したしいたけ,にんじんは細切り,ごぼうは細かくささがきにして,ⓒの調味料で煮上げる。
④ えびは背わたを除いて,ⓓを加えた熱湯で茹でる。殻をむいて2枚にそぎ切りにする。みつばは熱湯をくぐらせる。
⑤ ①に③を混ぜ,10等分に分ける。
⑥ 薄焼き卵の上に⑤をのせて包み,みつばで結ぶ。

ポイント
① **ふくさ寿司**は,薄焼き卵ですし飯を袱紗状に包んだもの。
② 丸い薄焼き卵にすし飯をのせ4つ折りにし,金串で焼き目を付け,はまぐりに見立てることもある。

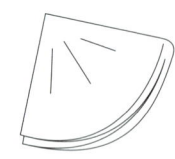

4つ折りの状態

はまぐりと菜の花のすまし汁

材料		1人分	5人分	備考
はまぐり		10 g	50 g	中10個
昆布だし		150 g	750 g	10cm角1枚
なばな		10 g	50 g	和種,花らい5本
ⓐ	食塩	1 g	5 g	だし汁の0.7%
	本醸造酒	1.5 g	7.5 g	だし汁の1%

エネルギー:15kcal, たんぱく質:1.2 g,
脂質:0.1 g, カルシウム:34mg, 塩分:1.5 g

① 鍋に水とこんぶを入れ,30分以上浸ける。
② はまぐりは洗い①に入れ火にかける。沸騰直前にこんぶを取り出し,口が開いたものから取り出し,殻からはずし,一つの殻に身を2つずつ,戻し入れる。だし汁はこし,ⓐを加えて味を調える。
③ なばなは色よく茹で,水に取り,水気を切る。
④ 椀に②のはまぐりを入れ,③をあしらう。

桜もち（関西風）

材料	10個分	備考
道明寺粉	150 g	
ⓐ 水	200 g	粉の130%
ⓐ 砂糖	30 g	粉の20%
ⓐ 食紅	少量	
こしあん	130 g	
ⓑ 砂糖	70 g	こしあんの54%
ⓑ 水	40 g	
ⓑ 食塩	0.1 g	こしあんの0.1%
桜の葉	10枚	塩漬け

エネルギー：115kcal，たんぱく質：2.4 g，脂質：0.2 g，カルシウム：4 mg，塩分：0.0 g
＊栄養計算は1個分

① 桜の葉は水につけて塩出しをし，ざるに広げ，熱湯をかけ，水気をふく。
② こしあんとⓑを合わせて火にかけ練りあんを作り，10個に丸める。
③ ⓐを火にかけ，道明寺粉を加えてさっと混ぜ，火からおろしてふたをし，約5分蒸らす。
④ ③を10等分して②を包み，蒸し器で約12分蒸す。
⑤ 熱いうちに①で包み，器に盛る。

桜もち（関東風）

材料	10個分	備考
白玉粉	40 g	
水	150 g	
小麦粉	60 g	
砂糖	30 g	
食紅	少量	
こしあん	170 g	
ⓐ 砂糖	80 g	こしあんの47%
ⓐ 水	50 g	
ⓐ 食塩	0.2 g	こしあんの0.1%
桜の葉	10枚	塩漬け
サラダ油	適量	

エネルギー：106kcal，たんぱく質：2.5 g，脂質：0.2 g，カルシウム：5 mg，塩分：0.0 g
＊栄養計算は1個分

① 桜の葉とあんは関西風と同様にする。
② ボールに白玉粉を入れ，水を少しずつ加えながら溶き，小麦粉と砂糖を加えてよく混ぜ合わせる。水溶き食紅で淡い桜色にし，30分ねかせて，裏ごしする。
③ フライパンを熱して薄く油をひき，②を大さじ1ほど流してだ円形にし，焦げ目を付けないように両面を焼く。あんを巻き，桜の葉で包む。

ポイント

① 油はごく少量にすること。ホットプレートを使用するときれいに焼ける。

4．端午の節句

5月5日に行う男児の祝いの行事。五節句の一つで，菖蒲の節句ともいわれる。鯉のぼりを立て，武者人形を飾り，男の子の成長と出世を祈願し，ちまきや柏餅が作られる。地方によっては黄飯を作る。

柏　餅

材料	10個分	備考
上新粉	120 g	
白玉粉	30 g	
砂糖	30 g	上新粉の 25％
ぬるま湯	140 g	上新粉の116％
つぶしあん	200 g	
柏の葉	10枚	

エネルギー：115kcal，たんぱく質：2.1 g，
脂質：0.3 g，カルシウム：5 mg，塩分：0.0 g
＊栄養計算は1個分

① 柏の葉は約8分茹で，約1日水に浸けてアク抜きしておく。
② 皮は草餅と同じように作り（p.90参照），すり鉢に移しすりこぎでよくつき，さらに手でよくこね，10個に分けて楕円に伸ばし，俵型に丸めたあんを包む。
③ ぬれ布巾を敷いた蒸し器に並べ，強火で約8分蒸す。蒸しあがったら，うちわであおいで冷やす。
④ 柏の葉の水気を取り③を包む。

ポイント
① 端午の節句にちまきとともに作られる生菓子である。柏の葉は新しい葉が育つまで枯れないことから子孫繁栄の縁起の良い葉とされている。
② 白あんに白味噌を加えて練った白みそあんを包んでもよい。

ちまき

材料	5個分	備考
上新粉	120 g	
かたくり粉	40 g	
砂糖	40 g	粉類の30％
熱湯	100 g	
熊笹	10枚	
いぐさ	10本	

エネルギー：144kcal，たんぱく質：1.4 g，
脂質：0.2 g，カルシウム：2 mg，塩分：0.0 g
＊栄養計算は1個分

① ボールに上新粉，かたくり粉，砂糖を入れ，熱湯を少しずつ加えて，耳たぶくらいの硬さに練る。
② 火が通りやすいように平たくして，蒸し器に入れ，強火で15分蒸す。
③ すり鉢でつき混ぜ，5等分して，細長い円錐形に形作る。
④ 2枚の笹の葉でしっかり包み，いぐさで巻いて，約5分強火で蒸す。

ポイント
① 砂糖を黒砂糖に代えたり，抹茶を加えても風味がよい。
② ちまきは笹でもち米や米粉で作った団子を包み，茹でるか蒸したもの。地方によっても包み方にも特徴がある。新潟地方の笹ちまきが有名である。

5．クリスマス料理

クリスマスは，イエス・キリストの降誕を祝う行事で，欧米では家族や親しい友人と家で過ごすことが多い。ローストターキー，ローストビーフの他，米料理等欧米各国にはそれぞれの伝統的なクリスマス料理が伝わる。日本では宗教には関係なく楽しむ傾向が強い。クリスマス料理では前菜（p.164），スープ（p.167），ローストチキン（p.183），ショートケーキ（p.207）等を組み合わせて食事を構成する。食材を選ぶ際には，赤・緑・白の3色を配色することでクリスマスらしさを演出することができる。

クリスマススープ

材料	1人分	5人分	備考
コンソメスープ	150 g	750 g	
食塩	0.9 g	4.5 g	スープの0.6%
こしょう	少量		
ⓐ 鶏卵	10 g	50 g	1個
ⓐ 牛乳	4 g	20 g	
ⓐ ブイヨン	20 g	100 g	洋風だし
ⓐ 食塩	0.2 g	1 g	
にんじん	5 g	25 g	
刻みパセリ	0.2 g	1 g	

エネルギー：30kcal，たんぱく質：3.6 g，
脂質：1.2 g，カルシウム：21mg，塩分：2 g

① スープを用意する。(p.167参照)
② ⓐの材料をあわせて裏ごし，水でぬらした流し缶に入れ，弱火で蒸す。
③ にんじんは0.5cm厚さの星型にぬいて茹でる。
④ 器にブルノアーズ（p.12参照）に切った②と③を入れ，塩，こしょうで調味した①を注ぎ刻みパセリを散らす。

クリスマス

クリスマス Christmas はキリスト教文化圏の人々にとって最も大切な祝いの日である。ベツレヘムで誕生したイエス・キリストの聖誕祭は，新しい太陽の誕生を祝う冬至の日12月25日がふさわしいと考え，この日に決められた。クリスマスには家族が集まり，教会に出かけたり，クリスマスディナーを食べる。ディナーの代表的なメイン料理として，腹に詰め物をした鶏，七面鳥，がちょうのローストにグレービーソースやクランベリーソースが添えられる。この他，豚肉や羊肉のローストやかき，エスカルゴ，たら，スモークサーモン等の魚介類を食べる国もある。デザートも豪華であり，世界的に最も人気が高いのがフランスのブッシュ・ド・ノエルである。ドイツのシュトーレン，イギリスのクリスマスプディング（ドライフルーツ，小麦粉，牛脂，卵を混ぜて蒸し，ブランデーをかけて火を点けて食卓に出す）やミンスミートパイ（ドライフルーツと牛肉等を入れて焼いたパイ），イタリアのパネトーネ（ドライフルーツを混ぜ込んだ大型のブリオッシュ）等，各地方で特色のあるデザートが作られる。

白身魚のテリーヌ

材料		1人分	5人分	備考
白身魚		40 g	200 g	ひらめ・かわはぎ等
ほたてがい（貝柱）		10 g	50 g	
ⓐ	ぶどう酒	3 g	15 g	白，材料の6％
	卵白	8 g	40 g	材料の16％
	食塩	0.5 g	2.5 g	材料の1％
	こしょう	少量	少量	
	ナツメッグ	少量	少量	
クリーム		15 g	75 g	乳脂肪，生クリーム
グリーンアスパラ		10 g	50 g	
べにざけ（くん製）		6 g	30 g	スモークサーモン
バター		2 g	10 g	型に塗り用
ソース				
ⓑ	マヨネーズ	8 g	40 g	
	クリーム	8 g	40 g	乳脂肪，生クリーム
	レモン	1 g	5 g	果汁
	こしょう	少量	少量	
ミニトマト		10 g	50 g	
きゅうり		10 g	50 g	

① 魚は骨，皮を除き，ほたてがいと共にフードプロセッサーにかける。ⓐを加え，さらに混ぜる。
② 生クリームを軽く泡立て①に加え，なめらかになるまで混ぜる。
③ グリーンアスパラは色よく茹でる。さけは1cm幅に切る。
④ テリーヌ型にバターを塗り，②の半量を入れる。③を並べ，残りの②を詰め，軽くたたいて空気を抜いてふたをする。
⑤ 天板に熱湯を注ぎ，180℃で約30分蒸し焼きにする。粗熱を取り，冷蔵庫で冷やす。
⑥ ⓑを合わせてソースを作る。
⑦ ⑤を切り分けて器に盛り，飾り切りにしたトマト，きゅうりを添え，ソースをかける。

エネルギー：241kcal，たんぱく質：13.3 g，脂質：18.9 g，カルシウム：33mg，塩分：1.0 g

ポイント

① **テリーヌ**は，魚介類，肉類のすり身に調味料を加え，テリーヌ型に入れ蒸し焼きにしたものである。
② 冷蔵庫で冷やすと味が馴じみ，崩れにくい。
③ 切り口が美しくなるように，緑黄色野菜，茹で卵，魚介類等を組み合わせて使うとよい。

復活祭（イースター）

　復活祭 Easter はイエス・キリストの復活を祝う祭りであるが，長い冬が去り再び春が来たことを祝う意味もあり，3月下旬から4月上旬に行われる。復活を象徴する卵がイースターエッグとして用いられ，着色したゆで卵を贈り物にする風習があるが，最近はチョコレートでできた卵が広く用いられている。また十文字のついたレーズンパンやパンケーキを焼いたり，野うさぎのパイを作って食べる習慣もある。

フルーツカクテル

材料	1人分	5人分	備考
グレープフルーツ	30 g	150 g	1/2個
りんご	20 g	100 g	1/2個
バナナ	20 g	100 g	1本
いちご	15 g	75 g	5個
キウイフルーツ	20 g	100 g	1個
ⓐ グレナデンシロップ	10 g	50 g	材料の8％
ⓐ レモン	3 g	15 g	果汁，材料の3％
ⓑ クリーム	10 g	50 g	乳脂肪，生クリーム
ⓑ 粉糖	2 g	10 g	
飾り			
レモン	適量	適量	果汁
グラニュー糖	適量	適量	
ミントの葉		5枚	

エネルギー：107kcal，たんぱく質：1.1 g，脂質：4.6 g，カルシウム：22mg，塩分：0.0 g

① グレープフルーツは袋を外し，半分に切る。りんごはいちょう切り，バナナは輪切り，いちごは半分に切る。キウイフルーツは皮を除き，半月切りにする。
② ①にⓐを混ぜ，冷蔵庫で冷やす。
③ シャンペングラスの口の部分にレモン汁を付け，グラスを逆さにして皿に広げたグラニュー糖を付ける。②を盛りつけ，ⓑを軽く泡立て果物の上に飾り，ミントの葉を飾る。

ポイント
① 果物は缶詰を使用してもよい。
② グレナデンシロップは，ザクロの果汁を使用する紅色の香りのよいシロップ。

ハロウィン

アメリカやヨーロッパ等で10月31日に行われるHalloweenは，ケルト民族の年の終わりの収穫感謝祭がカトリックの万聖節に取り入れられた祭りである。ケルト人はこの時期に死者や精霊，魔女がこの世に戻ってくると考え，死者のために仮装した子どもたちが家々をまわり，お菓子をもらって歩く祭りが生まれた。ハロウィンの日には大きなかぼちゃをくり抜いて，目，鼻，口の形に切り込みを入れ，内側からろうそくで照らすちょうちんを作る。中身はパンプキンパイ等のかぼちゃ料理に使う。

シュトーレン

材料		1本分	備考
ⓐ	強力粉	100 g	
	薄力粉	30 g	
	砂糖	25 g	
	食塩	0.5 g	
	ドライイースト	5 g	パン酵母（乾燥）
	卵黄	20 g	1個
	牛乳	30 g	
ⓑ	レモン	15 g	果汁，国産レモン1/2個
	バニラオイル		
	無塩バター	50 g	
ⓒ	レーズン	50 g	
	レモンピール	10 g	
	オレンジピール	10 g	
	ラム酒	30 g	
	くるみ	10 g	
	アーモンドスライス	10 g	アーモンド（乾）
仕上げ用			
	無塩バター	30 g	
	砂糖	30 g	バターと同量（100%）
	粉糖	10 g	バターの33%，粉砂糖
	アルミホイル	1枚	30×30cm

エネルギー：1808kcal，たんぱく質：25.5 g，脂質：89.4 g，カルシウム：177mg，塩分：0.6 g
＊栄養価計算は1人分。レモンピール，オレンジピールは計算から除外

① ⓒのドライフルーツは細かく刻み，ラム酒を振って1日以上おく。
② ⓐをふるう。
③ ②に卵黄，牛乳を加えて，ひとまとまりになったらⓑを加えて，さらに力強くこねる。
④ ①と，刻んだくるみ，アーモンドを加え，軽く混ぜる。
⑤ 油を塗ったボールに入れ，約40℃で約50分発酵させる。（一次発酵）
⑥ ガス抜きをして軽くこね，楕円に伸ばし，半分に畳んで形作り，約40℃のオーブンで約30分発酵させる。（二次発酵）
⑦ 180℃のオーブンで約25分焼く。焦げてきたら170℃にし，ホイルをかける。
⑧ 焼けたら熱いうちに，表面にバターを塗り砂糖を振る。冷めたら粉糖を振る。

ポイント

① 焼き上がりは折れないように注意をする。ラップフィルムに包んで約5日涼しいところに置くと味が馴じむ。食べる時に1cm厚さに切る。
② こねる時に製パン機を用いてもよい。
③ レモン（果皮）は国内産レモンを使う。輸入品は防カビ剤等を使用しているので避ける。
④ 数種類のフルーツを生地に混ぜて焼き上げた伝統的なドイツのクリスマスケーキ。細長い山形にして焼き上げる。その形は乳飲み子のキリストを毛布でくるんだ姿といわれる。

ブッシュ・ド・ノエル

材料	1本分	備考
小麦粉	80 g	卵の40%
鶏卵	200 g	4個
砂糖	100 g	卵の50%
牛乳	15 g	
バニラエッセンス	少量	
ガナシュ		
クリーム	50 g	乳脂肪，生クリーム
スイートチョコレート	100 g	ミルクチョコレート
クリーム		
クリーム	200 g	乳脂肪，生クリーム
ラム酒	20 g	
粉糖	適量	

エネルギー：2678kcal，たんぱく質：43.9 g，脂質：169 g，カルシウム：528mg，塩分：1.3 g
＊栄養価計算は1本分

① 小麦粉はふるう。
② 卵は割りほぐして軽く泡立て，砂糖を加えて湯せんにし，しっかり泡立てる。
③ ②に牛乳，バニラエッセンスを加え，①を入れてさっくり混ぜる。
④ 天板にクッキングシートを敷き，③を手早く流し入れ，180℃で15分焼く。
⑤ 鍋に生クリームを入れ火にかける。沸騰直前に刻んだチョコレートを加え，約1分おく。鍋を回しながら徐々にチョコレートを乳化させ，ガナシュを作る。
⑥ クリームを七分立てにする。⑤のうち100 gに少量の泡立てたクリームを加えてよく混ぜ，残りのクリームと合わせる。
⑦ ④にラム酒を刷毛で塗り，乾燥しないように布巾をかけて冷ます。
⑧ ⑦の紙をはがして，焼き色の付いた側を表にして，2 cm幅で数本切り目を入れる。⑥のクリームの1/3を広げてロール状に巻き，巻き終わりを下にする。
⑨ ロールケーキの端を切り落として枝の部分を作り，残りのガナシュを塗ってケーキの本体に接着する。⑥の残りを塗り，フォークで模様を描き，ガナシュで切り口を描く。
⑩ 粉糖をふって，クリスマスの飾り付けをする。

ポイント

① **ガナシュ**は，製菓用チョコレートクリームで，生クリームを温め，チョコレートを混ぜる。ホワイトチョコレートを使ったもの，紅茶，コーヒー，リキュール等で風味を付けたもの等がある。
② **ブッシュ・ド・ノエル**は，薪の形をしたフランスの代表的なケーキである。クリスマスイブの夜にブッシュ・ド・ノエルと呼ばれる太い薪を燃やしてできた灰は，1年間の厄除けになると言われている。

感謝祭

農作物，特に大麦と小麦等の穀類とぶどうの豊かな収穫を神に感謝し，その地方の特産物の収穫を祝う祭りは，ビール祭り，ぶどう祭り，チーズ祭り等ヨーロッパには数多くある。感謝祭の中でも代表的なのは，アメリカの Thanksgiving Day であり，11月の第4木曜日に行われる。イギリスからアメリカ大陸に移住してきたメイフラワー号の清教徒たちが，農作物の収穫に感謝の祈りをささげ，先住民も招いて祝宴を催したのが感謝祭の始まりといわれている。感謝祭には清教徒たちが食べたといわれる七面鳥のローストとクランベリーソース，パンプキンパイ，とうもろこしのパン等，アメリカ大陸独特の食べ物が用いられる。

VI. 郷土料理と行事食

表VI-2　年中行事一覧

月　日	行　事	関わる食べ物
1月1～3日	正月	おせち料理・雑煮・屠蘇酒・若水
1月7日（人日）	七草の節句	七草粥
1月11日	鏡開き	鏡もち入り小豆汁粉
1月15日	小正月（成人式）	小豆粥・赤飯
2月2，3日	節分	煎り豆
3月3日（上巳）	雛の節句（雛祭り）	白酒・菱餅・蛤の潮汁・ちらし寿司
3月18日頃より1週間	彼岸（春分の日）	牡丹餅・彼岸団子
4月8日	灌仏会（花祭り）	甘茶
5月5日（端午）	菖蒲の節句（子供の日）	粽・柏餅
7月7日（七夕）	夏の節句（七夕）	素麺
7月13～15日	盂蘭盆	野菜・果物・精進料理
8月15日（十五夜）	月見（仲秋の名月）	里芋・月見団子
9月9日（重陽）	菊の節句	茶酒・栗飯
9月13日（十三夜）	月見（後の名月）	枝豆・栗・里芋・月見団子
9月20日頃より1週間	彼岸（秋分の日）	おはぎ・彼岸団子
10月亥の日	玄緒	亥の子餅
11月15日	七五三	千歳飴，祝膳
11月23日	新嘗祭（勤労感謝の日）	新しい穀物での餅・赤飯
12月22，23日	冬至	冬至粥，冬至南瓜
12月31日	大晦日	年越し蕎麦

Ⅶ 特別食

1. 高齢者の食事
2. 介護の食事
3. 食物アレルギーの食事

260　Ⅶ．特　別　食

1．高齢者の食事

高齢期には味覚の低下，食欲の衰えが問題となる。栄養状態の悪化は病気や障害を引き起こす原因となるため，**食欲を増進させる**以下のような工夫が必要である。

① 旬の食材や行事食で季節感を出す。
② 食器，盛り付けの工夫で，食べてみる気持ちにさせる。
③ 保温，保冷等，適温の配膳を心がける。
④ 消化能力に合わせた食形態にする。

1．敬老の日の献立

栗入り炊きおこわ

材料	1人分	5人分	備考
精白米	64 g	320 g	
もち米	16 g	80 g	
水	112 g	560 g	
ⓐ みりん	3.6 g	18 g	水の3％
ⓐ 食塩	0.8 g	4 g	水の0.7％
小豆（ゆで）	16 g	80 g	
くり（生）	10 g	50 g	

エネルギー：313 kcal，たんぱく質：6.3 g，
脂質：0.9 g，カルシウム：12 mg，塩分：0.8 g

① 精白米ともち米を混ぜて洗い，分量の水に約2時間浸漬する。
② むきぐりは2 cm角に切る。
③ ①にⓐと小豆，②を加えて炊飯する。

🔴 **ポイント**

① 食べやすくするためには，精白米の割合を多くする。食べる人に合わせて混合割合を変えてもよい。
② 加水量はうるち米重量の1.5倍，もち米重量の1.0倍である。小豆の茹で汁を使用してもよい。

松茸としめ卵のすまし汁

材料	1人分	5人分	備考
まつたけ	5 g	25 g	
鶏卵	25 g	125 g	Lサイズ2個
水	100 g	500 g	
食塩	1 g	5 g	水の1％
みつば	1 g	5 g	
だし汁	150 g	750 g	
ⓐ 食塩	0.8 g	4 g	だし汁の0.5％
ⓐ うすくちしょうゆ	1 g	5 g	だし汁の0.7％

エネルギー：44 kcal，たんぱく質：4.0 g，
脂質：2.8 g，カルシウム：16 mg，塩分：1.3 g

① 卵は割りほぐし，みじん切りのみつばを加える。鍋に水を沸騰させ，塩を加え，卵を少しずつ流し入れる。
② 浮き上がってきたら，布巾に取り，素早く棒状にまとめる。
③ 冷めた②を人数分に切り，椀に盛る。
④ まつたけは薄切りにする。
⑤ だし汁にまつたけとⓐを加え，一煮立ちさせ，③に注ぐ。

🔴 **ポイント**

① **しめ卵**は，油を使用しない卵の調理として，めん類の具材としても利用できる。
② まつたけの代わりにしめじ，生しいたけ等を用いてもよい。

鯛のおろし煮

材料		1人分	5人分	備考
たい		70 g	350 g	切り身
小麦粉		3 g	15 g	たいの4％
揚げ油		適量	適量	吸油率7％
だいこん		70 g	350 g	
ⓐ	だし汁	60 g	300 g	
	しょうゆ	7 g	35 g	たいの10％
	本醸造酒	7 g	35 g	たいの10％
	砂糖	4 g	20 g	たいの6％
あさつき		2 g	10 g	

エネルギー：182kcal，たんぱく質：15.9 g，
脂質：7.4 g，カルシウム：29mg，塩分：1.1 g

① たいは骨を除き，水気を取り，小麦粉を薄くまぶして油で揚げる。
② だいこんはおろしてざるにあげ，水気を切る。
③ 鍋にⓐを煮立て①を入れ，落としぶたをして煮る。
④ ③が煮立ったら②を入れ約5分煮る。
⑤ 器に盛り，②を煮汁と共にかけ，細かく切ったあさつきを振る。

🔴ポイント

① 魚の下処理は小さな骨も残さないよう注意する。
② 魚はひらめ，甘だい，さば等を用いてもよい。
③ 油で揚げることでエネルギーの確保ができる。大根おろしを加えることで魚の臭みや油っぽさを抑制できる。

なすのみそかけ

材料		1人分	5人分	備考
なす		80 g	400 g	中5本
ⓐ	米みそ	9 g	45 g	赤色辛みそ
	砂糖	9 g	45 g	みそと同量（100％）
	本醸造酒	10 g	50 g	
	練りがらし	1 g	5 g	
青じそ		1 g	5 g	5枚

エネルギー：84kcal，たんぱく質：2.1 g，
脂質：0.8 g，カルシウム：27mg，塩分：1.2 g

① なすは皮をむき，水にさらし，強火で10分蒸す。
② ⓐを火にかけ，練りみそを作る。
③ 冷めた①を切り，青じそを敷いた器に盛り，②をかける。

🔴ポイント

① 電子レンジ（500W）を使用する場合は，なすをラップフィルムに包み約4分加熱する。
② なすは皮をむくと口当たりがよい。おろししょうが，削りかつお，だししょうゆをかけてもよい。

2．介護の食事

加齢とともに，各種機能の低下により，おいしいと感じる食事の形態が変化する。個々の状態に合わせての食品選択，調理形態が重要である。食事形態には，次のものがある。

① **普通食（常食）**　食べ物を咀嚼して，飲み込むことができる人の食事である。ごはんまたはパンを主食とした通常の調理法でつくられる。食べにくい人のために刻み食もある。

② **軟菜食（ソフト食）**　普通食より軟らかい食事で，咀嚼しやすく飲み込みやすい食事。主食として，全がゆ，七分がゆ，五分がゆ，三分がゆ，一分がゆがある。

また歯の欠損による咀嚼力の低下が消化機能に影響を与える。咀嚼後飲み込む嚥下力が弱くなるのは唾液分泌不足や嚥下に必要な筋力の低下が原因とされている。誤嚥は肺炎の誘因にもなるので注意を必要とし，調理に当たっては次のような工夫が求められる。

咀嚼困難：1)食品を小さく，あるいは薄く切る。2)軟らかく加熱し，水分を多くする。3)野菜，果物はすりおろす，あるいは潰してもよい。4)貝類，いか，たこ等の噛みにくいものは包丁で細かくたたくか，すり身にする。5)野菜を炒める場合は一度茹でてから炒める。6)ごま等の粒状のものは，義歯の間に入るため，完全にすり潰しておく。

嚥下困難：1)ゼラチン，寒天を使って固めることで，飲み込みやすい形を作る。2)水，お茶，スープ類等の水分はでんぷん，増粘安定剤等でとろみをつける。

③ **嚥下食（流動食を含む）**　流動食は牛乳，果汁，スープ，くず湯，アイスクリーム等固形物を含まない液状の食事。嚥下食は適度な粘度を付け，誤嚥を防ぐ工夫をする。p.268に流動食と軟菜食に適する食品と料理の目安を示す。

しらすの卵とじ丼

材料		1人分	5人分	備考
精白米		80 g	400 g	
水		120～160 g	600～800 g	米の1.5～2倍
鶏卵		50 g	250 g	5個
しらす干し		12 g	60 g	微乾燥品
にら		10 g	50 g	
ⓐ	だし汁	50 g	250 g	
	しょうゆ	10 g	50 g	だし汁の20%
	みりん	15 g	75 g	だし汁の30%
あまのり		0.5 g	2.5 g	焼のり

エネルギー：421kcal，たんぱく質：17.7 g，
脂質：6.2 g，カルシウム：65mg，塩分：2.2 g

① 米は軟らか目に炊く。
② にらは1cm幅に切り，しらす干しは熱湯をかける。
③ 鍋にⓐを煮立て，②を加える。
④ 煮立ったところへほぐした卵を流し入れる。ふたをして余熱で火を通す。
⑤ 飯の上に④を煮汁と一緒にのせ，もみのりをかける。

ポイント
① にらは加熱しすぎない。ほうれんそう，春菊，小松菜，小ねぎを使用してもよい。
② 丼物は高齢者に好まれる。一品で栄養バランスのよい食事となる。
③ 減塩する場合は，しらす干しの塩出しを充分にする。

2．介護の食事

1．咀嚼に配慮した献立

豆腐ハンバーグ

材料	1人分	5人分	備考
豆腐	50 g	250 g	木綿
鶏むね肉	30 g	150 g	ひき肉
にんじん	10 g	50 g	
根深ねぎ	5 g	25 g	
ⓐ 鶏卵	10 g	50 g	材料の10％
ⓐ 小麦粉	3 g	15 g	材料の3％
ⓐ 食塩	0.5 g	2.5 g	材料の0.5％
ⓐ こしょう	少量	少量	
サラダ油	3 g	15 g	
だいこん	40 g	200 g	
ⓑ しょうゆ	3 g	15 g	
ⓑ ゆず（果汁）	3 g	15 g	

エネルギー：137kcal，たんぱく質：12.0g，脂質：6.7g，カルシウム：83mg，塩分：0.9g

① 豆腐は軽く水切りし，にんじんは茹でてみじん切り，ねぎもみじん切りにする。
② 肉に①とⓐを加えてよく混ぜ，5等分して中央部をくぼませて形を作る。
③ フライパンに油を熱し，②の両面に焼き色を付け，ふたをして充分火を通す。
④ 器に盛り，だいこんおろしとⓑを添える。

🔴 **ポイント**
① ひき肉料理は使用する部位により脂肪含量が異なる。むね肉を使用し，豆腐を加えることで胃の負担を少なくする。
② 食物繊維が必要な場合は豆腐の代わりにおからを使用してもよい。
③ つなぎに小麦粉を加えることで大量調理でも作りやすい。

ぎせい豆腐

材料	1人分	5人分	備考
鶏卵	40 g	200 g	4個
だし汁	8 g	40 g	
豆腐	50 g	250 g	絹ごし
鶏むね肉	10 g	50 g	ひき肉
にんじん	10 g	50 g	
根深ねぎ	5 g	25 g	
乾しいたけ	1 g	5 g	中2枚，戻して25g
サラダ油	2 g	10 g	
ⓐ 砂糖	4 g	20 g	
ⓐ しょうゆ	3 g	15 g	
ⓐ 食塩	0.6 g	3 g	
サラダ油	2 g	10 g	

エネルギー：160kcal，たんぱく質：9.6g，脂質：9.9g，カルシウム：48mg，塩分：1.2g

① 豆腐は湯通しして，ざるにあげ水を切り，粗くほぐす。
② 戻したしいたけ，にんじん，ねぎは粗みじん切りにする。
③ 油を熱し，肉と②を炒める。①を加えⓐで調味する。
④ ボールに卵をほぐし，だし汁と③を加えて混ぜる。
⑤ 卵焼き器に油を熱し，④を流し入れ，ふたをして弱火で焼く。
⑥ 裏返して，同様に焼き，冷めたら切り分ける。

🔴 **ポイント**
① 豆腐は水を絞りすぎると口当たりが悪くなる。硬さは卵に加えるだしの量で加減する。
② 大量調理の場合は，バットに流し，180℃のオーブンで焼いてもよい。

冬瓜のかにあんかけ

材料		1人分	5人分	備考
とうがん		150 g	750 g	
ⓐ	だし汁	80 g	400 g	
	うすくちしょうゆ	4 g	20 g	だし汁の5％
	みりん	4 g	20 g	だし汁の5％
かに（茹で）		15 g	75 g	ずわいがに
しいたけ		2 g	10 g	
ⓑ	だし汁	80 g	400 g	
	うすくちしょうゆ	5 g	25 g	だし汁の6％
	本醸造酒	3.6 g	18 g	だし汁の5％
	みりん	3.6 g	18 g	だし汁の5％
かたくり粉		2.4 g	12 g	水で溶く
水		4.8 g	24 g	
みつば		1 g	5 g	
しょうが		少量	少量	

エネルギー：75kcal，たんぱく質：4.4g，
脂質：0.4g，カルシウム：53mg，塩分：1.7g

① とうがんはわたと種を除き，皮を厚目にむく。3cm角に切り，かぶるくらいの水を加えて茹で，ざるにあげる。
② ①にⓐを加え，弱火ですき通るまで煮含める。
③ かには軟骨を除きほぐす。しいたけは薄切りにする。
④ ⓑに③を入れて煮立てる。水溶きかたくり粉でとろみを付け，火を止め細かく刻んだみつばを加える。
⑤ ②の煮汁を切って器に盛り，④をかけ，おろししょうがを添える。

🔴 ポイント
① 冬瓜は夏野菜であるが，保存性が高く冬まで持ち越せることから冬瓜という。
② 冬瓜は加熱すると，歯ぐきでもつぶれるので，高齢者の献立に利用しやすい。
③ しょうがを吸口にした汁物，鶏がらスープを使った中華スープ等がある。

はす蒸し

材料		1人分	5人分	備考
白身魚		50 g	250 g	切り身，さわら，たら，たい
ⓐ	食塩	0.5 g	2.5 g	魚の1％
	本醸造酒	1 g	5 g	魚の2％
れんこん		70 g	350 g	
食塩		0.1 g	0.5 g	れんこんの0.1％
ほうれんそう		40 g	200 g	
銀あん				
ⓑ	だし汁	50 g	250 g	
	うすくちしょうゆ	2 g	10 g	だし汁の4％
	みりん	2 g	10 g	だし汁の4％
	本醸造酒	2 g	10 g	だし汁の4％
かたくり粉		1 g	5 g	水で溶く
わさび		少量	少量	

エネルギー：117kcal，たんぱく質：12.5g，
脂質：1.3g，カルシウム：47mg，塩分：1.2g

① 白身魚は骨を除き，ⓐを振る。ほうれんそうは茹でて細かく刻む。
② れんこんは皮をむき，水にさらし，すりおろして塩を加える。
③ 器に魚を入れ，②をかけ強火で約12分蒸す。
④ ⓑを煮立て，水溶きかたくり粉でとろみを付ける。
⑤ ③に①のほうれんそうを添え，④をかけ，わさびを添える。

🔴 ポイント
① 白身魚に代えてうなぎ，あなごの蒲焼きを使ってもよい。
② れんこんはすりおろすと色が変わるので手早く蒸す。
③ 銀あんの中にきのこ，えび，かに等を加えてもよい。
④ れんこんをすりおろし加熱した食感は高齢者にも食べやすく，他の献立にも応用できる。

2. 嚥下に配慮した献立

芋粥

材料	1人分	5人分	備考
精白米	40 g	200 g	
水	200 g	1000 g	米の5倍（全がゆ）
さつまいも	50 g	250 g	
食塩	0.4 g	2 g	米の1％

エネルギー：208kcal，たんぱく質：4.3 g，
脂質：0.5 g，カルシウム：22mg，塩分：0.4 g

① 米は洗い，水に30分浸漬する。
② さつまいもは皮を厚目にむき，1 cm角に切り，水にさらす。
③ ①を火にかけ，沸騰後弱火で約20分炊く。②を加えて，鍋底からかき混ぜ，約15分炊く。
④ 塩を加えて火を止め，約5分蒸らし，器に盛る。

ポイント

① さつまいもはのどに詰まりやすい食材である。かゆと共に食すると，喉ごしがよくなる。かぼちゃ，くり，そらまめ，さといも等を用いてもよい。
② 塩分は副菜によって加減する。さつまいもの甘味で減塩しやすい献立である。

そうめん寄せ

材料		1人分	5人分	備考
そうめん		10 g	50 g	乾
大正えび		10 g	50 g	ブラックタイガー
本醸造酒		2 g	10 g	えびの20％
みつば		2 g	10 g	
だし汁		120 g	600 g	
角寒天		1 g	5 g	粉，だし汁の0.8％
ⓐ	本醸造酒	2 g	10 g	だし汁の2％
	食塩	0.5 g	2.5 g	だし汁の0.4％
かけ汁				
ⓑ	だし汁	28 g	140 g	
	しょうゆ	7 g	35 g	だし汁の25％
	みりん	7 g	35 g	だし汁の25％
おろししょうが		少量	少量	

エネルギー：66kcal，たんぱく質：3.9 g，
脂質：0.3 g，カルシウム：14mg，塩分：1.7 g
＊かけ汁の可食率は60％とした

① そうめんは2 cmに折って茹でる。えびは酒を加えて茹で，皮をむき荒くきざむ。みつばは茹でて細かく刻む。
② だし汁で寒天を煮溶かし，ⓐを加える。
③ ②を約45℃に冷まし，①を加えて混ぜ，流し缶に入れ，冷やし固める。
④ ⓑを一煮立ちさせて冷ます。③を切り分けた上からかけ，おろししょうがを添える。

ポイント

① めん類は高齢者に好まれるメニューであるが，嚥下困難の場合，短く切ったり，軟らかく茹でる等の工夫が必要となる。
② 寒天で寄せると，誤嚥を防ぎ，水分，食物繊維が摂取できる。

空也蒸し

材料		1人分	5人分	備考
豆腐		40 g	200 g	絹ごし
鶏卵		25 g	125 g	
だし汁		75 g	375 g	
ⓐ	食塩	0.5 g	2.5 g	卵+だし汁の0.5%
	うすくちしょうゆ	1 g	5 g	卵+だし汁の1%
	みりん	3 g	15 g	卵+だし汁の3%
銀あん				
ⓑ	だし汁	40 g	200 g	
	うすくちしょうゆ	3 g	15 g	だし汁の7.5%
	本醸造酒	2 g	10 g	だし汁の5%
	みりん	2 g	10 g	だし汁の5%
かたくり粉		1 g	5 g	水で溶く
おろししょうが		少量	少量	

エネルギー：84kcal，たんぱく質：5.9 g，
脂質：3.9 g，カルシウム：34 mg，塩分：1.3 g

① だし汁にⓐを加えて混ぜる。
② 卵をほぐし①を加えてこす。
③ 器に角切りの豆腐を入れ②を注ぐ。
④ 蒸し器に入れて，弱火で約15分蒸す。
⑤ ⓑを煮立て，水溶きかたくり粉を加えてとろみを付け，銀あんを作る。
⑥ ④に⑤をかけ，しょうがを添える。

🔴 ポイント

① 夏期には冷やして口当たりをよくする。
② 空也蒸しは，卵液に豆腐を入れて蒸し，くずあんをかけた料理。空也豆腐ともいい，空也上人から名付けられた。

かぶのみぞれ汁

材料		1人分	5人分	備考
かぶ		70 g	350 g	
豆腐		30 g	150 g	絹ごし
かぶの葉		3 g	15 g	
だし汁		150 g	750 g	
ⓐ	しょうゆ	2 g	10 g	だし汁の1.3%
	食塩	0.9 g	4.5 g	だし汁の0.6%
	本醸造酒	3 g	15 g	だし汁の2%
かたくり粉		3 g	15 g	水で溶く

エネルギー：51kcal，たんぱく質：2.9 g，
脂質：1.1 g，カルシウム：41 mg，塩分：1.3 g

① かぶの1/4量は1 cm角に切り，残りはすりおろし，軽く水気を切る。
② 豆腐は1 cm角に切り，葉は茹でてみじん切りにする。
③ だし汁に角切りのかぶを入れて，軟らかく煮る。豆腐とおろしたかぶとⓐを加える。
④ ③が煮立ったら水溶きかたくり粉でとろみを付け，かぶの葉を散らす。

🔴 ポイント

① 食べる人に合わせ，かぶは全量すりおろしてもよい。

野菜ポタージュ

材料	1人分	5人分	備考
たまねぎ	20 g	100 g	
ごぼう	20 g	100 g	
じゃがいも	30 g	150 g	
かぶ	20 g	100 g	
バター	3 g	15 g	
ブイヨン	80 g	400 g	固形コンソメ1個
牛乳	80 g	400 g	
食塩	0.6 g	3 g	仕上がりの0.6〜0.7%
こしょう	少量	少量	

エネルギー:137kcal, たんぱく質:4.2g, 脂質:5.9g, カルシウム:109mg, 塩分:1.1g

① 野菜は皮をむいて薄切りにし,バターで炒め,ブイヨンを加えて軟らかく煮て,ミキサーにかける。
② 牛乳を加えて塩,こしょうで味を調え,一煮立ちさせ,器に盛る。

ポイント
① 食べにくい野菜を,牛乳を使ってスープにすることで,たんぱく質,カルシウム,食物繊維を摂取できる。
② じゃがいもを加えることで適度なとろみが付き誤嚥を防ぐ。さつまいも,かぼちゃ,飯を加えても適度なとろみがつく。

ごまプリン

材料	1人分	5人分	備考
ごま	10 g	50 g	ねりごま,煎り
牛乳	75 g	375 g	
砂糖	10 g	50 g	材料の12%
ゼラチン	1.2 g	6 g	
水	10 g	50 g	

エネルギー:153kcal, たんぱく質:5.6g, 脂質:8.3g, カルシウム:203mg, 塩分:0.1g

① ゼラチンは水で膨潤させる。
② 練りごまと砂糖を混ぜ,少しずつ牛乳を加え,よく混ぜる。
③ 混ぜながら沸騰直前まで加熱し,①を加えて溶かす。
④ 氷水でとろみがつくまで冷やし,型に入れ冷やし固める。

ポイント
① 材料,作り方ともにシンプルで,大量調理でも作りやすい。
② 生クリームを使用してもよい。

かぼちゃのミルク煮

材料	1人分	5人分	備考
かぼちゃ	80 g	400 g	西洋かぼちゃ
ⓐ 牛乳	70 g	350 g	かぼちゃの87.5%
ⓐ 三温糖	5 g	25 g	かぼちゃの6%
シナモンパウダー	少量	少量	

エネルギー:105kcal, たんぱく質:3.6g, 脂質:2.7g, カルシウム:93mg, 塩分:0.1g

① かぼちゃは皮とわたを除き,2 cm角に切る。
② ⓐを加えて火にかけ,弱火で煮る。煮汁が半量になったら器に盛り,シナモンパウダーを振る。

ポイント
① ごく少量の塩を加えると味が引き立つ。
② スプーンでつぶし,煮汁を混ぜながら食べる。
③ 嚥下困難の場合は,出来上がりをフードプロセッサーにかけ,ペースト状にする。煮溶かした寒天で固めてもよい。

268　Ⅶ. 特　別　食

流動食と軟菜食に適する食品と料理の目安

	流　動　食	三分がゆ程度	五分がゆ程度	全がゆ程度	不　適　当
穀類	おも湯，くず湯，オートミール，乳酸飲料入りくず湯，挽茶入りくず湯	オートミール，コーンフレーク，パンがゆ，パン，フレンチトースト，煮込みうどん，パンプディング	オートミール，コーンフレーク，パンがゆ，パン，フレンチトースト，煮込みうどん，ホットケーキ	左に同じ。煮込みそうめん，煮込みそば	精白されていない穀類
豆・豆製品	みそ汁の上澄み汁，豆腐すり流し汁，白いんげんポタージュ，グリンピースポタージュ，豆乳	左に同じ。煮豆裏ごし，ささゆき豆腐，たいみそ，ゆずみそ	みそ，豆腐，焼豆腐，高野豆腐，ゆば，刻み納豆，煮豆裏ごし，滝川豆腐	左に同じ。生揚げ煮物，納豆，煮豆，炒り豆腐	硬い皮のある豆類大豆，おから，小豆
いも・野菜類	いもポタージュ，野菜スープ，野菜裏ごしスープ，昆布スープ	いも裏ごし，野菜刻み煮，カリフラワー・ほうれんそう・かぶの葉先の軟らか煮，アスパラガス（缶詰）	いも軟らか煮，いも，にんじん，かぼちゃ軟らか煮，含め煮，キャベツ・ほうれんそうの軟らか煮，トマト，だいこんおろし	煮物，焼いも，葉菜類の煮物，浸し物，和え物，生野菜サラダ，しいたけ煮物	ごぼう，たけのこ等繊維の硬いもの。生野菜の多量摂取，塩からい漬物
魚・肉類	魚スープ，肉スープ，すり流し汁，ゼラチンゼリー，かつお節スープ	左に同じ。レバーペースト，かきクリーム煮，はんぺん煮付け，魚うす味煮，鶏ささ身裏ごし	魚刺身，あらい，湯びき，煮魚，蒸し煮，バター焼，とり肉そぼろ，ささ身霜降り，豚ひき肉料理	焼き魚，煮魚，かまぼこ，ちくわ，とり肉蒸し煮，牛ひき肉料理，肉の煮込み料理	たこ，いか，貝類，すじの多い肉類，くん製品，コンビーフ，ベーコン，ソーセージ，ハム
卵・乳類	生及び半熟卵黄，泡立て卵白，ミルクセーキ，卵黄入りくず湯，卵黄入り重湯，牛乳入りくず湯，牛乳，ヨーグルト，アイスクリーム，クリームスープ	半熟卵，ポーチドエッグ，ふわふわ卵，卵豆腐，空也蒸し，南禅寺蒸し，かぶら蒸し，プリン，かき卵汁，むらくも椀，ブラマンジェ，ホワイトクリーム	プレーンオムレツ，スクランブルドエッグ，軟らかい身入り茶碗蒸し，軟らかいうどんの小田巻蒸し，クリーム煮，チーズ	ひき肉入りオムレツ，厚焼卵，目玉焼，小田巻蒸し，生卵，炒り卵，茹で卵	フライドエッグ
菓子・果物	ボーロ，ジュース，シャーベット，ゼリー	ウエハース，ピューレ，コンポート，すりおろし，ジャム	カステラ，果物（缶），バナナ	パンケーキ，生鮮果物	フライドビーンズ

（山崎文雄ほか編著『老人の食生活と栄養管理』全国社会福祉協議会，1985．を一部改変）

3. 食物アレルギーの食事
（鶏卵・乳製品・小麦不使用）

食物アレルギーとは，原因となる食物の摂取によってアレルギー反応が起こり，体に不利益な症状が発現する現象である。その症状は悪心，腹痛，下痢等の消化器症状のみではなく，蕁麻疹，アトピー性皮膚炎等の皮膚症状，喘息等の呼吸器症状と広範囲に渡る。厚生労働省の調査結果では，乳幼児における食物アレルギーの原因物質は1位鶏卵，2位乳製品，3位小麦となっている。また，症状が重篤なものとしてそば，落花生が挙げられる。食物アレルギー治療の基本は原因となる食品を除去することである。しかし原因となる食品やアレルギー症状の程度は一人ひとり異なっており，食品を除去する程度や範囲，期間も人によって異なる。

ここでは食物アレルギーのための代替の献立ではなく，アレルギーの人も一緒に食べられる献立を紹介する。栄養士が献立作成時に配慮することで同じ献立を食べることや調理時の混入を防ぐことが可能になる。卵，乳，小麦，そば，落花生の5品目は食品衛生法においても特定原材料として食品表示が義務付けられ，加工品も表示を確認すれば使用が可能となった。

魚ソーセージ

材料		1人分	5人分	備考
白身魚		50 g	250 g	
たまねぎ		20 g	100 g	
油		2 g	10 g	使用可能なもの
ⓐ	タピオカ粉	2 g	10 g	キャッサバでん粉
	食塩	0.5 g	2.5 g	魚の1％
	ぶどう酒	2 g	10 g	白
	ガーリックパウダー	少量	少量	
	こしょう	少量	少量	
赤ピーマン		3 g	15 g	
ピーマン		3 g	15 g	

エネルギー：87kcal，たんぱく質：10.3 g，
脂質：3.0 g，カルシウム：17mg，塩分：0.5 g

① たまねぎはみじん切りにし，油で炒める。
② 魚は骨，皮を除き，①とⓐを加えて，フードプロセッサーに軽くかける。
③ ピーマンは0.5cm角に切る。
④ ①②③を混ぜ，ラップフィルムに包み直径2cmの棒状にして両端をしばる。
⑤ 蒸し器に入れ，中火で約15分蒸す。

ポイント
① 使用する魚介類はひらめ，かわはぎ，さけ，めかじき，ほたてがい（貝柱）等，食べる人に合わせて選択する。
② 油はα-リノレン酸の含有率の高いしそ油の他，オリーブ油，菜種油等使用できる油を選ぶ。
③ カレー粉，ハーブ等を加えてもよい。
④ 野菜はスイートコーン，ほうれんそう，にんじん，えだまめ等を使用してもよい。
⑤ タピオカはキャッサバ芋のでんぷんで，タピオカ粉は食物アレルギー用の食品につなぎとしてよく使われる。コーンスターチ，かたくり粉でもよい。

三色ごはん

材料	1人分	5人分	備考
精白米	80 g	400 g	
水	120 g	600 g	米の150%
いわし	50 g	250 g	
ごぼう	15 g	75 g	
しょうが	0.8 g	4 g	
ごま油	3 g	15 g	使用可能なもの
ⓐ だし汁	60 g	300 g	材料の90%
ⓐ 米みそ	6 g	30 g	赤色辛みそ,材料の9%
ⓐ 砂糖	6 g	30 g	材料の9%
ⓐ 本醸造酒	6 g	30 g	材料の9%
ほうれんそう	30 g	150 g	
しょうゆ	2 g	10 g	
スイートコーン(缶)	30 g	150 g	ホールスタイル
本醸造酒	3 g	15 g	

エネルギー：509kcal，たんぱく質：17.6 g，
脂質：11.4 g，カルシウム：69 mg，塩分：1.4 g

① 米は洗って炊く。
② いわしは手開きにして，身をスプーンで削り取り，細かく刻む（p.15参照）。
③ ごぼうはみじん切りにする。
④ ごま油でみじん切りのしょうがと②③を炒める。ⓐを加えてそぼろ状になるまで煮る。
⑤ ほうれんそうは茹でて細かく切り，しょうゆで和える。
⑥ スイートコーンは水気を切り，酒を振り，から煎りする。
⑦ 飯を盛り，④⑤⑥を彩りよくのせる。

ポイント

① 油，みそは使用できるものを選ぶ。
② いわしのミンチ（冷凍）を利用してもよい。しょうが，みそ，酒がいわしの臭みを抑える。

れんこんバーグ

材料	1人分	5人分	備考
豚ひき肉	50 g	250 g	
れんこん	20 g	100 g	
たまねぎ	30 g	150 g	
油	1 g	5 g	使用可能なもの
ⓐ 食塩	0.6 g	3 g	材料の0.6%
ⓐ こしょう	少量	少量	
にんじん	15 g	75 g	
ブロッコリー	20 g	100 g	
トマトソース			
トマト水煮(缶)	30 g	150 g	
たまねぎ	10 g	50 g	
マッシュルーム	5 g	25 g	
油	1 g	5 g	使用可能なもの
ブイヨン	10 g	50 g	
ⓑ 食塩	0.2 g	1 g	材料の0.4%
ⓑ こしょう	少量	少量	

エネルギー：176kcal，たんぱく質：11.6 g，
脂質：9.8 g，カルシウム：31 mg，塩分：1.2 g

① れんこんは皮をむき，すりおろす。
② たまねぎはみじん切りにして，油で炒める。
③ 肉に①②ⓐを加えてよく混ぜ，ハンバーグ型にまとめる。
④ 190℃のオーブンで約15分焼き，皿に盛る。
⑤ にんじん，ブロッコリーを茹で，④に添える。
⑥ みじん切りのたまねぎ，薄切りのマッシュルームを油で炒め，トマトとブイヨンを加えて煮詰め，ⓑで味を調え，添える。

ポイント

① れんこんの粘りで，つなぎを使わなくても崩れにくい。
② ブイヨンは使用できる食材でとる。

ひよこ豆のピラフ

材料	1人分	5人分	備考
精白米	80 g	400 g	
ひよこまめ	20 g	100 g	茹で，水煮缶
たまねぎ	20 g	100 g	
油	3 g	15 g	
マッシュルーム	5 g	25 g	
にんじん	10 g	50 g	
ⓐ ブイヨン	100 g	500 g	
ⓐ 食塩	1 g	5 g	ブイヨンの1％
ⓐ こしょう	少量	少量	
パセリ	0.2 g	1 g	

エネルギー：364 kcal，たんぱく質：8.5 g，
脂質：4.3 g，カルシウム：26 mg，塩分：1.5 g

① 米は洗ってざるにあげ，たまねぎはみじん切り，マッシュルームは薄切り，にんじんはすりおろす。
② 鍋に油を熱し，たまねぎを炒める。マッシュルーム，米を加えて軽く炒め，にんじんのすりおろし，ひよこまめ，ⓐを加えて炊飯する。
③ 器に盛り，刻みパセリを振る。

ポイント

① **ひよこ豆**は，別名エジプト豆で，ガルバンゾーとも呼ばれ，カレーやスープ等の煮込み料理に使われる。栄養成分は糖質が多く，大豆を制限する場合でも食すことが多い食材である。
② にんじんのすりおろしはカレー粉やトマトに代えてもよい。

豚肉の衣あげ

材料	1人分	5人分	備考
豚ヒレ肉	60 g	300 g	
ⓐ 食塩	0.4 g	2 g	肉の0.6％
ⓐ こしょう	少量		
ⓑ タピオカ粉	12 g	60 g	肉の20％
ⓑ 水	12 g	60 g	
コーンフレーク	10 g	50 g	
揚げ油	適量	適量	吸油率30％
ビーフン	8 g	40 g	
しいたけ	5 g	25 g	
にんじん	10 g	50 g	
ピーマン	10 g	10 g	
油	3 g	15 g	
ⓒ ブイヨン	10 g	50 g	材料の20％
ⓒ 本醸造酒	3 g	15 g	材料の6％
ⓒ 食塩	0.3 g	1.5 g	材料の0.6％
ⓒ カレー粉	0.2 g	1.0 g	材料の0.4％

エネルギー：404 kcal，たんぱく質：15.4 g，
脂質：24.8 g，カルシウム：13 mg，塩分：1.0 g

① 豚肉は1 cm厚さに切り，ⓐを振る。
② ⓑを合わせて衣を作り，肉の全面に付け，細かく砕いたコーンフレークを押さえるように付ける。
③ 170℃に熱した油で揚げる。
④ ビーフンは茹でる。しいたけ，にんじん，ピーマンは細く切る。
⑤ 油を熱くして④を炒め，ⓒで味を調え，付け合わせる。

ポイント

① 卵，小麦粉，パン粉を使わず，カリっとした衣の揚げ物をするには，水溶きのタピオカの代わりに水溶きのでんぷん，コーンフレークの代わりに，みじん粉（和菓子材料），塩せんべいを砕いたもの等を付けてもよい。
② 小麦を使用しない麺類としてはビーフン，フォー等米を原料としたもの，ひえ，あわ，きび等雑穀を原料としたものがある。

じゃがいもチヂミ

材料	1人分	5人分	備考
じゃがいも	50 g	250 g	
食塩	0.3 g	1.5 g	材料の5%
にら	10 g	50 g	
さくらえび	2 g	10 g	素干し
油	2 g	10 g	
酢じょうゆ	適量	適量	

エネルギー：64kcal，たんぱく質：2.2 g，
脂質：2.1 g，カルシウム：47mg，塩分：0.4 g

① じゃがいもは皮をむき，すりおろし，塩を加えて混ぜる。
② にらは5 cm長さに切る。
③ ボールに①②とえびを入れて混ぜ，油を熱したフライパンに薄く広げて焼く。
④ 両面をカリッと焼いて，食べやすく切り分け，酢じょうゆを添える。

ポイント

① 小麦粉アレルギーの代替の献立として利用できる，じゃがいもの食感を生かした献立。
② じゃがいもの色が変わらないように素早く調理する。
③ にらの他には万能ねぎ，ピーマンを用いてもよい。

野菜かるかん

材料	1人分	5人分	備考
やまのいも	16 g	80 g	やまといも
砂糖	16 g	80 g	材料の35%
水	6 g	30 g	
にんじん	12 g	60 g	
上新粉	18 g	90 g	
重曹	0.2 g	1.0 g	

エネルギー：151kcal，たんぱく質：1.9 g，
脂質：0.2 g，カルシウム：7 mg，塩分：0.0 g

① 皮をむき，すりおろしたいも，砂糖，水，すりおろしたにんじんを混ぜる。
② 上新粉と重曹を合わせてふるい，①に加えて混ぜる。
③ 型に流し入れ，約15分蒸す。

ポイント

① 材料の水分量により加える水量を加減する。
② かぼちゃ，さつまいも，そら豆，枝豆等でもよい。
③ **かるかん**は，鹿児島の銘菓で，すりおろしたやまのいもに砂糖，米粉を練り合わせて蒸した白いカステラのようなお菓子。
④ ながいもは粘りが少ないので，他のやまのいもを使用する（p.49参照）。

りんごケーキ

材料	28cm角オーブン天板1枚分	備考
りんご	800 g	中4個，紅玉，ふじ
ａ 砂糖	100 g	材料の9％
ａ 食塩	少量	
ａ 油	80 g	匂いのない油，材料の7％
上新粉	360 g	りんごの45％
重曹	6 g	上新粉の1.7％
干しぶどう	100 g	
粉糖	適量	飾り用

エネルギー：3157kcal，たんぱく質：26.6 g，
脂質：84.2 g，カルシウム：108mg，塩分：0.0 g
＊栄養価計算は1枚分

① 上新粉と重曹を合わせて，ふるう。
② りんごは皮をむいて，半量はすりおろす。残りはいちょう切りにして，上新粉の一部をまぶす。
③ おろしたりんごにⓐを加えて混ぜる。
④ ③に①といちょう切りのりんごを加えて混ぜ，クッキングシートを敷いた天板に，2 cm厚さに広げる。
⑤ 170℃のオーブンで約25分焼く。切り分けて，粉糖を振る。

ポイント

① 上新粉は製菓用の粒子が細かいものを使用すると口当たりが軽い。上新粉を小麦粉に代えても同様に出来上がる。
② 刻んだりんごにシナモンパウダーをふると，香りがよい。

2色ゼリー

材料	20cmのリング型1個分	備考
りんごジュース	350 g	100％果汁
ａ 粉寒天	4 g	出来上りの10％
ａ 水	50 g	
にんじん	100 g	
ｂ 砂糖	30 g	にんじんの30％
ｂ 水	150 g	
レモン	30 g	果汁
ｃ 粉寒天	4 g	出来上りの1.1％
ｃ 水	50 g	

エネルギー：314kcal，たんぱく質：1.4 g，
脂質：0.5 g，カルシウム：37mg，塩分：0.1 g
＊栄養価計算は1個分

① ⓐを火にかけ煮溶かす。完全に溶けたらジュースに加え，型に流し入れる。
② ①を氷水に浸けて冷やし固める。
③ にんじんを薄切りにし，ⓑを加えて軟らかく煮る。
④ ミキサーにかけ，レモン汁を加える。
⑤ ⓒを火にかけ煮溶かし，④を加える。
⑥ 固まった②の表面にフォークで筋を付け，⑤を流し入れ冷やし固める。

ポイント

① 食物アレルギーの場合，動物性のゼラチンを使用できないことがあるため寒天を用いる。

おやつの話

おやつの歴史　おやつの語源は，江戸時代の頃，「八刻（やつどき）」，今の午後2時～4時に食べていた間食のことを，「おやつ」といったことに由来する。食事と食事の間に食べる軽い食事であることから間食ともいう。おやつを食べる習慣は古く，縄文時代からあったようである。昔は農作業や家事等で，身体を動かすことが多く，また，1日2回食であったため，子どもばかりではなく，大人も仕事の合間に空腹感を抑えるために食べる習慣があった。

おやつの必要性　幼児期・学童期・思春期での「おやつ」は，発育や成長にとって1日3回の食事だけでは充分な栄養分が摂れないため，不足する栄養分を補う重要な役割がある。おやつの量は，1日に摂取することが望ましいエネルギー量の約10%が適当である。年齢，性別，運動量によっても異なるが，約200kcalを目安にし，一緒にお茶等の水分を充分摂るようにする。おやつは子どもにとって楽しみでもある。特に手作りのおやつは，心の贈り物として，成長したとき，情緒の安定等大きな役割を果たすともいわれている。

昔のおやつ　昔のおやつは，縄文から弥生時代においては果物や木の実等の天然食材を食べていたといわれている。奈良から平安時代には，農業・商業が発展し，穀類の加工品であるそばがきや唐菓子等が食べられるようになった。鎌倉から南北朝時代では羊羹や饅頭，もち等，室町から安土桃山時代では南蛮菓子のカステラやビスケット，金平糖等，江戸時代では生菓子やきんとん，せんべい，大福等が一般的になった。明治・大正・昭和では洋菓子類のチョコレートやケーキ，機械を使用して作った菓子等の市販品が多く出回るようになった。

甘いおやつの食べ方　甘いおやつは，虫歯や生活習慣病の原因になる。摂取方法は，食事直後や甘くないお茶等の飲み物と組み合わせるとよい。食べる時間帯や回数を工夫して，10分以内で食べ終わる量にするとよい。また，3歳までの甘いおやつの摂取はなるべく避けるのが，歯質・味覚の発達の面からも良いといわれている。

塩味のおやつの食べ方　子どもの好きな菓子やインスタント食品等には，塩分や脂肪を比較的多く含みエネルギーが高い食品が多い傾向にある。おやつは食生活の中で楽しみでもあるので，これらの食品を摂取する場合は，栄養のバランスを考慮しながら，どの位の塩分や脂肪が含まれているのかを注意し，過剰摂取にならないようにして摂ることが大切である。

上手なおやつの選び方　子どもにとってのおやつは，食事の一部としての補食の意義が大きい。しかし，不適当なおやつや摂りすぎについては，健康を害し，食欲不振，栄養素の摂取不良等の原因となる可能性がある。おやつの量は，1日のエネルギーの10%程度を目安にする。時間は，生活リズムの中で一番よい，ほぼ決まった時間がよい。質については，不足しがちなカルシウムや食物繊維を含むもの等が好ましい。焼き芋と牛乳，果物とヨーグルトドリンク，菓子とお茶等，組み合わせを考慮するとよい。

VIII 新しい調理法

1. エコ・クッキング
2. スピード調理
   ・電子レンジ調理　・圧力鍋調理
3. IH電磁調理
4. 真空調理

1. エコ・クッキング

エコ・クッキング（Eco cooking）とは，Ecology（生態学；エコロジー）と Cooking（料理；クッキング）を合わせた言葉で，私たちの食生活と地球環境とが密接であることから，地球にやさしく暮らすことをねらいとし，"地球への思いやりはキッチンから"という考えの下に推奨されている運動である。買い物（ショッピング）の際の心掛け，調理の段階（クッキング）での配慮，台所（キッチン）での気配り等から成り立っている。

ショッピングの工夫：1) 旬の食材，新鮮な食材を選ぶ，2) 買いすぎないように必要な分だけ購入する，3) 容器包装の少ないものを選ぶ，4) 買い物袋を持参する

クッキングの工夫：1) 食材を無駄なく使う，2) 食べられるところは全て使い切る，3) 残り物を活用する

キッチンの工夫：1) 排水に配慮し，節水に心掛ける，2) 火加減は調理に合わせて調節する，3) 冷凍・冷蔵庫は効率よく使う，4) 生ごみを減らす工夫をする

煮干しの田作り

材料		1人分	5人分	備考
だしがら煮干し		10 g	50 g	かたくちいわし
ⓐ	水	6 g	30 g	
	うすくちしょうゆ	1.2 g	6 g	材料の12%
	砂糖	1 g	5 g	材料の10%
	みりん	1 g	5 g	材料の10%
ごま（白）		0.6 g	3 g	

エネルギー：44kcal，たんぱく質：6.6 g，脂質：1.0 g，カルシウム：228mg，食塩：0.6 g

① だしがら煮干しを弱火でから煎りする。
② ⓐを合わせて弱火にかけ，とろみが付くまで煮詰める。
③ ①に②をからめ，ごまを振る。

ポイント
① 普段捨てているだしがらも，一工夫すれば一品になる。

昆布佃煮

材料	1人分	5人分	備考
だしがら昆布	40 g	200 g	みついし
水	20 g	100 g	
穀物酢	2 g	10 g	材料の5%
砂糖	4 g	20 g	材料の10%
みりん	4 g	20 g	材料の10%
しょうゆ	4 g	20 g	材料の10%

エネルギー：86kcal，たんぱく質：3.6 g，脂質：0.5 g，カルシウム：285mg，食塩：3.4 g

① こんぶはせん切りにする。
② 鍋に①を入れ，水と酢を加える。弱火で煮て，水が約半分になったら砂糖とみりんを加え，煮詰める。
③ 煮汁が少なくなったら，しょうゆを入れ，焦がさないように煮詰める。

ポイント
① 昆布を酢液で煮ると繊維の一部が溶解し，組織が軟らかくなる。

ブロッコリーの茎の炒め煮

材料	1人分	5人分	備考
ブロッコリーの茎	40 g	200 g	2株分
ごま油	1 g	5 g	
だし汁	20 g	100 g	
しょうゆ	3 g	15 g	材料の7.5%
砂糖	1 g	5 g	材料の2.5%

エネルギー：29kcal，たんぱく質：2.0 g，
脂質：1.2 g，カルシウム：17mg，食塩：0.5 g

① ブロッコリーの茎は皮は縦にむいて，厚めの短冊切りにする。
② ①をごま油でさっと炒め，だし汁を注ぎ，煮立ったらしょうゆと砂糖を入れて炒め煮にする。

ポイント

① 捨ててしまいがちなブロッコリーの茎も無駄なく使う。

2．スピード調理

　近年，食生活の変化に伴い食品が多様化し，女性の社会進出に伴い食事作りの簡便化が進んでいる。調理時間を縮小するため，様々な調理機器が進歩し，電子レンジ，圧力鍋等によるスピード調理（Quick cooking）が普及している。

　電子レンジは，マイクロ波を用いた調理用加熱器で，1945年にアメリカで開発され，1961年に日本で商品化されて以来，急速に普及した。電子レンジによる加熱は一般の加熱のように外部から食品に熱が伝わるのではなく，マイクロ波が食品に吸収されて摩擦熱を発生し（p.18参照），食品自体が発熱する方式で**マイクロ波加熱**ともいう。特徴としては，短時間加熱ができるのでビタミン等の損失が少ない。また，熱効率がよく，火を使わないので安全である。電子レンジの加熱時間は，出力W（ワット）数，分量によって異なるので，調節する必要がある。

　操作手順は700Wでの加熱時間を示す。600W，500Wの場合は下記の表で換算して加熱する。「弱」または「解凍」は「強」の約1/3のW数で設定されている。

W数	700W	600W	500W
加熱時間	1分	1分10秒	1分20秒
	2分	2分20秒	2分50秒
	4分	4分40秒	5分40秒
	6分	7分00秒	8分20秒
	8分	9分20秒	11分30秒
	10分	11分40秒	14分10秒
	15分	17分30秒	21分00秒

　圧力鍋は，鍋と蓋を密着させることにより中の蒸気を圧縮し，高圧にできる鍋のことである（p.18参照）。通常の鍋を煮炊きする時（1気圧），水の沸騰温度は100℃であるが，圧力鍋では110～120℃になる。高温で調理されるため，早く火が通り，調理時間も短縮できる利点がある。圧力鍋はメーカーや種類により操作法，加熱時間が異なるので，調節する必要がある。

〔電子レンジ〕 にらの卵とじ

材料		1人分	5人分	備考
にら		40 g	200 g	
鶏卵		40 g	200 g	4個
ⓐ	だし汁	20 g	100 g	
	しょうゆ	2.4 g	12 g	材料の3%
	本醸造酒	2 g	10 g	材料の2.5%
	みりん	2.4 g	12 g	材料の3%
	食塩	0.8 g	4 g	材料の1%

エネルギー:79kcal, たんぱく質:5.9g,
脂質:4.2g, カルシウム:41mg, 食塩:1.3g

① にらは5cm長さに切って, 耐熱容器に入れ, ラップフィルムをして約2分加熱する。
② 卵を溶きほぐし, ⓐを加えて混ぜ, ①に回しながらかける。
③ ②にラップフィルムをして2分加熱し, 取り出してかき混ぜ, さらに約3分加熱する。

〔電子レンジ〕 肉じゃが

材料		1人分	5人分	備考
じゃがいも		56 g	280 g	2個
にんじん		8 g	40 g	
たまねぎ		24 g	120 g	1/2個
しらたき		24 g	120 g	
牛かた肉		40 g	200 g	薄切り
ⓐ	しょうが	2 g	10 g	
	本醸造酒	12 g	60 g	材料の7.5%
	砂糖	7 g	36 g	材料の4.5%
	しょうゆ	14 g	72 g	材料の9%
水		12 g	60 g	
グリーンピース		8 g	40 g	冷凍

エネルギー:186kcal, たんぱく質:10.4g,
脂質:4.4g, カルシウム:35mg, 食塩:2.1g

① じゃがいもは一口大に, にんじんは小さ目の乱切りにする。たまねぎは縦に0.7cm幅に切る。しらたきは水気を切り3cmに切っておく。
② 肉は3cm幅に切り, ⓐと合わせる。
③ 耐熱容器に①とグリーンピースを入れ, ②を周りにのせて水を回しかける。
④ ③にクッキングシートを密着させてかぶせ, 浮き上がり防止に耐熱性の小皿をのせ, 容器の両端をあけてラップフィルムをし, 約15分加熱する。取り出して全体をさっくり混ぜる。

〔電子レンジ〕 かつおのしょうが煮

材料		1人分	5人分	備考
かつお		60 g	300 g	
しょうが		4 g	20 g	
ⓐ	しょうゆ	11 g	54 g	材料の18%
	本醸造酒	9 g	45 g	材料の15%
	砂糖	5 g	27 g	材料の9%
	穀物酢	3 g	15 g	材料の5%

エネルギー:138kcal, たんぱく質:15.9g,
脂質:3.7g, カルシウム:9mg, 食塩:1.7g

① かつおは2cm幅に切る。しょうがは皮ごと薄切りにする。
② 耐熱容器にⓐを入れ混ぜる。
③ ②にかつおを入れて味をからめ, 容器の縁側に並べ, しょうがを中央に置く。
④ ③にクッキングシートを密着させてかぶせ, 浮き上がり防止に耐熱性の小皿をのせ, 容器の両端をあけてラップフィルムをし, 5~6分加熱する。

2．スピード調理

〔圧力鍋〕 里芋と大根，いかの煮込み

材料		1人分	5人分	備考
さといも		60 g	300 g	5個
だいこん		50 g	250 g	1/4本
するめいか		30 g	150 g	1ぱい
ⓐ	だし汁	20 g	100 g	
	しょうゆ	10.8 g	54 g	材料の8％
	砂糖	3.6 g	18 g	材料の3％
	本醸造酒	9 g	45 g	材料の6％

エネルギー：102kcal，たんぱく質：7.5 g，脂質：0.5 g，カルシウム：26mg，食塩：1.8 g

① 圧力鍋に水200 gを入れて中敷き（簀子）を敷き，さといもを上にのせてふたをセットする。強火にかけ，沸騰後弱火で1分煮て火を消し，急冷後，皮をむく。
② だいこんは皮をむいて輪切りにし，いかは内臓を取り，皮をむいて1 cmの輪切りに，足は食べやすい大きさに切る。
③ 圧力鍋に①②を入れ，ⓐを加えてふたをセットする。強火にかけ，沸騰後弱火で3分煮て火を消し，自然放置して蒸らす。
④ ふたを取ってもう一度火にかけ，汁気がなくなるまで煮含める。

〔圧力鍋〕 ポトフ

材料		1人分	5人分	備考
牛ばら肉		100 g	500 g	塊り
ⓐ	食塩	1 g	5 g	肉の1％
	こしょう	少量	少量	
ブイヨン		80 g	400 g	洋風だし
たまねぎ		48 g	240 g	小2個
じゃがいも		60 g	300 g	小3個
にんじん		30 g	150 g	中1本
キャベツ		50 g	250 g	4枚
セロリ		20 g	100 g	1本
ローリエ			0.25 g	1枚
ぶどう酒		12 g	60 g	赤
ⓑ	食塩	1 g	5 g	仕上がりの0.3％
	こしょう	少量	少量	

エネルギー：283kcal，たんぱく質：22.5 g，脂質：10.9 g，カルシウム：59mg，食塩：2.5 g

① 肉はぶつ切りにし，ⓐを振る。圧力鍋に入れ，ブイヨンを加えてふたをセットする。強火にかけ，沸騰後弱火で10分煮て火を消し，急冷する。
② たまねぎ，じゃがいも，にんじんは皮をむき，一口大に切る。キャベツと筋を取ったセロリも一口大に切る。
③ ①に②を入れ，ローリエ，ぶどう酒を加えてふたをセットする。強火にかけ，沸騰後弱火で約5分煮て火を消し，自然放置する。
④ ふたを開けⓑで味を調え，器に盛る。

ポイント
① 肉をバターで炒めてからブイヨンで煮てもよい。
② 野菜を長ねぎやだいこん等に代えて，だし汁で和風にしてもよい。
③ ポトフ （仏）pot-au-feu の pot はフランス語で鍋，feu は火という意味があり，火にかけた鍋のこと。肉類や野菜類を長時間かけてじっくり煮込んだフランスの家庭料理であるが，圧力鍋を使うことで短時間で出来上がる。

3. IH電磁調理

電磁調理は，鍋を伝導熱あるいは輻射熱で加熱するのではなく，鍋（底）自体を直接発熱させる。それを電磁誘導加熱方式と呼ぶ（p.18参照）（Induction Heating）。電磁調理器は，鍋に磁気を通して電流を発生させ，その時生じる熱により鍋が発熱し，鍋中の食品を加熱する機器である。

熱を発生させる渦電流の大きさは，磁束の変化による速さに比例する。電源にはインバータにより発生した20～25kHzの高周波が用いられる。なお，電磁誘導加熱の原理はイギリスの物理学者ファラデーによって1831年に発見された。

（1） 電磁調理器の利点
① トッププレートが水平であるため，清掃を簡単に行うことができる。
② 火を使わないので，立ち消え等による不完全燃焼の心配がなく，安全である。
③ 鍋自体を加熱するので，熱効率が高い。
④ 火力の立ち上がりが早く，出力は細かく調整できるので，火力を管理しやすい。
⑤ タイマー機能により調理時間を管理できる。
⑥ 揚げ物調理等の場合における火災のリスクが少ない。

（2） 留意点
① 鍋の材質が限られる（p.18参照）。
② 鍋底の形状が丸いもの，脚があるもの，反りがあって平らでないものは使えない。

ゆで卵

材料	1人分	5人分	備考
鶏卵	1個	5個	
水	30g	150g	

エネルギー：76kcal，たんぱく質：6.2g，
脂質：5.2g，カルシウム：26mg，塩分：0.2g

① 鍋に水と卵を入れ，ふたをし，加熱モード中火で約10分加熱する。

ポイント
① 卵白部分が水っぽくならずに凝固する。
② 加熱の火加減によっては，水分量，加熱時間を調整する必要がある。

焼き魚

材料	1人分	5人分	備考
さんま	70g	350g	5切れ
食塩	1.4g	7g	魚の2％

エネルギー：217kcal，たんぱく質：13.0g，
脂質：17.2g，カルシウム：22mg，塩分：1.4g

① テフロン加工のフライパンにオーブンシートを引き，ふたをして皮目を下にして魚を焼く。ある程度焼けたら，皮目を上にしてきれい焼く。
（魚の厚さにより，加熱時間を調節する。）

そうめん

材料	1人分	5人分	備考
そうめん	50 g	250 g	乾
大正えび	40 g	200 g	
さやいんげん	3 g	15 g	
ごま	5 g	25 g	
あまのり	1 g	5 g	焼きのり，細切り
つけ汁			
ⓐ だし汁	120 g	600 g	
ⓐ しょうゆ	30 g	150 g	だしの25%
ⓐ みりん	30 g	150 g	だしの25%

エネルギー：344kcal，たんぱく質：17.7 g，
脂質：3.3 g，カルシウム：99mg，塩分：6.6 g

① トッププレートの加熱部分に3つの鍋を同時にかける。
② 1つの鍋には，ⓐを，2つ目の鍋には，そうめんを茹でる水を3つ目の鍋には，えびとさやいんげんを茹でる水を同時にかける。
③ 1の鍋のⓐが加熱されたら，器に盛り付ける。
④ 2つ目の水が加熱されたら麺を入れ茹でる。（半分加熱部分に当たっているので小さな鍋でも対流が起きる。）水でよく洗いざるにあげて水気を切り，器に盛り付ける。
⑤ 3つ目の鍋でさやいんげんを茹で，さらにえびを茹でる。器に盛る。

ポイント
① この調理方法を，鍋合わせ調理という。機器の特性により破損の恐れがあるので，頻繁に鍋を動かさないようにすること。

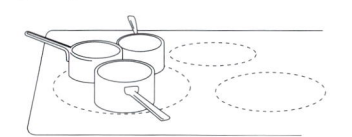

なすの素揚げ

材料	1人分	5人分	備考
なす	50 g	250 g	
サラダ油	適量	適量	吸油率10%
葉ねぎ	10 g	50 g	
ポン酢	10 g	50 g	しょうゆ：酢 1：1

エネルギー：65kcal，たんぱく質：1.1 g，
脂質：5.1 g，カルシウム：16mg，塩分：0.7 g

① 鍋に油を約2 cmの深さに入れる。
② なすを縦に4等分に切り，水につけアク抜きする。
③ なすの水気をよくきり，160℃位に加熱された①の油の中に入れ，鍋上部をキッチンペーパーで覆う。
④ キッチンペーパーの端を時々上げ，なすの上下を変え，色よく揚げる。
⑤ 器に④を盛り付け，ポン酢をかけて小口切りのねぎを添える。

ポイント
① 揚げ物は，食材中の水分が蒸発し，代わりに油が吸収されカラッと揚がる。
② 油が蒸発する際にキッチンペーパー等紙が油を吸い取るのでキッチンが汚れにくい。しかし，ガス調理器では，火事の原因になるので，この方法は絶対に行わないこと。
③ 少量の油でも揚げ物調理を行うことができる。

4. 真空調理

　真空調理は，食材を生のまま，場合によっては調味料と一緒に真空包装し，湯煎やスチームオーブンを利用し，低温（55～100℃）で一定時間加熱後提供するか，または，加熱後急速に冷却し，芯温0～3℃で保管する調理法である。フランスで発達しヨーロッパ，米国で普及した。日本でも，ホテル等を中心に広がりつつある。

（1）　真空調理の利点

① 　真空包装することにより素材内の空気が抜け，代わりに調味料が食材によく染み込むため，味が向上する。

② 　食材をポーション毎に真空包装して調理，保存するので，注文を受けてから再加熱することができる。そのためロスがない。

③ 　従来より長期保存が可能になるため，食材を閑散日に大量に仕込んで繁忙日に備える等，業務量の標準化が図れる。大量提供する必要がある飲食店では経済的にもメリットが大きい。危険性としては，繁閑差が大きく，保存期間が長い場合や低温長時間加熱による，食中毒の発生が指摘される。

（2）　留意点

① 　真空包装状態での加熱時，細菌等の微生物が増殖しやすい温度帯（10～60℃）を速やかに通過させ，芯温を65℃以上にする。

② 　保存する場合は，食材の芯温を90分以内に10℃以下まで下げる。

③ 　再加熱する際には食材の芯温を60分以内に65℃以上にする。

（3）　真空調理での衛生管理

　真空調理では，衛生管理を徹底する必要がある。微生物は真空にすることで，その活動を抑えられるが，しかし，100％完全な真空状態にはできないため，毒素を産生する微生物等もある。この毒素は，熱に対する耐久力が極めて高く，高温で加熱しても存在し続けることがある。また，嫌気性細菌は，増殖に酸素を必要としないので，100℃以上でも生存する。菌の死滅には120℃で4分以上の加熱が必要である。微生物は低温では増殖が抑制されるので，真空調理後には冷蔵または冷凍保存が必要である。また一定期間後は速やかに使用する。

里芋の煮物

材料	1人分	5人分	備考
さといも	45 g	225 g	1切れ15 g程度
だし汁	4 g	20 g	
うすくちしょうゆ	4 g	20 g	さといもの8.9%
サラダ油			
本醸造酒	4 g	20 g	さといもの8.9%
砂糖	2 g	10 g	さといもの4.4%

エネルギー：40kcal，たんぱく質：0.9 g，
脂質：0.0 g，カルシウム：6 mg，塩分：0.6 g

① さといもを湯通し，冷水に入れる。
② ①の水気をよく切り，真空機にかけて脱気し，アクを取る。
③ 調味料といもを合わせ，真空機に35秒間かける。
④ スチームコンベクションオーブンで95℃で40分加熱し，冷却する。
⑤ チルドの状態で保存する。

ポイント
① 表面のアクを取るため一度脱気すると有効である。
② 保存を行う場合には，衛生管理に充分気を付ける。

カルボナーラ

材料	1人分	5人分	備考
ベーコン	2 g	10 g	
オリーブ油	2 g	10 g	
牛乳	50 g	250 g	
卵黄	9 g	45 g	
食塩	0.4 g	2 g	
スパゲッティ	60 g	300 g	乾
パルメザンチーズ	3 g	15 g	
こしょう（黒）	適量	適量	

エネルギー：335kcal，たんぱく質：12.0 g，
脂質：10.0 g，カルシウム：103mg，塩分：0.6 g

① ベーコンを3 cm長さに切り，油で炒める。
② 卵黄と牛乳をミキサーでよく混ぜ，塩で味を調える。
③ 真空機にかける。
④ スチームコンベクションオーブンで80℃で30分加熱し，冷却する。
⑤ チルドの状態で保存する。
⑥ 提供する前にパスタを茹で，⑤を80℃で15分再加熱して，茹であがったパスタにからめ，皿に盛り，こしょうを振る。

ポイント
① ベーコンの塩加減により食塩量は加減する。

参 考 文 献

1. Ajico News　技術資料No.12　食用植物油の上手な使い方—揚げ物に使用する場合—　1980　味の素kk広報室
2. 「栄養と料理」家庭料理研究グループ編集：『調理のためのベーシックデータ』　2001　女子栄養大学出版部
3. 遠藤仁子他編：『基礎にたった調理学実習』　1994　エデュケーション
4. 香川芳子監修：『五訂増補食品成分表2006』　2005　女子栄養大学出版部
5. 河野友美：『コツと科学の調理事典（第3版）』　2002　医歯薬出版
6. 川端晶子監修・著：『改訂　イラストでわかる基本調理』　2005　同文書院
7. 川端晶子編著：『応用自在な調理の基礎　西洋料理篇』　2005　家政教育社
8. 川端晶子編集：『調理学』　1989　学建書院
9. 主婦の友社編：『料理食材大辞典』　1996　主婦の友社
10. 現代調理研究会編：『調理実習で学ぶ　ワールドクッキング』　2002　化学同人
11. 現代食生活研究会編：『新版・現代食生活のためのクッキング』　2004　化学同人
12. 下村道子・中里トシ子編著：『図解による基礎調理』　2004　同文書院
13. 主婦の友社：『中国名菜集錦』　1983　主婦の友社
14. ジョン・ヂンシヶ他：『調理師全書　朝鮮料理』　1979　柴田書店
15. 杉田浩一：『コツの科学』　1987　柴田書店
16. 全国調理師養成施設協会編集発行：『改訂　調理用語辞典』　2002
17. 髙木節子・加田静子編著：『新版　現代の調理』　2002　建帛社
18. 短大調理研究会編：『調理学実習書』　2002　東京教科書出版
19. 調理学研究会編：『レクチャー調理学』　2003　建帛社
20. 調理教育研究会編：『調理』　1985　建帛社
21. 土井　勝：『日本料理』　1976　講談社
22. 長野美佐緒編集：『新編調理実習書—料理構成別の理論と実際—』　2003　学建書院
23. 西岡葉子他編集：『特定給食施設給食管理事例集』　2004　学建書院
24. 日本調理科学会：『総合調理科学事典』　1997　光生館
25. 橋本慶子他編：『調理科学講座7　調理と文化』　1993　朝倉書店
26. 比護和子他：『わかりやすいチャート式調理』　2005　建帛社
27. 平井　裕編著：『仏和料理用語辞典』　2005　プラザ出版
28. 松元文子校閲：『操作別調理学実習書』　2001　同文書院
29. 水谷令子他：『たのしい調理—基礎と実習—第3版』　2002　医歯薬出版
30. 水野邦昭：『プロのためのわかりやすいフランス料理』　2005　柴田書店
31. 三輪里子監修　市川芳江・山本誠子編：『あすの健康と調理』　2005　アイ・ケイコーポレーション
32. 武庫川女子大学調理学研究室編：『調理学実習書』　2002　建帛社
33. 村山篤子・茂木美智子編：『レクチャー　調理学実習』　2005　建帛社
34. 森　雅央他：『新編　日本食品辞典』　1998　医歯薬出版
35. 山崎清子他：『新版　調理と理論』　2006　同文書院
36. 吉松藤子他編集：『理論と実際の調理学辞典』　1987　朝倉書店

〔編著者〕
にしぼり
西堀すき江　　元東海学園大学健康栄養学部教授　博士（農学）

〔執筆者〕（五十音順）
あんどう　きょうこ
安藤　京子　　愛知文教女子短期大学教授
いとう　まさえ
伊藤　正江　　至学館大学健康科学部准教授　博士（医学）
おかだ　きわこ
岡田希和子　　名古屋学芸大学管理栄養学部教授
かわい　みえこ
川合三恵子　　東海学園大学人間健康学部元非常勤講師
かんの　ともみ
菅野　友美　　愛知淑徳大学健康医療科学部教授　博士（農学）
きしまつ　しずよ
岸松　静代　　元仁愛女子短期大学教授
しょうの　よほこ
生野世方子　　元南九州大学健康栄養学部教授　博士（農学）
つげ　みつよ
柘植　光代　　東京学芸大学教育学部非常勤講師
ふるはし　ゆうこ
古橋　優子　　元岐阜女子大学家政学部准教授

食育に役立つ
調 理 学 実 習

2007年（平成19年）6月25日　初版発行
2023年（令和5年）11月20日　第12刷発行

編著者　西堀すき江
発行者　筑紫和男
発行所　株式会社 建帛社 KENPAKUSHA

〒112-0011　東京都文京区千石4丁目2番15号
TEL（03）3944－2611
FAX（03）3946－4377
https://www.kenpakusha.co.jp/

ISBN 978-4-7679-0361-3　C3077　　文唱堂印刷／常川製本
©西堀すき江ほか，2007.　　　　　　Printed in Japan.
（定価はカバーに表示してあります）

本書の複製権・翻訳権・上映権・公衆送信権等は株式会社建帛社が保有します。
JCOPY〈出版者著作権管理機構　委託出版物〉
本書の無断複製は著作権法上での例外を除き禁じられています。複製される場合は，そのつど事前に，出版者著作権管理機構（TEL 03-5244-5088, FAX 03-5244-5089, e-mail:info@jcopy.or.jp）の許諾を得て下さい。